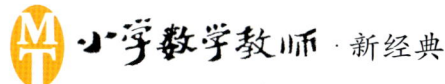

小学数学教材中的大道理
——核心概念的理解与呈现

Xiaoxue Shuxue Jiaocai Zhong De Dadaoli
Hexin Gainian De Lijie Yu Chengxian

张奠宙 / 巩子坤 / 任敏龙 / 张 园 / 殷文娣 ◎著

图书在版编目（CIP）数据

小学数学教材中的大道理：核心概念的理解与呈现 / 张奠宙等著.
— 上海：上海教育出版社，2018.3
（小学数学教师．新经典）
ISBN 978-7-5444-7943-1

Ⅰ.①小… Ⅱ.①张… Ⅲ.①小学数学课—教学研究
Ⅳ.①G623.502

中国版本图书馆CIP数据核字(2017)第326792号

责任编辑　蒋徐巍　曲春蕊
封面设计　王　捷

小学数学教材中的大道理——核心概念的理解与呈现
张奠宙　巩子坤　任敏龙　张　园　殷文娣著

出版发行　上海教育出版社有限公司
官　　网　www.seph.com.cn
地　　址　上海市闵行区号景路159弄C座
邮　　编　201101
印　　刷　常熟华顺印刷有限公司
开　　本　700×1000　1/16　印张 27.5　插页 3
字　　数　420千字
版　　次　2018年3月第1版
印　　次　2025年1月第20次印刷
书　　号　ISBN 978-7-5444-7943-1/G·6557
定　　价　68.00元

如发现质量问题，读者可向本社调换　　电话：021-64373213

前言

  这是一本探讨小学数学中核心概念的文集。

  中国小学数学教学在国际上享有盛誉,教材的编写出版功不可没。但是,世界上没有十全十美的事情,教材也不能例外。我们对现行小学数学教材进行评论和建议,是为了更好地推进小学数学教材建设,进而推进数学教学改革,为建设中国特色的数学教育大厦添砖加瓦。

  小学数学教学,对我来说,本来是一个陌生的课题。事实上,一个在大学数学系工作了一辈子的教师,很少走进小学教室之门,怎么会研究起小学数学教材呢?

  事情要从 2013 年说起。那年我 80 岁了,耳聋,坐轮椅,但脑子没坏,还能思考。上海市教育委员会教学研究室的章敏女士告诉我,教学研究室领导让我看看上海的中小学数学教材,挑挑毛病,以利于提高教材的质量,还拨了专款支持。于是,就有机会看了一些小学数学教材。给我的印象是,小学数学有一些流传很广的认识和表述,从现代数学观点来看是有所欠缺的。《小学教学(数学版)》杂志的殷现宾主编知道后,希望我能写出来以供参考。于是,商定以"评论与建议"为栏目在《小学教学(数学版)》连载,每期一篇。后来又在《教学月刊·小学版(数学)》上刊出一部分。发表以后,殷主编告诉我读者反响不错,并先后转达了吴正宪、王永春、朱乐平、邱学华等名家的关切。人民教育出版社和北京师范大学出版社相继寄来全套小学数学教材,以示支持。这使我很受鼓舞。事实上,无论评论者还是被评论者,大家都在为同一个目标努力:让未来的孩子们获得更好的数学素养。

评论文章持续了两年。2015年底,上海教育出版社的赵海燕、蒋徐巍两位编辑来访,确定将这些文章结集出版,书名就叫《小学数学教材中的大道理》。意思是,虽然小学数学的学习难度不大,但它背后所依靠的道理并不小。我们的目的是将其中的核心概念进行梳理,给予科学的呈现。

如果仅仅把已发表的文章凑起来编成一本书,那是比较容易的。但是,我知道自己的薄弱处:缺乏小学数学教学的实践经验。我所提出的这些评论和建议是否立得住、行得通,那是需要一线教师和小学数学教育专家来评定的。我曾希望在上海组织一个小学数学教师的"数学沙龙",由于种种原因未能成功。于是转向杭州师范大学的巩子坤教授,请他帮忙。巩教授与我是多年的老朋友,他出身高校数学系的专业课教师,数学底子扎实,后来转向研究数学教育。他在西南大学写博士论文的时候,在我这里访学了半年,常来我处讨论,许多观点比较一致。调入杭州师范大学之后我们继续合作,来往不断。听了我的请求,他立即组织一些专家朋友和学生来参与本书的编写。

子坤教授有许多在职学习的"教育硕士"研究生,正好可以作为一线教师,对我的这些评论文字进行再评论。承蒙老师们热情支持,陆续写来一些读后感,有表示赞成的,有补充改进的,也有商榷异议的。这些文字组成了一个系列栏目,我们称之为"一线回声"。

子坤教授进一步建议,为了直接听取小学数学实践者的声音,不妨邀请杭州市上城区的小学数学教研员任敏龙老师,以及杭州市长江实验小学的张园老师,大家一起座谈,当面交流看法。这真是我求之不得的好主意。于是,我们在上海、杭州陆续举行了巩子坤、任敏龙、张园、张奠宙的四人座谈,并请巩子坤教授的研究生殷文娣做记录,也参与议论。有时本书的责任编辑曲春蕊也来加入。座谈内容整理成文,就是本书各个专题的"数方夜谈"。这种谈话式的文体,话题机动灵活,说话直奔主题,不同意见及时交锋,有较强的可读性。任敏龙老师是现任教研员,参与过浙江新思维数学教材的编写,教学经验和理论积累相当丰富。张园是任教多年的资深教师,对教材和学生的了解十分精准。我听取他们的意见,如沐春风。殷文娣将谈话记录成文,大家再反复修改,每篇总有几处亮点。这次合作之愉快,终身难忘。

这样一来,我把已经发表的28篇文章称作"原始文稿",就形成了本书的基本编写格局:28个课题,每个课题配以【原始文稿】【一线回声】【数方夜谈】三类文字,力求从不同侧面对小学数学的核心概念作一点较有深度的剖析。

最后,想说一点"数学教育"和数学学科的关系。21世纪以来的课程改革,着重于教学理念的更新,大力提倡"情境、合作、探究"的教学模式。在教学内容上,确立"概率统计"作为小学数学的一项基本学习领域。这些当然是十分重要的。但与之相比,对于小学数学里一些传统的学习课题,则往往维持现状,未作深究。因此,现行的课程标准和教材里留有许多值得探讨的不足之处。本书的出现,正是希望为弥补这一缺陷略尽绵薄之力:请大家更多关注数学核心概念的理解,以及数学本质的揭示。打个比方,如果说前些年更多关注"烹饪大厨"的厨艺,那么今后的改革希望更多地关注使用的食材。在写作本书的过程中,恰巧看到一套俄罗斯的小学数学教材。这套教材一年级就引入方程的概念,四年级就在方格纸上画函数图像……逻辑框图、图像识别、文化意境等方面都有新的处理。我们还来不及细读,先写一篇简介附在书后,敬请大家关注。另外几篇附录,则是一些小学数学教育专家的评论,都是公开发表过的,附录于此,也不妨作为一种参考。

从2013年酝酿写原始文稿,到本书的问世,历时四年。我是退休老人,手上没有研究项目,当然没有经费支持,也没有助手帮忙,一切活动费用都是自行解决。相对于眼下某些"教育项目"大手大脚的花费,我们可以说一无所有。所幸的是,大家为我国数学教育的改革腾飞走到一起,一切困难都克服了。对我来说,真要谢谢各位合作者。

中国在崛起,中国特色的数学教育道路也初见端倪。但是,真正的中国数学教育学派还远未形成,任重道远。让我们以充分的教育自信,汲取国内外一切先进的教育理论与实践经验,继续努力向前,向前!

张奠宙

写于华东师范大学数学系数学教育研究所

2017年5月

目 录

第一部分　关于"数""文字"与"方程"

课题1　度量衡制与国际接轨是历史大趋势 / 003

【原始文稿】小学数学需要与时俱进
　　　　　——从大数的读法说起 / 003

【一线回声】与时俱进,继承与发展并存
　　　　　——从大数的读法说起 / 005

【数方夜谈】关于"大数的读法" / 010

课题2　加法与乘法交换律不是"可以写出来"的 / 012

【原始文稿】正本清源,通过"数数"活动理解运算律
　　　　　——关于加法和乘法交换律的谈话 / 012

【一线回声】关注数学本质,实现"运算律"的构建
　　　　　——对"运算律"教学的几点思考 / 017

【数方夜谈】教学运算律,须先厘清运算的本质 / 019

课题3　文字代表数的作用要分类,不可一锅煮 / 026

【原始文稿】把数学思想方法适当地说出来
　　　　　——从"文字代表数"的意义说到方程的本质 / 026

【一线回声】"用字母表示数"的教学目标在于培养"符号意识"
　　　　　——与张奠宙先生商榷 / 031

【数方夜谈】"符号代表特定的数"和"符号代表任意的数",孰先孰后 / 036

课题4　再次建议淡化"含有未知数的等式叫方程" / 039

【原始文稿】数学概念教学要融入中华文化，推陈出新
　　　　——谈小学数学里"方程"概念的表述 / 039

【一线回声：之一】"方程的意义"教学实录 / 044

【一线回声：之二】凸显核心价值，促成意义建构
　　　　——"认识方程"教学实践与评析 / 052

【数方夜谈】"认识方程"要突出它的建模本质与核心价值 / 058

课题5　用温度计引入负数，并不理想 / 064

【原始文稿】多多注意数学本质的揭示
　　　　——剖析"用温度计引入负数"的优缺点 / 064

【一线回声】也来剖析"用温度计引入负数"的优缺点
　　　　——读张奠宙先生一文的启示 / 069

【数方夜谈】负数概念不是从生活里来的，是由数学内部需要而产生的 / 074

第二部分　关于"除法""分数"和"比"

课题6　忽视"包含除"后患无穷 / 081

【原始文稿】教材编写要注意防止片面的思维定势
　　　　——评小学数学教材中忽视"包含除"的倾向 / 081

【一线回声】教材已将"偏心"进行到底 / 087

【数方夜谈】小学数学中切莫忽视"包含除"的教学价值 / 098

课题7　究竟为什么要学习分数？教材交代得不大清楚 / 104

【原始文稿】"分数"教材里一个没有解决的问题
　　　　——谈分数与包含除的关系 / 104

【一线回声】怎么解决绳子剩余长度的表示问题
　　　　——也谈分数与包含除的关系 / 107

【数方夜谈】分数的引入离不开"包含除" / 112

课题8　分数是用来表示大小的，为什么要回避呢 / 116

【原始文稿】与时俱进，推陈出新
　　　　　　——谈分数定义的修改 / 116

【一线回声】不忘初心：由数系扩张的数学本质学分数的初步认识 / 123

【数方夜谈】分数是一个数，可以与自然数1比较大小 / 128

课题9　建议将"分数的基本性质"直称为"分数的相等性质"，好不好 / 131

【原始文稿】分数相等性质的数学内涵
　　　　　　——兼及角的定义 / 131

【一线回声】重构"分数相等性质"教学，渗透"等价类"数学思想
　　　　　　——读张奠宙教授一文的思考与实践 / 134

【数方夜谈】分数的基本性质与等价类 / 137

课题10　假分数"假"在哪里 / 141

【原始文稿】关于"真分数、假分数"教学设计的谈话 / 141

【一线回声】学生认识"假分数"中的问题与对策 / 145

【数方夜谈】思辨与追问：假分数是怎样产生的 / 149

课题11　小数容易分数难，何必死死捆绑在一起 / 154

【原始文稿】落实"四基"，要把数学思想方法适当地说出来
　　　　　　——谈"小数的意义"教材的处理 / 154

【一线回声】谈"小数的意义"教学中数学思想方法的渗透 / 161

【数方夜谈】小数意义教学的重点在于位值记数与"十分""十进"
　　　　　　——对"小数的意义"教材处理的讨论 / 162

课题12　"比"和"除"不可混为一谈 / 169

【原始文稿】返璞归真　正本清源
　　　　　　——"比"不能等同于除法 / 169

【一线回声】从"两个数相除"到"生活中的比" / 178

【数方夜谈】"比"和"除"在概念上的源与流 / 184

第三部分 关于图形与几何

课题13 用直觉理解"平行",与中学的"平行公理"衔接 / 191

【原始文稿】小学数学课程必须坚持"混而不错"的原则
　　　　——以"平行与垂直"的教材为例 / 191

【一线回声】有而无痕　联而不乱
　　　　——关于"平行与垂直"的教学思考 / 196

【数方夜谈】"平行与垂直"的教学内涵与设想
　　　　——基于教材编写的几点讨论 / 200

课题14 用平移来定义"平行"并不妥当 / 208

【原始文稿】小学数学教材要厘清逻辑顺序
　　　　——谈平行与平移 / 208

【一线回声】反思和改进:"平移和平行"概念教学 / 210

【数方夜谈】用平移定义"平行",究竟行不行 / 213

课题15 "一对有序的数"对应一个方块,还是对应一个点 / 217

【原始文稿】数学要源于生活,但要高于生活
　　　　——以小学六年级"位置"一节为例 / 217

【一线回声】让数学更有力量
　　　　——从"确定物体的位置"到"确定点的位置"的转变 / 222

【数方夜谈】平面坐标系的根本作用在于表示函数图像 / 227

课题16 篮球是圆的吗 / 230

【原始文稿】更多地关注数学本质与细节处理
　　　　——以圆的定义为例 / 230

【一线回声】小学数学概念教学应重视数学的本质
　　　　——以"圆的认识"教学片断为例 / 233

【数方夜谈】圆,究竟是一维图形还是二维图形 / 237

课题 17　面积的定义应该突出数学本质 / 239

　【原始文稿】深入浅出，平易近人
　　　　　　——怎样测量长度、面积和体积 / 239

　【一线回声】行走在"无声"与"有声"之间 / 244

　【数方夜谈】关于求面积的数学方法和物理学方法 / 249

课题 18　面积测量的活动有点"故弄玄虚" / 254

　【原始文稿】削枝强干，消除平庸
　　　　　　——谈小学数学教科书中"测量"的编排 / 254

　【一线回声】基于学生实际　走向数学本质
　　　　　　——读张奠宙先生一文的思考 / 261

　【数方夜谈】用脚步量教室的长度，有必要吗 / 265

课题 19　小学数学课程为什么要列入平面图形的运动 / 267

　【原始文稿】小学数学如何实现直观到抽象的飞跃
　　　　　　——谈教材里关于"图形的运动"的处理 / 267

　【一线回声】通过数学活动逐步构建平面图形运动的平台 / 272

　【数方夜谈】关于图形运动的教学目标与中小学课程的衔接 / 277

课题 20　轴对称是平面图形运动，但照镜子不是 / 280

　【原始文稿】天安门是轴对称图形吗 / 280

　【一线回声】教学素材的选择与优化
　　　　　　——以"轴对称图形"为例 / 281

　【数方夜谈】如何准确把握平面图形运动的教学本质 / 285

课题 21　理清概念之间的联系 / 291

　【原始文稿】数学概念之间需要融会贯通
　　　　　　——评图形与几何中一些概念的表述 / 291

　【一线回声】关注知识脉络与学生经验的联结 / 296

【数方夜谈】贯通理解线、角以及它们之间的关系 / 299

课题 22　角度定义最好不要用射线 / 305

【原始文稿】教材处理宜朴素自然、平易近人

——关于小学数学教材里"角的认识" / 305

【一线回声】教材处理宜追本溯源、还其自然 / 311

【数方夜谈】一条直线相对于另一条直线的倾斜度,才是角的本质 / 317

第四部分　其他

课题 23　教材里的"找规律"不要出现数学错误 / 323

【原始文稿】适合儿童年龄特征和避免数学差错

——关于"找规律"及其他 / 323

【一线回声】适合儿童年龄特征的"创造规律" / 326

【数方夜谈】重复三次就算规律吗 / 329

课题 24　分类和分层都重要 / 332

【原始文稿】正本清源　力求准确

——关于数学教材中"分类"单元的评论 / 332

【一线回声】读《正本清源　力求准确——关于数学教材中"分类"单元的评论》一文有感 / 335

【数方夜谈】关于分类与估算 / 338

课题 25　维度已经进入日常生活,小学数学不应回避 / 342

【原始文稿】浅而不错、分而不碎,着眼于数学素质的养成

——以"维度"概念为例 / 342

【一线回声】整体着眼　系统构建 / 346

【数方夜谈】"维度"概念要不要进入小学数学 / 350

课题 26　"抽屉原理"的教学重在思想方法 / 353

【原始文稿】按"四基"的要求编写数学教材
　　　　　——以"抽屉原理"为例 / 353

【一线回声】从数学文化的角度来理解"抽屉原理" / 357

【数方夜谈】关于"抽屉原理"的教学分析 / 358

课题 27　数学文化教学的重点：数学文明对人类文明的贡献 / 362

【原始文稿】扩大文化视野，弘扬人文精神
　　　　　——关于小学数学教材里数学文化因素的设计 / 362

【一线回声】小学数学教学中要浸润数学文化 / 372

【数方夜谈】希望数学考试中能有"数学文化"的试题 / 373

课题 28　充分运用儿童的概率直觉 / 376

【原始文稿】把随机性的数学直觉"概率化"
　　　　　——关于小学数学中"概率"教学的建议 / 376

【一线回声】从教学实践看《把随机性的数学直觉"概率化"》一文 / 384

【数方夜谈】力求"理论概率和经验概率相结合" / 387

附录

附录1　面向未来　大胆创新
　　　　——一套俄罗斯小学数学教材引发的谈话 / 395

附录2　宝贵的财富　学习的榜样
　　　　——对张奠宙教授"评论与建议"系列文章编辑有感 / 406

附录3　只有教对，才能教好
　　　　——学习张奠宙教授"评论与建议"系列文章的体会 / 411

附录4　返璞归真　平易近人
　　　　——读张奠宙教授的文章有感 / 416

附录5　跟张奠宙先生学教小学数学 / 421

后记 / 426

第一部分

关于"数""文字"与"方程"

课题1　度量衡制与国际接轨是历史大趋势
课题2　加法与乘法交换律不是"可以写出来"的
课题3　文字代表数的作用要分类,不可一锅煮
课题4　再次建议淡化"含有未知数的等式叫方程"
课题5　用温度计引入负数,并不理想

课题 1　度量衡制与国际接轨是历史大趋势

小学数学需要与时俱进
—— 从大数的读法说起

(本文发表于《小学教学（数学版）》2014 年第 1 期)

我国现在的小学数学内容及其体系，是辛亥革命之后从西方引进的。目前使用的阿拉伯数字，＋、－、×、÷ 的符号，横式、竖式的数学方法等，都和国际上所使用的一致。但是，也有一些中华文化固有的传统，仍然保持了特有的习惯用法。例如，大数的读法中外明显不同：我国是四位分节，即按万、亿来读；西方则是三位分节，即按千、百万（兆）来读。1993 年，我国"国家标准 GB 3101－93"在这一问题上与国际标准接轨，其中指出："为使多位数字便于阅读，可将数字分成组，从小数点起，向左和向右每三位分成一组，组间留一空隙……"

翻开现有的小学数学教科书，可以看到以相当多的篇幅来认识、读写大数，熟练地使用我国固有的万、亿数字体系。这完全正确。几千年来，我们的汉语言都是以"万"为基础读写大数，岂能废除？

但是，时代在进步，教育要面向世界、面向未来、面向现代化。西方以"千"为基础读取大数的方法，不可避免地逐渐成为我们生活的一部分。由于度量衡单位"千米""千克""吨"等被引进，并作为国家规范加以推广使用，小学数学首当其冲，在教材里已经全面使用以"千"为基础的读法了。

于是，就出现了问题。体育项目中的"万米"赛跑，要不要改成"10 千米"呢？

某同学体重50千克,我说是5万克,算不算错呢?我们在网上可以很容易看到这样的文字:

女子竞走比赛始于1932年的捷克,直至1992年的奥运会,女子10千米竞走才正式成为比赛项目,2000年悉尼奥运会改为20公里,在公路上进行。中国女子竞走运动员阎红、徐永久、李素杰、关平、金冰洁、陈跃玲等,曾多次刷新5000米及10000米竞走的世界纪录。

这里出现了"10千米""20公里""5000米""10000米"诸多说法,显示了中外两种"大数记法"的混用。

面对这样的情形,我国数学课程标准本来应该有所规定,可是《义务教育数学课程标准(2011年版)》(以下简称"课标2011年版")对这样的细节没有顾及。那么教科书应该怎么办呢?如果采取回避的办法,自然稳妥,不会出事。但是,大数的读法只在小学数学里出现,进入中学以后再也不来讨论这一课题了。教科书既要对社会负责,也要对学生的未来负责,我们应该与时俱进地作出自己的抉择。

我们不妨设想四年级第一学期的数学教材里有这样一段"阅读材料":

关于"大数"的读法,我国以"万""亿"为基础,而国际上则以"千"(k)"百万"(兆,M)为基础。在有些情况下,两种读法都是允许的。例如:

1993年,我国运动员王军霞创造的女子10000米长跑世界纪录,至今无人打破。这里的10000米可以读作十千米,也可以读作一万米。

某物体重24500克,这里的24500克也可以读作24.5千克。

某特种卡车可载重20吨,也可以说成可载重2万千克。

以上的建议,出于以下考虑:中国崛起,必然要走向世界,因而在某些具体措施上必须遵循某些国际惯例,与国际接轨。这就是说,有时我们不得不实行"双轨制",即一方面保持我国的固有传统,同时也了解和适应国际上通行的做法。在目前的情势下,对于中国普通公民来说,需要知道在大数读法上我国传统与国际规则存在着差异,同时要说明两种读法都是正确的。至于哪种读法更合适,要看具体情形而定。无论如何,必须避免把国外读法当作错误去加以纠正。为了保证我国传统读法的主体地位,以上这段文字目前只作为阅读材料进行编排,大概比较合适。

与时俱进地看待小学数学,并不仅限于大数的读法。

从20世纪90年代开始,中国实行社会主义市场经济。市场经济和数学密切相关。在小学的应用题里,除了有到商场看物价、讲折扣、付账找零等"买东西"的情境,也需要有销量、成本、利润之类"卖东西"的情境出现。我们在这方面还缺乏认真的研究,需要在小学数学教学中适当地加以渗透。至于某些统计数据中的"环比""同比"是否要进入小学数学,也是不该回避的课题。

在几何方面,目前3D的说法非常流行。3D电视机、3D影片、3D打印,已经成为人们的常识。小学数学教材中原来就有"上下、左右、前后"的三维知识,线段、矩形、长方体也分别是典型的一维、二维、三维图形,点动成线、线动成面、面动成体的动态描述更是维度的常识性内容。如果我们用一页篇幅,在"数学广场"里作一番解说,是不是会广受欢迎呢?不必都等待课程标准下达指令。教材编写的宗旨是贴近生活,走近真理。用小的代价,与时俱进地打开一片新的天地,也是数学教育工作者可以做的事情。

 一线回声

与时俱进,继承与发展并存
——从大数的读法说起

斯　瑶　浙江省杭州师范大学附属东城实验学校
吴红梅　江苏省淮安市淮阴实验小学

1910年,蔡元培针对清朝末年中国思想文化界因循守旧、固步自封的局面,撰写《中国伦理学史》,对比中西文化,指出"顾西洋学说,则与时俱进"。伴随着改革开放,"与时俱进"一词在中国特色的社会主义道路上又被赋予了新的含义。而如今,张奠宙先生《小学数学需要与时俱进——从大数的读法说起》一文通过具体课例表达了小学数学对"与时俱进"的需求。作为一线教师,我也非常赞同。教育面向世界,面向未来,面向现代化,那么小学数学如何让中国的传统文化与国际惯例接轨,与时俱进,实现更好的衔接?对此,文中张先生以"大数的读法"为例,着重探讨了小学阶段究竟该如何处理四位分级法和三位分节法的问题。

就这一问题,笔者查阅了相关资料,结合教学实践,谈谈自己的一些浅薄的想法。

1. "三""四"分节,各版本教材如何处理?

"课标2011年版"并没有顾及四位分级与三位分节的问题,对大数的认识,仅在"内容标准"中提出"在具体情境中,认识万以上的数,了解十进制计数法,会用万、亿为单位表示大数。”张先生则把目光聚焦于教科书的编排,探讨如何处理才自然稳妥。因此,笔者查阅人教版、苏教版、北师大版、浙教版、西师版教材,对“大数的认识”这一内容进行了比较。

尽管五个版本教材编排的顺序和内容略有差别,但主要还是以如下内容为主:认识十进制数位顺序表(包括数级、数位、计数单位)、读数写数、大小比较、改写成以万和亿为单位的数、近似数。无论是“课标2011年版”还是教材,无论是读写法还是改写近似数的教学,无形中都指向我国固有的万、亿数体系。

可喜的是,教材并没有完全回避国际上通用的三位分节法。

表1-1 五个版本教材“三位分节法”介绍情况

教材版本	三位分节法	呈现方式
人教版	☆	阅读材料(P6“你知道吗?”)
苏教版	☆	阅读材料(P11“你知道吗”)
北师大版		
浙教版	☆	新授课(P99 大数的写法)
西师版		

从表1-1可见,人教版、苏教版、浙教版教材都将三位分节法编入教材,与张先生的想法不谋而合。正如张先生所说,人教版与苏教版以阅读材料的形式出现,浙教版则穿插在新授课中。(图1-1—图1-3)

图1-1

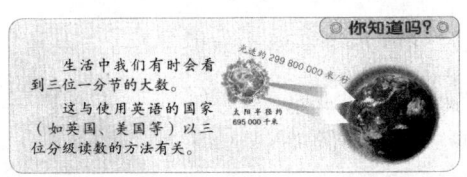

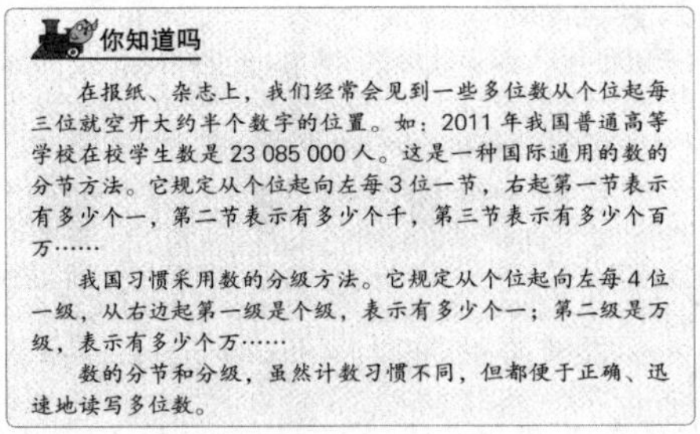
你知道吗

在报纸、杂志上,我们经常会见到一些多位数从个位起每三位就空开大约半个数字的位置。如:2011年我国普通高等学校在校学生数是23 085 000人。这是一种国际通用的数的分节方法。它规定从个位起向左每3位一节,右起第一节表示有多少个一,第二节表示有多少个千,第三节表示有多少个百万……

我国习惯采用数的分级方法。它规定从个位起向左每4位一级,从右边起第一级是个级,表示有多少个一;第二级是万级,表示有多少个万……

数的分节和分级,虽然计数习惯不同,但都便于正确、迅速地读写多位数。

图1-2

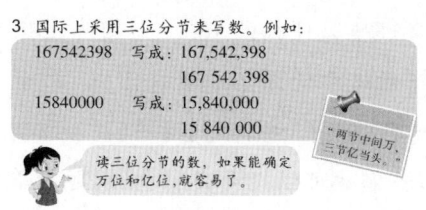

图 1-3

同样是阅读材料的形式,人教版和苏教版都通过大数进行举例,苏教版则更为详尽地表述了三位分节法每一节表示的含义,并表示数的分节与分级都是为了便于读写,无关对错。浙教版将三位分节融入新授课中,并没有过多的解释,但也帮助学生认识三位分节,了解三位分节的大数也可以按照四位分级法读。三者都没有涉及具体读法的教学,读法的教学仅出现在英语课中。

可见,部分教材在对大数读法的处理上,既尊重了中国的固有传统,一定程度上又顺应了国际化发展的需求。

2. "万""千"单位,如何化解冲突?

张先生在文章中谈到了千米、千克等以"千"为基础的国际度量单位的引入,这就与中国以"万"为单位的固有传统产生了冲突。这一冲突如何解决?一万米赛跑究竟读"十千米"还是"一万米"?

事实上,在国外,10000 米赛跑并不是没有 10000 米和 10 公里的区分(室内跑道称为 10000 米赛跑,室外称为 10 公里马拉松)。10000 米:ten thousand meters,汉语可以理解为 10 千(米),以米为单位。10 公里:ten kilometers,汉语可以理解为 10(千米),以千米为单位。可见,"千米"于他们而言也仅仅是一个度量单位。美国人也使用英制,如英寸、英尺等。中国人还会使用寸、尺等传统度量单位。不论哪个国家,接受公制并不一定完全按照公制要求进行日常生活,甚至强行迁移到大数的读法当中。所以笔者认为,公制与以"万"为单位并不冲突。

我相信,对于一个四年级的学生,对 10000 米=10 千米、50 千克=50000 克这类结论的正确性是毫无疑义的,生活中能够根据具体情境选择合适的单位。这是因为,学生早在二年级就已经认识了千克,知道 1 千克=1000 克,三年级就已经认识了"千米",并且知道 1 千米=1000 米。

但不得不说,由于教材编排的顺序以及自身对"公制"理解的缺失,教师在课堂教学米、千米,克、千克、吨,毫升、升这些单位的进率时,往往没有深入思考进率为什么是1000(与国际三位分节相联系),一定程度上造成后期孩子对进率的记忆不深刻。

3."一万"与"十千",如何共存?

现在,我们就可以抛开公制,将问题简单化了。对于10000就等于10千这个结论来说,我相信我们的孩子不会有疑义。那么在读法上,究竟是读"一万"还是"十千"? 将"一万"读作"十千"对不对呢?

中国的固有传统不能摒弃,而国际化的潮流我们也要跟上。教材中简单地介绍了三位分节法,对于读法并没有介绍。但事实上,读法早已渗透在教材中。

四位分级和三位分节最大的区别在于,四位分级的读法是:几亿几万几,而三位分节则是几百万几千几。那么只要理解一个大数中有几个百万、几个千,其读写也并非难事。学生在小学阶段学习了十进制数位顺序表,对于数的组成自然不在话下。

例如,4,532,000 表示 4 个百万,5 个十万,3 个万,2 个千,相邻两个计数单位的进率是 10,所以有 532 个千,4 个百万。

当然,学习了改写成万、亿的数以及小数点的移动之后,学生也可以进行知识迁移,4,532,000 里有多少个百万,就是除以一百万,小数点向左移动 6 位,也就是 4 个百万。有多少个千就是除以一千,也就是 532 个千。

我想,有了这样的铺垫,即便离开小学,我们的孩子在中学学习英文时,碰到 4 million 532 thousand,也能够明白它表示的是 4,532,000。遇到 2,354,000,也能说出 2 million 354 thousand。而这不仅仅是英语老师告诉他的,也是小学数学老师教会他的。

以上是笔者对"如何处理好四位分级和三位分节"这一问题的一些浅薄的看法。小学数学不仅要保证我国的传统读法的主体地位,也要与时俱进,在潜移默化中与国际接轨。让我们的学生在面对传统文化与国际规则的差异时,不至于不知所措,而是能调动已有知识经验尽快适应国际化的需求。

正如张先生所说,小学数学的与时俱进并不局限于大数的读法。

事实上,随着市场经济的发展,小学数学教材并没有一成不变。以人教版为例,笔者对比了 2005 版与 2013 版教材。2013 版四年级下册在"小数点的移动引起小数大小变化"一课之后新增了"人民币兑换"一课,以解决问题的形式出现。(图1-4)

图 1-4

在市场经济为主体的今天,对外贸易、货币流通都变得更为频繁,生活条件与文化素质的提升让很多家庭都能够接受出境旅游,孩子接触到外币的机会也大大增加。教材这样编排,一方面是从解决问题的角度对小数点的移动引起大小变化这一知识点进行巩固,另一方面也顺应了发展潮流,与时俱进,让教材中的情境不再单一。笔者认为,既然谈到了人民币兑换,再增添对"汇率"一词的说明也无妨,毕竟1元人民币并不总是能兑换0.1563美元。

张先生提到的一些建议确实值得我们深入探讨与研究,例如,教材中只有"买"的情境,少有"卖"的情境;"环比""同比"这些我们经常听到的词语如何自然地走进小学课本;几何方面又如何与时代相衔接等。

这是一个大数据时代,是一个信息爆炸的时代,孩子们足不出户就可以看世界。这对我们的小学数学教什么、作为教师怎么教,又提出了新的挑战。继承是发展的前提,发展是继承的必然要求。在继承的基础上发展,在发展的过程中继承。要想与时俱进,唯有继承与发展并存。

数方夜谈

关于"大数的读法"

巩子坤：今天要讨论的问题比较简单，就是大数的读法，究竟该以四位分段（以万为单位）还是以三位分段（以千为单位）的问题。

任敏龙：这主要是文化传统和习惯的问题。我国小学数学课本里规定，以个、万、亿为单位，即四位一节的读法，写数不分节。但中学数学课本中是三位分节，采用的是西方的习惯。总之，现在的读法是不统一的。我觉得小学数学教材的编写，可以设立如"数学百花园"这样的栏目，介绍一下国际上的以千为单位的读法。真正学习三位一节的读法是在英语课上。

张奠宙：我的问题是，现在一万米赛跑究竟读"十千米"还是"一万米"？

任敏龙：都可以啊，我们小学数学课上通常这样处理：10000米＝10千米，读作十千米。比如，开车的行程通常以千米作单位。

张奠宙：既然坚持以万米为单位，不应该读成千米啊。

任敏龙："万"是四位一节读数时用的，而万米没有被定为一级国际计量单位，千米才是国际单位。

张奠宙：就是因为千克、千米流行开来了，于是就发生了矛盾。究竟一万米、十千米，哪一个对、哪一个错？考试要扣分吗？是不是这两个都可以？

张　园：现在的小朋友知识面比较广。我们在大数读写教学的一开始要求四位分节，马上就有小朋友说外国人跟我们不一样，他们是三位分节，教学中我们就会跟学生作简单的说明，告诉他们两种都是可以的。在考试时，一般会给出具体的要求，例如，"请将2340000改写成以'万'作单位的数。"所以不会出现学生两种读法混用的情形，遇到大的数时，学生也慢慢习惯用"万""亿"作单位读。

张奠宙：大数的读法，我国目前还是以万为主。国家统计数据发布、报刊的报道，都以万、亿为基准。只是由于度量衡单位国际化，才产生了一些矛盾。

任敏龙：逐步与国际接轨是大势所趋。克、千克、吨、米、千米、毫升、升这些单位的进率都已经"千"化了，我们承袭老祖宗留下的"万"，将来会不会读成"十千"还是很难说的。

张奠宙：改革开放以来，度量衡单位的改革力度很大。现在的年轻人都不知道尺寸、斤两是什么意思了。有人就说这是数典忘祖。

张　园：我觉得国际化是有道理的。在教学中，我们将大数读写进行"四位分级"，学生有日常生活经验，教学时没有异议。当进行度量衡单位（如体积单位、质量单位等）教学时，就以千作单位，学生也没有异议。这些内容对学生来说好像不会产生交集，学生没有把这两个内容联系在一起。慢慢国际化后，把"万"说成"十千"也不是什么难事，学生应该可以接受。

巩子坤：西方将大数三位三位地分，有什么根据吗？

张奠宙：因为我们的现实空间是三维空间，大数的构成可以用几何直观进行展示。一个小方块（小立方体）被视为1，十个成一条线（长方体），一百就成一个10×10的面（长方体），一千就构成了$10 \times 10 \times 10$的大立方体；再以一个大方块代表千（k），这就形成一节。然后，十个"千"成一条线，一百个"千"成一个面，一千个"千"又构成一个更大的立方体，代表百万（M），形成第二节。如此继续，可以表示任意大的数。k，M，G……就是这样摆出来的。

巩子坤：这样说挺有道理。当然，历史上也不一定就是这样的。我觉得我国在计量单位上和国际公制衔接得很好。而在美国，长度讲英尺，重量用磅，买汽油讲的是加仑，完全不用公制，说是改动太困难，可同样是北美洲的加拿大就用公制了。

前两天我跟一个大学毕业生交流，我问他知不知道"尺"、尺跟米的关系，他全然不知。我说我们老祖宗就是以尺作为长度计量单位的，一米等于三尺。可以在教材"你知道吗"这样的栏目里介绍一下中国历史上的度量衡，这很有必要。

任敏龙：国外某些常见的度量衡制度，也可适当介绍，以加强国际理解。

巩子坤：大数的读法，只要把数字和它的数位读出来，别人能明白、不会误解就可以了，不要过多地拘泥于"零"的读法问题。再比如说，山东人习惯读三百一十五，杭州人习惯读三百十五，但我们想要表示的数并没有不同，也不至于产生理解上的障碍，因而二者皆可。可见，大数的读法和文化背景有关。为了开阔学生的国际视野，教师有必要从数学文化的角度介绍一下，而不只是在英语课上才让学生知道"万"要读成"十千"。

课题 2　加法与乘法交换律不是"可以写出来"的

正本清源,通过"数数"活动理解运算律
——关于加法和乘法交换律的谈话

文原稿始

(本文发表于《教学月刊·小学版(数学)》2015 年第 6 期)

戎松魁[1]：张教授,自 2001 年小学数学新教材使用以来,我一直在想：正整数加法和乘法的意义及其交换律怎样表述比较好？教学中怎样处理比较合适？你能抽空指导一下吗？

张奠宙：关于这个问题我也有话要说。

戎松魁：那就让我们先来谈谈加法吧。

张奠宙：自然数的加法,其本源意义在于对两个具有有限基数且不相交的集合 A 和 B 作并集 $A \cup B$ 之后, $A \cup B$ 的基数是 A 的基数与 B 的基数之和。

戎松魁：这对一年级小学生而言,没法说明白。

张奠宙：但是说白了,很容易懂。这就是"数数"。A、B 两堆石子,先数 A 堆的 a 颗,接着数 B 堆的 b 颗,最后的结果就是 $a+b$ 颗。

戎松魁：对,这样说倒是容易理解。"数数"是最基本的数学活动之一,加法的本质就是"接着数"。我注意到人教版《数学》一年级上册就是用"接着数"做加法的。

---

[1]　杭州师范大学初等教育学院副教授.

张奠宙：当代数学教育心理学的一个经典结果就是用"数数"这样一种行为性的操作活动来形成自然数的概念。加法概念不是来自于更多的小石子，而是来自于添加或合并的操作活动。现在所强调的四基中，基本数学活动一定会包括"数数"这样重要的数学活动。

戎松魁：是啊，如果用"数数"学习加法交换律，就非常明白易懂。教材上可以画 A、B 两堆石子，引导学生发现先数 A 堆接着数 B 堆，和先数 B 堆接着数 A 堆的结果是一样的。从本源上看，这就是交换律成立的证明。从小学生的感受而言，这是明白易懂的直观。可是人教版《数学》四年级下册"加法运算定律"教学内容中并没有用"数数"的活动加以说明（图 2-1）。

图 2-1

张奠宙：非常遗憾。现在教材里提到加法交换律，就是让学生拿两个数来验证一下：$5+6=6+5$，然后要学生分组举很多例子，归纳出加法交换律成立。至于为什么可以交换，没有从本源上说清道理。现在提出"过程与方法的教学目标"，凡是小学生能够懂的道理，还是要说理。

戎松魁：这种操作方法确实不错。那么"数数"的操作活动能不能用于乘法呢?

张奠宙:不仅可以,而且必要。"数数"这样的基本数学活动需要多次进行,使之成为理解自然数运算规律的一把钥匙。

戎松魁:人教版《数学》二年级上册先展示了三幅不同的生活情境图片,引出三个加法算式:3+3+3+3+3=15,6+6+6+6=24,2+2+2+2+2+2+2=14。然后指出:"这种加数相同的加法,还可以用乘法表示。"针对最后一个加法算式,指出用乘法算式可以写为"2×7=14"或"7×2=14"。同时给出了它们的读法(图2-2)。

图 2-2

张奠宙:我最近也看到了,颇为惊讶。

戎松魁:这就是说,不管是"2×7"还是"7×2",都表示7个2相加,两个不同的乘法算式,表示的是同一个加法算式。推而广之,当 a 和 b 都是大于1的整数时,$a×b$ 和 $b×a$ 都表示 b 个 a 的和,同时也都可表示 a 个 b 的和。用这样的方法来给出两个数相乘的意义好像有问题。

张奠宙:这里用了一个"或"字,就把"7个2相加"和"2个7相加"两个不同的运算过程等同起来了。可是,乘法交换律只说交换次序相乘之后其结果相同,没有说这两个过程相同。它的错误,正好像说一只羊和一头猪都重50千克,就说这只"羊"是一头"猪",有悖常理。

戎松魁:不知道为什么会改成这样?

张奠宙:我回想了一下,在新世纪初课改刚开始的时候,小学数学里曾有乘数和被乘数的区别,即$a\times b$和$b\times a$的意义不尽相同。特别是在解应用问题列式时,如果列式需要写成$a\times b$,那么写成$b\times a$就算错。于是,一些数学家就讽刺"在小学数学里乘法交换律不成立"。这在当时成为数学课程改革的重要由头之一。改革是必要的,但矫枉过正就会出现失误。

戎松魁:既然教材中把"2×7"与"7×2"说成一回事,那么对于大于1的整数a和b而言,$a\times b$和$b\times a$也是一回事,$a\times b=b\times a$就是自然成立的,连验证都可以省去。这样一来,学习乘法交换律还有意义吗?还能称为"数学定律"吗?

张奠宙:是啊。像现在这样处理,是一种科学性的失误。

戎松魁:问题还在于《义务教育数学课程标准(2011年版)》第76页例5:"教室里有6行座位,每行7个,教室里一共有多少个座位?【说明】这个例子可以引导学生理解教室中的座位数是6个7的和,可以写成:6×7或7×6。"

张奠宙:课标也把6×7说成就是7×6,没有想到。我想,如有不妥,课标也是可以改的。

戎松魁:或许教材的编写者注意到了这个问题,因此在人教版《数学》四年级下册"运算定律"这一单元中就不承认"4×25"和"25×4"是一回事了,也就是说4×25不能写为25×4,而必须先计算得到$4\times25=100$,$25\times4=100$,然后才有$4\times25=25\times4$,并在要求学生"再写出几个这样的等式"后得出乘法交换律成立,用字母表示为$a\times b=b\times a$。这与二年级上册中给出的乘法意义不统一。

张奠宙:自相矛盾了。

戎松魁:那怎么处理为好呢?

张奠宙:我想,正本清源,还是回到"数数"这个原始的数学操作活动上来。例如,针对二年级上册引入乘法意义的例1,先画出石子图(图2-3):

图2-3

接着文字表述:

这堆石子有多少颗呢?可以竖着数,每列2颗石子,共7列。7个2相加,写作

2×7,读作 2 乘以 7。也可以横着数,每行 7 颗,共 2 行,2 个 7 相加,写作 7×2,读作 7 乘以 2。不管竖着数还是横着数,结果都是 14。所以 2×7=7×2。

戎松魁:请说说这样做的理由。

张奠宙:我想,这次乘法意义的教学改革,其目标是:

1. 不要提出乘数、被乘数的概念;
2. 知道 2×7=7×2;
3. 懂得其中的道理。

在上面的文字说明里,我们做到了以上三点。

首先,我们没有一般化地提出乘数和被乘数的抽象概念,但是用实际的数说明了 7 个 2 相加和 2 个 7 相加之间的区别,并且保留了"2 乘以 7"的传统读法。其次,我们导出了 2×7=7×2,不会出现所谓小学里乘法不服从交换律的毛病。最后,我们用数数的操作活动,以及"竖着数""横着数"的生活化语言,说明了等式成立的合理性。这样做,乘法交换律在引入乘法意义时就有所涉及,不知道在实际教学实践中是否可行?

戎松魁:我想,有了"数数"这个活动的支持,结合教材中的例 1 和例 2,继续操作几次,类似地可以得到 3×5=5×3,6×4=4×6。最终二年级小学生应该能够理解"两个数相乘,交换它们的次序乘积不变"的结论。不过,二年级仅限于具体的数相乘至于 $a×b=b×a$ 这样的字母式,以及"交换律"这样的专有名词,仍旧可到四年级再提出。这样分为两个阶段,互相连接,没有矛盾。

张奠宙:至于课标第 76 页例 5,有教室里的座位作生活化背景,只要加一句话:"用横着一行行数(7×6)和竖着一列列数(6×7)两种方法计算座位的数目,结果相同",并将"可以写成:6×7 或 7×6"改写为"可以写成 7×6"就行了。

戎松魁:关于 2×7 的读法,你认为要读成 2 乘以 7,是不是有乘数、被乘数这样的意思在里面?

张奠宙:不。我们只是说明 2 乘以 7,专指 7 个 2 相加;7 乘以 2,是 2 个 7 相加。我们要说明这二者是不同的过程,但结果一样。至于在教学中,尤其在考试中,不要刻意去强调其间的差别,更不要一般地提出乘数、被乘数的概念。至于 2×7 读成 2 乘以 7,那是正规读法。另外,这种读法与接下来学习除法 $a÷b$ 的读法(a 除以 b)可以比较自然地衔接起来。当然,对于 2×7 这种乘法,简单地读作 2 乘 7 也可以。

戎松魁:我想,我们的谈话是否可以归纳为以下几点:

1. 根据现代学习心理学的研究,对加法、乘法的意义及其运算定律的理解,其本源在于"数数"的操作活动。我们现在强调"四基"教学,"数数"操作活动理应放在突出位置,现行教材还可以进一步予以利用。

2. 现行教材中的乘法意义解释,将 2×7 和 7×2 看作同一件事,混淆了两种不同的计算过程,使"乘法交换律"变得没有意义,缺乏科学性。应予以改正。

3. 乘数、被乘数概念的过分强调,对日后的学习并无益处,反而与乘法交换律相冲突,故不宜恢复。仍应去掉。

4. 恢复 7 个 2 相加写成 2×7,读作 2 乘以 7,符合国内外的习惯。

5. 在学生刚开始学习乘法时,应将"7 个 2 相加"与"2 个 7 相加"区别开来,但说明二者结果相同,为以后学习乘法交换律作铺垫。

6. 在二年级上册的学习中,将点子图用竖着数、横着数的"数数"活动来说明 2×7=7×2 是否可行,需要教学实践的检验。

张奠宙:我觉得你的归纳基本上概括了我们谈话的内容。我们下次有机会再谈。

戎松魁:好的,再见。

 一线回声

关注数学本质,实现"运算律"的构建
——对"运算律"教学的几点思考

左文艳　江苏省淮安市淮阴实验小学

　　笔者多次教学苏教版"运算律"单元。近日读了张奠宙和戎松魁两位老师《正本清源,通过"数数"活动理解运算律——关于加法和乘法交换律的谈话》一文,深有感触。

　　苏教版的"运算律"安排在四年级下册,集中教学加法和乘法的五个定律。事实上,不少一线教师都把重点放在加法和乘法交换律以外的三个运算律上,对于这二者,往往采用举例法归纳得出结论加以运用。至于加法和乘法交换律为什么成立,并不深入研究。然而,按照三维教育目标,必须对教学内容所经历的过程以及使用的方法作出一定的阐述。笔者建议从以下几个方面关注数学本质的呈现。

一、关注"数数",培养数学基本活动经验

"数(shù),起源于数(shǔ)","数数"活动能激发学生的学习兴趣,调动学生多种感官参与活动。

教学"加法交换律",关键是学生对加法意义的理解。不妨以故事"朝三暮四"作为情境,四年级的学生必定哄堂大笑小猴的幼稚,但究其原因一定是计算出来的,这时可以引导学生运用数数的方法理解:在3个后面接着数4个,是7个桃;在4个后面接着数3个,也是7个桃。学生在嘲笑小猴的同时,明白3+4和4+3虽然是两个不同的过程,但结果相同,所以3+4=4+3。这样的数数过程看似简单,恰恰从数学的本质上解释了加法交换律,正如张奠宙教授所说,交换律只能说明交换两个数的次序后结果相同,而过程是有区别的。

二、关注"数形结合",渗透数学基本思想

数形结合,主要是指数与形之间的一一对应关系。数形结合就是把抽象的数学语言、数量关系结合起来,通过抽象思维与形象思维的融合,使复杂问题简单化、抽象问题具体化,从而起到优化解题途径的目的。

"乘法分配律"是小学阶段最难理解和掌握的运算律,其原因可能是教师们更多地强调对规律的运用,而忽略了规律算理的推导过程,导致学生对规律的本质体验不到位,感悟不深刻。教学时可以借助情境图,运用数形结合的思想,丰富表象,逐步抽象,从而构建规律的模型。

可以设计这样的情境:学校购买课桌椅,桌子每张75元,椅子每把25元。买这样的10套课桌椅,一共需要多少元?学生思考后尝试画出示意图:

75 75 75 75 75 75 75 75 75 75   75×10
25 25 25 25 25 25 25 25 25 25   25×10

可以横着看,分别计算桌子和椅子的价钱,再相加,算式为75×10+25×10;可以竖着看,按10套来计算,算式为(75+25)×10。不管怎样看,买到的依然是这些桌椅,总价不变,所以75×10+25×10=(75+25)×10。然后运用符号化思想,抽象出乘法分配率$a×c+b×c=(a+b)×c$。由于(75+25)×10计算较为简便,因此体现了乘法分配率的运用价值。

这样的数形结合,直观显示了等式在形式上发生变化的原因,学生逐步经历"数学化"的过程,不但知其然,更知其所以然,有利于从本质上理解分配律,构建规律模型,对于规律的运用也会更加自如。

三、关注"整体",构建知识体系

教学"乘法交换律",要溯源于乘法的意义,即"求几个相同加数的和的简便运算"。课改前,5+5+5=?,必须写成5×3;3+3+3+3+3=?,必须写成3×5,遵循"每份数×份数=总数"。课改后,为降低教和学的难度而淡化了这部分要求,导致学生对乘法意义理解模糊。3×5既可以表示5个3相加的和,也可以写成3个5相加的和,不讲任何道理。为了识记方便,甚至让学生机械记忆"3×5就表示3个5相加",违背常识。这样的"模糊",给我们一线教师带来许多困惑,以至乘法交换律的教学显得多余。

学习张奠宙先生与戎松魁老师的文章后,混沌的思绪顿时清晰起来。原来教材也有不尽完善的地方。因此,教师在自己的教学中还是得立足整体,改进乘法的意义教学,从数学逻辑的角度理清各个知识点间的脉络关系,引导学生正确构建知识体系。

运算律是运算的主要性质,反映了运算的规律性。学习运算律不仅是为了计算简便,更为重要的是发展学生对于数与运算意义的理解,培养数学学习的能力。小学数学"运算律"的教学,应基于数学本质,引导学生在"数数"的基本活动中体验数学方法,感悟数学思想,实现对数学知识体系的构建。

加法和乘法的交换律,课改后被削弱了,应该按照三维教学目标加以恢复。

 数方夜谈

教学运算律,须先厘清运算的本质

(本文发表于《小学数学教师》2017年第7、8合刊)

话题一:加法定义与加法交换律

巩子坤:今天我们来聊聊小学中的加法、乘法及其交换律的教与学。小殷,你说什么是加法?

殷文娣：我会做加法，但什么是加法、以前怎么学的，早就忘了。我想，加法就是"两堆东西合并成一堆"后的个数吧。

巩子坤：这两堆东西是否要一样？第一组5个人，第二组4个人，加起来9个人。都是人才能相加，是不是？

殷文娣：好像不是。例如，小明拿来熊猫玩偶、长颈鹿玩偶、奥特曼玩偶，小红拿来坦克车模型、飞机模型。我数一数，一共有五个玩具，但它们不一样。

巩子坤：但属性相同，都是玩具。

张　园：我们一年级第一次教学加法的时候，非常突出两个量合并的关系，用一个手势表示"合起来"，改写成数学符号就是"＋"（图2-4）。教学中，常常将生活中的实物半抽象为"小方块"或"点"，再抽象为数和算式，这样自然而然就统一为"数"，而去除了非本质的属性。因此，目前的教学中没有强调不同类的对象可以相加。

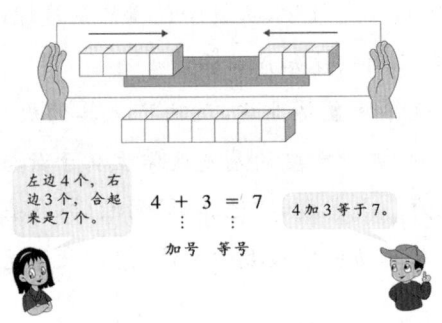

图2-4

张奠宙：最近看到一本俄罗斯小学一年级的数学教材，加法完全等同于"不相交集合的并集"。不同名的集合可以相加。（图2-5）

巩子坤：这样一来，可以写5个苹果＋3个梨，意思是由5个苹果、3个梨组成的集合，不涉及数的相加。

殷文娣：那么，"5个苹果＋3个梨"究竟等于几？

巩子坤：进一步才是数的相加，那就得用数数的活动来完成。数完5个苹果，接着数6、7、8，得到8的结果。其实，当我们数数的时候，就已经抛开了数量的"量"了。也就是说，我们不再关心这是苹果还是梨，而是把它们抽象地看作"东西"，我们仅仅关心这些东西的个数。

张　园：我们的教材也是分两步。先作并集，接着数数。不过都是"同名"的对象，

图 2-5

> 译文:
> 1. 第一个框里有什么样的图形？第二个框呢？如果把所有的图形合在一个框里，得到怎样的结果？
>
> 和（表示式）　　　　　　　和（结果）
> 加法——就是将部分合并成一个整体。
> 2. 关于"和"，你能说点什么？理由何在？

如一样的小棒，一样的卡片，一样的铅笔，等等。

任敏龙：俄罗斯教材的做法很大胆。说实在的，并集也没有什么神秘的，在小学里就是"合在一起"，只是我们的教材中没有出现学术化的语言而已。苹果和梨相加究竟怎样处理比较好，恐怕需要教学实践加以检验。

张　园：我的直觉是"同名"和"不同名"的对象都可以并。学生头脑里的加法"表象"就是并集。至于数的相加，就是将并集里的元素数一数而已。同名的元素会相加了，不同名的自然容易了。以后找机会试试看。

张奠宙：从并集的角度看，加法交换律自然成立。俄罗斯一年级教材的加法定义之后，立刻根据并集的意义写出了"T＋K＝K＋T"，交换律出现得很早。

话题二：乘法定义与乘法交换律

巩子坤：我们再来聊聊乘法交换律。

张奠宙：我再给各位看看俄罗斯教材中的乘法定义。b 个 a 相加叫做 a 乘 b，记作 $a \cdot b$。这里没有乘数、被乘数的区别，但是 $a \cdot b$ 的书写次序还是很讲究的，在大量的练习中严格要求保持这样的顺序。（图 2-6）

殷文娣：我注意到，俄罗斯教材没有用乘号"×"，而是用"·"。

张奠宙：这符合中学、大学里的习惯。我们的乘号用"×"，是怕"·"与小数点"."

> В практических задачах при выражении значений величин в более мелких мерках возникает необходимость вычислять суммы одинаковых слагаемых. Эти суммы записывают короче: $4+4+4+4+4=4\cdot 5$. Читают так: «по 4 взять 5 раз» или «4 умножить на 5».
> Сложение одинаковых чисел называют умножением.
> $$\underbrace{a+a+\ldots+a}_{b\text{ раз}}=a\cdot b$$

图 2-6

> 译文：
> 实际问题中常常将同一个数相加很多次。这样的加法计算过程，它们的和可以改写为 $4+4+4+4+4=4\cdot 5$，读作4乘5，将同一数连加称为乘法。
> $$\underbrace{a+a+\cdots+a}_{b\text{个}}=a\cdot b$$

相混淆。

任敏龙：俄罗斯教材没有从一开始就说"3×5也可以写成5×3"。二者还是有区别的。

张奠宙：有区别，但是结果相等，所以才成为一条定律。如果本来就一样，还有什么"律"可言呢？

巩子坤：张先生说得很有道理。现在很多教材，在第一次教学乘法的时候都会有这样一句话：2×7也可以写成7×2。可能大家都以为《义务教育数学课程标准(2011年版)》中有这样的要求，我仔细查阅，其实是没有的。

张　园：我看了两个版本的教材。人教版教材只有一个加法算式，七个二相加的和是十四，可以写成乘法算式2×7，也可以写成7×2。一个过程可以用两个算式表示。(图2-2)浙教版教材则不然，是用一个图表达两个意义，再配两个算式。(图2-7)

任敏龙：我参与了这本浙教版教材的编写。我们觉得，5×3与3×5本质上是两个意义，两个算式。

巩子坤：浙教版教材中的这个模型，与张先生在《正本清源，通过"数数"活动理解运算律》一文提到的石子图是一致的，即都是"面积模型"。因为乘法是二维的，面积模型再合适不过，其优越性就凸显出来了。

再以浙教版教材为例，可以采用"横着看，竖着看"的办法：

横着看，每行有5人，共3行，对应的式子就是5×3；竖着看，每列有3人，共5列，对应的式子就是3×5。很明显，两个式子的意义是不一样的。

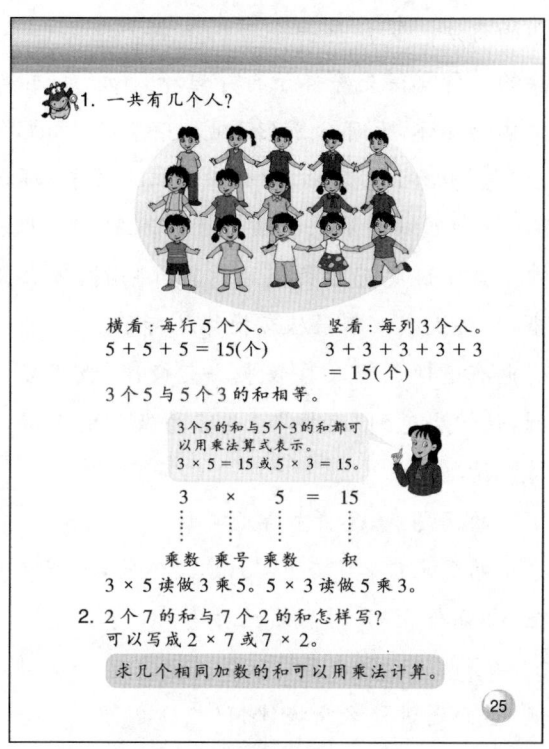

图 2-7

话题三：教学交换律的价值、方式与时机

任敏龙：对乘法而言，面积模型是最好的。我觉得这个应该没有什么异议。现在关键的问题是，小学数学为什么要讲交换律？有没有必要讲交换律？

巩子坤：是啊，我们究竟为什么要讲交换律呢？

任敏龙：恐怕是因为它是数运算的通性：在整数环中，对加法构成一个交换群（阿贝尔群）。既然这是一个通性，所以就要在学习之初认识一下。

张　园：课改的目标是弱化乘法的意义，用交换律取消乘数、被乘数的概念。另外，学习交换律、结合律，可以简化运算。

巩子坤：乘法的交换律缺乏对立面。没有"非交换"的乘法，衬托不出乘法交换律的重要性。这好比一个人天天生活在白天，那就不要跟他讲电灯、灯光这些事，因为不知道黑夜，何必谈点灯？

任敏龙：需要"非对称"乘法作陪衬。

巩子坤：当你遇到了矩阵的乘法、向量积的时候——这些乘法均是不可交换的，交换律的地位才凸显出来。

张奠宙：我有点不同的看法。交换是一个普通名词。现实世界里，大多数的动作是不能交换的。你总得先穿袜子再穿鞋子，不能反过来，即不能交换。一个动作的主体和受体，大部分情形下也是不能交换的，例如，我爱你，不见得你爱我；少数情形可以交换，例如，A 和 B 握手，那么 B 也和 A 握手。因此，一般地，$A\times B$ 未见得一定要等于 $B\times A$。所以，我觉得交换律不是天生的直觉。至于说要有非交换的运算作陪衬，不必用矩阵乘法和向量积等来说事，只要说减法不服从交换律就行了。

张　园：张先生说得也有道理。下次再教乘法交换律，我想多举几个生活中不可交换的事例，让学生感到"交换"不是容易做到的。满足交换律是需要证明的一种特殊情况。

巩子坤：好。那接下来的问题是，怎样教学呢？

任敏龙：我赞成张先生的观点：3×5 与 5×3，意义不同，过程相异，只是结果相同。

张　园：前提是要把 3×5 与 5×3 的意义说清楚。

巩子坤：对，不能说 3×5 也可以写成 5×3，尤其是在第一次学习乘法的时候。要是这样的话，后面还讲什么交换律啊！

张　园：那是否还要突出被乘数与乘数的概念呢？

任敏龙：我觉得不宜强调，因为现在因数的位置是平等的。

巩子坤：过程不同但结果相同，是常见的数学问题。例如，分数乘法就出现了这样的情形（图 2-8）：

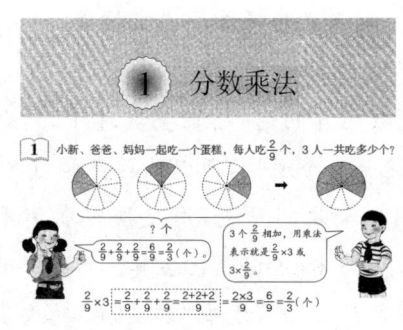

图 2-8

$\dfrac{2}{9}\times 3$ 完全是整数加法的意义，$3\times\dfrac{2}{9}$ 本质上是乘法意义的扩展，其含义与 $\dfrac{2}{9}\times 3$ 完全不同。意义尚且不清楚就断言两者相等，是不是太武断了？

张　园：画出来的图是不一样的。

巩子坤：$\frac{2}{9} \times 3$ 表示 3 个 $\frac{2}{9}$ 是多少，借助图比较容易理解。而 3 的 $\frac{2}{9}$ 是多少，画起来、理解起来就困难多了。

任敏龙：差别非常大。

巩子坤：一个是整数思维，一个是分数思维，不能轻易地说 $\frac{2}{9} \times 3$ 也可以写成 $3 \times \frac{2}{9}$。否则，下面就不需要介绍整数乘分数了。

殷文娣：这里用了分数乘法的交换律。教材不去触及，就混过去了。

张奠宙：分数乘法交换律建立在正整数乘法交换律之上，证明也很容易。

巩子坤：最后一个问题是，交换律何时教学呢？

任敏龙：乘法是二年级教学，教材把所有的乘法（一位数乘一位数、两位数乘一位数、三位数乘两位数）讲完，然后在四年级出现乘法交换律。其间学生不能用交换律，于是觉得很痛苦。

张　园：俄罗斯教材早在二年级就直接给出交换律了。

巩子坤：是啊，二年级都有 $a \cdot b = b \cdot a$ 了。

任敏龙：交换律不一定跟乘法的定义一起出来。一开始还是应该比较严格地介绍乘法的意义（不可以说 7×2 也可以写成 2×7）；对乘法稍微熟悉一些之后，就要马上教交换律。

张　园：交换律如果用面积模型呈现，教学中不构成难点。早些出来可以为乘法运算带来方便。

巩子坤：我们今天讨论了不少问题，希望在今后的实践中能够去验证我们的想法。

课题3　文字代表数的作用要分类，不可一锅煮

把数学思想方法适当地说出来
——从"文字代表数"的意义说到方程的本质

（本文发表于《小学教学（数学版）》2014年第10期）

现在提倡数学"四基"教学，数学基本思想方法是其中的一部分。为了使少年儿童更好地受到数学思想方法的熏陶，教材编写者需要作出不懈的努力。在这方面，我们需要改进的地方不少。以下就"文字代表数"[1]和方程的关联作一些分析。

方程是代数学的核心内容。长期以来，许多小学数学教材本着"代数、代数，就是文字代表数"的通俗理解，都把文字代表数放在"简易方程"单元的前面。然而，为什么要用文字代表数，它和方程的关系是什么，它的背后蕴含着怎样的数学思想方法，大都没有深究。教材处理上往往是眉毛胡子一把抓，随意地罗列一番，把其中蕴含的数学思想方法给冲淡甚至遗失了。我们先看某教材（2006年3月第2版）的编排。

一、某教材"字母代表数"的编排分析

第1页（图3-1）做得不错[2]。把算术中的算式隐去其中某一成分，用符号或字母代替。然后根据数学内容推算出这些符号或文字所代表的数。例如：

---

[1] 本文中的"文字代表数"，"文字"并非专指中文汉字，也指代外文字母。
[2] 该页有一些具体的处理，如找规律等，是否合理，值得商榷，这里不展开讨论。

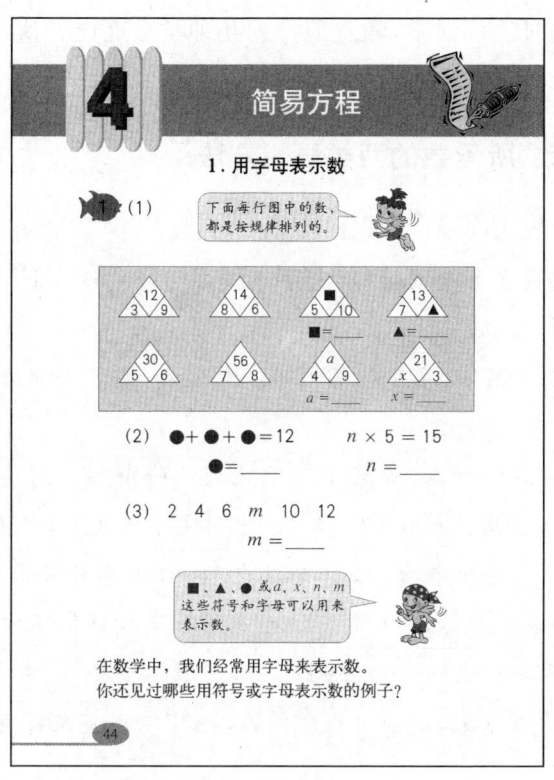

图 3-1

已知●+●+●=12，即 $3×●=12$，●=？

已知 $n×5=15, n=?$

这样的例子，已经具有简易方程的雏形，是和方程概念密切相关的。

遗憾的是，紧接着的第 2 页是用字母呈现乘法交换律 $a×b=b×a$，说这也是用文字代表数。这种泛指的用文字"代表"某人某物的做法，乃是常识，没有多少数学含量。至于该页下部用英文字母表示度量衡单位（以 kg 表示千克等），文字代表的不是"数"，显然和文字代表数的意义不符，有些跑题了。

该单元的第 3 页是用英文字母 a 表示某正方形的边长，然后给字母 a 赋值，如令 $a=6$，计算其面积和周长。这里几乎是重复已学知识，与本单元的主题"方程"也没有什么关系。

到了该单元的第 4 页，突然出现重大跳跃：把字母作为变量，描述了小红的年龄和她父亲年龄的函数关系：若记父亲年龄为 m、小红年龄为 a，那么 $m=a+30$。这一跳跃跨度很大。第 5 页继续扩大这种跳跃度。

我们将这 5 页教材复述于此，就会觉得，教材编写者只是从字面意义上理解

"文字代表数"中的"代表"二字,随意地排列几种类型而已。这几页内容的背后所蕴含的数学思想方法,则只字未提。

二、"文字代表数"所承载的两类思想方法

文字代表数的思想内涵,可以分为以下两大类。

第一类是常识意义下使用符号、文字来代表事物。这在日常生活以及语文训练中已经大量使用。例如:

- 每个人有一个名字,名字就是文字。中文名、英文名都是一种符号,其意义在于用姓名代表人。
- 用文字泛指某一个人,如某甲。甲就表示一个人。用英文字母 A 表示某人,当然也可以。乘法交换律 $a×b=b×a$ 中用文字代表数,即属于此类。
- 用文字代表一部分事物。如本班某老师 A,就是用字母泛指本班教师群体中的任何一位。如果说正方形边长为 a,也是用 a 泛指任何正方形的边长。
- 用文字表示某一规律。如用中文表示标准体重公式:成年男子的标准体重(千克数)等于身高(厘米数)减去 105。当然,也可以用英文字母和数学符号来表示:$w=h-105$。
- 泛指一个自然数。如人人都有两只手,手的只数等于人数乘2。用英文字母写成式子就是 $h=2n$,其中 n 是人数,h 是手的只数。

总之,这一类的用文字代表数,使用的是普通常识,描述的是已知对象或规律,目的是为了使表达更加简单、方便、实用。

第二类的文字代表数,是用文字代表一个特定的未知数。这是一种特殊的思维方式,即为了寻求未知数,从文字符号所体现的数量关系中,经过各种运算、变换,最终找到答案,我们将它称作方程思想方法。这种思想方法在小学算术中已经有所蕴含,如上述教材中的例子:

- 已知●+●+●=12,即 3×●=12,●=?

未知的是●,数量关系是 3×●=12,由此确定●的值。

- 已知 $n×5=15, n=?$

欲求 n 的值,借助已知的数量关系 $n×5=15$,可知 $n=3$。

在这一过程中,对象是未知的特定的数,和第一类用文字代表泛指的已知数是不同的思维过程。如果要打个比方,不妨认为第二类的文字代表数好像是在寻找罪犯。罪犯姓甚名谁,我们不知道,因而只能用一个符号或代号代表,然后凭借

罪犯遗留在现场的痕迹和其他信息,与我们已知的事实和信息进行比对,最后找出罪犯。

从以上的分析可知,上述教材"文字代表数"的 5 页内容笼统地在"代表"二字上做文章,没有在数学思想方法上进行分类,更没有由浅入深地进行次序编排,需要改进(该教材 2014 年版已作了较大变动——编者注)。

三、一点建议

"文字代表数"在国外有许多研究,其中一项经典的工作是英国关于儿童数学概念发展水平的研究(CSMS 的部分研究,全称为 Concept in Secondary Mathematics and Science)[1]。我们可以加以借鉴,在教材上作如下安排:

第 1 页:用字母代表任意的数。

如乘法交换律:$a \times b = b \times a$。我们用字母 a、b 表示的数学式子代替"两个数相乘,交换它们的位置,其乘积不变"的语言描述,简洁明了。

第 2 页:用字母代表一类数。

如果用字母 a 表示正方形的边长,那么它的周长是 $4a$,面积是 a^2。使用时只要给 a 一个确定值,如 $a=6$ 厘米,那么这个正方形的周长是 24 厘米,面积是 36 平方厘米。这样用文字表示公式,容易记忆。

第 3 页:用字母 n 代表自然数。

例如,一个人有 2 只手,那么 n 个人有 $2n$ 只手。语言简洁,计算也非常方便。(许多教案用"n 只青蛙 n 张嘴,$2n$ 只眼睛 $4n$ 条腿",也很好)

第 4 页:用字母表示特定的未知数。

例如,我不知道一支红笔多少钱,将它的价格用字母 a 表示。但是我知道蓝笔一支 5 元钱(已知),买红笔、蓝笔各一支需要付 11 元钱。那么只要写出式子 $a+5=11$,就知道 $a=6$。这种用字母表示未知数,然后通过式子运算推理求得其值的数学方法,是数学中特有的一种重要思想方法。

以上 4 页,引导学生走向求解方程的重大数学思想方法,已经达到目的。至于上述教材中关于爸爸年龄的问题,属于函数概念的范畴,也许放在"数学广角"或者

[1] CSMS数学研究小组.孩子们的数学理解(11~16 岁)[M].约翰·默里(John Murray)出版社,1981.(第八章是有关"文字代表数"的内容.这一章的中文节译见张奠宙主编的《数学教育研究导引》第 333~354 页)

练习中比较合适。无论如何,不要冲淡"用文字代表特定未知数"这一主旨,方程毕竟是本单元的主题。至于乘法交换律 $a \times b = b \times a$,虽然也用文字代表数,却与求一个未知数的要求完全无关。指出这种差异,是提升学生数学思维能力的重要举措。希望教材编写者站得高些、想得深些、写得好懂些、有趣些,给学生更好的精神食粮。

四、对于字母代表数,功夫要花在"字母参与运算"上

数学的价值在于可以运算。一位数学名家给笔者讲过一个故事:"有一次,我曾和美国的拓扑学大家哈斯勒·惠特尼(Hassler Whitney)谈起什么是代数,我认为'文字代表数'并非本质所在,本质在于文字可以和数以及其他符号进行运算。惠特尼一听,把大腿一拍,说:'对啊!我们不知道字母 x 是多少,却可以参与运算了。这就是数学!'"

这里,我们引用 CSMS 数学研究小组的著作《孩子们的数学理解(11～16 岁)》里的一张图中所包含的 4 道测试题:

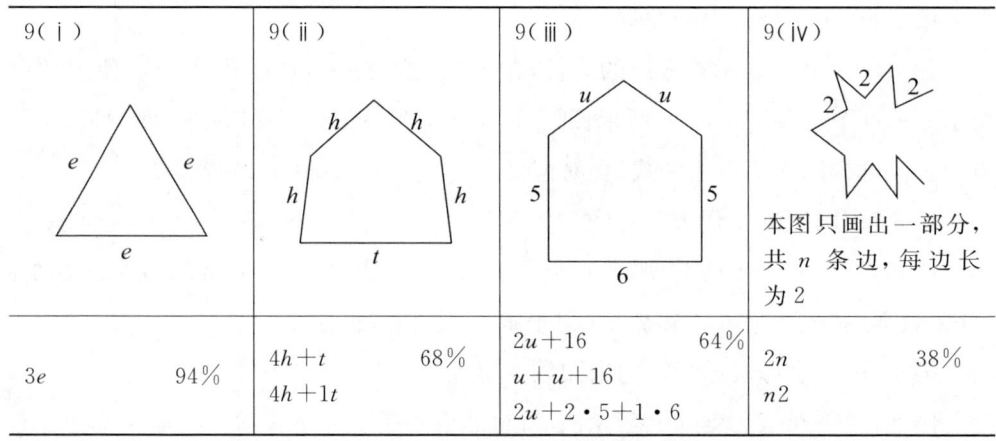

图 3-2

图 3-2 中有 4 个几何图形,用文字和数分别表示图形的边长。测试要求将它们的周长用含有字母的式子表示出来。底下一行是答案,百分比是英国 14 岁孩子回答的正确率。

如上所说,"简易方程"单元中的"文字代表数",学生需要学习的是如何用文字表示特定的未知数,并把它求出来。其中涉及文字和数混合运算的过程,这需要训练。我想,我们的教材里如果放上这样的一些图形,对于学生理解文字代表数是否更有意义呢?

CSMS 研究小组的著作里,还有一些测试题,也很有参考价值:

1. 若 $e+f=8$,则 $e+f+g=$?（答案:$8+g$）
2. 试将 $n+5$ 与 4 相加用文字表示其结果。（答案:$n+9$）
3. $4(n+5)=$?（答案:$4n+20$）
4. 若 $r=s+t$,已知 $r+s+t=30$,$r=$?（答案:15）
5. 若自然数 $c+d=10$,且 $c<d$,c 的值是几？（答案:$c<5$,或者 $c=0,1,2,3,4$）

关于方程的思想方法,我们将在下一篇论述。

 一线回声

"用字母表示数"的教学目标在于培养"符号意识"
——与张奠宙先生商榷

孙旻晗　浙江省杭州市崇文实验学校

　　近期笔者阅读了张奠宙先生的文章《把数学思想方法适当地说出来——从"文字代表数"的意义说到方程本质》。张先生在文中就"用字母表示数"的教学,提出了两个主要观点：

　　1. 教材学习内容的选择要关注其蕴含的数学思想方法；
　　2. 教材编排应循序渐进,"用字母表示特定未知数"要作为主要教学内容。

　　就以上两个观点,笔者在查阅多个版本的教材及相关资料的基础上,结合教学实践,谈谈自己的一些想法。

　　一、"用字母表示数"背后蕴含的仅是方程思想吗

　　《义务教育数学课程标准(2011年版)》(以下简称"课标2011年版")中明确提出,学生要掌握"四基",体会数学基本思想方法是其中之一。张先生就"用字母表示数"和方程的关联展开分析,认为某教材(2006年版)这一课安排不当,编者仅从字面上去理解"用字母表示数"中的"代表"二字,学习内容与本单元的主题"方程"没有关系,其蕴含的数学思想方法更是没有被足够重视。显然,张先生所指的数学思想方法就是方程思想。

　　无疑,方程思想是很重要的数学思想方法,但"用字母表示数"这节课到底蕴含了哪些思想方法呢？只有方程思想吗？学习"用字母表示数"仅仅是学习"方程"的前奏(即知识准备)吗？

笔者以为,学生在这节课中体验数学抽象、发展符号意识更为重要。

1. "用字母表示数"是学习一般抽象的开始

在现代社会,"用字母表示数"是每一个受教育者必须知道的概念,也是最早接触到的、抽象的教学内容,这些教学内容是小学生学会一般抽象的开始[1]。

用字母表示已学过的规律(运算性质及计算法则、公式),就是一个从具体走向一般的归纳推理过程,从而理解符号的表达是具有一般性的,公式、计算法则用字母来表示是抽象概括的结果,不仅是为了学习者方便记忆。

学生要想达到用字母表示未知量的能力水平,必须有一定的抽象思维水平。需要经历从陌生到熟练使用字母的若干阶段,从中体会由具体到抽象、由特殊到一般的变化过程[2]。并且,从这个意义来说,体验从具体到抽象、特殊到一般的归纳概括是极其有价值的,并不亚于理解方程思想方法的重要性。

2. "用字母表示数"重在建立、发展符号意识

"课标2011年版"中提出要注重发展学生的符号意识。什么是符号意识?"课标2011年版"中说:"符号意识主要是指能够理解并且运用符号表示数、数量关系和变化规律;知道使用符号可以进行运算和推理,得到的结论具有一般性。建立符号意识有助于学生理解符号的使用是数学表达和进行数学思考的重要形式。"

史宁中主编的《基本概念与运算法则》中把"符号意识"直接与"字母表示数"挂钩——符号意识在小学"数与代数"中主要是指:用字母表示数。由此可见,"用字母表示数"内容背后蕴含着一个重要的数学思想"建立并发展符号意识"。在这节课中,"符号意识"体现在以下两点:

(1) 知道字母(或符号)可以像数那样进行运算和推理;

(2) 知道通过符号运算和推理得到的结果具有一般性[3]。

---

[1] 史宁中.基本概念与运算法则——小学数学教学中的核心问题[M].北京:高等教育出版社,2013:34,37-38.

[2] 陈琼,翁凯庆.试论数学学习中的理解学习[J].数学教育学报,2003(1):17-19.

[3] 同[1].

二、"用字母表示特定的未知数"是本课中最为重要的教学内容吗

张先生认为,"用字母表示特定的未知数"是"用字母表示数"教材编排中的重要内容,并举了这样一个例子:"我知道蓝笔一支 5 元钱(已知),买红笔、蓝笔各一支需要付 11 元钱。那么只要写出式子 $a+5=11$,就知道 $a=6$。"可以看出,这一用字母表示特定未知数的过程就是列方程。那么,这节课中就要出现方程的教学吗?"用字母表示特定的未知数"是本课的重点吗?

1. 某教材新旧版本的纵向比较

张先生文章中用来举例的某教材(2014 版)进行了较大改动,删除了原教材中与"用字母表示数"意义不符的内容(图 3-3 中黑框部分),并补充了一些字母参与运算的内容,从图 3-4 中可见,新版虽有增删,但也没有出现方程内容。

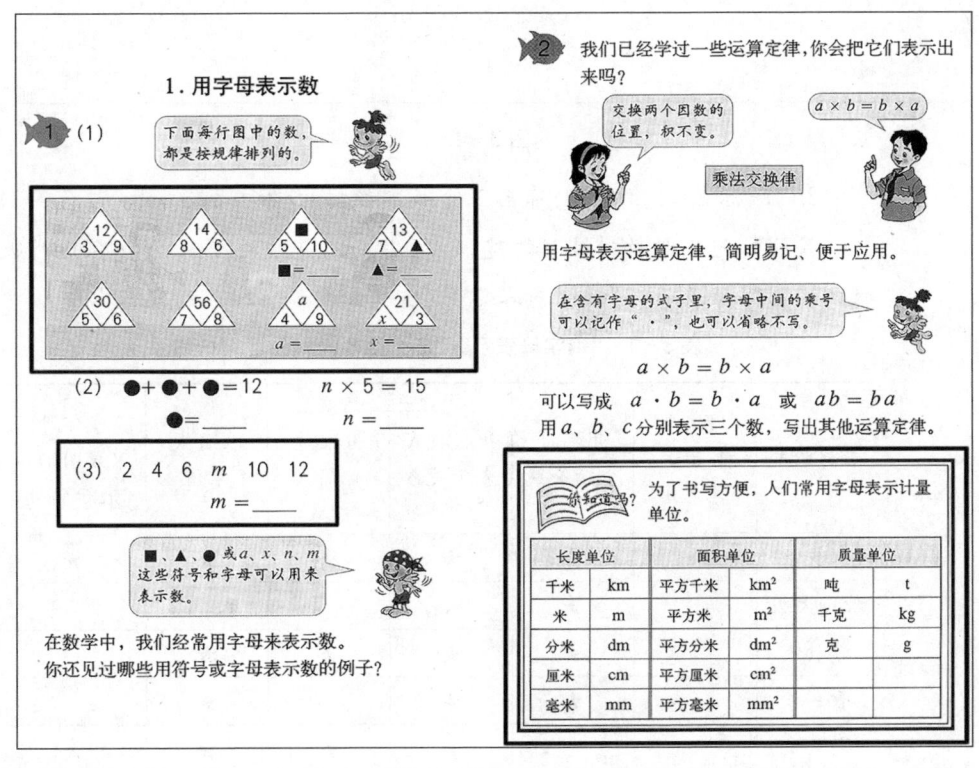

图 3-3

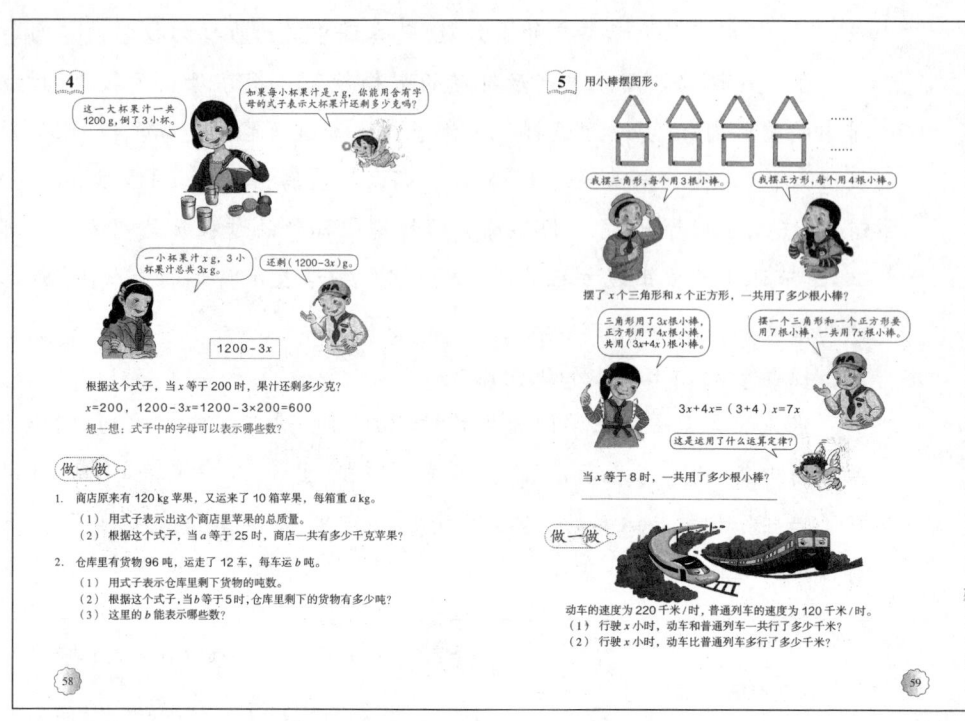

图 3-4

2. "课标 2011 年版"公布后五个版本教材的横向比较

按照张先生对教材编写的建议,笔者查阅并整理了五个版本的新版教材,"用字母表示数"一课内容见下表。(★表示有相应的内容出现)

表 3-1 "用字母表示数"五个版本教材的学习内容

教材版本	用字母表示运算定律	用字母表示公式	用代数式表示关系	用乘法分配律化简代数式	代数式求值	求字母（或图形）表示的数
人教版	★	★	★	★	★	★
北师大版		★	★			
苏教版		★	★	★	★	
青岛版		★	★		★	
浙教版			★	★		★

从上表可见,五个版本的教材中只有人教版(图 3-5)和浙教版(图 3-6)出现了"用字母表示特定的未知数"的内容,两个版本中此环节的出现都只是为了引出学习内容,并未深究其背后的方程思想方法。

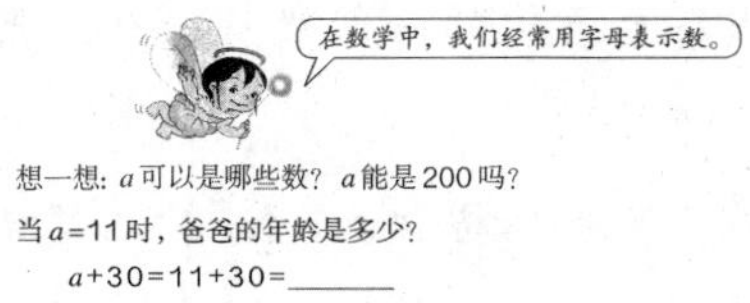

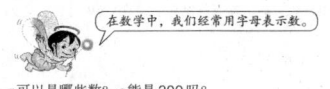

想一想：a 可以是哪些数？a 能是 200 吗？
当 a=11 时，爸爸的年龄是多少？
a+30=11+30=_____

图 3-5

我们已经学过用图形表示数。想一想，说一说，下面的图形分别表示多少？

▲ × 3 = 27　　　　15 × ★ - 7 × ★ = 96
72 ÷ ● = 9　　　　5 × ♠ + 40 = 100

图 3-6

3. 美国加州教材相应内容

美国加州的小学数学教材（五年级上册）在"变量和表达式"（Algebra：Variables and Expressions）内容的编排上用文字明了叙述代数式的定义、代数式的特点以及如何求代数式的值，全篇并未出现"用字母代表特定的未知数"的内容。（图 3-7）

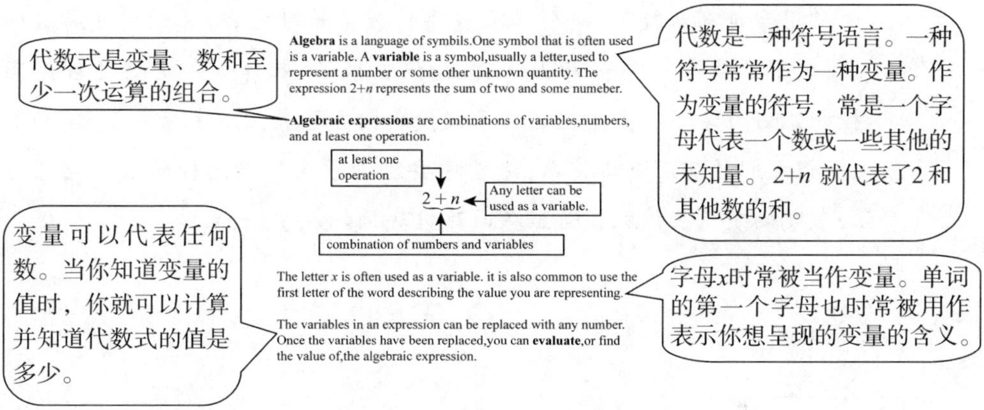

代数式是变量、数和至少一次运算的组合。

变量可以代表任何数。当你知道变量的值时，你就可以计算并知道代数式的值是多少。

代数是一种符号语言。一种符号常常作为一种变量。作为变量的符号，常是一个字母代表一个数或一些其他的未知数。2+n 就代表了 2 和其他数的和。

字母 x 时常被当作变量。单词的第一个字母也时常被用作表示你想呈现的变量的含义。

图 3-7

4. 教材比较后的思考

由上文可知，国内外教材没有将"字母表示特定的未知数"（即方程）这一内容放在"用字母表示数"的主要位置，有的甚至未编入这节课中；而"认识方程"都作为独立的学习内容呈现，且放在"字母表示数"之后展开，所以，方程的思想方法并不是本节课的重点。

那"用字母表示数"的教学重点是什么呢？

"课标 2011 年版"中对 4—6 年级"用字母表示数"的基本要求是：1.在具体情境中能用字母表示数；2.结合简单的实际情境，了解等量关系，并能用字母表示。

俞正强老师在《我们教对了吗？——小学数学"字母表示数"例谈》一文中也提到了教学重点是用字母表示不确定的数，而这一过程必须充分展开,才能让学生体会"数"的变化,理解用符号表达的一般性从而建立起符号意识。

张先生在文章的最后提到功夫要花在"字母参与运算"上,对此笔者非常认同。我们可以参照CSMS研究小组著作里的测试题,重新设计练习,让学生体验不同层次的代数式运算。笔者统计过各版本教材中的代数式练习,诸多习题中只有两题与推荐的第2、3题相似,其他题型都未曾出现。试想,将代数式作为一个整体再次参与运算,这样的习题对于理解字母表示数是否更有意义,更有利于促进学生从"算术思维"向"代数思维"的过渡,并检测他们对符号意识的理解与掌握是否到位? 同时,这样的练习也为后续方程的学习打下了坚实的基础。

"用字母表示数"是一个非常重要的数学学习内容,是学生发展数学抽象水平的关键。这节课很难教,知识点很多,教师如何更好地理解教材、组织好教学呢? 张先生的文章促使我们去思考:"用字母表示数"与其他知识之间的前后逻辑关系;课堂中要给予学生体验怎样的数学思想方法;教学的重点应该放在哪里从而改进我们的教学。

 数方夜谈

"符号代表特定的数"和"符号代表任意的数",孰先孰后

巩子坤: 要介绍简易方程,先要介绍字母表示数。在引入这部分内容时,要考虑两个问题:一是为什么要引入字母表示数,二是按照怎样的顺序引入字母表示数。我们就来聊聊这些问题。

张奠宙: 我注意到孙旻暶老师的回声。他引用了许多翔实的材料,说明文字代表数的教学不仅是为了学习方程,也是为了培养符号意识。这当然是对的。我在原始文稿里说得不够全面,对于培养符号意识强调得不够。孙老师的文章也启发了我思考符号意识的内涵。我想,所谓符号意识,除了用字母"代表"一个数这层意思,恐怕还会包括符号能够参与运算,符号和数可以组合成算式,乃至构成一种关系等那层意思呢。

张 园: 由于有"代数、代数,就是文字代表数"的谚语,因此教材编写者的目的是

强调文字代表数的重要性。现行教材都是先单独讲"用字母表示数",为后面的方程学习作铺垫。

殷文娣: 方程就是一种相等关系,就像一座大厦,为了把这座大厦搭建好,就要准备好砖瓦。先讲文字表示数,不就是准备砖瓦吗?

巩子坤: 是要准备砖瓦。但是,砖瓦有许多种。我们为了什么来准备这些砖瓦的,哪些砖瓦是重要的、关键性的,这需要思想指导,需要有高屋建瓴的眼光。

张　园: 文字代表数有很多种类,我觉得大概可以分为两类,一类是泛指的:如 $a+b=b+a$,a、b 泛指任何数;还有一种也是泛指,限于某类数,如正方形的面积公式 $S=a^2$,又如一只青蛙四条腿,X 只青蛙的腿的条数就写成 $4X$。这些都是泛指一类数,是常识,很容易弄懂。数学上主要研究的,是用文字代表"特定的未知数",这一类是重点,要突出处理。

张奠宙: 文字代表数的教材内容,要有层次地分类展开,最后落脚在"方程"概念之上。解方程就是寻找特定的未知数,打个比方就是寻获那个特定的犯罪嫌疑人。这和我们泛指的张三、李四,某甲、某乙,不是同一个意境。

巩子坤: 我也同意用方程思想来统领文字表示数:一方面,我们要求的是"特定的未知数",另一方面,就像张先生在文中所说的:"文字代表数"并非本质所在,本质在于文字可以和数以及其他符号进行运算。以前很少有人注意到这一点。既然文字代表数分为两类,是否就按照这样的顺序来进行教学呢?

张奠宙: 这就是我的建议:首先介绍字母代替任意数,然后是一类数,再后是表示变量,最后是特定的未知数。概括起来,就是两类:泛指的和特定的。

张　园: 按照张先生的分类,交换律 $a+b=b+a$ 中的 a、b,都是泛指数。但是父亲的年龄与孩子的年龄的关系,青蛙的只数与腿的条数的关系,虽然也是泛指一类数,却落脚在函数关系式上。函数概念比方程概念更为困难。

巩子坤: 的确是这样。许多的教材,用上述的年龄模型或青蛙模型作为字母表示数最初的例子,这样做的好处是:字母表示数的必要性体现出来了。但是,问题是:这样的字母表示数、字母表示关系,比较复杂。研究表明,用字母表示函数中的变量是最难理解的。

任敏龙: 历史上率先使用字母表示数就是为了列方程解决实际问题。用字母表示函数关系是后面的事情了。生物学上有如下的复演论:"个体发展过程是群体发展过程的重现",同样,个体的学习过程也会重复人类的认识过程。

因此，用方程引入字母表示数是符合"复演论"的。至于用字母表示函数关系不妨到后面再说。

张奠宙：函数概念的本质是对应关系。如果不涉及对应，只谈文字代表数，理解起来似乎也不会太困难。我担心的倒是，特定的未知数这个概念，小学生能不能很好理解。用抓罪犯作比喻，也不知道好不好。

张　园：这样的比喻，孩子们当然是喜欢的。

巩子坤：我来归纳一下。学习用文字表示数有助于学生形成符号意识，但主要是为学习方程服务的，其本质是"能够像数一样对字母进行加减乘除等各种运算"。教学次序上，先介绍用文字泛指一类数，再介绍用文字代表特定的未知数。

课题4 再次建议淡化"含有未知数的等式叫方程"

数学概念教学要融入中华文化,推陈出新
——谈小学数学里"方程"概念的表述

(本文发表于《小学教学(数学版)》2014年第11期)

我国的小学数学教科书,在"简易方程"单元的开头,大都醒目地写着"含有未知数的等式,称为方程"。"方程"二字用红色大字标出,意即这是方程的定义(如图4-1)。紧接着便是一组"做一做",问哪些式子是方程:

$$35+65+100 \qquad x-14>72$$
$$x\div24 \qquad 5x+32=47$$
$$28<15+14 \qquad 6(a+2)=42$$

这样的编排,看上去似乎逻辑严谨,便于操作,因而代代沿袭,成了学校数学里雷打不动的经典。不知有多少学生,在课堂上随教师齐声朗读这个定义。第二天的数学课上,教师会提问"什么是方程",学生就得背出来,背不出的就得站着,等会背的学生背出来,大家才能一起坐下。

可是,这个所谓的定义重要吗?它究竟是不是一个严谨的逻辑定义呢?值不值得学生背诵呢?

一、理论和实践的反思

早在1993年,西南师范大学著名数学家陈重穆教授等就指出:"含有未知数的

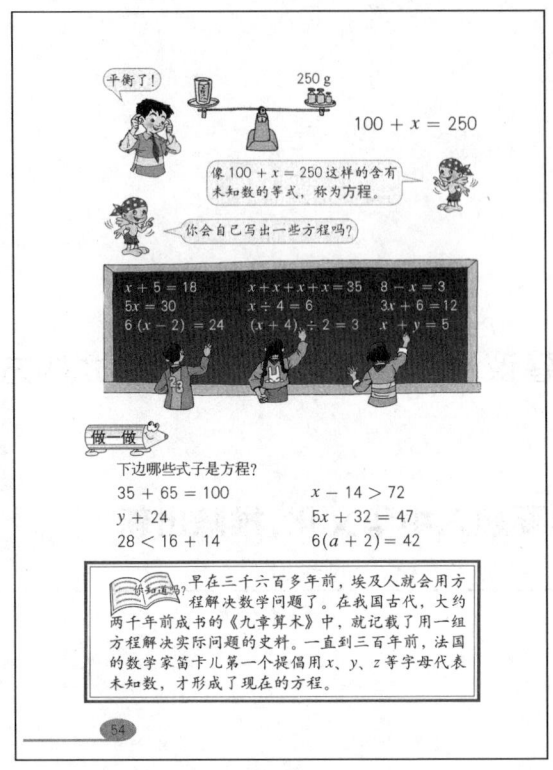

图 4-1

等式叫方程"这样的定义要淡化,不要记,无须背,更不要考。关键是要理解方程思想的本质以及它的价值和意义。[1]

为什么这样说?理由很多。这个定义和以后的练习,最明显的漏洞就是把未知数替换为字母,成了"含有字母的等式,称为方程"。但是字母未必都表示未知数。"含有字母的等式"种类很多,同样是含有字母的等式,未必都是方程。例如:

• 字母泛指任意数。例如,描述加法交换律的式子 $a+b=b+a$,也是含有字母的等式,但并不是方程。

• 字母表示某类数。例如,三角形面积计算公式是 $S=\frac{1}{2}ah$,其中 a 是底边长度,h 是高。这也和方程没有关系。

• 字母表示变量。例如,函数也是含有字母的等式:$s=vt$,$y=\frac{1}{x}$ 等。它们虽然可以看作某曲线的方程,但一旦作为函数进行研究,在意义上与方程是不相同的。

---

[1] 陈重穆,宋乃庆.淡化形式,注重实质[J].数学教育学报,1993,(4).

这就是说,在教科书上写"方程是含有字母的一种等式"是可以的,反过来,认为所有"含有字母的等式都是方程"就不对了。"含有字母的等式叫方程",不能当作严格的定义来看待。如果非要拿它当作基本出发点来判断是非,硬要人们承认 $x=1$ 是方程之类,恐怕是没有意义的自我折腾,不足为训。

方程概念的核心是要"求"未知数。作为一种数学模型的方程是为了让人去"解"的。谈方程,必须说到"求出未知数"。打个比方,什么是"饭"?首先要说是中国人的主食,满足食欲;其次说"指煮熟了的谷类食物"。离开了"人"这一因素,只谈"煮熟了的谷类食物"构不成"饭"的概念。

在教学上,背诵"含有未知数的等式叫方程"的定义没有必要。事实上,没有人会因为没有记住这一定义就不会做数学题的。

一个对象的定义,最好能够帮助人们进行理解。正如认识一个人,光靠一张照片是不够的,最好有一份简历。好的定义要能够揭示所定义对象的本质。关肇直先生说过[1]:"在一些问题中,有些量是已知的,有些量是未知的,根据问题的内容,可以知道未知量与已知量之间的关系,从而可以由这个关系从已知量计算出未知量来。这就是解方程的问题。"

因此,我们替代性地有以下的方程定义:"方程是为了寻求未知数,在未知数和已知数之间建立起来的等式关系。"这样的定义,把方程的核心价值提出来了,即为了寻求未知数;接着告诉我们,方程乃是一种关系,其特征是"等式",这种等式关系把未知数和已知数联系起来了,于是,人们借助这层关系找到了我们需要的未知数。

实际上,方程思想来源于人们的生活现实。为了结识一位未知的先生,我们通过熟人作为中介进行介绍,借助这层关系得以认识这位不熟悉的先生,这在思想意境上和方程是相通的。

这样的论述,也在教学实践中得到了发展。北京市丰台区云岗第二小学的杨晓艳老师撰写了《叩问方程的本质——"方程的意义"教学反思》一文[2],文中指出:

区分等式、不等式和辨认方程是学生学习的难点吗?我仔细一思考,再反思我

---

[1] 张孝达,陈宏伯,李琳选编.数学大师谈数学教育[M].杭州:浙江教育出版社,2007:87.

[2] 杨晓艳.叩问方程的本质——"方程的意义"教学反思[OL]. http://kg.ftedu.gov.cn/show.aspx? id=9578&cid=37(丰台课改平台),2012-05-29.

进行的学前调研,发现学生在辨认哪些式子是方程时没有太大的困难,因此不必在这个"定义"上花费这样多的时间和精力。我在思考,方程的本质是什么?方程的意义是什么?这节课的重点又是什么?学生认识了方程就会用方程了吗?

作为起始课,这节课教学"方程的意义",是把列方程作为重点,还是把教学方程概念、处理等式与方程的关系作为重点?方程模型是什么?怎样在我的教学中让学生经历建立方程模型的过程?

杨老师这样的思考,把方程意义的教学推向了新的高度。

但是,旧的习惯即使不合理,也是不容易改变的。教科书编写需要推陈出新,这当然要慎重,却也需要勇气。真希望教科书的编写能够大胆地通过实验,不断创新。

二、我国古代数学家对方程的理解

今天数学课程里的"方程"一词,是从英文的 equation 翻译过来的。equation 的本意就是等式。我们在引进西方数学典籍时将 equation 译作"方程",而且顺应西方的说法把方程解读为"含有未知数的等式"。

然而,"方程"一词,我国古已有之。《九章算术》的第八章就名曰"方程"。《九章算术》是我国东汉初年编订的一部数学经典著作。在第八章"方程"里,首先出现的是三元一次方程组("上禾""中禾""下禾")的消元解法。文字表述的是线性方程组各项系数(今称为增广矩阵)的变化过程。由于把算筹摆成系数方阵形式加以操作,"(立立)列为行,故谓之方程"[1]。

这就是说,我国古代使用"方程"二字,其含义是求解线性方程组的一种算法规则,并没有"含有字母的等式"的含义。因此,我们尽管可以把英文的 equation 译为"方程",却也应该充实中华文化的内涵,强调"求未知数"这一算法过程。如前所说,如果我们将方程定义为"方程是为了寻求未知数,在未知数和已知数之间建立起来的等式关系",则既有外形上的"等式关系"的描述,又有内涵上"求未知数"的目标指向,可以说做到了中西合璧,兼顾了两种文化的长处。

陈省身先生说过,数学有"好的数学"和"不大好的数学"之分。在"好的数学"一类里,他所举的例子就是方程。方程的内涵不断发展,至今没有穷尽。这里的"方程"二字,自然就方程的思想方法而言,并非专指"含有未知数的等式"。

---

[1] 郭树春汇校.九章算术[M].沈阳:辽宁教育出版社,1990:385.

三、代数的本质在于还原和对消

代数的本质,并非如"代数,代数,就是文字代表数"那样简单。它的实质在于等式变换过程中的还原和对消。公元 820 年,花拉子米写了一本《代数学》。它的阿拉伯文书名是 *ilm al-jabr wa'l-muqābalah*。西文中的 *algebra*,即由 *al-jabr* 脱胎而来。*al-jabr* 的阿拉伯原文意思是"还原",*wa'l-muqābalah* 的原意是"对消"。因此代数学的本意是"还原与对消的科学",也就是通过式的运算,化简、对消,最终把淹没在方程中的未知数 x 还原出来,显示出 x 的本来面目。

简单的方程及方程思想逐步渗透在小学各个阶段中,对于没有学过代数式的小学生来说,未知数的引入是一个难点。需要用鲜明的例题让学生产生认同感。只有让他们在思想上感受到理性精神的震撼,他们才会自觉地运用方程来解决问题,欣赏方程思想所带来的理解上的便捷。让我们在以下问题两种解法的对比中寻找答案。

例:小明的爸爸今年 36 岁,比小明年龄的 3 倍还多 6 岁,求小明的年龄。

① 算术方法:小明的年龄 = $(36-6) \div 3$。

这是从已知的爸爸的年龄 36 出发,减去 6,再除以 3,一步步接近小明的年龄,最后得到答案 10。

② 代数方法:设小明的年龄为 x,则有方程:$3x+6=36$,解之得 $x=10$。

这是从未知的小明的年龄 x 出发,建立和已知的爸爸年龄的关系,根据关系解出未知的 x,即通过对消方法,将未知数还原出来。

这一例子使我们看到,用方程或算术方法解题的思维路线往往是相反的。打一个比方:如果将要求的答案比喻为河对岸的一块宝石,那么算术方法好像摸着石头过河,从我们知道的岸边开始,一步一步摸索着接近对岸的未知目标;而代数方法却不同,好像是将一根带钩的绳子甩过河,拴住对岸的未知数(建立了一种关系),然后利用这根绳子(关系)慢慢地拉过来,最终获得这块宝石。两者的思维方向相反,但是结果相同。

由此可知:数学的思维方法,其实并不是从天上掉下来的,而是很朴素的思想方法,可以根植于日常生活中的人文意境。如果在课堂教学中把这层窗户纸捅破,岂不是将学术形态的数学还原为教育形态,让学生觉得明白易懂、平易近人了?这样讲,就把"方程"说活了。事实上,能够把一个形式化的数学概念"说白了",乃是一种数学能力。

一线回声:之一

"方程的意义"教学实录

刘 燕 广东省中山市教育教学研究室

(本文原载于《小学教学(数学版)》2016年第10期。文中从算术问题求解未知数的情境引出一般的方程概念。这与本专题原始文稿中的方程概念异曲同工。转载时有删节)

一、在解决问题中创造方程,初步体会方程的属性及价值

1. 引入方程。

(课件出示图4-2)

图4-2

生(齐):一年级的题!

师:对!一年级的题,你会做吗?

生:用一共的8个减去拿来的2个,筐里有6个。

师:很好,不仅说出了怎么算,还说出了算理!一年级的小华也是这么算的。

(师板书:8-2=6)

师:不过一年级还有个小朋友叫小明,他想啊想,怎么也想不出怎样列式才能等于筐里的球数。于是他顺着题目的意思,将题目中所讲的事情用一个算式表达了出来:筐里有多少个球不知道,就先空着,又拿来了2个,加2,现在一共有8个,等于8。

(师板书: +2=8)

师:小明看着自己写的式子想啊想,终于想出来了,6+2=8,筐里有6个球。小明想对了吗?

生:对了!

师:不过小明也遇到了麻烦,那就是没写这个6时,感觉算式怪怪的,写了6时老师又搞不清哪个数才是他算出来的结果。你能帮小明想想办法吗?

(生答:用括号;用问号;用三角形;用圆形;用 x;用 a……师相机板书:( )＋2＝8、?＋2＝8、△＋2＝8、○＋2＝8、x＋2＝8、a＋2＝8)

师:总而言之,我们想到的办法就是用一个符号表示所要求的未知数。这和数学家韦达想的一样,他是第一个在著作中系统地使用符号来表示未知量的值并进行运算的数学家。不过另一位数学家笛卡儿说,你用这个符号表示未知数,我用那个符号表示未知数,多乱啊!不如大家统一用几个固定的字母表示吧,其中"x"就是他选的字母之一。我们也选用"x"表示,好吗?

(师板书,生齐读:$x+2=8$)

2. 减法方程。

(课件出示问题)

盘子里原来有一些苹果,吃掉了 7 个,还剩 3 个,盘子里原来有多少个苹果?

师:小华又做对了,你认为他是怎么做的?

生:吃掉的 7 个加上还剩的 3 个,原来盘子里有 10 个苹果,即 $7+3=10$。

(师板书:$7+3=10$)

师:小明想啊想,还是想不出列怎样的算式才能等于原来盘子里的苹果数,于是他请字母来帮忙,顺着题目的意思,把这道题的意思列成了一个式子,你知道他是怎么列的吗?

生:$x-7=3$,其中 x 表示原来盘子里的苹果数量。

(师板书:$x-7=3$)

3. 乘法方程。

师:小明和小华读到了二年级。

(课件出示问题)

爸爸今年 36 岁,小红年龄的 3 倍刚好和爸爸的年龄一样,小红今年多少岁?

师:小华会怎么做?

生:$36÷3=12$,爸爸的年龄除以 3 就等于小红的年龄。

(师板书:$36÷3=12$)

师:小明会怎么做?

生:$3x=36$,其中 x 代表小红的年龄。

(师板书:$3x=36$)

4. 加减混合方程。

师:小明和小华读到了三年级。

(课件出示问题)

一个数加上36,减去51等于320,这个数是多少?

师:小华和小明分别会怎么做呢?你可以选择小华的方法,也可以选择小明的方法,写在练习纸上。只列式,不计算。

(学生独立试做,教师巡视,并请学生板书)

(生1在"小明的方法"的板书下面写:$x+36-51=320$。生2在"小华的方法"的板书下面写:$320+51+36$)

师:请用小明的方法的同学汇报。

生3:把这个数看作 x,加上36,就写"+36",减去51,就写"-51",等于320就写"=320",按照题目的意思写出来就是:$x+36-51=320$。

师:再请用小华的方法的同学汇报。

生4:我发现用小华的方法的同学写错了,应该倒过来想。减51得320,倒过来就要用320加上51;原来是加上36,现在就要减去36。结果等于335,列式是:$320+51-36=335$。

(师更正生2的板书)

师:对于这道题,你认为谁的列式方法比较容易?

(学生有的说小明的方法容易,有的说小华的方法容易)

5. 乘加方程。

师:很快,小明和小华读到了四年级。

(课件出示问题)

某风景区儿童票价格的2倍多5元,刚好是成人票的价格145元再加10元。儿童票的价格是多少元?

师:你可以用小华的方法,也可以用小明的方法,写在练习本上。只列式,不计算。

(学生独立试做,教师巡视,并请学生板书)

(生1在"小明的方法"的板书下面写:$2x+5=145+10$。生2在"小华的方法"的板书下面写:$145+10-5÷2$)

师:请用小明的方法的同学说说你的想法。

生3:把儿童票价格看作 x 元,儿童票价格的2倍多5元就用 $2x+5$ 表示,成人票的价格145元再加10元用 $145+10$ 表示,列式是:$2x+5=145+10$。

师:再请用小华的方法的同学汇报你的想法。

生4:我发现生2写错了,145元加10元比儿童票价格的2倍还多5元,所以要先用145元加10元再减去5元,然后除以2,也就是要加个小括号,正确的式子是:$(145+10-5)÷2=75$。

(师更正生2的板书)

师:对于这道题,你认为谁的列式方法比较容易?

生(齐):小明的列式方法容易!

二、在与算术式的对比中认识方程,初步理解方程的意义

1. 找差异。

师:比较小华和小明的思考方法及列出来的算式,有什么不同之处?

生1:小华要想怎样列式才能等于所求的未知数,而小明只要顺着题目的意思,把题目的意思列成式子就行了。

生2:小华的式子中没有字母,小明的式子中含有字母。

师:这个字母表示什么?

生2:未知数。

生3:小华的方法中未知数要等着被算出来,写在等号后面;而小明的方法中未知数用字母表示,写在式子里面。

(师画集合圈,并板书:含有未知数。如图4-3)

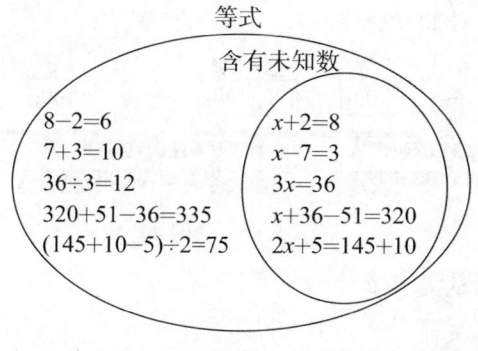

图4-3

2. 找相同点。

师:比较小华和小明写出来的算式,有什么相同之处?

生1:都用到了题目中的数据。

生2:都有等号。

师:对!他们写出来的算式都有等号,都是等式。

(师画集合圈,并板书:等式。如图4-3)

3. 小结。

师:从一年级到四年级,我们见过许多等式,今天我们发现等式中还有一种像小明写出来的,不仅是等式,而且含有未知数,像这样含有未知数的等式就叫方程。这就是我们这节课所要学习的内容——"方程的意义"。

(师板书课题)

三、介绍"方程"的历史

出示课件并讲解。

师:早在三千多年前,埃及人就会用方程解决数学问题了。在我国古代,大约两千年前成书的《九章算术》中,就记载了用一组方程解决实际问题的史料。四百多年前,法国数学家韦达在他的著作《分析法入门》中,首次系统地使用了符号表示未知量的值进行运算。一直到三百多年前,法国的数学家笛卡儿第一个提倡用字母表中后几个字母 x、y、z 代表未知数,这种用法成为当今的标准用法,形成了现在的方程。

师:在方程中,未知数除了用 x 表示,还能用哪些字母表示?

生:未知数还可以用 y 和 z 表示,例如,$x+2=8$,还可以写成:$y+2=8$,$z+2=8$。

1. 借助图像理解方程。

(课件出示图4-4)

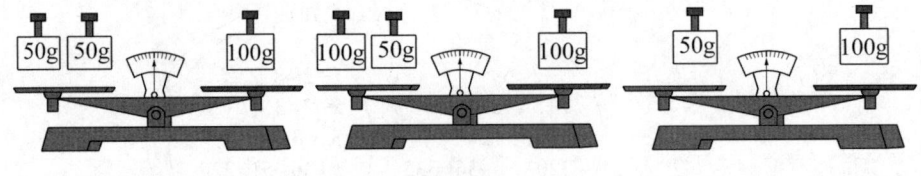

图4-4

师:这是什么?

生:天平。

师:它和我们玩的什么游戏设施很像?

生:跷跷板。

师:如果像图中这样在天平两边放砝码,天平分别会呈现什么状态?
(生分别用手势表示,师分别用课件显示验证)
(课件出示图4-5)

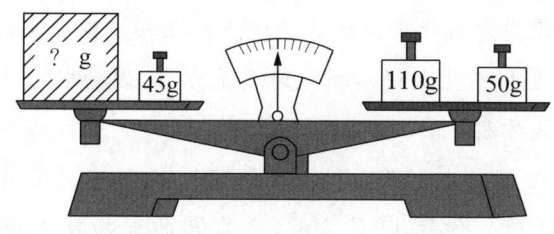

图 4-5

师:现在这个天平的状态说明什么?
生:两边的质量相等。
师:当天平平衡时两边的质量相等,这与方程等号左右两边相等一致;如果平衡的天平上有物体的质量不知道,这又和方程含有未知数是一致的,所以人们常常借助天平来理解方程。

2. 根据天平写方程。

师:如图4-5,你能根据这个天平写出方程吗?
生1:$x+45=110+50$。
师:还可以怎么写?
生2:$110+50=x+45$。
师:未知数既可以写在等号的左边,也可以写在等号的右边。

3. 判断方程。

(课件出示图4-6)

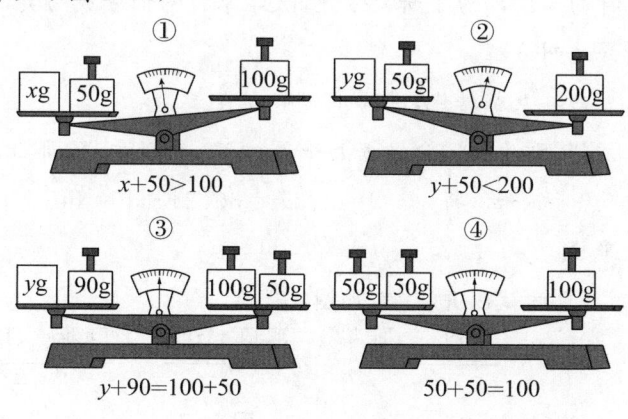

图 4-6

师：这儿有四个天平，根据哪个天平写出的式子是方程？

（先请学生用手势判断，再请学生代表回答）

师：对于③和④，大家都没有异议，但是对于①和②，大家的观点不一致。谁愿意当代表说说你的观点？互相辩论一下，看看谁的判断正确。

生1（对生2说）：我认为②是方程，因为它含有未知数！你为什么说它不是方程？

生2（对生1说）：②的确含有未知数，可是它算不出这个未知数究竟是多少呀！你看，③是方程，可得③的未知数是60。再说，方程是等式，可②的左右两边不相等！所以我认为②不是方程。

生1：我明白了，谢谢你！

师：再请同学们用手势告诉我你现在的判断。

（生均判断②不是方程）

师：那么①是方程吗？

生（齐）：不是！

师：为什么不是？

生（齐）：因为它不是等式！

生3：方程必须符合两个条件，要含有未知数，还要是等式。

生4：为什么要规定"是等式"呢？将不相等的含有未知数的式子也算作方程该多好呀！

师：这是为了研究方便。正如刚才那位同学所说，相等时能算出未知数是哪一个具体的数，而不相等时只能知道未知数的范围，两种情况是不一样的。所以为了研究方便，数学家将它们分成两类，只有含有未知数的等式才叫方程。

四、表征转化，进一步理解方程

师：刚才我们会根据天平写方程、判断方程，那么你会根据方程画天平吗？试一试，将 $x+2=8$、$3x=36$、$2x+5=145+10$ 这三个方程画成天平。

（生尝试画并板演，如图4-7）

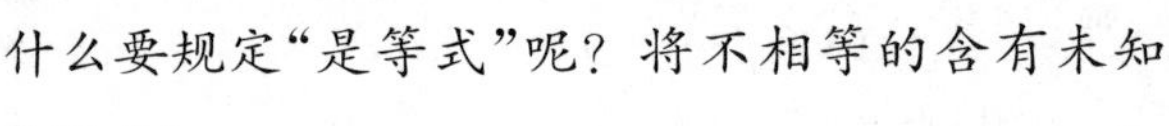

图4-7

师：用手势告诉我你画的天平的状态。

（生用手势表示平衡）

师：为什么你们画的天平都是平衡的？

生：因为左右两边相等。

师：将任意一个方程画成天平都是什么状态？

生：平衡的状态，因为左右两边相等。

五、变换天平，创造方程

师：现在有个更复杂的天平，你能根据它写出方程吗？

（课件出示图4-8）

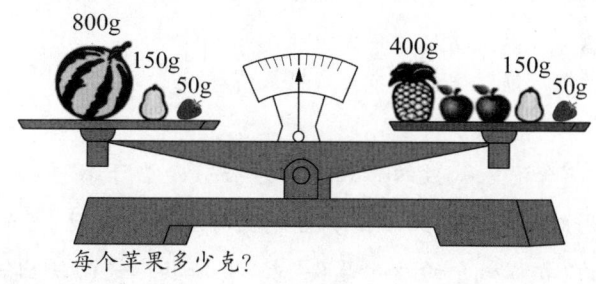

每个苹果多少克？

图 4-8

生1：$800+150+50=400+2x+150+50$。

师：你能从天平里去掉一些东西，创造出新的方程吗？

生2：把两边的草莓去掉，$800+150=400+2x+150$。

师：为什么要把两边的草莓都去掉？只去掉一边的行吗？

生2：不行，方程左右两边要相等，只去掉一边就不相等了！

师：还可以怎样变？

生3：去掉梨，因为要两边相等，所以两边的梨都去掉，$800=400+2x$。

师：还能再变吗？

生4：左边去掉半个西瓜，右边去掉两个苹果。

生5：不行，去掉两个苹果就没有未知数了！

生6：左边去掉半个西瓜，右边去掉一个菠萝，$400=2x$。

生7：还能变！把左边的半个西瓜再去掉一半，右边去掉一个苹果，$200=x$。

师：现在你知道每个苹果有多重了吗？

生(齐):200克!

师:真神奇啊,变来变去,变出这么多方程,最后居然把结果变出来了!

六、总结回顾(略)

一线回声:之二

凸显核心价值,促成意义建构
——"认识方程"教学实践与评析

黄瑞芳　浙江省杭州市高银巷小学
任敏龙　浙江省杭州市上城区教育学院

"含有未知数的等式叫做方程",是当下我国各套小学数学教材普遍采用的"方程"定义。张奠宙先生对此提出质疑:这个所谓的定义重要吗?认为:方程概念的核心是要"求"未知数。进而给出一个替代性的方程定义:方程是为了寻求未知数,在未知数和已知数之间建立起来的等式关系。并解释道:这样的定义,把方程的核心价值提出来了,即为了寻求未知数;接着告诉我们,方程乃是一种关系,其特征是"等式",这种等式关系把未知数和已知数联系起来了。

我们对张先生关于方程的核心价值一说深表赞同:传统的定义只是对方程的"外貌"作了描述,并没有触及方程作为一种数学模型的本质——赋予未知数与已知数同样的地位参与运算,方便地把一个实际问题中的数量关系"转译"为未知数和已知数之间的等式关系,进而求得未知数的值。特别地,当解决一个实际问题采用算术方法需要较多的逆向思考或较复杂的解题技巧时,方程顺向思考、程式化求解的优势就更为凸显。我们的课堂教学践行了这一观点。

一、情境感悟,认识未知数

1.谈话引入,激活字母代数旧知

师:(往空袋子里先后放入3支、2支粉笔)袋子里一共有几支粉笔?

生:3+2=5。

师:(把袋子藏起来,再放入若干支粉笔)如何表示现在袋子里的粉笔数?

生:$5+x$。

师:x是什么意思?怎么想到这样表示的?

生:x表示后来放进去的粉笔支数。因为不知道老师放了几支粉笔,所以不能用具体的数,就用字母x来表示。

2. 感知方程,体会未知数意义

师:我们把用x表示的这个不知道的数叫做未知数(板书)。x代表老师放进去的支数,它所表示的数确定吗?

生:确定。

师:如果已知袋子里一共有8支粉笔,x是多少?

生:$x=8-5=3$(支)。

师生小结:x表示的是问题中的未知数,是一个确定的、暂时未知但可以求出来的数。

3. 简单应用,深化未知数的意义理解

大屏幕呈现:购买同一品牌和规格的油画棒4盒,每盒油画棒的支数相同,如何表示4盒油画棒的总支数?

生:用a表示每盒油画棒的支数,4盒油画棒的总支数就是$4a$。

师:a表示的是一个怎样的数?

生:a表示的是一个确定的但目前还不知道具体是多少的数。

师:如果已知4盒油画棒的总支数是64支,你能确定a的值吗?

生:用除法计算,$a=64÷4=16$(支)。

【评析:通过激活字母代表数的旧知,引导学生经历方程的形成过程,感悟(一元一次)方程中的未知数是一个确定的、眼下未知但可以通过一定途径求得其值的数。】

二、比较择优,体会方程核心价值

1. 变逆为顺,体会方程核心价值

大屏幕呈现:(1)乐乐身高92厘米,哥哥比乐乐身高的2倍还高2厘米。哥哥身高多少厘米?

学生列式求解,反馈校对:$92×2+2=186$,说明理由。

大屏幕呈现:(2)哥哥身高186厘米,比乐乐身高的2倍还高2厘米。乐乐身高多少厘米?

学生列式求解,反馈。

生1:186÷2—2。

生2:(186—2)÷2。

师:哪个算式是正确的?

生:第二个。因为哥哥的身高比乐乐身高的2倍还高2厘米,那么,哥哥的身高去掉2厘米就正好是乐乐的2倍。

师生共同画线段图理解用算术方法解本题的思路(图4-9)。

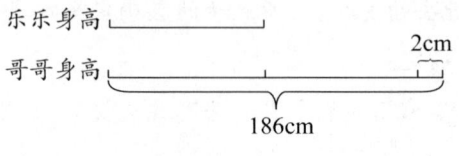

图 4-9

师:这道题用算术方法涉及逆向思考,稍一不慎就会出现错误。有没有其他方法呢? 想一想,这道题中的未知数是什么?

生:乐乐的身高。

师:乐乐的身高是确定的,但目前未知。这个数我们可以用 x 表示。能不能用含有 x 的式子把"比乐乐身高的2倍还高2厘米"这句话的意思表示出来?

生:$2x+2$。

师:你能像前面那样列出等式吗?

生:$2x+2=186$,等号两边都表示哥哥的身高。

师:要做对一道题首先要列式正确。比较$(186-2)÷2$和$2x+2=186$,哪个列式更简单、更不容易错,为什么?

师生小结:第一种方法是逆向思考,容易出错。第二种方法是顺向思考,只要把字母代入,就可以直接把题中的数量关系翻译成式子,比前者更简单便捷、不容易错。

2. 淡化技巧,体会方程核心价值

大屏幕呈现:鸡兔同笼,共有 30 个头,88 只脚。笼中鸡兔各有多少只?

师:这是我们以前学过的"鸡兔同笼"问题,大家还记得怎么做吗?

学生先回忆画图法、假设法、抬腿法等,然后独立求解,全班反馈。

生:假设30个头都是兔子,那么一共有$30×4=120$只脚,多出了120

—88＝32 只脚,这是因为我们把鸡看成了兔子,每只鸡多算了 4－2＝2 只脚,32÷2＝16,所以有 16 只鸡,兔子有 30－16＝14 只。

……

现场统计发现,虽然以前学过,但做对的学生还是比较少,理解假设法思路有较大困难。

师:能不能像刚才那样利用字母来列式?

生:假设鸡有 x 只,兔有 y 只。$x+y=30, 2x+4y=88$。

师:我们用括号把 x 和 y 要同时满足的这两个式子括起来,就得到了:

$$\begin{cases} x+y=30, \\ 2x+4y=88。 \end{cases}$$

师:和用假设法列式相比,哪个更容易?

生:用后面这种方法更容易。

生:假设法对鸡兔同笼问题适用,但对上一题不适用。而后面这种用字母表示的方法对两道题都适用,是比较通用的方法。

【评析:数学家创造方程的初衷是在算术方法难以起作用的地方找到一种具有通用性的、比它更方便的方法,数学教学也应不忘此初心,用方程的核心价值打动学生,吸引他们充满激情地参与数学学习。国内现行小学数学教材大多采用借助天平引出含或不含字母的各种等式和不等式,引导学生分类引出方程定义——含有未知数的等式叫做方程。这样的教材编写紧扣方程的字面意思,没有触及方程的核心价值,学生并不清楚学习方程的意义和价值。本课教学从一个非常现实的逻辑起点开始:要求得正确的结果,首先要列出正确的算式。通过将"已知一个数的几倍多几的数是多少,求这个数"和"鸡兔同笼"两个问题的算术方法、方程方法作比较,让学生体会方程的核心价值——化逆为顺、淡化技巧。】

三、归纳提炼,把握方程建模本质

1. 比较归纳,把握方程特点

师:我们把像 $3+x=8$、$4a=64$、$2x+2=186$、$x+y=30$、$2x+4y=88$ 这样的式子叫做方程。这些式子有什么共同的特点?

生:它们都至少有一个未知数,而且都是等式。

师:数学上把这样的含有未知数的等式叫做方程。(板书:未知数、等式)

2. 反思提炼,把握核心价值

师:想一想,我们为什么要学习方程?

生:为了求出问题中的未知数。

师:怎么列方程?

生:用字母表示题目中的未知数,然后把题目中的数量关系翻译成等式。

师:借助方程,我们把问题中的已知数和未知数用等式关系联系了起来,以后我们学了解方程的方法,就可以利用已知数方便地求出未知数了。相比以前的算术方法,方程方法有什么优势?

生:对那些列算式需要逆向思考或者要用到特殊方法(如假设法)的题目,列方程比较好,顺向思考、方法通用,列式简单又不容易错。

3. 知识拓展,了解"方程史话"

大屏幕呈现:早在3600多年前,埃及人就会用方程解决问题了。在我国古代,约2000多年前的《九章算术》中就记载了方程。700多年前,我国数学家李冶发明了"天元术",他用"天元"表示未知数。后来的数学家们又用各种符号表示未知数。直到三百年前,法国数学家笛卡儿第一个提倡用 x、y、z 等字母代表未知数,才形成了现在的方程。

【评析:通过比较归纳,引导学生把握方程的特点——含有未知数的等式,通过反思提炼,突出方程是在已知数和未知数之间建立的相等关系,帮助学生把握方程核心价值,凸显方程的建模本质。】

四、应用拓展,深化方程本质理解

1. 练习巩固,拓展方程样式

大屏幕呈现:下面的式子中哪些是方程?

(1) $8-x=5$ (2) $15 \div x=3$ (3) $9m-4$

(4) $x+y+z=10$ (5) $8m<16+14$ (6) $a^2=9$

(7) $16+9=25$ (8) $ab=12$

学生判断并说明理由。说说这里的方程与前面出现的方程在涉及的运算、字母个数等方面的不同。引导联想:看到"$a^2=9$",你想到了什么?

(边长是3的正方形)

2. 关系比较,理解方程定值

列式表示天平两边的关系。(图4-10)

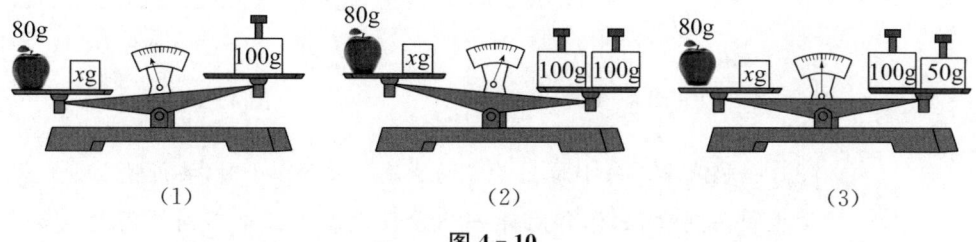

图4-10

大屏幕呈现图4-10(1),学生列式 $80+x>100$。

师:能确定 x 具体是多少吗?

生:不能,只能知道一个范围 $x>20$。

大屏幕呈现图4-10(2)。学生列式 $80+x<100+100$,得到 $x<120$。综合两图,可知 x 介于20与120之间,但不能确定 x 的值。

大屏幕呈现图4-10(3)。学生列方程 $80+x=100+50$,得 $x=70$。

师生小结:利用不等式可以确定 x 的取值范围,利用方程可以确定 x 的具体值。

3. 寻找等量,感悟建模方法

大屏幕呈现:根据题意列方程。

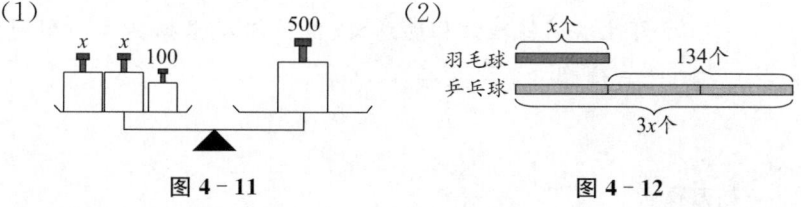

图4-11　　　　　图4-12

(3) 一条水渠长500米,已经挖了180米,剩下的 b 天完成,每天需挖40米。

① 找出表示水渠全长的两个不同的式子(或数);

② 用等号把这两个式子(或数)联结起来变成一个方程。

师生小结:列方程就是用等号把表示同一种量的两个不同式子(或数)联结起来。

4. 实例联想,体悟模型普适

大屏幕呈现：根据题意列方程。

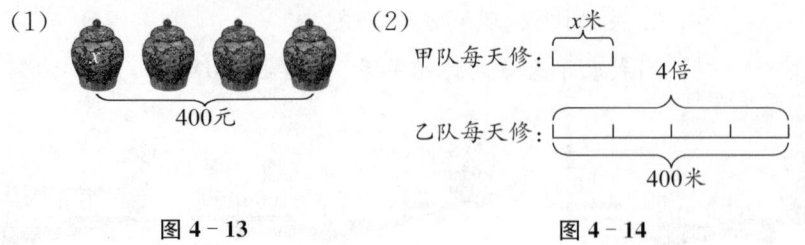

图 4-13　　　　　　　　　图 4-14

(3) 一辆汽车以每小时 x 千米的速度行驶了 4 小时，共行驶 400 千米。

学生口头列方程，体会同样一个方程代表了三个不同的问题。要求学生进一步列举出可以用方程 $4x=400$ 来解决的实际问题。

【评析："下面的式子中哪些是方程"一题包含一元和多元、整式和分式等各种方程的样式，拓展学生对方程内涵和外延的认识，就"$a^2=9$"提出"你想到了什么"，不忘方程通过建模求未知数的概念本质。通过三个天平图给出三个不同关系式，使学生体会利用不等式可以确定未知数的取值范围，而(一元一次)方程可确定未知数的值。第一组"根据题意列方程"让学生体会列方程的关键是找等量关系，而"找等量关系"就是用两个不同的代数式表示同一种量。第二组"根据题意列方程"旨在通过方程"$4x=400$"解决的实际问题展开联想，寻找同一结构的各种现实生活问题，让学生体会方程模型的普适性。】

五、总结梳理，奠定后续学习基础

师生共同梳理方程的意义、价值以及根据具体问题列方程的基本方法，为后续学习奠定基础。

 数方夜谈

"认识方程"要突出它的建模本质与核心价值

一、方程的概念本质与核心价值

巩子坤：有关方程的概念与思想，张先生已经写了不止一篇文章，呼吁大家尤其是教材编写者、一线教师来重视这个问题。我觉得问题的实质在于：方程概念要怎样才能体现出方程的建模思想呢？小学数学教材中一直沿用的"含有未知数的等式叫方程"是一个静态描述，体现不出方程建模的动态过程。

殷文娣： "含有未知数的等式叫方程"这个概念，我们都已经用了这么多年了，还要改吗？

张奠宙： 我来讲几个故事。第一个故事有关文字代表数的理解。一位数学名家说："有一次，我曾和美国的拓扑学大家惠特尼谈起什么是代数，我认为'文字代表数'，'代表'并非本质所在，本质在于文字可以和数以及其他符号进行运算。惠特尼一听，把大腿一拍，说：'对啊！我们不知道字母 x 是多少，却可以参与运算了。这就是数学！'"这个观点，我觉得非常重要，所以再强调一下。

殷文娣： 我理解您的意思，文字代表数的字面意思是以某种记号如字母表示某个或某些未知的或不确定的数。更深层次的"代表"，是要用一个或若干个字母表示某种关系。

任敏龙： 对。用算术方法解决问题，很多时候需要逆向思考。比如，苹果有 53 个，比橘子个数的 3 倍多 8 个，橘子有多少个？先用 53 减 8 的 45，正好是橘子的 3 倍，再用 45 除以 3 得 15，就是橘子的个数。用字母代表数，赋予字母与已知数同等地位参与运算，就可以化逆向思考为顺向思考，即设橘子个数为 x，得 $3x+8=53$，解得 $x=15$。历史上的人们最初使用字母代表数（或文字代表数）的方法就是为了列方程方便地解决问题，这是方程的核心价值之一。

张奠宙： 是的。第二个故事有关方程的中国化解释。今年初，搞数学史研究的汪晓勤教授对我说，方程两个字西方是没有的，西方只有"等式"，英文是 equation。方程两个字来源于《九章算术》中的解线性方程组，方程中"方"的意思是说，把线性方程组的系数排成一个方阵，"程"的意思是按照一定的程式进行运算，最后把未知数都找出来。所以，方程的意义是系数按照一定的程式进行运算的过程，它并不该狭隘地理解为"含有未知数的等式"。既然方程本来就是我们中国人创立的一个概念，应该有基于我们自身文化的理解。

殷文娣： 我们在大学里学《线性代数》的时候，教材中和课堂上都没有提及方程是中国古代数学的创造性贡献。现在才明白，"方"指的是那个由系数与常数构成的方阵;程就是程式。说得具体一点就是矩阵的初等变换,就是加减消元法。

张　园:但这些思想方法,小学数学里面体现不出来,因为我们讲的是一元一次方程,而《九章算术》里解的是一次方程组。

张奠宙:小学里不能教联立方程组,但是可以阐述方程思想:即方程是一种关系,一种模型,一种用已知数的运算得出未知数的程序。方程是"好"的数学,以后还要大量学习。

任敏龙:方程的本义是列成方阵作程式化求解。与程式化求解相对的是技巧性求解,如鸡兔同笼问题,小学数学教材中用到了试验法、画图法、假设法等,每一种方法都涉及一定的解题技巧,特别是更适合解决数值较大问题的假设法,技巧性很强,学生反复学习操练还是难以掌握,并不适合大多数学生学习。用方程组就非常简单,几乎适合所有学生学习掌握。这就是方程的又一核心价值,化技巧性求解为程式化求解,更具通用性,更为大众化。

殷文娣:最近,中国科学院发布新闻,列出了中国历史上重大科技创新(四大发明除外)的目录,其中就有线性方程组的解法一项。这就是说,方程是中国科技的原创性成就。

张奠宙:是啊。我们不能跟着西方的理解亦步亦趋,要有中国特色。第三个故事是和特级教师华应龙谈算术方法和代数方法的区别。我说,如果河对岸有一个宝贝,算术方法就是自己挽起裤腿一步一步地过河把它拿过来;代数方法就像甩一根绳子把宝物钩住,把它拉过来。华老师表示赞成。

任敏龙:对,我觉得算术方法和代数方法或者说方程方法有本质的不同。算术方法是直接指向问题的,每一步解题操作都在逼近最终要求解的问题,不论是小学老师熟知的所谓"分析法"还是"综合法",概莫能外。方程方法不是直接指向问题或未知数的,而是通过字母代数,把未知数当作已知数用,建立起等式关系,然后求解,走的是"曲线救国"的路线。

巩子坤:是呀。算术是按照条件一步一步走过去,代数是找关系,算术思想和代数思想是有很大区别的。教材里面要不要写出来?我觉得写一写会更好。现在强调四基,思想方法当然要凸显出来。

张　园:我看过吴正宪老师的课堂实录(《小学教学(数学版)》2016年第10期),也很赞赏先生的这个比方。

任敏龙：我也赞成先生文章中的观点，即"方程是为了寻求未知数，在未知数和已知数之间建立起来的等式关系"。反观我们的教材编写，往往通过天平直观列出一些含或不含字母的等式和不等式，通过分类给出定义：像这样一类"含有未知数的等式叫做方程"，没能很好地体现方程的建模本质和核心价值。

殷文娣：听了这几个故事，我对方程本质的理解更深入了。看来，修改一下这个概念还是有必要的。至少要改变传统的教学方式，突出方程的建模本质和核心价值，已是我们的共识。

二、小学生为什么不喜欢用方程解题

张奠宙：小学生学了方程以后应该会有一个震动，觉得方程这样的数学真好。不知道现在学生有没有这种感觉？

任敏龙：没有，学生体会不到。眼下小学数学中的方程教学有两个问题：一是学了方程没有用；二是学了方程不够用。就第一个问题而言，小学数学中为学生提供的问题比较简单，完全可以用算术方法解出来，何必用方程？学生不愿意用方程解决问题，就无法体会方程的优越性。

张　园：对。现在课本上的方程问题太简单，无法让学生产生这种震撼。有些学生在课外上奥数培训班，要用方程来解决难题时，才体会到用方程的好处。

殷文娣：不仅如此，相对于直接列算式解决问题，列方程还要写解和设，算出答案后，如 $x=6$，6 的后面不能写单位，与算术方法相比多了不少"清规戒律"，学生体会不到方程的好处，坏处倒体会了不少，比如说繁琐。

任敏龙：我当过初中数学教研员。我们区的初中老师向我抱怨，外区的小学生解方程都用等式性质，两边同加、同减、同乘、同除，一步不落，很简单的方程却洋洋洒洒写了许多步，到了初中，讲完移项后，老师还要帮助学生把繁琐的解题习惯改过来，让初中老师看着觉得心累。老师心累，学生会不心累吗？！（我区小学生用的是浙教版数学教材，没有这些硬性规定）小学生用方程，多半出于教师和教材的指令，并不是发自内心的需要。要让学生体会方程的价值，问题就要有一定的挑战性，这样列出的方程可能等号两边都有未知数，这就涉及移项，涉及负数的运算，而在小学里的知识不足以帮助学生解决这些问题,这就是第二个问题——学了方程不够用。

巩子坤:我们不妨大胆一些,把有理数的认识和运算放到小学里,把分数应用题放到中学去。小学讲有理数的运算是可以做到的,到了中学,一开始就讲一元一次方程,讲字母表示数,这时移项等运算方法就顺理成章了。这样,学生能够体会算式解决方法很麻烦,而找关系、列方程很简单。

张奠宙:这个问题迟早要解决。我觉得小学数学教材的编写,如果能集中呈现出"方程是一种通性通法",也许能给小学生以思想震撼。比如,小学数学里有"行程问题""工程问题""销售问题"等,虽形式不同却都可以归结为解同一个方程。这就很了不起,不妨尝试一下。

三、如何进行方程教学的系统设计

任敏龙:初中老师说,学生上到初中还是喜欢用算术方法解决问题,遇到比较难的问题就傻眼了。

巩子坤:要让学生体会方程的核心价值。

任敏龙:对,方程教学起步要早,不要等学生养成了算术的解题习惯再教方程,那样就很吃力了。

张　园:我记得以前的浙教版数学教材教20以内的减法用的是想加做减的方法,如计算13－5＝(　　),想(　　)＋5＝13,因为8＋5＝13,所以13－5＝8,以及用乘法口诀计算除法,这些都是方程思想的早期渗透。

任敏龙:浙教版数学教材从一年级开始就渗透方程,如☆＋8＝24,△＋△＋2＝40,教材称之为"图形等式",用图形代表数来列等式求解。把运算的意义与关系、运算的顺序与关系以及应用问题的教学作了统一处理,构建代数思维与算术思维相互促进、螺旋上升的发展性课程教学新体系。

张奠宙:最近看到一套俄罗斯小学数学教材,在一年级就引入了方程的概念,并在以后不断地将算术问题归结为解方程。(图4-15)

殷文娣:一年级就出方程,解方程,是大胆的革新。

张奠宙:还隐含着加法交换律、要求验证解的正确性。至于文字代表数,根本不作为特定的知识学习,直接付之于实践,做一做,就明白了。

图 4-15

> 译文：
> 方程是一个等式，其中有一个部分需要通过运算求出来。
> 2. 方程通常是什么样的？有加号的方程怎么解呢？
> （图与式）
> 形如 $x+a=b,a+x=b$ 的方程
> （图与式）
> 为了求出未知数，需要我们从整体中减去一个已知数。
> 3. 解各种类型的方程。
> （图与式。末行 9＝9(正确)）

张　园：我在想，我们一年级的小朋友能不能懂呢？据我的观察，现在的孩子聪明得很，应该没有太大问题。

巩子坤：英才教育，俄罗斯又给我们做了一个榜样。今天就到这里，下次再聊。

课题5　用温度计引入负数，并不理想

多多注意数学本质的揭示
——剖析"用温度计引入负数"的优缺点

（本文发表于《小学教学（数学版）》2015年第1期）

由于简易方程进入小学数学，"认识负数"也就自然地成为小学数学的组成部分。受多年来初中数学教材的影响，现在的小学数学教材几乎都用温度计作为载体，即以零下几度来引入负数。这样做，似乎已成不可替代的经典。本文试图对此作一些更细致的分析，探究这样做的优点和缺陷，并给出引出负数的其他途径。

某些小学数学教材有关负数认识的内容，一般有如图5-1~图5-4的4页内容。但是，前两页（图5-1、图5-2）都是在反复地讨论全国各地的零上、零下气温。第三页（图5-3），在提到海拔高度之后，突然说到中国古代数学"以收入为正，支出为负"。第四页（图5-4）说明以大树为起点，向东为正，向西为负，并在数轴上表示负数。

这样的安排，显示了教材如下编写意图：

1. 要求学生以零下温度作为承载负数概念的主要现实模型；
2. 认为由用负数表示零下温度可以顺利地迁移到"收入为正，支出为负"；
3. 在数直线上标出负数。

这里的第3点非常正确。我们在小学阶段初步认识负数，教学目标就是要从正数扩展到负数，并做到数形结合，即将正向的数射线拓展为双向可以延长的数直线。

七 生活中的负数

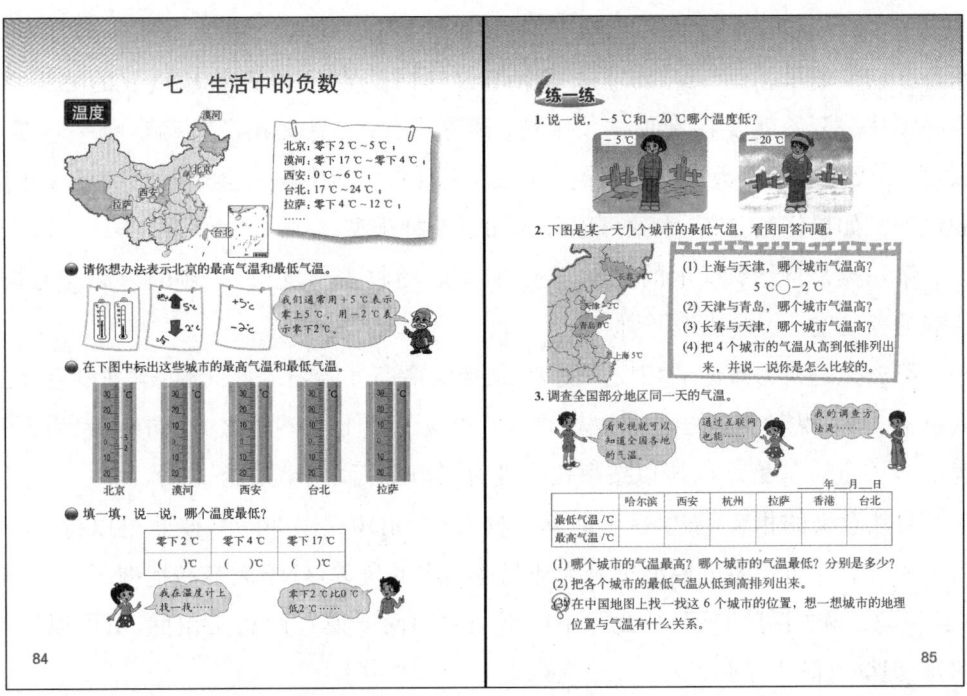

图 5-1

图 5-2

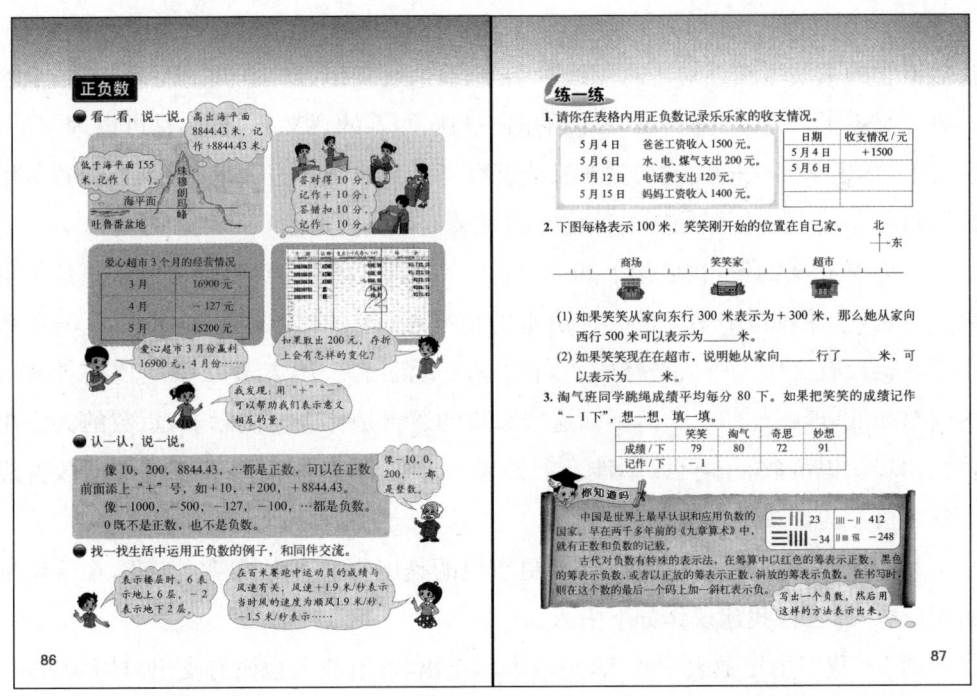

图 5-3

图 5-4

值得讨论的是上述的第1、第2两点。众所周知,负数与正数的根本属性是表示意义相反的量。一个负数总是某个正数的相反数,0是正数和负数的分界点。这必须从一开始就要特别关注。因此,弄清什么是"意义相反",确定哪一点是0点,自然成为掌握负数概念的关键。那么,在日常生活中经常会遇到哪些意义相反的量呢?如果仔细分析,大致可以分为如下两种类型。

第一类是自然意义上的相反。例如,家庭的收入与支出,企业的盈利与亏损,游戏的赢与输。0点就是平衡点。

第二类是人为规定的相反。例如,某地的最高气温与最低气温,本来没有相反的意义,因为规定了水的结冰点为0℃,所以有了零上与零下之分;同样,因为人们规定海平面的高度为0,所以按海拔高度有了海平面之上与之下之分。

自然意义的相反,学生易于理解。收入30元和支出30元,彼此可以抵消,当然是相反的。至于温度模型里人为地制造出来的负数,就不大容易把握了。比如,"零下3℃"和"零上3℃",彼此并不能抵消。因而要说它们意义相反,虽可以硬加解释,但毕竟颇为牵强。

经过以上的分析,我们可以对上述4页教材作如下评述,并给出一些建议。

1. 引入负数,一开始就要明确提出"意义相反的量"的概念。意义相反的量,是负数概念的本质所在。对于六年级的学生,收入与支出,增加与减少,赢与输,温度的零上与零下,海拔的高与低,方向的向东与向西等的意义相反,都是可以理解的。事实上,学生掌握这一关键词的意义能够终身受益。现在报刊上常常出现的"负增长""负面作用"等词,都是从正负相反的意义上加以使用的。

2. 意义相反的量,在数学上如何表示?首先要给出0点,然后才能谈正数与负数。可是,上述教材中不但没有提出水的结冰点,即0℃,甚至连正数大于0、负数小于0也没有交代。令人奇怪的是,在图5-2的练习中,却要求学生比较各城市的气温高低,理解$-20<-5$,不知这样编排的逻辑是什么。实际上,负数的大小比较在初步认识负数时本可以不涉及。如果一定要出现,则需要直观地借助数直线上各个负数的位置进行解释。

3. 引入负数不能只用温度模型,更重要的是用收入支出模型。为此,在认识量的相反意义之后,我建议作如下引入。

例1 我们用正数表示收入,负数表示支出,没有收入也没有支出时用0表示。

- 前天没有收入也没有支出。(在数直线上标出0)
- 昨天卖掉收集的废品,收入13.5元。(在数直线上标出0和+13.5)

- 今天买铅笔芯,支出5元。(在数直线上标出0和−5)

通过这一例子和相应的练习作铺垫,会比较顺利地理解中国古代数学成就的史料,体会"收入为正,支出为负"的含义。

例2 今天三地的气温:

- 今天北京的最低气温为0℃,开始结冰。(在数直线上标出0)
- 今天广州的最高气温是12℃。(在数直线上标出0和+12)
- 今天哈尔滨的最低气温是零下20℃,零下用负数表示。(在数直线上标出0和−20)

最后,到达教材的第四页(图5-4),以大树为0点,形成完整的数直线和正负数的数形结合。

以上用两个例子引入负数,既突出了数学的本质,实现了数形结合,又能联系学生的生活实际,学生比较容易理解。

我们也注意到,除上述例子,有些教案尝试用学生活动来引入负数,别开生面。例如,有一种设计基于学生玩游戏做记录(取自苏教版教师用书所推荐的某教案)。其步骤如下:

(1) 电脑出示"剪刀、石头、布"的图片及要求:同桌两人共玩五次(出同一种不计输赢),在心里记住自己输赢的次数。

(2) 指名一生汇报:你赢了几次?输了几次?教师相机板书:3、2。

(3) 提问:像老师这样写,你们能一眼看出输了几次、赢了几次吗?

想一想:你能不能用简洁的方法让别人一看就能明白数据所表示的意思? 看谁表达得最简洁。

这样做,借助输与赢之间的相反意义,学生于亲身经历中感受到引入负数的必要性。然后归结出"净赢次数""净输次数""赢输次数相同"三种情况,将正数、负数和0标记在数直线上,最后也可以做到数形结合。

现在,为了更细致地剖析相反意义的量,让我们再进一步分析相反意义量的两种表述方式,即静止状态和数量变化状态的不同描述。

以某地气温为例,可以有下列四种情形:

- 静态的描述有:

1. 今天最高气温是18℃,记为+18℃;
2. 今天最低气温是零下3℃,记为−3℃。

- 动态的描述有:

1. 今天最高气温比昨天升高5℃,记为+5℃;
2. 今天最低气温比昨天下降4℃,记为-4℃。

我们再用A同学本月的收入与支出为例,看下面四种情形:

- 静态的描述有:

1. 这个月A收支相抵净收入80元,记为+80元;
2. 这个月A没钱了,哥哥帮他买了一本书,他欠哥哥11元,记为-11元。

(这两句静态地描写A实际持有的人民币净值)

- 动态的描述:

1. 这个月A收到卖废品的钱25元,记为+25元;
2. 今天A买文具支出15元,记为-15元。

(这两句是一种动态变化的断语。凡是收入都记为正数,凡是支出都记为负数,却并不表明A所持有的人民币"结余"究竟是0、正数还是负数)

从以上的例子可以看出,通常教材中关于气温的叙述都是静态的记录,没有涉及温度升高和下降的动态气温变化。与之相反,在涉及收入支出模型时,则多半动态地描写钱款的变化,较少涉及收支相抵后的净值。

如前所述,静态的描述便于引出数直线。但是,负数一旦引入了,学生理解了,会在数直线上标记了,那么"收入和支出"之类模型的动态描述则是日后方程教学的重点。在以后的应用题教学中,大量使用的是数量增加、减少的动态过程,即正负数的运算过程。由于难以用某地的气温来编制应用题,学生脑海里温度与负数的静态表示,在列方程和解方程时也就难以有什么作为。

不妨随手看两道用负数列方程的例子:

(1) 张华借来一本116页的科幻小说,他每天看x页,看了7天后,还剩53页没有看。他每天看几页?($116-7x=53$)

(2) 东乡农业机械厂有39吨煤,已经烧了16天,平均每天烧煤1.2吨。剩下的煤如果每天烧1.1吨,还可以烧多少天?($39-16\times1.2-1.1x=0$)

这就是说,绝大多数问题都是涉及"增加""减少"之类的动态情形。在计算时收入为正,支出为负,这正是刘徽作注的《九章算术》中的思想:"两算得失相反,要令'正''负'以名之。"

总之,负数的引入不能单纯依靠温度模型。我们可以利用它的静态表示的优点,将负数标记到数直线上。但是,根据负数是一种相反意义的量的数学本质,更要突出收入与支出、输与赢等自然意义下的动态模型。这样做,才能更好地联系到中国古代数学的成就,弘扬中华文化。

最后还有一点希望,就是在教材和练习里多增加一些人文意义。例如,边防战士冒着零下40℃的严寒进行巡逻,煤矿工人在地下488米的矿井里采煤等。

 一线回声

也来剖析"用温度计引入负数"的优缺点
——读张奠宙先生一文的启示

吕　婷　浙江省嘉兴市油港镇实验小学
陆琴燕　浙江省杭州市长江实验小学

近几日,拜读了张奠宙先生的《多多注意数学本质的揭示——剖析"用温度计引入负数"的优缺点》,我深受启发,为了解教材有关负数的处理方式,我对现行三个版本的小学数学教材进行了比较。

北师大版教材将认识负数安排在四年级上册,先以温度为例引入负数,大篇幅地讲解零上温度与零下温度,然而忽视了定义"0℃"这个温度;后面简单提到海拔高于海平面为正、低于海平面为负;游戏中得分为正、扣分为负,营业中盈利为正、亏损为负,存款中收入为正、支出为负,行走中向东为正、向西为负,以此丰富负数的意义和内涵。但在教材中均没有体现"0"的含义之所在。正如张奠宙先生指出的"首先要给出0点,然后才能谈正数与负数"。

苏教版教材将认识负数安排在五年级上册,也先以温度为例引入,再研究海拔高度、盈利亏损以及正反方向问题,在正反方向问题中将正数、负数的表达与数直线结合起来。同时,对于0的揭示方面,教材是放在海拔高度的素材中处理的,指出:通常规定海平面的平均海拔高度为0米,比海平面高记为正,比海平面低记为负。

人教版教材将认识负数安排在六年级下册,同样是以温度为例引入,教材明确指出:"0℃表示淡水开始结冰的温度。"接着研究存款中的存入与支出,然后延伸到以一棵树为起点分别向东、向西行走可以用正数、负数表示,并通过此例将正数、负数与数轴上的点建立联系,练习则关注海拔高度、警戒水位等问题。

同时,三个版本的教材都引入了有关负数的历史资料,即历史上对于

正负数的表示方法。

通过比较三个版本的教材编排,虽然各有特点,但是正如张奠宙先生所言,都是用温度作为素材来引入负数概念的。我查阅了几篇教学设计,在教学中也基本是沿着这一思路进行的,这似乎已经成了一种规律。但是,从教材中我们也能够了解到,不仅温度有正负,生活中方方面面都存在正负,关键是我们如何利用这些素材。我们挑选的素材必须能够让学生更好地理解数学本质,即负数的根本属性是表示意义相反的量。一个负数总是某个正数的相反数,而"0"则是正数和负数的分界点,所以在引入负数概念的初期就必须对"0"这个分界点给予特别关注,没有"0",正负的概念就无从谈起。因此,弄清楚什么是"意义相反的量"、确定哪一点是分界点就是负数教学的关键所在。对此,一些教材也有涉及(前面已有说明),但是到底什么样的素材更便于学生理解这个分界点、理解"意义相反"的本质呢?

张奠宙先生在文章中明确指出,所谓意义相反的量其实就是两类:一类是自然意义上的相反,如家庭的收入与支出、企业的盈利与亏损、游戏的赢与输,0点就是平衡点;另一类则是人为规定的相反,如水的结冰点为0℃、海平面的高度为0米。显然,从便于理解、易于解释、学生能够接受的角度来看,还是第一类"自然意义上的相反"更好把握,这也基本符合人类认识负数的历史规律。

张奠宙先生在文章中给出了三条建议:首先,引入负数,一开始就要明确提出"意义相反的量"的概念;其次,要先给出"0"点,然后才能谈正数与负数;最后,引入负数不能只用温度计模型,更重要的是用收入支出、赢与输等自然意义下的动态模型。根据以上3条建议和我自己的认识,我尝试进行了"认识负数"一课的教学设计,阐述如下。

首先,从自然意义上的相反出发引入负数。可以通过收支、盈亏、增减等素材直观揭示意义相反的量,借助"你知道吗"中的史料介绍揭示负数的产生,挖掘数学史中的教育因素,同时指出"0"点(分界点)的平衡意义。

活动一:存入与支出

显示存折图片,如图5-5。

提问:这些数表示什么意思?某些数前面的"—"表示什么意思?

引导:之前学习的数前面都是没有符号的,如2000、500等;现在我们遇到了—500、—132这样的数,这就是我们今天要学习的负数。存入和

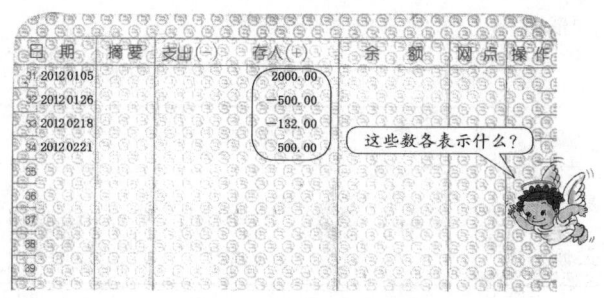

图 5-5

支出是一对相反意义的量。

活动二：负数史料

中国是世界上最早认识和运用"一组相反意义的量"的国家，早在两千多年前，我国古代数学著作《九章算术》中就有对"一组相反意义的量"的记载。魏朝数学家刘徽在该书的注文中规定用红色算筹、黑色算筹表示一组意义相反的量。由于记录时换色不方便，到了十三世纪，数学家才创造了在数字上面画斜杠来区分的方法。国外也出现了各种表示一组相反意义的量的形式：印度人婆罗摩笈多（Brahmagupta）用小点或小圈记在数字上以便区分；英国著名数学家托马斯·哈雷奥特（Thomas Harriot）用"—"区分它们。20 世纪，一位数学家进一步提出用加减号的方法区分它们，这种方法很快得到了认可，并沿用至今。

其次，介绍人为规定的相反意义的量，以温度、海拔为例，追问：这时候的"0"在哪里？指出这里"0"的规定背后的合理性及其意义。

活动三：温度与负数

（1）不同城市的温度，如图 5-6。

1 下面是中央气象台 2012 年 1 月 21 日下午发布的六个城市的气温预报（2012 年 1 月 21 日 20 时—2012 年 1 月 22 日 20 时）。

图 5-6

根据图片中的信息填写下表。

表 5-1　不同城市的温度

城市	北京	哈尔滨	上海	武汉	长沙	海口
最高气温						
最低气温						

提问 1：这里的"－"表示什么意思？

人们规定：零上 20 摄氏度记作＋20℃或 20℃，零下 20 摄氏度记作－20℃。"＋20"读作正二十，写的时候，只要在 20 前面加一个"＋"，即正号，＋20 也可以写成 20。"－20"读作负二十，书写时，只要先写"－"，即负号，再写 20。

提问 2：哪个城市的最高气温最高？哪个城市的最低气温最低？我们先来了解一下温度计。

(2) 认识温度计。

教师展示并介绍温度计的单位与刻度。

思考：温度计上的相反意义体现在哪里？关键要找哪个刻度？

引导：以"0"为基准，因为 0℃是淡水开始结冰的温度。0℃往上就是零上温度，0℃往下就是零下温度。零上温度和零下温度是一对相反意义的量。没有"0℃"就不能区分零上温度与零下温度。

动手操作：教师带领学生画温度计，让学生将每个城市的最低气温标记在温度计上。

引导：温度计上的温度由高到低排列，越往下，温度越低。所以哈尔滨的最低气温最低。

再次，借助数轴，理解相反意义的量，实现初步的抽象，学会用数学的方式表达与交流。

活动四：利用数直线描述正数和负数

分类：把上面的数进行分类，你觉得应该怎么分？分成几类？

引导：像 2000、500、1……这样的数就是正数，－500、－132、－27……这样的数就是负数。

提问：0 是正数还是负数？

引导：观察温度计，以 0℃为界，0℃以上的数都是正数，0℃以下的数都是负数。所以0既不是正数,也不是负数,0是正数和负数的分界点。

这些正数、负数可以在一条直线上表示出来,类似于我们刚刚画的温度计。要想画出正负数,首先要画出分界点。比如下面这道题(图5-7)。

图 5-7

上图中的四个同学以大树为起点,分别向东、西两个相反的方向走。如何在一条直线上表示他们行走的距离和方向呢?

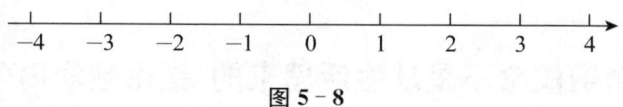

图 5-8

引导:(出示图5-8)这样带有箭头的直线叫做数轴。正负数都可以在上面表示出来。

最后,通过多种变式练习,加深学生对负数意义的理解,渗透人文教育,揭示变化的素材背后不变的数学本质。

活动五:变式练习

(1) -3℃和-18℃哪个温度低?

(2) 读出下列各数,指出哪些是正数,哪些是负数,并在数轴上表示下列各数。

$$-4 \quad 1 \quad -2 \quad 2.5 \quad -0.5 \quad 1.5 \quad -\frac{5}{2}$$

(3) 春节快要到了,小雪要做一个2月份的家庭收支计划。爸妈工资收入为5200元,春节补贴2000元。春节给爷爷、外婆各1000元,给小雪100元,交上个月的水电等费用400元,购买800元食品,3口人买新衣服需要1000元,出去旅游需要2000元。请根据以上信息填写表5-2。你能算出这个月的余额吗?

表 5-2 2 月份的家庭收支计划

项目	收支金额/元
爸妈工资收入	+5200
爸妈春节补贴	
春节给爷爷、外婆	
给小雪压岁钱	
上个月水电等费用	
购买食品	
买新衣服	
旅游	

这样的教学设计,是不是和张先生的建议相符?欢迎同行批评指正。

 数方夜谈

负数概念不是从生活里来的,是由数学内部需要而产生的

(本文发表于《小学数学教师》2017 年第 2 期)

巩子坤: 张先生对用温度计引入负数的优缺点作了一个评述。一线教师作了正面呼应,并从教学实践出发,作了许多细节的补充与探讨。不过,负数的认识有一个漫长的历史过程,还有一些深层次的问题值得探讨。任老师昨天说了个故事,不妨在这里先给大家讲讲。

任敏龙: 我们常常会认为数学都是从现实生活中来的,于是也觉得负数似乎就是从温度计的模型中抽象出来的。但我觉得事实上并不是那么回事。有一次我去听一位教师上"认识负数"一课,课上有一道题:结余 2000 元,记作 +2000,负债 4000 元,记作 -4000。下课后我在走廊上遇到两名学生在讨论:到底 +2000 大,还是 -4000 大?第一个小孩说:"+2000 大,+2000 表示你有钱多在那里,而 -4000 表示比没钱还要惨。"第二个孩子说:"-4000 大,你用结余的 2000 元还债,还要再还 2000 元,当然是 -4000 大。"我觉得两名学生说得都有道理。这就表明,用相反意义的两个量来引入正负数,彼此是没法比较大小的。在现实背景下,+2000 是实实在在的二十张一百元钱,-4000 也是实实在在的四十张一百元钱。它们都是

"正数"。

巩子坤：数是量的抽象。一个苹果的 1，半个苹果的 0.5，它们都有着明确的表征物，是我们进行度量的结果。然而，负数不是测量出来的。凡是能够量出来的都是正数。人们常常用"得到的钱数是正数、失去的钱数是负数"来表征正数和负数，但是，拒绝接受负数的人认为"'失去的钱数'在实体对应的原则下仍然是一个正数值，这时'负号'仅仅是'失去'一词的代用物而已"。不能够实际测量，正是一些数学家不愿意承认负数的理由。数学家克莱茵说过："负数是由具体数学向形式数学的第一次转折。要完全掌握这种转折中出现的问题，需要有高度的抽象能力。"

张奠宙：任老师的意思是，正负数概念光是从现实生活中举意义相反量的例子是建立不起来的，其意义一定要从减法封闭的理性思考中才能显示出来。

任敏龙：对，是这个意思，我觉得要从减法运算封闭性引进负数，这是关键。

张奠宙：我觉得也是。—2℃ 也是一个温度，与 2℃ 相比没有什么相反的意义。再如两杯 100 毫升的水，一杯是 2℃，另一杯是 3℃，混在一起并非 5℃。非得要加减法运算介入，如 2℃ 水经过加热"升高"3℃，才是 5℃。也就是说，用温度计引入负数，并不是很理想的范例。

任敏龙：用温度计引入负数还有个历史悖论。温度计在 16 世纪才出现，到了 18 世纪人们才开始用正负数表示温度高低，而正负数很早就有了。温度计上的正负数是正负数的一个应用，用温度计来引入正负数并不符合历史事实。

巩子坤：我看了很多资料，许多大数学家都不接受负数。最典型的是笛卡儿坐标系只有第一象限，没有第二、三、四象限，因为笛卡儿不接受负数。后来用温度计模型表示负数是一个不得已的举措，至少表面上能够说得过去。因此克莱茵指出，人们之所以接受负数，温度计起了很大的作用。至于负数为大家所接受，是在 19 世纪数系扩张之后才达成的。

任敏龙：有些数学概念是先在数学上有意义，再在生活里获得应用。数学越发展就越是这样。

巩子坤：负数获得承认一事，在中国很早，在西方很晚，这是文化差异造成的。中国讲究算法，所以早就承认负数了。西方强调意义，需要理性思考才能真正建立起来。

张奠宙：这也从一个侧面说明：认为数学概念都源于日常生活，甚至要求数学概念的教学都要联系学生的日常生活,那是不切实际的幻想,不足为训。

任敏龙：有时候会觉得按现在这样的处理方法,小学讲不讲正负数都无所谓,一个孤立的知识点,"前不着村,后不着店",学了有多少意义呢？换一种思路,那就是干脆把中学里面的有理数及运算全部下放到小学来,把方程往后面放。

张　园：现在是方程往前移,不是往后放的问题。小学里负数就这么一节课,其实即使教师不教学生也是知道的。

张奠宙：那么我问个具体的问题,小数减大数怎么出来负数？

任敏龙：这节课我上过,用了抢答比赛的情境：规定答对一道加10分,答错一道扣10分。现在有一个小组答对6道、答错4道,得了几分？就是60－40＝20,这是已经学过的知识。第二组答对3道、答错5道,列算式是30－50,没有问题,学生几乎都知道答案是－20。学生这样解释：将得到的30分与要扣的50分里的30分抵消掉,得到0－20。学生觉得结果肯定不是20,既然今天要学习负数,就只能是－20了。这样创设的情境,跟实体对应没有关系。教学中我还告诉学生减号与负号是怎么统一的,这很简单：0－20,直接把0去掉,那么"－"就从运算符号变成性质符号了。那么,－20是个怎样的数呢？学生会说比0小20,为什么呢？因为它是0－20得到的,这样就把性质符号还原为运算符号,运算符号和性质符号就一致起来了。

张　园：我觉得很多学生是这样想3－5的：先想5－3,然后加一个负号。方程里面就会出现如"$x－5＋3$",学生马上就写出"$x＝-2$"了。问其原因,他会说先欠5个,再补上3个,因为减数比被减数大,所以是－2。但他头脑里想的是5－3,再看被减数和减数,负的大就添负号,正的大就添正号。

张奠宙：这样想问题,一开始是难免的。总要有一个过渡时期。

巩子坤：负数引入不容易,让我们看看中国历史上负数是怎么来的。负数是在解方程组的过程中出现的,把方程组列出来,然后列出增广矩阵,对增广矩阵进行初等变换时不够减了怎么办？负数就介入了,但不讲缘由。把2－3记作－1,按照运算律,方程便有解了,也就求得了未知数。既然这样求解符合我们的现实预期,当然就可以接受负数了。

比如,《九章算术》方程章第16题："今有令一人、吏五人、从者一十人,食鸡一十；令一十人、吏一人、从者五人,食鸡八；令五人、吏一十人、从者一

人,食鸡六。问:令、吏、从者食鸡各几何?"所列方程组是:

$$\begin{cases} x+5y+10z=10 \\ 10x+y+5z=8 \\ 5x+10y+z=6 \end{cases}$$

求解过程是:

$$\begin{bmatrix} 1 & 5 & 10 & 10 \\ 10 & 1 & 5 & 8 \\ 5 & 10 & 1 & 6 \end{bmatrix} \xrightarrow{(1)} \begin{bmatrix} 1 & 5 & 10 & 10 \\ 0 & -49 & -95 & -92 \\ 5 & 10 & 1 & 6 \end{bmatrix} \xrightarrow{(2)}$$

$$\begin{bmatrix} 1 & 5 & 10 & 10 \\ 0 & -49 & -95 & -92 \\ 0 & -15 & -49 & -44 \end{bmatrix} \xrightarrow{(3)} \begin{bmatrix} 1 & 5 & 10 & 10 \\ 0 & -49 & -95 & -92 \\ 0 & -735 & -2401 & -2156 \end{bmatrix} \xrightarrow{(4)}$$

$$\begin{bmatrix} 1 & 5 & 10 & 10 \\ 0 & -49 & -95 & -92 \\ 0 & 0 & -976 & -776 \end{bmatrix} \xrightarrow{(5)} \begin{bmatrix} 1 & 5 & 10 & 10 \\ 0 & -49 & -95 & -92 \\ 0 & 0 & 122 & 97 \end{bmatrix} \xrightarrow{(6)}$$

$$\begin{bmatrix} 1 & 5 & 10 & 10 \\ 0 & -5978 & -11590 & -11224 \\ 0 & 0 & 122 & 97 \end{bmatrix} \xrightarrow{(7)} \begin{bmatrix} 1 & 5 & 10 & 10 \\ 0 & -5978 & 0 & -2009 \\ 0 & 0 & 122 & 97 \end{bmatrix} \xrightarrow{(8)}$$

$$\begin{bmatrix} 1 & 5 & 10 & 10 \\ 0 & 122 & 0 & 41 \\ 0 & 0 & 122 & 97 \end{bmatrix} \xrightarrow{(9)} \begin{bmatrix} 122 & 0 & 0 & 45 \\ 0 & 122 & 0 & 41 \\ 0 & 0 & 122 & 97 \end{bmatrix}$$

正因为负数有用,所以引入。我在想,中国古代数学家有没有感觉到不舒服的、别扭的地方?也许没有,因为我们的古人很快给出了加减乘除的法则。

任敏龙:所以,《九章算术》中的负数是"术"的一个组成部分,而西方人不这样想,他们觉得这个数应该有其独立的意义。

巩子坤:因为西方要考虑整个数系的建立,考虑理论与结构的完整性。

任敏龙:这就是他们的传统与我们的不同之处。我们主张实用,西方崇尚理性;中国数学的长处在于算法,给出了线性方程组的求解过程,而西方古希腊数学传统讲究理性思考,关注负数引入后的数系结构。

张奠宙:生活抽象为数学还是数学抽象为数学,都是可以的。用温度计引入负数,它的好处就是能够将负数直接呈现出来,容易让人接受。但是,如果拘泥于生活情境,不能上升到数学结构而形成一种通性的算法,负数的概念是无法真正建立起来的。

殷文娣:张先生,那么您认为小学数学里该如何处理负数呢?

张奠宙:我有个比较乐观的想法。小学数学里,除了用温度计引入负数的表示形式以外,还要增加两个要求:一是正负数的加减法则(不含乘除),即从数学上理解负数的部分运算特征;二是解一元一次方程,从实用上看到负数的威力。

殷文娣:具体如何操作呢?

张奠宙:我曾请一位小学数学教师教五年级一个班的学生学习负数。模型是足球比赛,以净胜球为载体引进正负数的加减法则。甲乙两队两场比赛的比分是,甲队主场2∶1,客场2∶4。问学生谁输谁赢。这里甲队的净胜球是(4-5)个,记为-1个。也可以问学生甲队或乙队主场赢几个,客场输几个,两场赢或输几个,要求用符号表示。学生很快就能学会正负数的加减。

殷文娣:那么,小学里解怎样的方程呢?

张奠宙:至少举三道例题,都归结为 $ax+b=0(a>0,b<0)$ 的方程。这里只涉及移项、除以正数的运算。总之,不要出现负负得正的情形就是了。到中学里,进一步讲整数系和有理数系的结构,完成理性飞跃。

殷文娣:这样就从运算和解方程两个角度,说明了负数的价值。

张　园:若能实现从温度计的情境到数学价值观的过渡,值得一试。

任敏龙:越是初等的数学越容易从生活中引入。这就是说,小学里学的数学大都是从生活到数学的,即实践型的;而学生今后学习的数学多半是从数学到生活的,即智力型的。

张奠宙:说白了,就是从实践中来,再回到实践中去。

巩子坤:我觉得,负数这个问题我们已经讨论得比较清楚了。小学阶段,以温度计模型引入负数概念的成效值得追问。负数的理解必须提升到减法封闭、解方程的通性通法那样的高度去认识。负数发展的历史证明了这一点。也正因为如此,弗赖登塔尔曾说:"我认为超越直观而运用推理方法的首先是负数。"

第二部分

关于"除法""分数"和"比"

课题 6　忽视"包含除"后患无穷

课题 7　究竟为什么要学习分数？教材交代得不大清楚

课题 8　分数是用来表示大小的，为什么要回避呢

课题 9　建议将"分数的基本性质"直称为"分数的相等性质"，好不好

课题 10　假分数"假"在哪里

课题 11　小数容易分数难，何必死死捆绑在一起

课题 12　"比"和"除"不可混为一谈

课题6　忽视"包含除"后患无穷

教材编写要注意防止片面的思维定势
——评小学数学教材中忽视"包含除"的倾向

（本文发表于《小学教学（数学版）》2015年第9期）

除法和分数教学，最常用的情境是"平均分物"。例如，将一些饼干平均分给小朋友。这一数学模型涉及两种除法，俗称"等分除"和"包含除"。但是，我国的除法教学和教材编写，都畸形地偏向等分除，以致形成了片面的思维定势，这对于培养学生分析问题和解决问题的能力非常不利。

一、等分除和包含除是一对"孪生兄弟"

让我们从分饼干的简单模型开始。

问题1　将12块饼干平均分给3人，每人几块？

答：12÷3＝4（块）。每人4块。

问题2　将12块饼干分给一些人，每人4块，能分给几人？

答：12÷4＝3（人）。能分给3人。

这是两种不同意义的除法。在总数都是12的前提下，问题1是知道平均分给几人，即要分的份数以后，用除法计算每份是多少，俗称"等分除"；问题2则是知道每份的多少以后，问有多少人参与平均分，即总数里包含多少份，俗称"包含除"。这两种除法，是同一个"平均分物"数学模型所产生的，地位平等。

让我们再从理论上进行分析。

所谓除法,是指"已知两个因数的积和其中一个因数,求另一个因数的运算"。这两个因数地位平等。例如,在分饼干的情境中,饼干总数＝人数×份额。参与平均分的人数和每人分得的数量,是构成饼干总数这一乘积的两个地位平等的因数。这样一来,从除法的意义进行分析,等分除和包含除乃是同一个情境里的两类互相依存的除法问题。可以说二者是一对"孪生兄弟",彼此密切相关。

B版教材二年级上册有"分一分与除法"和"除法"两个不同的单元。"分一分与除法"单元中处理的多半是等分除问题,这就先入为主地给学生造成了除法就是将总数平均分给已知人数的过程。至于"除法"单元,倒是以包含除为主的问题。例如,一共有42只小鸟,6只小鸟住一间房子,要准备几间房子？这是一个不错的设计。可惜的是,这一单元没有突出包含除的题型,也没有指出包含除和等分除的区别,因而对于遏制"除法就是等分除"的思维定势,作用不够显著。

因此,如果我们随意问学生:"什么时候要用除法？"多半的回答只是把一些东西平均分给几人,除一下,就知道每人分得多少了。这就是说,绝大多数学生把除法等同于等分除了。一对"孪生兄弟",偏爱一个。

小学数学教材里分数的定义,大多采用按固定人数分月饼的模型引入并强化,对于度量"一段小于单位的余量"的包含除模型则回避不谈。这已有专文[1]评论分析过,不再重复。此外,在应用题求解过程中,涉及的基本关系大多是:

行程问题:路程＝速度×时间

工程问题:工作总量＝工作时间×工作效率

价格问题:总价＝单价×数量

利息问题:利息＝本金×利率

利润问题:利润＝成本×利润率

折扣问题:实际价格＝原价×折扣率

百分数问题:数量＝总量×百分比

这些基本关系都涉及两个平等的因数相乘。应用题的变化,就是知道总量及一个因数,设法求出另一个因数。因此,在各种问题的提法上都有相当于等分除和包含除两种类型的差异。如能均衡地对待等分除和包含除,则有利于后面的应用题教学。

---

[1] 竺仕芬.理解分数的一把钥匙:部分与整体的包含除关系[J].小学教学,2013(6).

二、一个基于教材的数据分析：确实存在着偏爱

现在，让我们来看 A 版教材三年级下册"除数是一位数的除法"单元里，是怎样厚此薄彼，"亏待"包含除的。

第 11～12 页，是口算除法。一共有 3 个问题。情境是将每沓 10 张手工纸"平均分给个人或班级"。具体问题是：

1. 把 60 张彩色手工纸平均分给 3 人，每人分得多少张？
2. 3 个班上手工课一共用去 120 张彩色手工纸，平均每个班用去多少张？
3. 把 66 张彩色手工纸平均分给 3 人，每人分得多少张？

这三个问题都是等分除，明确地要平均分给 3 人或 3 个班，类型十分单一。编者为何不设计一个属于包含除的问题呢？其实，包含除的题目很容易设计。

例如，我们可以问："这堂手工课每个小组要用 5 张手工纸，上次课剩下的手工纸还有 60 张，能满足几个小组的需要？"（60 里包含几个 5）

这样的包含除问题，教学上应该没有什么困难。

再看 B 版教材三年级下册"除法"单元，共 20 页，8 个小节（表 6-1）。

表 6-1

序号	标题	主问题	类型	备注
1	分桃子	68 个桃子平均分给 2 只猴子，每只分到多少？	等分除	
2	分橘子	悟空、八戒、沙僧 3 人平均分 48 个橘子，每人能分到多少个？	等分除	
3	商是几位数	从北京到四平的铁路全长 888 千米。动车运行时间约 6 小时，平均每小时运行多少千米？	等分除	
4	猴子的烦恼	3 只猴子，看到一堆桃子有 306 个，平均每只猴子分到多少个桃子？	等分除	
5	节约	3 个班卖废品得到了 912 元，平均每个班得到多少元？	等分除	
6	集邮	285 张邮票，每页放 5 张，算一算，能放多少页？	包含除	没有"包含除"的字样
7	买新书	一共 200 本书。现在有 4 层的书架两个。平均每个书架每层放几本书？	等分除	
8	讲故事	淘气试讲一个 850 字的故事用了 5 分钟。现在规定每人只能讲 3 分钟。淘气 3 分钟能讲多少字？（先要算出平均每分钟讲多少字）	等分除	没有出现"平均"二字

以上的统计表明，"除法"单元的这 8 个小节，有 7 个是等分除的情境，其中有 6

个小节直接点出"平均"二字。涉及包含除的只有"集邮"一节,而且没有用"285里包含多少个5"这样的说法。这段教材对等分除和包含除的处理是否偏颇,答案已经很清楚了。

三、从等分除到包含除:培养学生提出问题的能力

从以上的统计可以看出,我们在除法单元中,应该更多地关注如何多样化地"提出问题",不要习惯性地局限于等分除的问题。我们甚至可以要求学生,对以上8个小节,在保持数据不变、计算要求相同的条件下,再提出一个不同类型的问题来。例如:

1.【分桃子】每只猴子需要2个桃子,68个桃子能满足多少只猴子的需要?(68里包含几个2)

2.【分橘子】有48个橘子,每3个装一袋,能装多少袋?(48里包含几个3)

3.【商是几位数】从北京到四平的铁路全长是888千米。动车运行的速度是每小时148千米。从北京到四平的动车运行的时间是多少小时?(888里包含多少个148)

4.【猴子的烦恼】306个桃子,每只猴子都分到3个,这群猴子有多少只?(306里包含几个3)

5.【节约】四年级同学卖废品收到912元,已知每个同学平均贡献了3元,问四年级有多少个同学。(912里包含了几个3)

6.【集邮】285张邮票,平均放到5本集邮册里,每册放多少张邮票?(285平均分成5份)

7.【买新书】200本新书要放到2个书架上。每个书架有5层,每层可以放20本书,试问,能不能放得下?(200里包含几个10)

8.【讲故事】淘气喜欢诗朗诵,每句诗需要3秒。现在他要朗诵一首七言长诗,共840字,需要多长时间?(840里包含多少个7)

总之,我们如果能让学生针对等分除的情境提出相应的包含除问题,这对培养学生提出问题的能力将十分有益。

可是,我们的教材为什么还如此热衷于等分除的单一模式呢?恐怕是习惯成自然,编者的思维定势影响了思维的多元化,值得警惕。

四、分数除法对包含除的需求特别强烈

平均分的情境适合整数的除法,平均分配给某些人、某几个班、某几个小组等,人、班、组的数量都是自然数。对于分数除法,就说不通了。例如,总不能说把1块

饼平均分给 $\frac{1}{3}$ 个人吧。

分数除法要依据颠倒相乘的规则进行,说明起来相当困难。分数除法虽然不太适合使用等分除,但是可以很方便地使用包含除。例如 $4 \div \frac{1}{2}$,不能说成把 4 块饼平均分给 $\frac{1}{2}$ 个人,但是问 4 里面包含几个 $\frac{1}{2}$,只要画图一看,就知道 1 里面含有 2 个 $\frac{1}{2}$,因而 4 里面包含 8 个 $\frac{1}{2}$。这就是说 $4 \div \frac{1}{2} = 4 \times 2 = 8$。颠倒相乘法由此很容易看出。

让我们再看 A 版教材六年级上册"分数除法"单元中的两页。(其中第一页为分数除以自然数,图略;第二页为自然数除以分数,如图 6-1)

图 6-1

分数除以自然数,容易理解。图 6-1 涉及的 $2 \div \frac{2}{3}$ 就复杂多了。这里用画图的方法进行数量分析也是必要的,但是,如果用包含除的观点看,2 可以分成 6 个 $\frac{1}{3}$,即 3 个 $\frac{2}{3}$。也就是说,2 里面包含 3 个 $\frac{2}{3}$,结果立知 $2 \div \frac{2}{3} = 3$。

著名的美国数学家大卫·芒福德(David Mumford)对数学课程中"公理证明"与"图形直观"发表了看法。他也主张用图形的包含关系获得"颠倒相乘"的证明[1]。

在小学阶段,当你面对 $1\div\frac{1}{n}=n$ 时,你可能像我一样困惑。现代教科书中,往往程度不同地摆弄公理化办法去"证明"这一公式,但是用下面的对比图形不是一样清楚吗?先看图6-2。

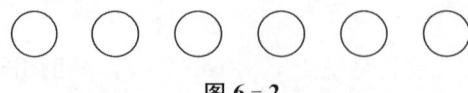

图6-2

总共6块饼,每人分2块,可以分给几人?$6\div2=3$(人)。结论:6里包含3个2。现在再看把1块饼平均分成4份,如图6-3。1块饼里包含几个$\frac{1}{4}$块?结论:1里包含4个$\frac{1}{4}$,因此 $1\div\frac{1}{4}=4$。

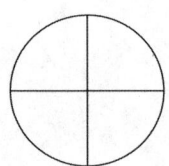

图6-3

芒福德评论说:"介绍一个实例,观察一个图形,导出一个解释,难道不比介绍形式化证明更好吗?"最近看到美国密歇根大学的一项研究,也是从包含除的视角来解决颠倒相乘法则的。大意如下:

我们如何计算 $\frac{5}{6}\div\frac{1}{3}$?请看图6-4。左面的图通过数轴上的点,说明 $\frac{5}{6}$ 里包含了 $2\frac{1}{2}$ 个 $\frac{1}{3}$。右面的图下方的数直线上则说明 $2\frac{1}{2}$ 里包含了3个 $\frac{5}{6}$,综合起来得到 $\frac{5}{6}\div\frac{1}{3}=2\frac{1}{2}=\frac{5}{6}\times3$。

这就通过举例说明了颠倒相乘法则的正确性。与此同时,还可以从面积为1的正方形揭示为什么 $\frac{5}{6}\div\frac{1}{3}=\frac{5}{6}\times3=2\frac{1}{2}$。这也是用面积大小的包含关系来说明的。

国外的这些研究表明,对于包含除,我们还需要有更深入的认识。

---

[1] 大卫·芒福德(David Mumford,哈佛大学教授,1974年获菲尔兹奖,1995~1999年任国际数学家联盟主席).引文载 Notices of AMS,1997 第44卷.

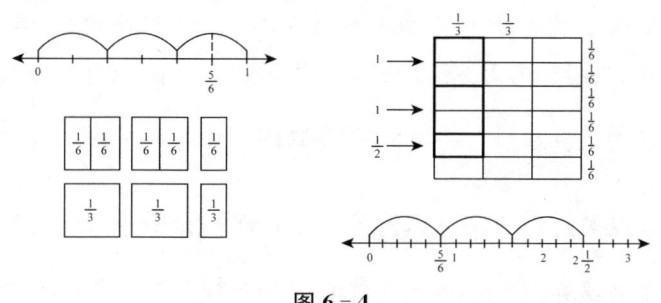

图 6-4

五、后记:关于"平均"二字的用法

阅读一些小学数学教材,觉得"平均"二字出现的频率太高。许多问题不宜用"平均"二字来处理。

例如,A 版教材三年级下册第 15 页是"笔算除法"单元的开头。题头图呈现的情境是:三年级有三(1)、三(2)两个班,学生们在种树,三年级这边有 42 棵树苗。提出的问题是:三年级平均每班种多少棵?

试问,这一事后统计用的平均数,谁需要知道? 实际上,每班的学生人数不尽相同。学生要知道的是本班究竟种了多少棵树,并不需要知道平均数。至于学校领导,一般也不需要知道每班种树的平均数。就这一情境而言,不如提出这样的问题:

42 棵树苗,由三(1)班和三(2)班负责栽种。如果任务平均分配的话,每班要种多少棵?

把事后统计用的平均数,改为事先接受任务时的平均分配,现实感就强烈多了。

 一线回声

教材已将"偏心"进行到底

许幼芳　浙江省杭州市崇文实验学校
万李芳　浙江省杭州市金都天长小学

张奠宙先生在《教材编写要注意防止片面的思维定势》一文中写道,除法和分数教学,最常用的情境就是"平均分物"。这一数学模型中涉及两种除法,俗称"等分除"和"包含除"。知道总数和份数,用除法求每份数,俗称"等分除";知道总数和每份数,用除法求份数,也就是总数里包含多少份,俗称"包含除"。

他通过对A、B两个版本教材在二、三年级"平均分"单元进行统计分析发现,教材编写厚"等分除"而薄"包含除",并指出:在分数教学中,对包含除的需求更强烈。如$4÷\frac{1}{2}$,若解释成4块饼干,平均分给$\frac{1}{2}$个人,显然不符合现实意义;但是可以解释成4里面包含几个$\frac{1}{2}$,通过画图就能一目了然地帮助理解。可见,在六年级的分数除法学习中,包含除的学习价值非常突出。因此在除法学习中,尤其是学习的初始阶段,对待"等分除"和"包含除"不能厚此薄彼。现如今,教材对这二者的配比情况令张先生十分担忧。

为考查各版本教材是否存在上述现象,笔者查阅了国内六个版本相同时期的小学数学教材(其中一部分是实验教材),以教材中的例题作为考查教材是否"偏心"的样本,统计情况见表6-2。

表6-2 "平均分的初步认识"中"包含除"和"等分除"的例题

教材版本	"平均分"教学例题主问题			分数的初步认识
	等分除	包含除	两者皆可	
R教版 (实验版, 2002年初 审通过)	第四册(3)[1] 除法的初步认识: 1. 把15个水果平均分成5份。 2. 把25颗糖平均分成5份。 3. 把12个竹笋平均放在4个盘子里。	第四册(2) 除法的初步认识: 1. 每条船限乘4人,24人要租几条船。 2. 20个竹笋,每4个放一盘。	第四册(0)	第五册
Z教版 (2003年 第1版)	第三册(1) 认识除法: 12颗草莓平均分,分成4份。	第三册(1) 认识除法: 12个苹果平均分,每份3个。	第三册(2) 平均分: 1. 把12个萝卜分一分,可以怎么分? 认识除法: 2. 24只兔子住宿,有哪些平均分配的方法?	第六册

---

[1] 括号中的数代表例题数量.下同.

(续表)

教材版本	"平均分"教学例题主问题			分数的初步认识
	等分除	包含除	两者皆可	
B教版（实验版，2002年初审通过）	第三册(3) 分一分与除法： 1. 8个桃子，2只猴子平均分。 2. 把20块糖平均分给5个小朋友。 3. 12个苹果，平均分在4个盘子里。	第四册(1) 分一分与除法： 每盘可以放5个苹果，20个可以放几盘？	第三册(0)	第六册
S教版（实验版）	第三册(1) 认识除法： 8个桃子，平均分给2只小猴。	第三册(1) 认识除法： 8个桃子，每只猴子分2个。	第三册(1) 认识除法： 12支铅笔平均分，你想怎样分？	第六册
X教版（实验版，2003年）	第三册(3) 表内除法： 1. 把8个桃平均放在4个盘里。 2. 把15朵花平均插在5个花瓶里。 3. 把12个杯子平均放入3个盒子。	第三册(4) 表内除法： 1. 18串葡萄，每盘放6串。 2. 18串葡萄，每盘放2串。 3. 12个小朋友跳绳，每3人一组。 4. 24支铅笔，每6支装一盒。	第三册(0)	第五册
Q教版（实验版）	第三册(2) 除法的初步认识： 1. 20个桃子，平均分给5只猴子。 2. 10个笋，平均分给2只熊猫。	第三册(2) 除法的初步认识： 1. 12个萝卜，每只小兔分4个萝卜。 2. 15个松果，每只松鼠可以分5只松果。	第三册(1) 除法的初步认识： 12个小伙伴进行表演，可以怎样排队？	第六册

调查统计显示,绝大部分教材对等分除和包含除的安排是公平公正的:R教版教材中等分除比包含除多一道例题,B版教材中等分除比包含除多两道例题,X教版教材中包含除则多一道。由此看出,教材没有偏心!

这份统计结果,似乎与张先生的担心不太一致。笔者再次拜读了《教材编写要注意防止片面的思维定势》一文,发现张先生对于教材编写的担忧,不仅涉及"平均分"单元学习对"分数的初步认识"的影响,而且涉及其对分数的进一步学习——如对分数的除法学习的影响。既然在"平均分"单元学习中大部分教材都没对等分除太过偏心,那么在"平均分"的进一步学习中,情况又是如何呢?笔者又开始了新一轮的探究,统计结果见表6-3。

表6-3 "平均分的进一步认识"中"包含除"和"等分除"的例题

教材版本	"平均分的进一步认识"教学例题主问题		分数的再认识
	等分除	包含除	
R教版（实验版,2002年初审通过）	第六册(8)	第六册(0)	第十册
	除数是一位数的除法: 1. 赵伯伯3次就能运完60箱。平均每次运多少箱? 2. 王叔叔3次就能运完600箱。平均每次运多少箱? 3. 李阿姨3次就能运完240箱。平均每次运多少箱? 笔算除法: 4. 42棵树,三年级2个班种。平均每个班种几棵? 5. 52棵树,四年级2个班种。平均每个班种几棵? 6. 李思3个月用电309度,平均每个月用电几度? 7. 万青3个月用电420度,平均每个月用电几度? 8. 星光小学832名学生分4批去参观天文馆。平均每批有多少人?		

(续表)

教材版本	"平均分的进一步认识"教学例题主问题		分数的再认识
	等分除	包含除	
Z教版 (2003年第1版)	第五册(3) 三位数除以一位数: 1. 246个学生和老师,平均分坐6辆车。平均每辆车坐学生和老师多少人? 2. 4个组一共捡了424个贝壳,平均每组捡了几个? 3. 客车行驶228千米用了3小时,货车行驶248千米用了4小时,哪辆车开得快?	第五册(0)	第十册
B教版 (实验版,2002年初审通过)	第七册(2) 除法: 1. 室内培育22种花,共154盆,每种花的盆数相同,每种花各有多少盆? 2. 卡车2小时行驶了120千米,大巴车3小时行驶了210千米。哪辆车跑得快?	第七册(4) 除法: 1. 每个书包20元,80元可以买几个书包? 2. 每个书包20元,140元可以买几个书包? 3. 三年级272名学生,秋游都坐小客车,小客车限坐34人,需要几辆车? 4. 四年级184名学生,秋游都坐大客车,大客车限坐46人,需要几辆车?	第十册
S教版 (实验版)	第六册(5) 除法: 1. 600只鸡,共3层,平均每层几只? 2. 鸡2天共产鸡蛋986个,平均每天产几个? 3. 这个星期前3天共产鸡蛋306千克,前3天平均每天产鸡蛋多少千克? 4. 这个星期后4天共产鸡蛋432千克,后4天平均每天产鸡蛋多少千克? 5. 一共有224本书,放2个书架,每个书架4层。平均每层放几本?	第六册(1) 除法: 鸡蛋每千克4元,一共卖了312元。卖了多少千克鸡蛋?	第十一册

(续表)

教材版本	"平均分的进一步认识"教学例题主问题		分数的再认识
	等分除	包含除	
X教版（实验版，2003年）	第六册(3) 三位数除以一位数的除法： 1. 600株树苗要平均分给2所学校，每所学校分得多少株？ 2. 距植物园135千米，3小时赶到，平均每小时行多少千米？ 3. 6分钟打624个字，平均每分钟打多少字？	第六册(既不是包含除也不是等分除,1) 三位数除以一位数的除法： 占地20平方米，宽6米，长几米？	第十一册
Q教版（实验版）	第六册(5) 两、三位数除以一位数： 1. 展出8个新品种的苹果，共184箱。平均每个品种的苹果有多少箱？ 2. 家里离这里432千米，路上行驶了6小时。李叔叔行驶的速度是多少？ 3. 4分钟生产果汁428瓶。平均每分钟生产果汁多少瓶？ 4. 2小时生产果脯204千克。平均每小时生产果脯多少千克？ 5. 3分钟生产420瓶干红葡萄酒。平均每分钟生产多少瓶？	第六册(2) 两、三位数除以一位数： 1. 320片梨膏和520片梨膏，4片梨膏装一包，共可以装多少包？ 2. 2个果冻装一包，4包装一盒。960个果冻可以装多少盒？	第十一册

除B教版教材包含除的占比远胜于等分除外，其他五个版本教材的情况果然与张先生说的一样，"厚"等分除"薄"包含除。此外，有3个版本的教材甚至出现了"断层"现象。这样的"偏心"难道还不足以引起教材编写者的注意吗？

张先生在文章中还提到，"分数除法对包含除的需求特别强烈"。为此，笔者又对六个版本教材的小数除法和分数除法的例题作了梳理，统计结果见表6-4。

表6-4 分数与小数除法计算教学中"包含除"和"等分除"例题

教材版本	分数与小数除法计算教学中"包含除"和"等分除"的例题梳理	
	小数除法计算教学	分数除法计算教学
R教版	(5＋2)[1] 第八册,小数的认识。 把1米平均分成10份。就是$\frac{1}{10}$米,0.1米。(等分除) 第九册,小数除法。 1. 计划4周跑22.4千米,平均每周跑几千米?(等分除) 2. 王鹏每周计划跑5.6千米,平均每天要跑多少千米?(等分除) 3. 爷爷12分钟跑1.8千米,平均每分钟跑多少千米?(等分除) 4. 奶奶编"中国结",编一个要用0.85m丝绳,7.65m丝绳可以编几个?(包含除) 5. 张燕家养的3头奶牛上周的产奶量是220.5千克,每头奶牛一天产奶多少千克?(等分除) 6. 小强的妈妈要将2.5千克香油分装在一些玻璃瓶里,每个瓶最多可盛0.4千克,需要准备几个瓶?(包含除)	(2＋0) 第十册,分数与除法。 1. 把1个蛋糕平均分给3人,每人分得多少个?(等分除) 2. 把3块月饼平均分给4人,每人分得多少块?(等分除)
Z教版	(5＋1) 第八册,小数概念。 把1米平均分成100份;把1米平均分成1000份。(等分除) 第九册,小数除以整数。 1. 把芹菜浸入水中4分钟后,水沿着芹菜的茎上升了12.8厘米。水平均每分钟上升多少厘米?(等分除) 2. 野葛15天长4.5米,平均每天长多少米?(等分除) 3. 尔威兹加树,50年长15厘米,平均每年长多少厘米?(等分除) 第九册,一个数除以小数。	(3＋1) 第八册,分数与除数的关系。 1. 3个月饼4人分吃,每人吃多少个?(等分除) 2. 1个月饼4人分吃,每人吃多少个?(等分除) 3. 5千克瓜子平均分成3份,每份多少千克?(等分除) 第十册,分数的除法。 一条红绸带长$\frac{9}{10}$米,做一个中国结需要$\frac{3}{10}$米。可以做几个中国结?(包含除)

[1] 以(5＋2)为例,5表示等分除例题数量,2表示包含除例题数量.下同.

(续表)

教材版本	分数与小数除法计算教学中"包含除"和"等分除"的例题梳理	
	小数除法计算教学	分数除法计算教学
Z教版	4. 一张芭蕉叶的面积是0.48平方米,一天蒸发水分36克。平均每平方米蒸发水分多少克?(等分除) 5. 一棵树高369.6英尺,1米大约3.3英尺,树高约几米?(包含除)	
B教版	(4+2) 第八册,小数的认识。 把"1"平均分成10份,其中的1份是$\frac{1}{10}$,也可以表示0.1。(等分除) 第八册,小数除法。 1. 甲商店5袋牛奶卖11.50元,乙商店6袋牛奶卖12.90元,哪个商店的牛奶更便宜?(等分除) 2. 4人车费、门票费一共花了26元,平均每人花了多少钱?(等分除) 3. 买16个恐龙玩具花了12元,平均每个恐龙玩具多少钱?(等分除) 4. 国内长途每分钟0.7元,小红花了8.54元,她打了多长时间的长途电话?(包含除) 5. 国际长途每分钟7.2元,小华花了45元,他打了多长时间的长途电话?(包含除)	(4+2) 第九册,分数与除法。 把1块蛋糕平均分给2个小朋友,每人可以分到几块蛋糕?如果把7块蛋糕平均分给3个小朋友呢?(等分除) 第十册,分数除法。 1. 把一张纸的$\frac{4}{7}$平均分成2份,每份是这张纸的几分之几?(等分除) 2. 把一张纸的$\frac{4}{7}$平均分成3份,每份是这张纸的几分之几?(等分除) 3. 有4张同样大小的饼,每2张一份,可以分成多少份?每1张一份呢?每$\frac{1}{2}$张一份呢?(包含除) 4. 有1根2米长的绳子,截成每段长$\frac{1}{2}$米,可以截几段?每段长$\frac{1}{3}$米呢?(包含除) 5. 用方程解:跳绳的小朋友有6人,是操场上参加活动总人数的$\frac{2}{9}$。操场上有多少人参加活动?(等分除)
S教版	(4+3) 第九册,小数的认识。 把1米平均分成100份,每份长1厘米。1厘米是$\frac{1}{100}$米,还可以写成0.01米。(等分除)	(2+4) 第十一册,分数除法。 1. 量杯里有$\frac{4}{5}$升果汁,平均分给2个小朋友喝,每人可以喝多少升?(等分除)

(续表)

教材版本	分数与小数除法计算教学中"包含除"和"等分除"的例题梳理	
	小数除法计算教学	分数除法计算教学
S教版	第九册,小数的除法。 1. 妈妈买水果。3千克苹果9.6元。平均每千克苹果几元?(等分除) 2. 妈妈买水果。5千克香蕉12元。平均每千克香蕉几元?(等分除) 3. 妈妈买水果。6千克橘子5.7元。平均每千克橘子几元?(等分除) 4. 妈妈买鸡蛋用去7.98元。鸡蛋每千克4.2元。买鸡蛋多少千克?(包含除) 5. 妈妈购买萝卜,单价0.55元,共花1.1元,买萝卜多少千克?(包含除) 6. 妈妈买番茄,单价1.2元,总价3元。买番茄多少千克?(包含除)	2. 幼儿园李老师把4个同样大的橙子分给小朋友,每人吃2个,可以分给几人?每人1个呢?(包含除) 3. 4米彩带,每 $\frac{2}{3}$ 米剪一段,可以剪多少段?(包含除) 4. 量杯里有 $\frac{9}{10}$ 升果汁,茶杯的容量是 $\frac{3}{10}$ 升。这个量杯里的果汁能倒满几个茶杯?(包含除) 5. 小果汁每瓶600毫升,小瓶里的果汁是大瓶里的 $\frac{2}{3}$,一大瓶果汁有多少毫升?(等分除) 6. 每盒果汁 $\frac{4}{5}$ 升,每杯可装 $\frac{3}{10}$ 升。3盒果汁可以倒满几杯?(包含除)
X教版	(5+2) 第八册,小数的认识。 把1米平均分成1000份,其中1份是1毫米,也是 $\frac{1}{1000}$ 米,0.001米。(等分除) 第九册,小数除法。 1. 6层教学楼高23.4米,平均每层高几米?(等分除) 2. 62千克稻谷出了46.5千克大米。每千克稻谷可以出多少千克大米?(等分除) 3. 9月份共吃了36千克大米。平均每天吃多少千克?(等分除) 4. 西瓜1.6元/千克,付12.8元,西瓜有多重?(包含除) 5. 6辆汽车3.5天共节约汽油90.3千克,平均每辆汽车每天节约多少汽油?(等分除) 6. 每天喂鱼9.5千克鱼食,114千克鱼食可以喂多少天?(包含除)	(4+0) 第十一册,分数的除法。 1. 卫生大扫除中,学校把操场的 $\frac{4}{5}$ 平均分给六年级的两个班,每个班应该打扫这个操场的几分之几?如果平均分给3个班呢?(等分除) 2. 一辆小轿车穿过隧道用了 $\frac{3}{4}$ 分钟,它平均每分钟行驶多少米?(等分除) 3. 运来的水泥有24吨,运来的水泥是黄沙的 $\frac{2}{5}$,运来黄沙多少吨?(等分除) 4. 长江流域约有120种矿产资源,可供开发的占 $\frac{5}{6}$,长江流域的矿产资源种数约占全国的 $\frac{30}{37}$。全国的矿产资源有多少种?(等分除)

(续表)

教材版本	分数与小数除法计算教学中"包含除"和"等分除"的例题梳理	
	小数除法计算教学	分数除法计算教学
Q教版	(5+2) 第八册，认识小数。 0.25 表示 $\frac{25}{100}$，由 25 个 $\frac{1}{100}$ 组成。（等分除） 第九册，小数除法。 1. 三峡大坝 3 天蓄水 9.84 升。平均每天蓄水多少升？（等分除） 2. 五级船闸总长 1.607 千米，"长城号"豪华游轮用 2.5 小时通过了五级船闸。通过每级船闸的平均时间是多少？（等分除） 3. 三峡电厂 25 天发电 24.9 亿千瓦时。平均每天发电多少？（等分除） 4. 三峡永久船闸的闸门共有 24 扇，其中最大的一扇闸门高 38.5 米，宽 20.2 米，面积接近两个篮球场大，被称为"天下第一门"。身高 1.4 米，闸门高是身高的几倍？（包含除） 5. 书桌高 0.77 米，闸门的高是书桌高的多少倍？（包含除） 6. 三峡工程全部竣工后，最终移民人数达 113 万。按照国家规划分四个时期完成移民搬迁任务，一期移民人数是 34.15 万，二期移民人数是 38.25 万。第三、第四期平均每期移民多少万人？（等分除）	(2+2) 第十一册，分数除法。 1. 布艺兴趣小组的同学要用 $\frac{9}{10}$ 米的花布给小猴做衣服。如果做背心，可以做 3 件；如果做裤子，可以做 2 条。做一件背心需要花布多少米？做一条花裤需要多少米？（等分除） 2. 布艺兴趣小组的同学要用 2 米布做书信袋。一个小书信袋需要 $\frac{1}{5}$ 米，一个大书信袋需要 $\frac{2}{5}$ 米。可以做几个？（包含除） 3. 兴趣小组的同学要用 $\frac{4}{5}$ 米布给洋娃娃做裙子，一条裙子需要 $\frac{4}{25}$ 米。可以做几条？（包含除） 4. 第一布艺兴趣小组做了 8 个蝴蝶结，完成了本组计划的 $\frac{2}{5}$，第一小组计划做几个蝴蝶结？（等分除）

研究发现，除 S 教版教材外，其他五个版本的教材，不论是小数除法还是分数除法的例题呈现，等分除在教材中的占比远远高于包含除的占比。

综上所述，大部分版本的教材，从"除法的认识"到"分数的初步认识"，两种除法的分布还算平衡；但从"平均分的进一步认识"到"小数的认识""小数除法"以及"分数除法"，所有教材一路走来，无一例外地"偏爱"等分除，已将"偏心"进行到底！

笔者提倡，在教材的编写序列中，在切合教学内容的前提下，对这两个同样重要的除法模型的配比和教学要基本均衡,根据六个版本教材的启发,笔者创作了几个等分除和包含除的例题,如表 6-5 所示。

表 6-5

	等分除主问题	包含除主问题
平均分的初步认识	12 颗水果糖平均分成 4 份,每份有几颗水果糖?	12 颗水果糖平均分,每袋 4 颗,能装几袋?
分数的初步认识	$\frac{3}{4}$ 块蛋糕分给 3 个人,每人分得多少块?	6 里面包含几个 $\frac{1}{2}$?
平均分的进一步认识	某养鸡场 2 天共产鸡蛋 968 个,平均每天产几个?	鸡蛋每千克 6 元,一共卖了 312 元,卖了多少鸡蛋?
小数除法	在卡拉哈里沙漠中,有一种树名叫尔威兹加树,生长很慢,100 年才长高 30 厘米,它平均每天长多少米?	西瓜每千克 1.6 元,明明买一个西瓜付了 12.8 元,这个西瓜有多重?
分数除法	妈妈把榨好的果汁放在量杯里,共有 $\frac{4}{5}$ 升果汁,平均分给 2 个小朋友喝,每人可以喝多少升?	一条红绸带长 $\frac{9}{10}$ 米,如果做一个中国结需要 $\frac{3}{10}$ 米,这根红绸带可以做几个中国结?

如果教材能更有序地呈现等分除和包含除的知识,并设计有意义且有趣的情境,那么一线教师可能就不用为学生对包含除感到陌生而烦恼了,也希望本文的研究能引起教材编写者们的注意。

参考文献

[1] 张奠宙. 维度已经进入日常生活,小学数学不应回避[J]. 小学教学(数学版),2014.

[2] 丹尼斯·舍伍德,著. 系统思考[M]. 邱昭良,刘昕,译. 北京:机械工业出版社,2016.

> 数方夜谈

小学数学中切莫忽视"包含除"的教学价值

本文发表于《小学数学教师》2017年第4期

话题一：教材中为什么没有出现"等分除"与"包含除"术语

巩子坤：先生在文中提到了分数与包含除问题，今天我们着重来聊一聊小学数学中的包含除问题。

张奠宙：现在的小学生知不知道"包含除"这个术语？

张　园：人教版《数学》二年级下册"表内除法"中"平均分"的教学出现了等分除和包含除的情形，但没有出现"包含除"和"等分除"的名称。

张奠宙：学生能不能区分包含除和等分除呢？

张　园：教材指出"每份分得同样多，叫平均分"，强调让学生在具体的操作中感受分的方法的不同，能写出不同的算式，并说出其中一种平均分是求"有几份"，另一种平均分是求"每份是多少"，但没有要求学生明确区分这两种情形，更没有命名其中一种叫"包含除"，另一种叫"等分除"。在教学中，老教师通常会讲得明确些，会在操作后通过对比、概括给出两种情形的名称；年轻教师就没有这么多的讲究了，操作、列式，仅此而已。

巩子坤：确实，我们的本科生与研究生，有一大部分已经去小学当老师了，他们都知道平均分的题目有两类，但对"一类叫等分除、另一类叫包含除"其实是不大清楚的。

殷文娣：是的，我并不清楚除法还有等分除、包含除。

张　园：教学中我们也不要求学生知道这两种情形的名称。

张奠宙：为什么不明确区分呢？

张　园：呈现这两种不同的"平均分"，教材的意思可能是要让学生在活动中体会、感悟，至于悟到的东西要不要说出来，说出来的东西要不要贴个标签，这就要教师自己把握了。教材之所以这样做，我想可能是出于降低记忆量、减轻学生学习负担的原因吧。

张奠宙：我觉得这二者应该明确地说出来，写进教师用书，甚至写入教材，目的是让学生完整地了解除法的数学模型。等分除和包含除是同一个数学模型的两个侧面,手心手背都是肉,不可偏废。这是一种长期起作用的思想方法,是一项基本功,也是"四基"的一部分。现在强调"数学建模"隶属于核心素养,认识"包含除"就是学习数学建模的一个方面。人们常说,中国的小学数学教师教学水平高,知道"包含除"就是一例,它对解决问题非常重要。好的传统不要轻易丢掉。

张　园:现行教材中,"等分除""包含除"这两个名称都不出现了。人教版《数学》二年级下册"表内除法"单元的"平均分"中,例1、例2实际是"等分除",例3是"包含除",但重视操作,强调"均分";接着在"除法"部分,例4是"等分除",例5是"包含除";在"有余数的除法"单元中,例题都是"包含除",在练习中会出现几道等分除问题。教材虽然如此偏倚"包含除",但学生似乎还是与"等分除"更"情投意合",觉得"等分除"才是"平均分"。这是为什么?是因为这两种除法对比不够突出,还是操作后的引导反思不到位?

张奠宙:这是因为没有从数学建模的思想方法的高度认识"包含除"。

巩子坤:虽然教材中没有明确出现"等分除""包含除",但是教师教学用书中还是出现了相应的说明。比如,人教版《数学》二年级下册教师教学用书中,"平均分"例2(把18个橙子平均分成6份,每份几个?分一分)的右侧出现了编写者意图:该例呈现了在现实生活中两种平均分物的情况之一,等分(分配);例3(8个果冻,每2个一份,能分成几份?分一分)左侧出现了编写者意图:该例呈现了在现实生活中两种平均分物的另一种情况,包含(连续的减法)。

话题二:如何实现等分除与包含除的统一

巩子坤:这样的文字在教师教学用书中是出现了,但是在教材中,只有等分(分配)的含义出现了("可以1个1个地分""也可以先每份放2个"),而包含(连续减)的含义没有体现出来。事实上,一个更加根本的问题是:如何实现"等分"与"包含"的统一,比如,统一为乘法。

任敏龙:我们来讨论一下除法的引入。一般而言,教材以等分除问题为例引入除法,并约定如何用除法表示等分除的规则;紧接着呈现包含除的问题,说明包含除也可以用除法来表示,介绍列式的方法。按理,针对等分除作出的约定用于包含除的情形,是必须要解释其合理性的,而教师的解释多多少少是有点牵强的:前一个问题是平均分,后一个问题也是平均分,所以后一个问题也可以用除法表示。可这是不同含义的平均分啊!

巩子坤:例2的平均分是:每份放的橙子数"一样多"。这个一样多,就是"平均分"。包含除也是平均分。例3的平均分是:每2个果冻一份,每份的果冻一样多。这个"一样多"也是"平均分"的意思。概而言之,都相当于"若干个盘子,每盘放一样多的东西"。

殷文娣:这里也有问题值得商榷:教材中用"一份"是比较抽象的。这个抽象的好处是,容易把"一份"表征与算式建立联系;坏处是,学生可能不容易理解抽象的一份是什么。在讲解"除法"(例4、例5)时,教材没有出现抽象的一份,而是出现了盘子。让我们困惑的是,在先前的例1至例3中,出现的均是抽象的"一份";反倒在总结、概括除法的意义,形成除法算式的时候,出现了比较形象的"盘子"。是否从一开始,就应该用"盘子"这个具体的物体作为平均分的表征和依托呢?

张奠宙:将12个橙子平均分到盘子里的情境,即每个盘子里必须"一样多",其数学模型是除法。但是有两种情形,情形一:知道有4个盘子,问每个盘子里有几个(等分除);情形二:知道每个盘子里要放3个,问能放几盘(包含除)。在日常生活中,这两种情形是不一样的。虽然最后都归于除法,但只有注意到"有几个"和"有几盘"的区别,除法模型才会建立得更加丰满。

任敏龙:我觉得,可以有两种办法引入除法,并让学生明白为什么"包含除"与"等分除"的情形都可以用除法加以表示。

先讨论第一种:基本的想法是根据除法是乘法的逆运算来引入。

问题1:把12块月饼平均分成4份,每份有多少块?

通过操作,得到如图6-5所示的结果:

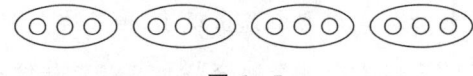

图6-5

教师要求学生列算式表示图中数量之间的关系,得算式$4\times(3)=12$,算式中括号里就是要求的每份的块数。教师可指出:通常情况下,我们列算式时总是把已知的放在等号的左边,未知(要求)的放在等号的右边,因此需要引进一种新的运算,这种运算叫除法,算式是$12\div 4=3$,即积÷一个因数=另一个因数。

问题2:12块月饼,每人4块,可以分给几人?

通过操作,得到如图6-6所示的结果:

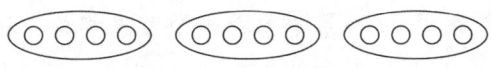

图 6-6

可得算式 4×(3)=12,也是已知积和其中一个因数,求另一个因数,除法同样适用,得 12÷4=3。

这样,在引入除法的同时,也解决了用乘法口诀求商的算理问题。

巩子坤: 这样的处理,就把等分除与包含除统一为乘法的逆运算了。

让我们更严格地来看等分除与包含除的联系与区别。

问题:有 4 人,每人有 3 块月饼,总共有多少块月饼?

算式可以表示为:4 人×3 块/人=12 块。因而,等分除的问题是"12 块月饼,平均分给 4 人,每人分得多少块月饼",算式表示是:12 块÷4 人=3 块/人。包含除的问题是"12 块月饼,每人分得 3 块,可以分给多少人",算式表示是:12 块÷3 块/人=4 人。

这样,名与数一同参与运算,就可以把这两者的关系看得清清楚楚了。

现行的小学数学教材里不出现这样的内容,是因为这事实上涉及分数的乘、除法运算了。但是,作为教师要清楚其中的道理。

任敏龙: 我介绍一下第二种方法。其基本的想法是:既然乘法是同数连加的简便表示,那么除法就是同数连减的简便表示。

问题 1:12 块月饼,每人 4 块,可以分给几人?

通过操作,得到如图 6-7 所示的结果:

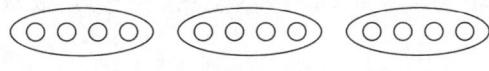

图 6-7

每摆一份减少 4 块,列成减法算式是:12-4-4-4=0,减了 3 个 4,所以可以分给 3 个人。就像同数连加我们用乘法来简便地表示,同数连减我们也引入一种简便表示,这种运算叫除法:12÷4=3,即总数÷相同减数=相同减数的个数。

问题 2:12 块月饼平均分成 4 份,每份有多少块?

通过操作,得到如图 6-8 所示的结果:

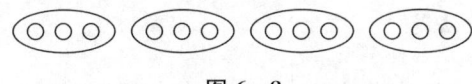

图 6-8

为保证每份分得同样多,第一次在每个盘里都放 1 块,一共放 4 块,总数减少 4;第二次也在每个盘里放 1 块,一共放 4 块,总数再减少 4;……列成减法算式就是 12−4−4−4=0,减了 3 个 4,每份就是 3 块。这个减法算式也可以用除法来表示:12÷4=3。

巩子坤:任老师的第一种方法,是把除法作为乘法的逆运算;第二种方法,是把除法看作减法的简便运算,正如乘法是加法的简便运算。两种方法都抓住了除法运算的本质,也都实现了等分除与包含除的统一。很好!

话题三:包含除的一个应用

任敏龙:我个人主张:用第二种方法引入除法概念,在积累了比较充分的活动经验基础上,再用第一种方法探索用乘法口诀求商的算理算法。

张奠宙:不仅整数的计算及其应用有等分除、包含除的问题,小数、分数也同样如此。我觉得分数除法的学习对包含除的需求特别强烈,特别是一个数除以分数。

任敏龙:现在多数教材讲一个数除以分数采用的其实是等分除思路。比如,"小明 $\frac{2}{3}$ 小时走了 2 千米,每小时走多少千米",先从分数的意义出发,把 1 小时平均分成 3 份,其中 2 份走了 2 千米,每份就是 2÷2=1 千米,1 小时有这样的 3 份,就是 1×3=3 千米,列成综合式就是 2÷2×3。如果要呈现乘倒数的形式,就需要将拆作"÷2×3"的"÷ $\frac{2}{3}$"组装成"× $\frac{3}{2}$",即 2÷2×3 =2× $\frac{1}{2}$ ×3=2×($\frac{1}{2}$ ×3)=2× $\frac{3}{2}$。学生就像看教师变戏法,至于为什么要这样"变",却往往一头雾水。"变"完后问学生"一个数除以分数怎么算",学生还是说不出来。教师只好再引导学生观察除号变成了什么,除数怎么变,最终归纳出计算法则。

巩子坤:我们做了一个研究,正如张先生在《教材编写要注意防止片面的思维定势——评小学数学教材中忽视"包含除"的倾向》一文中所提到的,用"包含除"来呈现一个数除以分数的算理,推导这个法则。

我们的大致做法是:

引入例 A:玻璃杯的容量是 $\frac{1}{5}$ L。现有牛奶 1L,可以装入多少个玻璃杯?

通过直观,学生很容易发现,1L里包含5个$\frac{1}{5}$L,所以$1÷\frac{1}{5}=5$。

例B:玻璃杯的容量是$\frac{2}{5}$L。现有牛奶1L,可以装入多少个玻璃杯?

通过直观,学生很容易看出,1L里包含$2\frac{1}{2}$个$\frac{2}{5}$L,所以$1÷\frac{2}{5}=\frac{5}{2}$。

例C:玻璃杯的容量是$\frac{2}{5}$L。现有牛奶2L,可以装入多少个玻璃杯?

对于这个问题,仍然可以直观观察得出答案,但是比较麻烦,需要借助比例推理:因为1L里包含$\frac{5}{2}$个$\frac{2}{5}$L,2L里包含$(2×\frac{5}{2})$个$\frac{2}{5}$L,所以,$2÷\frac{2}{5}=2×\frac{5}{2}$。

任敏龙: 在一次"学习路径研究"中,我们对学生作了访谈:对于$\frac{5}{6}÷\frac{2}{3}$,你能不能把除数变成1呢?并向学生介绍了这样的方法:利用商不变性质,$\frac{5}{6}÷\frac{2}{3}$ $=(\frac{5}{6}×\frac{3}{2})÷(\frac{2}{3}×\frac{3}{2})=\frac{5}{6}×\frac{3}{2}$。学生听后大为惊叹:"这么好的方法,老师你为什么不早说!"这种方法中蕴含了有理数域定义中乘法的单位元和逆元(即倒数),是它的数学价值所在。

巩子坤: 包含除还涉及小学数学的许多方面,我们下次再聊。

课题 7　究竟为什么要学习分数？　教材交代得不大清楚

"分数"教材里一个没有解决的问题
——谈分数与包含除的关系

(本文发表于《教学月刊·小学版(数学)》2014 年第 7、8 期)

　　人教版《数学》五年级下册"分数的意义和性质"开头，出现了一个画面(图 7-1)。内容是有几个人用等距离打了结的绳子测量一个箱子的边长。图边的文字提出了一个很有意义的问题："剩下的绳子不足一节，怎么记？"可惜的是，教材最后没有回答究竟如何用分数来表示这段绳子的长短。自己提出的问题却没有解答，不得不说是教科书的一个缺陷。

　　在数学上，这是问一个小于单位 1 的量怎么表示，由此引出分数(或小数)。这是分数教学的根本目标之一。例如，日本 2008 年颁布的《数学学习指导要领》就强调："分数是用于度量小于 1 的量。"本刊 2005 年第 8 期刊有陈月兰的文章：《一个来自日本的分数教学案例带来的思考》。其中就有如何测量一段"剩余长度"的实例。教例的过程是，以学生手中的教科书的长度作为单位 1，如果三个"剩余部分"正好是一本教科书的长度，那么这段"剩余部分"的长度是 $\frac{1}{3}$。由此阐明了学习分数的意义。

　　现在让我们来分析我国分数概念教学中的一个不足之处。

　　我国的分数定义是："把单位'1'平均分成若干份，表示这样的一份或几份的数叫做分数。"这样的定义，必须要预先知道平均分为几份。但是许多情境是难以做

图 7-1

到的。事实上，对一个平均分问题，有两种情形：

情形1：先知道"分几份"，然后问所分的那份结果的大小。这是用分数表示"整体里的一个部分有多大"。例如，四等分一块月饼，问每块多大，答案是 $\frac{1}{4}$ 块。

情形2：先知道分到的一部分的大小，然后问"该部分在整体中占多少"。至于整体要平均分为几份，那是需要计算或测量的。例如，一盒铅笔12支，现在取出3支，问取出的部分占整盒铅笔的多大一部分。由于12包含了4个3(12÷3=4)，所以3支恰好是12支铅笔平均分为4份之后的1份，答案也是 $\frac{1}{4}$。

这两类例子不可偏废。如果一提到分数就联想到等分月饼的模型，会限制人们对分数的理解。

让我们回到人教版《数学》中的那个例子。该情境要解决的问题是：在以一节绳子作为单位长度的前提下，用分数表示绳子剩余的那个"尾部"的长度。按照我国教材的分数定义，就必须预先知道要将一节绳子平均分为几份，并且知道尾部占其中的几份，才能写出那个分数。但是，问题情境里并没有给出这样的数据。因而这一问题不属于情形 1,而属于情形 2。下一步怎么办? 我们不得不通过试验加以测量。例如,如果一节绳长恰好是三个尾部之长,那么尾部长度就可以表示为 $\frac{1}{3}$;如果一节绳子包含三个"半截尾部",那么尾部长度占一节的 $\frac{2}{3}$;如此等等。

通过以上的分析,我们可以看到,为了全面理解分数,知道"平均分为几份"的"分月饼"模型,只考量了"情形 1"。停留于此是不够的,我们必须熟练地掌握各种各样属于情形 2 的包含除例子。以下再举几例。

例 1 一盒铅笔有 15 支。取出其中的 5 支,它占整盒铅笔的几分之几?

这要先用包含除:$15÷5=3$。于是知道 15 里包含 3 个 5。这就是说,如果将一盒铅笔平均分为 3 份,那么 5 支铅笔是整体的 $\frac{1}{3}$。如果我们取出其中的 10 支,同样用包含除($15÷5=3$)知道 15 里包含 3 个 5,因而将整体 15 支铅笔平均分为 3 份,每份是 5 支,两份是 10 支。这样一来,所取出的 10 支铅笔(作为整体的部分)是平均分为 3 份之后其中的 2 份,即占整体的 $\frac{2}{3}$。

例 2 我们班有 35 位同学。有 5 位同学参加书法比赛获得优秀奖。我班有几分之几的同学获得此奖?

这也是情形 2 的问题。通过包含除,知道 35 里包含了 7 个 5。现在如果将班级人数平均分为 7 份,每份是 5 人,所以获奖人数是全班人数的 $\frac{1}{7}$。

例 3 在人教版《数学》五年级下册第 64 页中有"头部占身高的 $\frac{1}{8}$"这样的练习题(图 7-2)。这也不单纯是平均分问题,而是"占多少"的问题。实际上是在说:先规定了什么是头部高度,接着又算出了"整体身高恰好包含了 8 个头部高度",所以"头部占身高的 $\frac{1}{8}$"。

例 4 在前述用绳子度量箱子长度的例子中,如果我们知道了一节绳子是 m 厘米,"尾部长度"是 n 厘米。那么"尾部长度"是一节绳子长度的 $\frac{n}{m}$。

总之,分数的定义单纯用平均分的情形 1 作为引例进行概括,是不够的。过分强调,不求发展,将会带来呆板的思维定势,尤其因为"分数是整数之比"。以后分数的应用,多半会涉及部分与整体的比例关系,即情形 2 的问题。

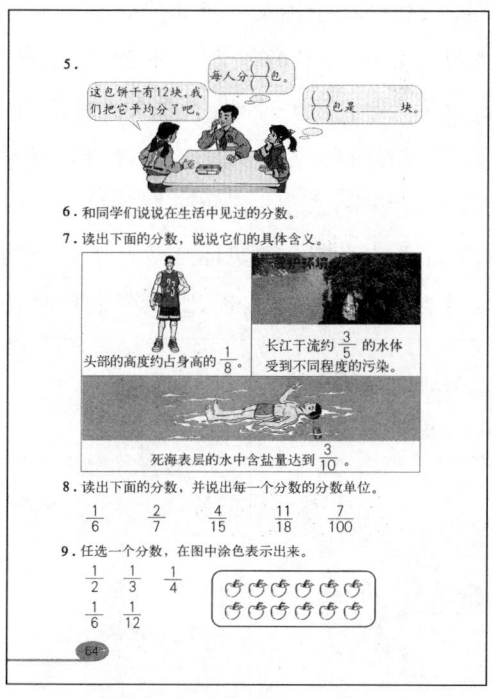

图 7-2

这一现象似乎还没有引起广泛的注意,课程标准和教材也都没有充分关注。因而建议从理论和实践上进行研究,妥善处理。

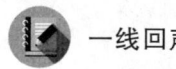 一线回声

怎么解决绳子剩余长度的表示问题
——也谈分数与包含除的关系

倪国平 浙江省杭州市时代小学

  最近,笔者阅读了张奠宙先生的《"分数"教材里一个没有解决的问题——谈分数与包含除的关系》一文,对文中的观点深有感触。张先生对人教版《数学》五年级下册"分数的意义"的编排提出质疑,认为分数的定义单纯用平均分的情形 1 作为引例进行概括显然是不够的,需要补充情形 2(包含除)的例子。用包含除可以解决剩余绳子不足一节如何表示的问题。

  对于张先生的观点,笔者结合平时的教学,产生了以下几点思考。

1. 没有解决"剩余绳子不足一节,怎么记"是教材编排的一个缺陷

人教版教材在学习"分数的意义"这一课时,先编排了"分数的产生"的内容。教材出示了两个情境,一个是古人在用绳子测量木箱的长度时,出现"不足一节,怎么记"的问题(图7-3);另一个是在平均分一个物体时,出现"每个人得到的不是整个,怎么记"的问题(图7-4)。教材通过这样的编排,让学生体会到分数是在人们实际度量与进行平均分的过程中产生的,从而丰富了学生对分数的认识。因此,这样的编排是很有意义的。

图7-3　　　　　　　　　图7-4

从数的历史来看,最早产生的数是自然数(非负整数),后来在度量和平均分时出现不能正好得到整数结果的情况,因此产生了分数。当人们用一个标准的量 b (度量单位)去度量另一个量 a,并且若干次正好量尽的时候,可以用一个整数来表示度量的结果。如果不能正好量尽,则又分为两种情况:

一种情况是将度量单位平均分为 n 份,用其中的一份作为新的度量单位去度量,量 m 次正好量尽。在这种情况下,不能用一个整数来表示 b 度量 a 的结果,就必须引进一种新的数——分数 $\left(\dfrac{m}{n}\right)$ 来表示度量的结果。

另一种情况是无论把 b 分成几等份,用其中的一份作为新的单位去

度量 a，都不能恰好量尽（如用圆的直径去量同一圆的周长）。在这种情况下，就需要引进一种新的数——无理数。

因此，分数是在实际度量与平均分中产生的。但教材在后续的编排中只强调了"平均分"，却忽视了"度量"，始终没有回答"剩余绳子不足一节，怎么记"的问题，确如张先生所说，"这是教材编排的一个缺陷"。

2. 补充"包含除"的情形可以加深对分数意义的理解

分数意义的核心是"平均分"，所以教材中出现大量"平均分"（即情形1）的实例来阐述分数的意义。但在实际生活中，确实如张先生所说，很多情况下事前是不知道平均分成几份的，那么就需要先用包含除来求出平均分的份数，再用分数来表示。笔者也赞同他的观点，即需要补充情形2（包含除）的例子。这不仅是丰富学生对分数的认识，而且更重要的是，让学生通过计算或测量经历平均分的过程，加深对分数意义的理解。例如，"一盒铅笔有15支，取出其中的5支，它占整体的几分之几"。学生须先用包含除（$15\div5=3$）来求出一盒铅笔按5支为一份，可以平均分为3份，然后得出5支铅笔占整体的$\frac{1}{3}$。在这个过程中，学生通过计算进一步加深了对"平均分"的认识，从而理解了$\frac{1}{3}$的意义。

3. 怎么解决"剩余绳长"的问题

对于"剩余绳长不足一节，怎么记"的问题，张先生认为，可以参考日本教材的编排，通过度量得到结果：以学生手中的教科书的长度作为单位1，如果三个"剩余部分"正好是一本教科书的长度，那么这段"剩余部分"的长度是$\frac{1}{3}$。

但实际上，这样度量比较麻烦，很多时候不能容易地得到最后的分数。根据张先生的观点，可以测量出具体的长度，然后用包含除的方法得到分数。例如，我们测量一节绳子的长度为12厘米，剩下绳子的长度为4厘米，我们用"$12\div4$"求出一节绳子包含3个"剩余长度"，那么"剩余部分"就可以用$\frac{1}{3}$节来表示。

然而很多情况下，用包含除不能直接得到整数结果。例如，"一节绳子的长度为12厘米，剩下的绳子长度为5厘米"，怎么办？张先生认为，通过大量的"包含除"的实例，可以让学生知道：一节绳子是 m 厘米，"尾部长度"

是 n 厘米,那么"尾部长度"是一节绳子长度的 $\dfrac{n}{m}$。为什么可以这样理解呢?实际上,当我们去测量一节绳子的长度与剩下绳子的长度时,已经将一节绳子的长度均分成若干等份了。比如,我们测量一节绳子的长度为 12 厘米,剩下绳子的长度为 5 厘米,也就是用了一个新的度量单位"厘米"去度量,将一节绳子的长度平均分成 12 份,剩下绳子的长度有这样的 5 份,故剩下绳子的长度占一节绳子长度的 $\dfrac{5}{12}$,即 $\dfrac{5}{12}$ 节。这就是运用了分数的意义。

对于剩下绳子的长度究竟如何用分数来表示的问题,笔者认为,还可以借助分数与除法的关系来解决。因为,"剩下绳子的长度是几分之几节"实际上问的是"剩下绳子的长度占一节绳子长度的几分之几",这是求一个数占另一个数的几分之几,与求一个数是另一个数的几倍的方法相同,都是用这个数去除以另一个数。即,用 $5 \div 12$,根据分数与除法的关系,得到 $\dfrac{5}{12}$,则剩下的绳子长度可表示为 $\dfrac{5}{12}$ 节。可惜的是,人教版教材"分数与除法的关系"是在第十册"分数的意义"之后学习的(图 7-5、图 7-6)。因此,如何表示剩下绳子的长度也只能在"分数的意义"学习中加以解决。

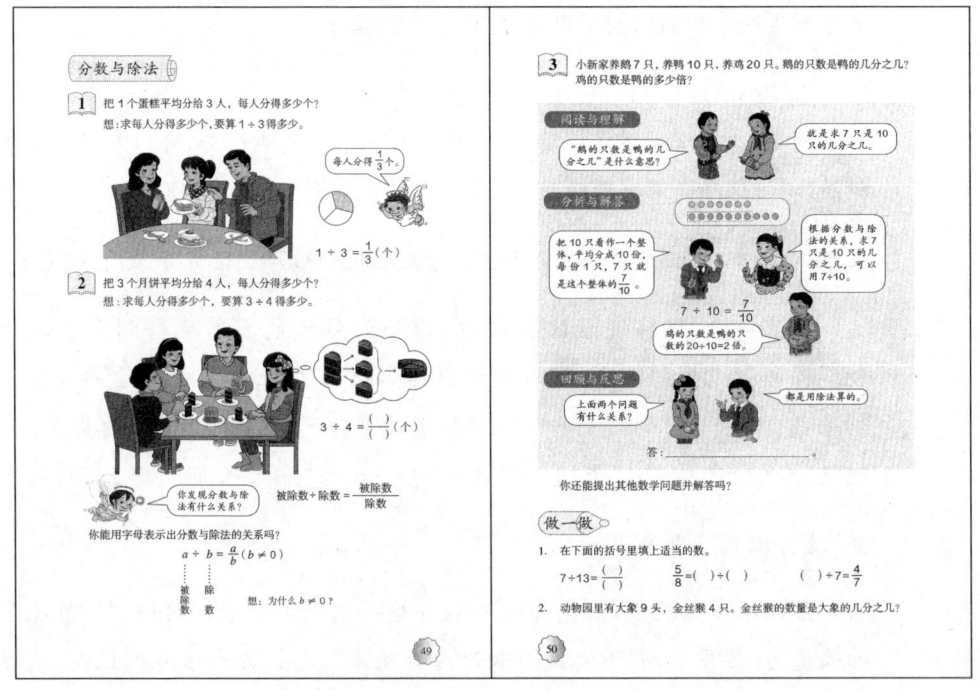

图 7-5 图 7-6

值得一提的是,浙教版教材虽然也把"分数的意义"安排在第十册,但在第八册已经学习了"分数与除法的关系"(图7-7、图7-8)和"一个数是另一个数的几分之几"(图7-9、图7-10)。学生在第十册再来学习"分数的意义"时,知识储备更丰富了。对于"剩下的绳子长度记作多少节",如果告知一节绳子的长度与剩下绳子的长度,这样的问题也就迎刃而解了。

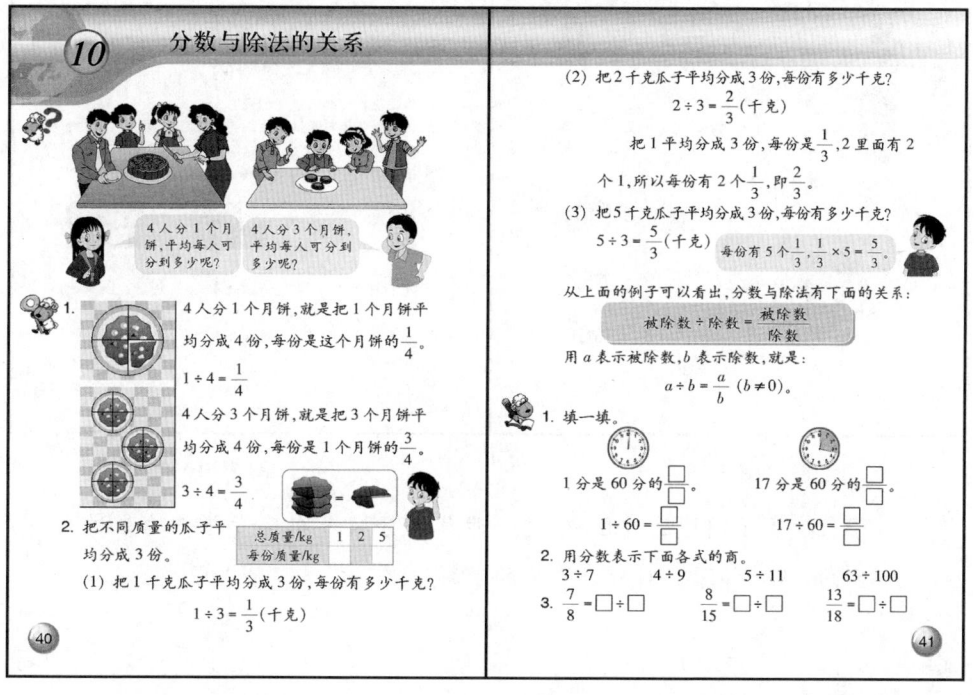

图7-7　　　　　　　　　　图7-8

原文中所述的4个需要补充的情形2的例子,笔者认为,实际上也都是求"一个数是另一个数的几分之几"的问题。如"一盒铅笔有15支。取出其中的5支,它占整盒铅笔的几分之几",我们可以用求一个数占另一个数的几分之几的方法:用 $5÷15$ 得到 $\frac{5}{15}$,即把这盒铅笔平均分成15份,5支铅笔是这盒铅笔的 $\frac{5}{15}$。当学生学习了分数的基本性质之后,自然会将 $\frac{5}{15}$ 化成简分数 $\frac{1}{3}$。

综上所述,"分数的意义"定义的核心是"平均分"。对于"剩余长度"的表示问题,我们可以按张先生的方法,用包含除来解决,也可以用分数与除法的关系来解决。但无论哪一种情况,都可以让学生在讨论剩余绳

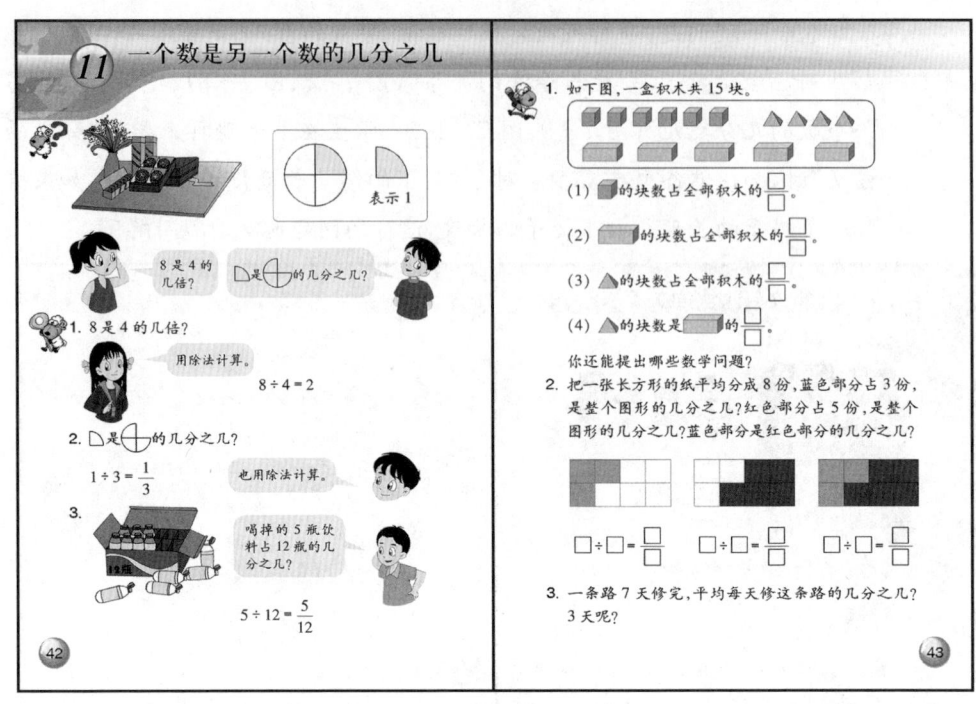

图 7-9　　　　　　　　　　　　图 7-10

子长度表示问题的过程中,进一步体会分数是在度量与平均分过程中产生的,从而加深其对分数意义的理解。

 **数方夜谈**

分数的引入离不开"包含除"

巩子坤:今天我们继续聊分数,集中说说分数与包含除的关系。

先生写这篇文章的缘起是"分数的起源",最后落在了"分数与包含除的关系"上。即只给你一块饼的一部分,但是不清楚这部分是怎么分出来的,因此也不知如何用分数表示它的大小,于是你必须先做一个除法,看看一整块饼要多少等分才能正好表示出这样一部分饼的大小。也就是说,要设法构造一个分数单位,然后用这个分数单位去度量这部分饼,最终用几分之几把它的大小表示出来。

张奠宙:我读人教版数学教材,看到了测量过程中遇到的不足一个单位长的"尾巴"如何表示其大小的问题。当时就感到这和分月饼的问题不一样。分月饼是先知道把月饼平均分成几等份，然后正好用分数表示这样的一份或几份的大小，我们姑且称之为分数的"等分除"情形。可是这段"尾巴"是把一个测量单位几等分后的几份呢？这真的不好说。接着看教材，后续根本没有回答这个问题，编者大概真把它给忘了。

如倪国平老师在他的"回声"文章里所言，将1等分除得到的结果一定是有理数。如果要用分数表示这段"尾巴"的长度，存在不同的情形：可以用"包含除"计算"一个单位长"包含了多少个"尾巴"，如果得到整数的结果，就可以过渡到"等分除"的情形，用分数表示出来；如果得不到整数的结果，就需要通过适当的转换，再用分数表示出来，这就涉及分数与除法的关系了。但一个随便给的"尾巴"相对于1作包含除，得到的可能是有理数，也有可能是无理数。小学里当然无法讨论结果为无理数的情形。

任敏龙：我觉得张先生提出如何用分数表示"尾巴"长度的问题，其实就是所谓的"公度"问题，（小学里无法讨论不可公度问题，即无理数问题）即需要找到一个单位分数，使得"一个单位长"等分为若干个（个数就是分母数）分数单位的同时，"尾巴"也正好包含整数个这样的分数单位，这就能用分数表示"尾巴"的大小了。事实上，相对于可以用事先设定的分数单位来刻画部分的情形而言，人们更有可能遇到的困难是，需要找到一个合适的分数单位来刻画部分，即求得部分是几个这样的分数单位，这就是"包含除"问题。显然，用"包含除"探索量的大小的分数表示是比用"等分除"更具挑战性的问题。

殷文娣：那分数是如何起源的呢？也就是人们当初为什么要引入分数？

张　园：我觉得最初的分数就是源于把一个整体平均分成若干份，取其中的一份或几份，不足1的部分如何表示。度量也是如此——把一个度量单位平均分成若干份，尾巴正好是这样的一份或几份。这就是我们所谓的等分模型，分数也仅限于真分数。我觉得首先是分东西，然后才是度量。

任敏龙：我赞成张园老师的观点。从某种意义上来说，数学教学是在重演它发生发展的历史。因为生物学上个体发展的历史就是群体发展历史的重现，这一规律对于认知的发展也是大体适用的。我们虽然无法确知分数发生发展的历史，但还是可以通过合理的假设推测它的发生发展过程，甚至可以通过学生的认知发展去推测它。学生在讲 $\frac{3}{4}$ 的意义的时候，总是说把一个东西平均分成4份,取其中的3份。可见,把"分"和"取"作为分数最初的起源是有道理的。

殷文娣：所以小学数学的分数教学分两段,第一段是分数的初步认识,主要通过"分"和"取"来认识分数,到第二段才认识整体"1",研究作为比较结果的分数。

张奠宙：之所以要发展分数的内涵,是因为我们要表示比较的结果。也是一位老师告诉我,分数的一个模型是分一块大饼——等分除模型;另一个模型是铅笔盒里的铅笔——包含除模型：一盒铅笔12支,每组4支,可以分成3组,所以4支铅笔是12支铅笔的$\frac{1}{3}$。

巩子坤：这就是作为比较结果的分数,也就是分数的"率"的模型：4支铅笔是12支铅笔的几分之几,是比率问题。

张　园：还有这样的例子：求5支铅笔是12支铅笔的几分之几,即占多大比例。答案是$\frac{5}{12}$。这时包含除的理解对学生来说有一定的难度。可以回到等分除来解释。一盒铅笔12支,意味着将单位1平均分为12份,4支铅笔是4份,写成$\frac{4}{12}$,5支铅笔就占$\frac{5}{12}$。反过来,12支铅笔是5支铅笔的几倍或几分之几？结果是$\frac{12}{5}$或$2\frac{2}{5}$,这便有了假分数和带分数。

任敏龙：我这样理解分数中的包含除问题,比如,4支铅笔是12支铅笔的几分之几？可以把1支铅笔看作1份,4支铅笔和12支铅笔分别包含这样的4份和12份,就是$\frac{4}{12}$;把2支铅笔看作1份,4支铅笔和12支铅笔分别包含这样的2份和6份,就是$\frac{2}{6}$;把4支铅笔看作1份,就是$\frac{1}{3}$。这涉及相比较两个数的公因子,如果是两个长度作比较,那就是公度问题了。$\frac{1}{3}$、$\frac{2}{6}$、$\frac{4}{12}$……这些分数构成了一个等价类,它的背后就是分数的基本性质。事实上,定义分数有不同的方法,目前教材中采用的是一种产生式定义,即如何通过"分"和"取"的活动产生一个分数。还可以利用等价类的概念给分数下一个比较形式化的定义。在学习数学的初等阶段,可以多一些产生式定义,便于理解和掌握,但要逐步过渡到基于性质的定义,便于更好地把握本质。

巩子坤: 通过刚才的分析讨论,我们澄清了分数教学发展的两条线索,一条是内涵扩充线索,从"分"和"取"到作比较;还有一条是形式扩展线索,从真分数拓展到假分数和带分数。前一段教学以"分"和"取"的真分数为主,后一段教学要突出比较和由此产生的假分数、带分数。

任敏龙: 我觉得第一段分数学习也应该有等分和包含两种模型。等分模型告诉学生分数是什么,包含模型需要学生探索如何用分数表示。如图 7-11:

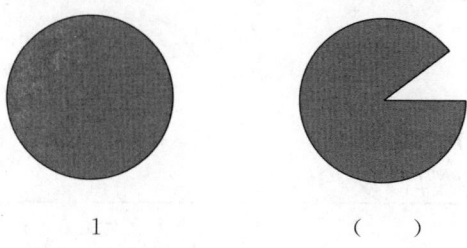

图 7-11

第一阶段主要通过实物、图示等直观探索包含模型。第二阶段首先把单位1从一个物品、一个单位扩充到一个整体,也按照先等分后包含的顺序教学,在学习了分数与除法的关系以后,进一步研究如何借助数量的除法运算来探索结果的分数表示,这不同于第一阶段用试误的办法来获得结果,是一种不同于直观的一般方法。在此基础上,通过包含除把分数扩展到假分数情形。

张奠宙: 问题是数学的心脏。把除法和分数的模型简单化,对于解释数学的本质是有害的。除法有等分除和包含除之分;分数有"量的意义"和"率的意义"之分。教师和学生都要明白才好。对美国的一般学生来说,分数是很难的科目,计算题和应用题常常做不好。但是看看美国的优秀学生,他们在数学本质上理解很深,感受到分数的出现是数学史上伟大的里程碑,是人类文明的体现。这是美国优秀学生的基础,这种基础可能比我们国家优秀学生的基础还要扎实。丘成桐先生批评中国优秀学生的基础不行,就是指理解数学的深度方面。

巩子坤: 对。分数的出现是人类文明史上具有里程碑意义的一件事,从文化的角度来研究分数的教学也是一个重要的视角。

课题 8　分数是用来表示大小的，为什么要回避呢

与时俱进，推陈出新
——谈分数定义的修改

（本文发表于《小学教学（数学版）》2014 年第 5 期）

长期以来，我国对分数的定义，都是基于对一个整体平均分之后的份数。《辞海》中提到："把单位'1'平均分成若干份，表示这样的一份或几份的数叫做分数。"分数的这一"份数定义"，直接从英文的 fraction 一词的意义翻译过来。fraction 兼有"片断"和"分数"的双重意思，把二者混同起来，是英文的缺陷。我们全盘移植，未必妥当。[1]

---

[1] 分数概念，我国早已有之。《九章算术》一开始的"方田"章，就有"今有十八分之十二，问约之得几何？答曰三分之二"这样的问答。然而，我国中小学数学教材，并非来自中国古代数学，而是清末民初从欧美翻译过来的。分数的定义也是如此。

　　英文 fraction，《英汉大词典》中的解释是：名词.1.一部分；小部分；片断；碎片.2.些微，一点儿.3.分割.4.[数]分数，分式，小数.动词.1.把……分成几部分，使分开，使成分数。

　　由此可见，英文中的 fraction，本意是分割成的部分、片断、碎片，不涉及大小。后来转用为数学名词，有了大小的含义，但仍称为 fraction。这就是说，分割出来的一部分本身和衡量其大小的分数，是同一个词。两者不加区分，常常容易混淆。这是西方数学表述上语词不得已的"模糊"。但是，汉语

（转下页）

现行小学数学教材中处理分数的定义,通行的做法是分两段。在三年级上学期教学"分数的初步认识",内容涉及把一个整体平均分为2份、3份、4份等,然后取其中的一份或几份,称之为分数。紧接着就是"比一比",直观观察分数的大小。五年级下学期,再进行"分数的意义和性质"的教学,在此阶段,对分数的意义作进一步的解说,内容包括给出分数的一般定义,指出分数与除法的关系,并学习真分数、假分数和带分数。

这样的处理,似乎已成定局,无可改变了。但是,如果仔细加以分析,与时俱进地考察,就会觉得某些内容在叙述上不大连贯,思路不够清晰,有许多地方处理得不尽科学,尤其是没有突出分数是一种新的数,与数系扩张的数学本质脱节。本文拟对一些通行的分数处理提一些不同的想法,包括改进的建议,希望能引起讨论,逐步取得共识。

小学教材中对分数概念的教学要达到以下三个目标。

目标1:认识到分数是有大小的一种新的数。其目的是为了帮助我们度量小于1的量。它应该比1小、比0大。

目标2:理解将一个整体平均分为n份,相当于1被n除。以前是不可以的,现在可以了。商是$\frac{1}{n}$。

目标3:理解分数是用来描述部分在整体中的大小的。

一、关于分数的初步认识

首先让我们看看某数学教材三年级上册"分数的初步认识"单元的例1,如图8-1。

【评论】三年级"分数的初步认识"单元的教学,要初步达成目标1。但是,这里的叙述只是对"几分之一"作字面上的解释,然后就说"像$\frac{1}{2}$、$\frac{1}{4}$这样的数都是分数"。至于为什么要学习分数,没有提及。然而,数学内容的教学总是要提出问题进而解决问题的。"问题驱动"是数学教学的一条根本的教学原理,教材似乎有所欠缺。

(接上页)
里的"分数"只有"数""大小"的含义,并没有"部分、片断、碎片"这样的意思.早年全盘西化的小学数学,把西方有缺陷的分数意义表述也一起搬过来了.我们应该根据本国语言习惯加以修正.

汉语中的"分数"明确是一个数,并不是指某个部分、片断.我们何必把英文中的容易混淆的解释当作定义长期使用呢?正本清源,我们在分数概念上强调大小,说明它是一个数,是符合汉语习惯的.

图 8-1

【建议】在这一页上,面对将月饼平均分为两块的图片,可以加入两个小朋友之间的问答:

问:这一小块月饼是多大啊?

答:一半大。

问:能不能用自然数表示它呢?

答:不能。它应该比1小,比0大。

解说:这是一个新的数。我们把表示一半大的数叫做"二分之一",记作$\frac{1}{2}$。

如果这样设计,就把分数是一种有大小的数,是新的数,是自然数的扩充,是介于0和1之间的数这样的意思显示出来了。根据教材的设计,这里不出现一般的分数定义,只是用分数描述一些平均分意义下某个部分的具体大小。

【评论】该教材中的例2继续举例说明一个个具体的分数,如$\frac{1}{4}$、$\frac{1}{8}$等。到了例3,突然出现了"比一比",如图8-2。

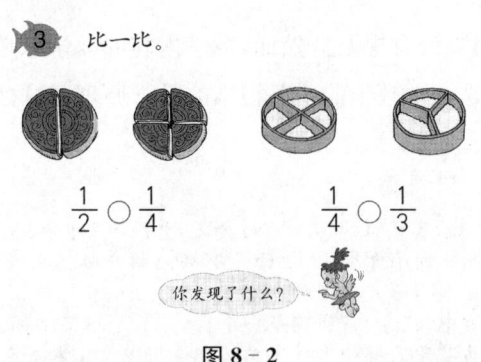

图 8-2

"比一比"很重要。分数是数,数是有大小的。但是,前面两道例题都没有提到分数是描述大小的数,这里怎么突然要比较大小了?逻辑上说不通。尽管是针对三年级小学生,但也要讲道理才是。因此,前面例子中的分数,只有提到所描述物体的大小,才能在这里谈大小。

【建议】在比较大小的同时,把真分数标记在数直线上,如图8-3。

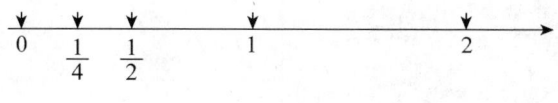

图 8-3

三年级小学生已经有数直线的概念,知道自然数0和1的位置。我们把一些分数在数直线上表示出来,再次显示分数是新的数,是自然数的扩充,位置在0和1之间,可以比较大小。数形结合百般好,我们应该充分利用。在以后处理分数的相等、分数的运算法则等问题时,在数直线上表示更容易说得清楚。

在这一单元的最后,我们不妨绘制如下的情境图:(两个孩子对话)

甲:我们以前知道的数只有0、1、2、3……

乙:那是我们的老朋友,像 $\frac{1}{4}$、$\frac{1}{2}$ 这样的分数都是我们的新朋友。

以上"建议"中的文字,并没有深奥的道理和难懂的知识。笔墨不多,但意义深远,便于学生领悟分数的真谛,为五年级学习分数打下基础。

二、关于分数的进一步认识

现在我们来看某数学教材五年级下册第4单元的分数处理。(图8-4、图8-5)

这是这一单元的第一页和第二页。其中先呈现了两个情境。最后归纳为"把一个整体平均分成若干份,这样的一份或几份都可以用分数来表示"。

【评论】第一页开头的例子是度量剩下部分的长度,很好。若能将绳子度量后的剩余部分给出具体数,如一节绳子的 $\frac{1}{3}$,就更好些。尤其是那句总结性的话,指出分数是度量、分物、计算的结果不是整数时所产生的,非常正确。但是第二页最后归纳的那句话则令人失望。

首先,"这样的一份或几份"是指那几份物体的本身,还是指那几份物体的大小?显然分数不是表示"分成了一半的橘子"或那段"余下的绳子",而是表示它们的大小和长短。前面已指出,分数的份数定义将这两者混为一谈,是一个严重缺

图 8-4　　　　　　　　　　　　　　图 8-5

陷。如果在这句话里加上"大小"二字,就明确了。这也和三年级"分数的初步认识"里可以比较分数大小的含义相衔接。

其次,这里没有与关于度量绳子剩余部分的例子相呼应,把第一个例子丢掉,是不应该的疏忽。由于总结的语句里只有"平均分"一个意思,所以建议在后面加一句"分数可以用来度量大于 0 而小于 1 的量"。这句话是对"绳子度量过程中所产生的剩余部分"的补充说明。

许多国家把度量作为分数教学的目标。例如,日本 2008 年颁布的《数学学习指导要领》就强调"分数是用于度量小于 1 的量"。(具体教学案例见陈月兰所写《一个来自日本的分数教学案例带来的思考》。《教学月刊·小学版(数学)》2005年第 8 期。这个案例的内容,正是以"剩余长度不是整数"的度量问题作为情境引入分数概念的,和平均分的"份数定义"不同)这就是说,世界上分数的定义并非只有一种,分数的"份数"定义不是碰不得的金科玉律。

【建议】将第二页总结性的语句增改为:"将一个整体平均分,这样的一份或几份可以用分数来表示它们的大小。分数能表示小于 1、大于 0 的量。"这样修改可以和三年级的分数内容相衔接,并充分地呼应了第一页的两个引例。

三、关于分数与除法的关系

现在再来看"分数与除法"关系的处理。某数学教材五年级下册第65、66两页如图8-6、图8-7所示。

【评论】这两页的编排,涉及分数与除法的两种意义(等分除和包含除)关系的处理问题。

首先,我们注意到第65页(图8-6)在"分数与除法"的大标题下,所举的关于分数的两个例子"1个蛋糕平均分给3个人""3块月饼平均分给4个人",都是等分除的案例。这仅仅是三年级分数初步认识的简单重复。但是,分数与除法的关联,不仅仅涉及等分除,还和包含除有关。

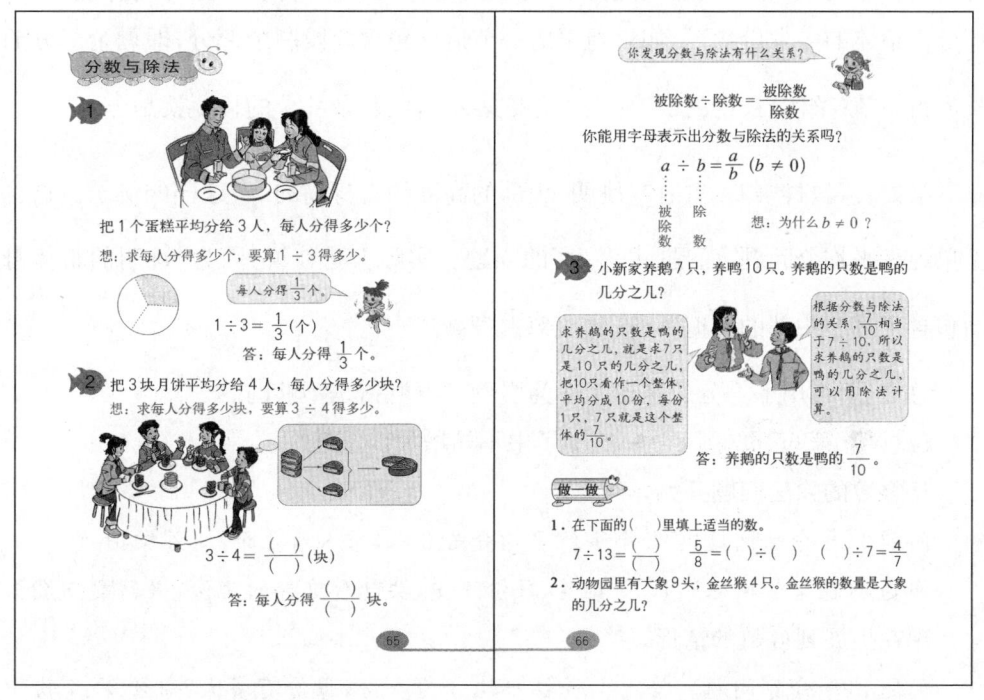

图8-6　　　　　　　　图8-7

事实上,对一个平均分问题,有以下两种情形:

情形1:先知道"分几份",然后问所分得的那份结果的大小。这是用分数表示"整体中的部分有多大"。例如,4等分一个月饼,问每块有多大。

情形2:先知道分得的结果的大小,然后计算平均分为几份,再写出分数。这是表示"部分在整体中占多少"。例如,切下一块月饼,问它占整个月饼的多大一部分。

为了全面理解分数,加入以下的属于情形2的例子可能是重要的。

例:一盒铅笔有15支。以一盒作为一个整体。如果取出其中的5支,那么这一部分占整体的大小是 $\frac{1}{3}$;如果取出其中的10支,那么这一部分占整体的大小是 $\frac{2}{3}$。

此题先给出部分,至于平均分为几个部分,需要用包含除的方法去算出来。

值得注意的是,许多属于情形2的例子该教材中就有,不知道为什么不利用。例如,本单元第一页就出现了绳子度量产生剩余部分的例子。此例不是情形1的问题,因为不知道要平均分几份来描述绳子的剩余部分。关于该情境的思维过程乃是包含除问题,即出现的问题是"一节绳子包含了几段剩余部分",或者说"剩余部分占整体的多少份额"。如果绳子的一节恰好包含3段剩余部分,即剩余部分的长度占一节(整体)长度的 $\frac{1}{3}$,那么用分数表示这段剩余部分的长度就是 $\frac{1}{3}$。

又如,该教材第64页有"(姚明)头部的高度约占身高的 $\frac{1}{8}$"这样的例子。这也不单纯是平均分问题,而是"占多少"的问题。实际上是在说:因为"姚明的整体身高包含了8个头部的高度",所以"头部占身高的 $\frac{1}{8}$"。

总之,单纯用平均分的情形1作为引例进行概括是不够的。

【建议】第65页(图8-6)的例子中不妨增加以下问题。

从整数的除法问题开始。

问题1(等分除问题):12个蛋糕平均分给3人,每人有几个?(答案:4个)

问题2(包含除问题):12支铅笔,每份4支,共包含这样的几份?(答案:3份)

现在扩展到分数的情形。

问题3(等分除问题):将1个蛋糕平均分为4份,每份有多大?(答案:4份中的1份,其大小为四分之一,记作 $\frac{1}{4}$)

问题4(包含除问题):一盒铅笔12支,4支铅笔占一盒的多少份额?(答案:12支包含3个4支,所以4支铅笔所占的份额是三分之一,记作 $\frac{1}{3}$)

这样的问题,原来在自然数范围内是没法解答的,但是引进分数之后就可以解答了。

后面这两个问题涉及分数的本质含义:部分和整体的关系。等分除的问题是从整体到部分,即已知分多少份,问的是部分"有多大";包含除的问题则是从部分到整体,即已知部分的大小,问其整体含有几个部分,部分在整体里"占多少"。从数学思维上看,如何用一个数来表示"有多大"和"占多少",思维的方向和目的是不一样的。

分蛋糕是分数的几何模型,铅笔份额是算术模型。问题 3 具有几何直观,更加贴近学生的生活,比较容易理解。问题 4 关于"部分占整体的几分之几",是纯粹的数量问题,没有几何背景,理解时相对困难些,但是它在数学上更为深刻。这一问题直接影响到分数与除法的关系的解释,分数除法的颠倒相乘算法,以及对比、比例、百分比等知识的理解与应用等。因此在教学中要重点加以关注,反复训练,形成数学直觉,养成数学技能。

【建议】第 66 页(图 8-7)中鹅的只数是鸭的几分之几的问题,从等分除的角度解释,不大好理解。这实际上是"占多少"的问题。如果问"鹅的只数 7 在鸭的只数 10 里占多少份额",那就很容易得出 $\frac{7}{10}$ 的结果了。

这种一个量占另一个量多大份额的问题乃是分数单元最核心的本质所在。它将引向分数的比例定义,通向中学的有理数定义。一旦掌握,将终生受用。

 一线回声

不忘初心:由数系扩张的数学本质学分数的初步认识

杨灿云 浙江省杭州市紫阳小学

传统上小学数学教材都是这样给分数下定义的:"把单位'1'平均分成若干份,表示这样的一份或几份的数叫做分数。"张奠宙先生的《与时俱进,推陈出新——谈分数定义的修改》一文以具体的案例对通行的分数定义的处理方法提出了一些不同的想法以及改进的建议。作为一名一线教师,读后大开眼界,并深以为然。关于"分数的初步认识"和"分数的再认识",文中主要观点简述如下:

(1)目前通行的分数教学处理方法,叙述上不太连贯,思路不够清晰,尤其是没有突出分数是一种新的数,与数系扩张的本质脱节。

(2)分数的"份数"定义并非不可触碰的玉律,建议将目前五年级关

于分数定义的总结性语句改为:将一个整体平均分,这样的一份或几份可以用分数来表示它们的大小。分数能表示小于1、大于0的量。

张奠宙先生的这两个观点直指小学教材中关于分数概念的教学目标之一:认识到分数是有大小的一种数,其目的是为了帮助我们度量小于1的量,它应该比1小,比0大。然而笔者曾连续执教多届5、6年级学生,每次上到分数这节内容时,学生对"平均分""份数"的印象相当深刻,然而当问及分数是否和整数一样是一种新的数时却模糊不清。或许很多时候我们对不同阶段学生对分数定义理解情况的把握不够清晰,在教学时没有牢牢把握住将分数作为数系扩展的这一最本质的属性。

或许有人会对分数比1小、比0大这样的说法产生怀疑。这也是笔者看完张奠宙先生文章后感悟最深之处,即:不忘初心!分数比1小、比0大,是为了度量自然数无法度量的大小,这便是初心,也就是张奠宙先生说的数系扩张的本质。也正因为有了这类能表示比1小,比0大的分数,才会有后续发展的假分数、带分数。

结合张奠宙先生的观点及建议,我对浙教版三年级下册"认识几分之一"这一内容进行了再一次的教学设计与实践,现将教学设计的部分片断以实录形式呈现如下。

教学目标。

1. 认识简单的分数,知道分数是一种新的数,感知这个数比0大、比1小。

2. 初步理解分数单位的意义,运用"数轴"感受分数的大小。

3. 以分物体作为情境体会数系的扩展。

从目标的定位可以看出这节分数的起始课将分数作为数的特征凸显出来。

一、谈话导入,感受自然数的局限

教学片断1:

师:老师有4个月饼,平均分给两位小朋友,每位小朋友可以分到多少个月饼?

生:2个月饼,4÷2=2个。

师:如果老师有2个月饼,平均分给两位小朋友,每位小朋友可以分到多少个月饼?

生：1个月饼,2÷2＝1个。

师：那如果老师只有1个月饼,要平均分给两位小朋友,每位小朋友可以分到多少个月饼呢?

生：半个月饼。

师：半个月饼是多大呢?

生：一个月饼的一半。

师：也就是比一个月饼要小,对吗?

生：是的。

师：那你能像刚才一样用一个自然数来表示半个月饼的大小吗?

生：……

师：看来自然数在这里不管用喽。

此教学选取了平时生活当中比较常见的现象,能有效激发学生的学习经验。通过4个月饼平均分成2份,2个月饼平均分成2份,1个月饼平均分成2份的谈话交流,让学生感受到自然数在实际应用中的局限性,渗透了数系扩张的数学本质。尽管这样的环节设计有将分数与除法的关系提前介入的嫌疑,但是作为一个教学环节,笔者的目的是试图通过这样的活动让学生感受这个不能用自然数表示的数同样能够表示月饼的大小。"山穷水尽疑无路,柳暗花明又一村",这一教学过程也无形当中渗透了我们为什么要学习分数的道理。这与张奠宙先生的"问题驱动是数学教学的根本的教学原理"这一观点相符。

二、巧用素材,凸显分数本质属性

教学片断2：

呈现教材情境图：果园里的三块地(图8-8)。

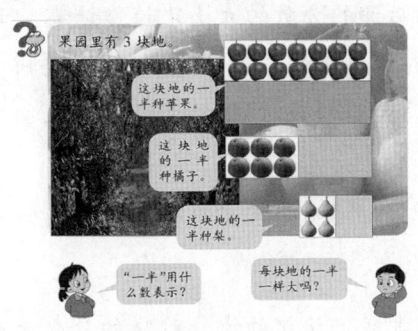

图8-8

师:"一半"是什么意思呢？这里的"一半"和刚才半个月饼的"一半"所表示的意义相同吗？

生:这里的一半是把一块地平均分成 2 份,1 份是一半。刚才是把一个月饼平均分成 2 份,1 份是月饼的一半。

师:也就是说它们都是将一个物体平均分成 2 份,一份是它的一半,对吗？

生:是的。

师:刚才同学们已经感受到"一半"是不能用自然数来表示的。在数学上把一半大的数叫做二分之一,记作$\frac{1}{2}$。

师:如果在一条直线上标出了 0、1、2 三个数的位置,能不能指一指$\frac{1}{2}$在什么位置呢？

生:在 0 和 1 的中间位置。

师:说得非常好,也就是说$\frac{1}{2}$这个分数比 0 大、比 1 小。

这个教学环节的设计目的是为了让学生形成这样的一个概念:分数是自然数的补充,它和自然数一样有大小。而且通过图示(数轴)非常清晰直观地知道$\frac{1}{2}$是比 0 大、比 1 小的。而分数的作用就是用来表示比 0 大但比 1 小的数。这样就凸显了分数作为一种数的特征,既符合分数教学的目标定位,也符合作为分数学习起始课的难度设定,不至于让学生从第一节课开始就把分数想的很复杂,很可怕。同时通过$\frac{1}{2}$与 0 和 1 的大小比较,为后面的分数的大小比较作铺垫。正如张奠宙先生在文中说的:尽管是针对三年级的孩子,但我们还是要讲一些道理。这里已经提到了分数是描写大小的数,那么后面的分数之间的大小比较从逻辑上来说就通了。

三、妙用数轴,感受分数的大小关系

教学片断 3:

师:刚才我们认识的像$\frac{1}{2}$这样的分数是我们的新朋友。你还能说出几个几分之一的分数吗？说说它的大小和可能表示的意思。

生：$\frac{1}{3}$，我把一个月饼平均分给三个小朋友，每人分到的是$\frac{1}{3}$。

师：是$\frac{1}{3}$个月饼对吗？

生：是的。

师：那么$\frac{1}{3}$这个分数有多大呢？

生：应该比半个月饼少一点。

师：也就是比$\frac{1}{2}$小一点，对不对？

……

教学片断4：

形成性练习：用分数表示涂色部分的大小。将写出来的分数表示在数轴上，并比一比它们的大小。

有了前面对$\frac{1}{2}$这个分数大小的讨论，这里再引出$\frac{1}{2}$和$\frac{1}{4}$的大小比较、$\frac{1}{3}$和$\frac{1}{6}$的大小比较就显得很自然了。通过对4个分数的对比，突出平均分的份数，让学生初步感知分数单位的意思，突出分母表示平均分的份数。图形结合数轴非常直观清晰地展现出各单位分数之间的大小关系。

从整数到分数这一次数概念的扩展，是小学阶段学生经历的第一次数系扩展，很显然无论是在数的意义、写法还是读法上面，分数都与学生之前接触的整数存在较大的差异，然而在教学过程中我们也不能忽视分数作为整数的扩展这一本质特征，也就是说，分数和整数一样都具有数的本质特征，都可以表示物体（数量）的大小。因此在三年级的起始阶段，教学时首先还是要让孩子明白为什么要学分数，认识分数是一种新的数，有大小，再来进一步讨论分数更广泛的内容。

1 数方夜谈

分数是一个数,可以与自然数1比较大小

巩子坤:国内现行各版本小学数学教材都这样定义分数:把单位"1"平均分成若干份,表示这样的一份或几份的数叫做分数。张先生认为,应该在定义中加上"大小"二字,咱们来聊聊这个事儿。

张奠宙:根据数系发展,我觉得"认识分数"的目的是引进一种新的数,来表示那些用自然数无法表示的数的大小,它与自然数一起在数轴(数直线)上按大小有序排列着。既然分数是用来表示那些用自然数无法表示的数的大小的,为何不直说"大小"呢?我把我的想法写成文章投到杂志。编辑说:分数就是表示几分之几,比如,把一个月饼等分成 4 份,表示其中 1 份的数就是 $\frac{1}{4}$,非常清楚。一加"大小"二字,觉得别扭。我反问:数不表示大小,还表示什么呢?编辑也无法作答。

归根结底,我们究竟为什么要学分数?一个月饼用自然数"1"表示,月饼切开来以后哪块大?哪块小?有多大?大多少?要用数来刻画这些部分的大小及其差值,显然不能用原来的自然数,所以要引进新的数。我想这就是引入分数的缘由吧。

巩子坤:对,史宁中先生认为数是对数量的抽象,数的本质是大与小。教材中有这样的问题:用一米作为单位来度量绳子,度量到最后的剩余部分不够一米了,我们怎么来表示它?前提是我还想用米这个单位,而不用比米更小的单位。这就要创造一种小于 1 的新数来表示这段长度。

张奠宙:这是分数意义的本质所在。分数定义中的"一份或几份",所指的还是某个具体事物(如月饼)的一部分。任何"数"所表示的只能是某对象的大小,和该事物的具体属性无关。一个具体的事物或其部分,是不可以用"数"来表示的,只有这个具体事物或其部分的大小,才能用数来表示。

巩子坤:引入分数时的实例有两类。一类是表示"量"的大小,例如,平均分一个月饼,用分数表示其中一块的大小。另一类是表示"率"的大小,例如,铅笔盒中 12 支铅笔,取出 4 支,问这 4 支相当于整体的多大一部分,这就是分

数的"率"的意义——实际上反映了分数与比的关系：$4:12=\dfrac{4}{12}$。

张奠宙：这很有意思。我可以给分数另一个定义：一个整体中有 n 个相同的元素，它的一个子集含有 m 个元素。表示这个子集所含元素的个数在整体中的比值 $\dfrac{m}{n}$，叫做分数。

殷文娣：这应该就是分数的"率"的定义了。类似地，我们也可以用平均分一个量的办法，给出分数的"量"的定义。不过，这两者实际上是可以建立等价关系的，"n 个相同的元素"相当于"平均分"。只不过"量"的定义着重在部分本身的"大小"，"率"的定义重在"部分"在整体中所占的比率大小。教材所用的分数定义实际是对上面两个方面含义的概括。

任敏龙：早期的分数就是用来表示不足"1"的部分的，这就是所谓的"真分数"，后来才有了所谓的"假分数"。

巩子坤：你们有没有注意到，现行教材中分数的定义——把单位"1"平均分成若干份，表示这样一份或几份的数叫做分数。这里突出的是"率"的意义，"量"的意义是不突出的。例如，把一块月饼平均分成 4 份，其中的 1 份是整块月饼的 $\dfrac{1}{4}$，这说的是"率"，"率"是比，是相对而言的。如果要说成"量"的话，那就是每一份是 $\dfrac{1}{4}$ 块月饼，这一份就有了绝对的大小。

任敏龙：量也好，率也好，都有现实背景，是分数在现实世界中的具体表现。在一定条件下，分数的大小就是量的大小，如 $\dfrac{3}{4}$ 千克和 $\dfrac{4}{5}$ 千克的大小，但 $\dfrac{3}{4}$ 吨和 $\dfrac{4}{5}$ 千克的大小就不能直接用两个分数作大小比较，因为单位不同。在一定条件下，分数的大小既是率的大小，也是量的大小，如某校的男生占 52%，女生占 48%，既表示男生比例比女生高，也表示男生人数比女生多。但甲校的男生占 52%，乙校女生占 48%，只能说明甲校男生比例比乙校女生比例高，不能说明甲校男生比乙校女生多。从这个意义上看，用分数表示量也好，率也好，都不是纯粹的数。数学上抽象地研究分数（作为一个数的分数）就彻底舍弃了它的现实背景，其所谓的单位"1"不涉及具体的量和率，而是以自然数的计数单位 1 作为单位"1"来平均分，这样得到的分数就和自然数有了统一的标准，就可以与自然数比较了。

巩子坤：所以前提是必须分纯粹的1、抽象的1。

任敏龙：对,不要跟具体量挂钩。如果跟具体量挂钩,就要明确是在怎样的现实背景(或语境)下来讨论数的大小及其意义。所以,教学应该从具体的问题开始抽象,形成单位"1"的概念,然后把单位"1"看作自然数"1",进而在抽象的自然数"1"的背景下讨论分数的意义及其大小,可结合数轴帮助理解。这样,就把新学的分数与原来的自然数系整合在一起了。

张奠宙：这就形成了非负有理数的体系,大小(序关系)是数系的本质特征。数系中的各种运算关系,说到底,是为了精确地计算、表示结果的大小。康托尔(Cantor)的集合论就是从研究"基数"和"序数"开始的,基数和序数说的都是大小。

巩子坤："大小"是不是和量纲联系在一起呢?

任敏龙：凡是抽象的数,都没有量纲,分数当然也没有量纲。反映在数轴上,就是抽象的自然数与分数的次序关系,是一个以单位长度为计量单位的分数直观模型,它既能反映"量"的大小,也能反映"率"的大小,这就是抽象的好处,因为抽象,所以它的适用范围反而更广。

张　园：
殷文娣：听各位说了这么多,觉得很新鲜。让我们用这些新观点再来看看分数的定义：把单位"1"平均分成若干份,表示这样的一份或几份的数叫分数。

第一,这个定义从抽象的单位"1"开始,既没有"月饼",也没有"铅笔"。只是抽象的"1"个整体,也可以看成抽象的自然数1。

第二,从平均分的定义来看,此定义脱胎于平均分月饼等实例,即已经知道了平均分为几份,目的是回答"部分"量的大小问题。

第三,一个整体平均分之后的"一份或几份"乃是整体的一部分。若用数表示这个"部分",而"数"除了能表示其大小之外,别的表示不了,因此张先生要求加"大小"二字,有其合理性。

第四,这一分数的定义是从抽象的"1"开始的,更多地是从"率"的意义来说明的。

巩子坤："量"的意义与"率"的意义,是分数意义的两个方面,不可偏废。当然,更高层次是：分数是一个抽象的数,是一个可以与自然数1比较大小的数。但是,无论从哪个方面来说,分数都是用来表示大小的数,即便不在教材中出现,我们老师也要明白这一点。

课题 9　建议将"分数的基本性质"直称为"分数的相等性质",好不好

分数相等性质的数学内涵
——兼及角的定义

(本文发表于《小学教学(数学版)》2014 年第 6 期)

分数有一个与自然数截然不同的特点:表示形式不再唯一。同一个分数可以有无限多种表示形式。对此,我国的小学数学教材一向称之为"分数的基本性质"。我们是不是可以直接称之为"分数的相等性质"呢?这一性质的数学内涵又是什么呢?下面我们来作一点儿探讨。

小学五年级数学教材中一般都有这样的表述:分数的分子和分母同时乘或除以相同的数(0 除外),分数的大小不变。这叫做分数的基本性质。

【评论】为什么要把这个性质称为基本性质,"基本"在哪里,有什么好处,从来没有任何说明,只不过是一种习惯称呼而已。然而,如果改称"分数的相等性质",直截了当地指出分数"相等"的特征,不是更好吗?

【建议】把分数的基本性质改称为"分数的相等性质"。

分数的这一"相等性质",其数学价值在于揭示了"多元表示"和"等价类"的数学思想方法。

在自然数领域,一个数只有一种表示形式。分数就不同了,一个分数有多种表示形式,而且有无限多种。我们"把同一个分数的所有不同表示形式,看成彼此相等的一个整体,就形成了一个'等价类'"。

"等价类"是一个重要的数学思想方法。它是"分类"数学方法的引申。分类之后,在同一类中的对象就具有某种等价性。这在后续课程中应用极其广泛。例如:

- 偶数是具有因数2的整数等价类。
- 无理数是具有相同极限的有理数列的等价类。
- 彼此全等但位置不同的三角形构成一个等价类。
- 数论中的同余将整数分为若干个等价类。

"等价类"的数学方法也存在于日常生活现象之中。对于五年级的学生,可以借助比喻,帮助他们理解"等价类"的含义(尽管不必出现这个名词)。试举两例:

一个人可以有很多套衣服。我们把某人穿不同衣服的形象,都看作同一个人的不同表示形式,不同的表示形式因为本质上是同一个人而归为一类。不同的表示形式各有各的用处:上学穿校服,运动会上穿运动服,文艺表演时穿演出服,外出旅行时穿休闲服。这好像同一个分数有不同的表示形式,却各有各的用途。相同的分数,在进行加减运算实行通分的时候,也要使用不同的表示形式。一般地说,"等价类"中不同的表示形式各有各的价值。

一所学校可以用不同的人员作代表。校长可以看作最简分数,但是还有许多不同的人可以代表学校:数学教师作为数学竞赛的领队可以代表学校,学生作为竞赛选手也可以代表学校,等等。

小学数学里蕴含的数学思想方法,应该注意提炼、揭示。这属于"四基"的内容。如能将分数的相等性质作等价类处理,是一种推陈出新。

"等价类"的数学思想方法,在小学里可以推广使用,如可用于角的定义。下面来作一点儿分析研究。

平面上角的定义有三种:一是最原始而简单的做法,将角定义为"自一点出发的两条线段所形成的图形";二是借助无限长的射线,将角定义为"从一点出发的两条射线所形成的区域";三是动态定义,即用始边绕端点旋转到终边所形成的图形。

某教材上,二年级"角的认识"采用第一种定义(图9-1);在四年级"角的度量"中,则采用第二种定义(图9-2)。用射线定义角是否合理,值得讨论。

【评论】在二年级"角的认识"中,该教材用第一种方法定义角(图9-1)。

这样做,直观、可操作、易于使用,对于低年级的小学生是合适的。但是,到四年级上学期"角的度量"一节,该教材突然不加说明地采取第二种定义(图9-2)。为什么要将用线段定义的角改为用射线来定义呢?

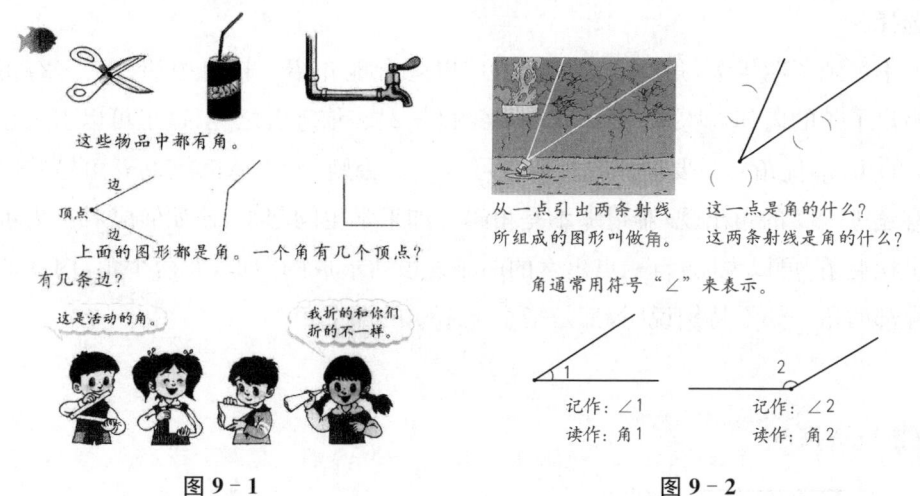

图 9-1　　　　　　　　　图 9-2

教材没有交代,可能是为了提高严谨性。从表面上看来,似乎用射线形成了一个角的区域,避免了用线段定义角时,两条边的长短不一样时所出现的认定上的麻烦。但是,射线定义并不好理解。射线是画不出来的,只存在于想象之中。学生看到一个角,不可能也没有必要把一条边看作探照灯射出去的光加以理解。三角形、四边形中的角,都不便于用射线定义的方法来理解和验证。因此,第二种定义是故作高深之举,无助于角的理解。

至于用线段定义角,由于同一个角的两条边可以不一样长,因而出现了多种表示形式的麻烦。

【建议】鉴于前面分数的相等性质使用了"等价类"的思想方法,我们也可以用"角的相等性质"来消除这一缺陷:

如果画出的两个角有相同的顶点,两条边彼此重叠(不必一样长),就认为这两个角是相等的。

通俗地说,角的大小决定于两条边张开的大小,和边的长短无关。这样的"等价类"数学思想方法,和分数相等性质的意义十分接近,可以彼此印证联结。分数的相等性质和角的相等性质,虽然内容完全不同,但是数学思想方法一样。我们要落实"四基",这是一个重要的契机。

最后,要说到角的动态定义。动态定义能够区分角的内部和外部、正角和负角,进而与三角学的内容相衔接,具有现代数学的背景,值得重视。但儿童日常见到的、小学数学课程里碰到的角,往往不必或者难以分清哪一条是始边,哪一条是终边。静态的角毕竟容易理解,所以现行教材都没有直接采用动态定义,这是合理的选择。

不过到了四年级,角的动态定义也可以隐含地介绍。教材中的∠1、∠2,用弧线指出了角的内部,就是一种补充说明(图9-2)。依笔者之见,这里可以引入超过180°的角(即优角),只要用弧线标明就可以了。否则,少先队队旗上五角星的内部都有超过180°的角出现,难道那不是角吗?如果学生问起来,该如何应对?为了避免出现混淆,可以说明:自一点出发的两条线段所形成的图形,有两个角,内部的角和外部的角。如不特别说明,都是指小于180°的那个角。

一线回声

重构"分数相等性质"教学,渗透"等价类"数学思想
——读张奠宙教授一文的思考与实践

胡晓敏　浙江省杭州市胜利小学
陈华琼　浙江省杭州市大关小学

读了张奠宙先生《分数相等性质的数学内涵——兼及角的定义》一文,作为一线教师,我非常认同张先生把"分数的基本性质"直呼为"分数的相等性质",好的概念名称应该既见木又见林,直截了当地把这个性质的内涵和特征揭示出来。先生的文章还揭示了"分数相等性质"中蕴含的一个非常深刻的数学思想——"等价类"。根据"等价类"的含义,我们可以容易地验证分数中的等价关系:

(1) 自反性:即 $A \sim A$。例如,$\frac{1}{3} = \frac{1}{3}$。

(2) 对称性:若 $A \sim B$,则 $B \sim A$。例如,若 $\frac{1}{3} = \frac{2}{6}$,则 $\frac{2}{6} = \frac{1}{3}$。

(3) 传递性:若 $A \sim B$,$B \sim C$,则 $A \sim C$。例如,若 $\frac{1}{3} = \frac{2}{6}$,$\frac{2}{6} = \frac{3}{9}$,则 $\frac{1}{3} = \frac{3}{9}$。

这就是说,$\frac{1}{3} = \frac{2}{6} = \frac{3}{9} = \cdots\cdots$这些分数的形式和表示意义虽然有所不同,但它们彼此相等,这就构成了一个由无限多个分数组成的等价类。

全体分数就是所有这样的等价类的集合。先生的这一论述给了我很大的启示:能否通过渗透"等价类"的数学思想,重构"分数的相等性质"的教学,从而帮助学生更好地理解和运用分数呢?

下面是笔者的教学尝试。

1. 图示分数,探索分数的"等价"分类

出示 $\frac{1}{2}, \frac{2}{4}, \frac{4}{8}, \frac{1}{3}, \frac{2}{6}, \frac{3}{9}$ 这 6 个分数,要求学生以大小相等的正方形作为单位"1",并涂色将它们表示出来。

师:你能将它们进行分类吗?你觉得哪种分类比较有价值?

生:我觉得按照分数大小来分类比较有价值,可以把这些分数分成两类。(图 9-3)

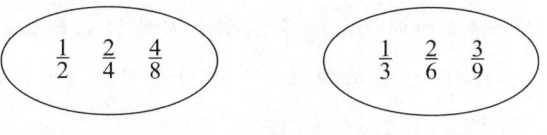

图 9-3

(设计意图:学生可能会有其他分类方法,如按分子是 1、2、3、4 分类,但最有意义的是依据分数的大小进行分类。通过开放性的问题和学生自主的图示活动(学生能够清楚地看到分子分母不同但大小相等的分数),引导学生探索有价值的分类,引出本课学习的主题。)

2. 展开讨论,阐释分数的相等性质

师:为什么你们认为 $\frac{1}{2} = \frac{2}{4} = \frac{4}{8}$ 呢?

生:因为它们的单位"1"中涂色部分的大小是相等的。(图 9-4)

 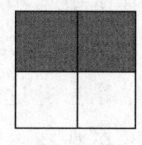 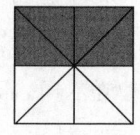

图 9-4

师:明明是不同的分数,分子、分母都不一样,涂色部分所表示的大小为什么相等呢?

生1:把表示 $\frac{1}{2}$ 的图中的每一份再平均分成 2 份,分母的 2 份变 4 份,分子的 1 份变 2 份,$\frac{1}{2}$ 就变成了 $\frac{2}{4}$。虽然分子、分母变了,但变化前后它们所表示的部分大小没有变,所以这两个分数相等。

生2:把表示 $\frac{4}{8}$ 的图中每2份合并成1份,分母的8份变4份,分子的4份变2份,$\frac{4}{8}$ 就变成了 $\frac{2}{4}$。虽然分子、分母变了,但变化前后的分子、分母所对应的部分大小没有变,所以分数的大小不变。

师:的确,既然 $\frac{1}{2}$ 可以通过扩分变成 $\frac{2}{4}$、$\frac{4}{8}$,那么 $\frac{4}{8}$ 和 $\frac{2}{4}$ 就可以通过缩分得到 $\frac{1}{2}$。它们之间的变化有什么规律?

生:分数的分子和分母都乘或除以相同的数(零除外),分数的大小不变。

师:都乘相同的数就是刚刚大家所说的什么?

生:把分子、分母的每1份都分成2、3、4……这样的同样多份。

师:都除以相同的数呢?

生:把分子、分母中的2、3、4……这样的多份合并成1份。

师:总结得非常好,这就是分数的相等性质。你能在每个集合圈中再写几个分数吗?说说你是怎么想的。

(学生按要求填写,如图9-5)

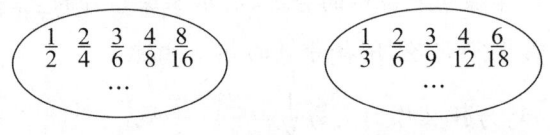

图 9-5

(设计意图:通过引导学生用联系、动态的观点观察等价类中不同分数的图示,借助"分""合"的操作活动引发思考:为什么等价类中分数的形式、意义不同,而大小相等?通过续写等价类中的分数,深刻揭示分数的一个重要特点——一个分数的大小有无限多种表达形式,彼此可以通过扩分或缩分相互转化,这是学习自然数时未曾遇到过的。)

3. 筛选代表,形成最简分数概念

师:通过刚才的学习,我们已经知道了一个分数的大小,也就是一个图形中的一部分有无数种表示方式,如果从第一个集合 $\left(\frac{1}{2}、\frac{2}{4}、\frac{3}{6}、\frac{4}{8}\cdots\right)$ 中选择一个分数作为这一类的代表,你会选择哪一个?为什么?

生1：我选$\frac{1}{2}$，因为它是最简单的，分子分母用的数字是最小的。

生2：我也选$\frac{1}{2}$，它可以通过扩分得到相等的其他分数，其他分数也可以通过缩分得到它。而$\frac{1}{2}$本身不能再缩分，这是这一类中的其他分数不具备的特点。

生3：我也选$\frac{1}{2}$，$\frac{1}{2}$是最简洁的，它的分子与分母是互素的，已经缩到不能再缩。

师：同学们说得很有道理。那么，第二个集合$\left(\frac{1}{3}、\frac{2}{6}、\frac{3}{9}、\frac{4}{12}\cdots\right)$中，你又会选择哪个作为代表呢？（生齐答$\frac{1}{3}$）

……

师：我们把这样分子、分母互素的分数叫做最简分数。

（设计意图："选代表"的过程其实就是最简分数的概念形成过程，"缩到不能再缩""分子、分母互素"，这样的分数就叫做最简分数，是其所在的等价类中的代表。这一过程既是对这一等价类的数量属性的抽象概括和本质提炼，也为今后学习分数运算中的通分和约分作了很好的思想铺垫。）

 数方夜谈

分数的基本性质与等价类

（本文发表于《小学数学教师》2017年第1期）

巩子坤：分数概念谈得差不多了。关于分数，还有一个比较简单的问题，即分数的基本性质。

张奠宙：我去美国问我两个外孙女，什么是分数的基本性质（basic property），她们说不知道，因为她们只知道分数的等价、等值（equivalence）。查文献发现，国外过去曾有"基本性质"的说法，现在渐渐没有了。在小学里面直接说"相等性质"或者"等值性质"不是很好吗？为什么一定要讲个"基本性质"？基本性质基本在何处，一直没有说明白。

巩子坤：我理解您的意思，"基本性质"这个词没有说清分数的基本性质是什么，不明确，不如用"分数的相等性"或者"相等的分数"。我注意到美国《共同核心州数学标准》(Common Core State Standards for Mathematics)中，也是用相等的分数(equivalent fraction)来表达这一性质。新加坡的教材在引入分数概念不久后，也介绍了相等的分数。

张奠宙：这是个小问题，名词问题，但我觉得教学上面一定是相等性质比较方便，讲基本性质没什么好处。

巩子坤：您上学的时候是用"基本性质"吗？

张奠宙：也是"基本性质"。

巩子坤：您看，约定俗成了。

张奠宙：是早期从外国翻译过来的。

巩子坤：就像无理数。

张奠宙：我提出这一问题的主要目的，还不仅是名词问题，而是觉得这个思想方法很重要。

巩子坤：等价类。

张奠宙：是。所谓等价类，就是用一个相等的准则，把彼此相等的对象归为一类。同一类的对象，它们的本质是一样的，只是表示形式各不相同。要知道，同一个事物常常有很多种表示方式，这在现实世界里是非常普遍的现象。万物经过分类，出现了一个个的等价类。比如，世界上的人，按照国籍可以分为很多等价类。中国人就是一个等价类，里面的对象都是中国人，但是每个人又有其独特性。所以说，一个分数可以有无限多种表示方法，这在思想方法上很常见，也很重要。如果光会说分数的基本性质、会做题，却没有体会这一思想方法，未免太可惜了。

殷文娣：把分数的基本性质和分类思想方法联系在一起，确实是第一次听到，很新鲜。那么请问，有了这种思想方法，对于数学学习有什么帮助呢？

张奠宙：那就很多了。彼此全等的三角形是一个等价类，它们可以处于不同位置，可是它们是同一个三角形；同解的方程也是等价类，类中的方程其解都一样，但形式各不相同；等等。

巩子坤：张先生建议用等价类思想来定义角，也颇有新意。

张奠宙：我一直不赞成用两条射线来定义角。射线是头脑里构建出来的东西，在现实世界里是没有的。我们能够画出来的实际上只是线段。仿照分数，我们可以先用两条线段定义一个角，然后发现线段长一点或短一点仍旧是这个角，于是提出一个角的相等性质：角的大小与边的长短无关，凡是顶点和两边互相重叠的角彼此相等，属于一个等价类。这样一来，就不必麻烦射线来帮忙了。

巩子坤：史宁中教授也认为用射线定义角不好，也建议用线段定义角，"角由两条线段所夹的部分组成，这两条线段的一个端点重合"。加上一句话"角的大小和线段的长短无关"，这是很关键的。

张奠宙：这和我的做法是等价的。我不过是借用分数相等性质的数学方法，也提出"角的相等性质"，把"与线段的长短无关"的意思说得更加明白而已。

任敏龙：不过，我觉得用射线定义角还是有道理的。如直线的斜率，那时的角一定是射线。

张奠宙：从小学到初中，用线段定义的"角"，都指小于180°的那一个。到了高中，因为两条直线的夹角会有四个，所以要用有向直线来确定究竟指的是哪一个，那时会用向量来处理。小学阶段不宜涉及。

任敏龙：我翻看了人教版和北师大版的教材，关于角的定义是一致的，即从一个点引出两条射线构成的图形称为角。学生的日常经验中是没有射线这个概念的，他们所看到的都是线段。张园老师，在你的教学中，学生有没有出现认为边画得比较长，角就比较大的情形呢？

张　园：小学里角的教学分两个阶段，一个阶段应该是三年级的时候，一个是五年级的时候。我们先从生活里面的图案提取出"角"，告诉学生这个叫顶点，这个叫边，然后正式出定义。这时学生没有感觉边是两条射线。那是硬灌给学生的。一般情况下，教师教的时候都会出一道判断题，就是给学生出示两个角，两角叉开的大小是一样的，但所画出的两边长短不一样，让孩子去比较。有的孩子会上当，但许多孩子现在已经不会上当了。最后教师就把这两个角叠起来，指出两条边叉开的大小决定了角的大小，跟边的长短没有关系。

巩子坤：既然角的两边是用射线定义的，说边的长短是不合适的，射线没有长短。

张　园：我们是为了强调角叉开的大小。

任敏龙：就是张开度。研究角，不是为了研究它的边，而是研究张开度，这是个根本问题。我上这堂课时是这样引入的：呈现一条大的鳄鱼，一条小的鳄鱼,小鳄鱼嘴巴张得大,大鳄鱼嘴巴张得小。然后问学生:哪条鳄鱼嘴巴张得开?学生说小鳄鱼的嘴巴张得开。我又问:大鳄鱼的嘴巴那么长,小鳄鱼的嘴巴才那么短,你怎么能说小鳄鱼的嘴巴张得开呢?学生马上会反驳:问题是要讨论张开度,跟边的长短没有关系。我觉得角的概念要这样引进,突出研究张开度的问题。

巩子坤:这就抓住角的本质了,很好。事实上,欧几里得的《几何原本》中,角的本质说得很清楚:两条直线相交,如果不重合,那么一条直线相对于另一条直线的倾斜程度叫角。我们将一点引出的两条线段构成的图形叫做角,并没有揭示角的本质;一条直线相对于另一条直线的倾斜度,才是角的本质。
我们再来谈谈等价类。

张奠宙:等价类,就是指同一个东西有很多种表示方式。一个事物可以有多种表示,对小学生来说难不难?一旦把分数多种表示的问题点穿了,再辅以现实生活中的例子,也就不难了。推而广之,一个角也有多种表示,一条直线也有多种表示,道理都是一样的。尤其是对优秀生来说,更重要的是数学方法的学习。

巩子坤:张先生的意思是,要通过讲分数,或者是讲角的概念,让小学生潜移默化地体会到等价类的思想。

张奠宙:"等价类"这个名词不一定要说出来,但是对小学生来说,必须知道一个事物可以有多种表示。举例来说,一个人可以穿各种各样的衣服,外表不同,本质都是同一个人。这个思想我希望在教材中体现出来。分数的相等性质讲完以后,接下来可以告诉学生:你在春夏秋冬所穿的衣服各式各样,但都是你本人。一句话就点透了。这种潜移默化的数学思想方法我们做得太少。现在提倡"四基教学",要在数学思想方法上下功夫。这类比较深刻的高观点,学生不懂不影响做题,不影响考试。但是从培养数学素养的角度看,其思想境界就大不相同了。

巩子坤:老师首先要意识到这种思想方法,然后才能在教学中适时渗透进去。有时候,专家教师上课的点睛之笔,上课的味道,正是来自他对数学的感悟,与普通教师的区别就在于此。当然,这个等价类思想,可以写在教师用书上,供大家参考。

张奠宙:最后问问张园老师,分数的基本性质,改称"分数的相等性质",你会不会反对?

张 园:改了当然好。但教材要改。教材不改,我一个人改也没有用。

课题 10　假分数"假"在哪里

关于"真分数、假分数"教学设计的谈话

李　勇　江苏省阜宁县阜宁高等师范学校附属小学

（本文发表于《小学教学（数学版）》2016年第12期）

我是一名刚参加工作的年轻教师，有机会结识了华东师范大学数学系的张奠宙教授。最近我听了一节关于"真分数、假分数"的课，收获颇多，也有一些思考。记得张教授说过，他很愿意了解一线课堂的真实情况，于是我就向他请教。他高兴地接待了我。以下是我们的谈话记录。

李勇（以下简称李）：真分数和假分数，是苏教版实验教材五年级下册第四单元中的一节课。学生已经学过了分数的意义，对分数的定义很熟悉。因此，如果只是按照教材中的内容，在黑板上抄一下真分数、假分数的定义，然后要求学生按定义指认哪些是真分数、哪些是假分数，学生似乎也能掌握本节课的知识。

张奠宙（以下简称张）：是啊。我看了网上推荐的一些教案，大多数也是这么做的。其实，五年级的学生已经能够进行比较深入的思考。现在强调让学生主动提出问题，我想在这节课上，学生一定在想：分数还有假的吗？为什么要分真和假呢？分真分数和假分数有什么好处呢？我想，我们的教学除了认识真分数和假分数，还需要引导学生思考并解决这些自然会产生的问题。

李：我听的那节课，就是企图打破"套用定义，反复练习"的教学定势。授课教师设计了四个活动。

活动一:区分真和假。要求学生比较儿子的年龄与母亲的年龄,由学生探究出:儿子的年龄比母亲的年龄小(真),儿子的年龄大于或等于母亲的年龄(假)。

活动二:在 $\frac{(\quad)}{4}$ 的括号中填哪些自然数可以形成分数?探究:$\frac{5}{4}$ 是分数吗?

活动三:对上述填写好的分数进行分类。探究:是否可以分为分子小于分母和分子等于或大于分母两类?

活动四:在数轴上画出这些分数。

张:我觉得这样的设计很有新意,其目的是引导学生理解真分数和假分数的意义。让我们来讨论这几个活动。

这里的活动一,针对"真和假"进行讨论,有创意。但是这个问题不大自然,容易横生枝节。例如,很多人会想到:儿子的年龄不仅比母亲的年龄小,而且会小几十岁呢,等等。不如简单地说:"(在平面内)三角形内角和等于180度"是真命题,"三角形内角和等于380度"是假命题。

李:实际教学过程中,学生感觉儿子、母亲的年龄问题有点儿唐突,学生在回答时不太自然。

张:我觉得,这节课是谈真分数和假分数,一开始从真命题和假命题入手未尝不可。讨论的重点是区分两种"真假":第一种,假警察一定不是警察,假人民币一定不是人民币,等等;第二种,假命题还是命题,假话还是一句话,等等。

李:明白了,我们讨论的假分数,仍然是分数。假分数也有分子、分母、分数线,和真分数一样,只不过分子不小于分母而已。学生一开始听到假分数这个词,会作"假警察不是警察"那样的联想,于是会带着"假分数不是分数"这样的猜想走进课堂。所以用"命题有真和假,假命题也是命题"作为情境来引入新课,是不错的选择。然后告诉学生,我们今天学习的假分数也是一种分数。随后进入活动二。

张:活动二是本课的关键。这一设计很到位,它让学生思考:自己理解的分数概念是否仅限于真分数,假分数什么时候会出现、其意义何在等一系列问题。这里,我想请问你两个问题。首先,如果让学生举一个分数的例子,学生是不是会毫无例外地举出真分数的例子?其次,在本节课之前,教材中是否出现过假分数?

李:这两个问题与学情分析相关。我相信,让学生举一个分数的实际例子,学生百分之百会举真分数。在"分数的意义"单元中,出现的都是分子 n 小于分母 m 的情境。直到这节课之前,教材中从来没有出现过分子大于分母的分数。所以,我觉得有必要在本节课增加一个贴近学生生活的实例,以使学生感悟真分数和假分数。

张：好。按照你说的"学情"学习真分数和假分数，还得回到分数定义中去寻求答案。事实上，分数定义是"将一个整体平均分为 m 份，表示这样的一份或 n 份的数，叫做分数"。这里对份数 n 没有限制，n 份能够比 m 份多，n 可以是任何自然数。但是，学生头脑里的分数却只是分子小于分母那样的分数。这是学情和教学内容之间存在的矛盾。

李：我从来没有在教材和课堂上见过这样的讨论，我觉得教材中回避了这个问题。确实，真分数和假分数都符合分数的定义，但学生的头脑里却都是真分数。正因为如此，有些教案以探究把 5 张饼或 9 张饼分给唐僧师徒四人为例，要求学生说明假分数 $\frac{5}{4}$、$\frac{9}{4}$ 的存在，并让学生体会在分饼过程中，每人先用整数除法分到 1 张饼或 2 张饼，再用分数定义增加 $\frac{1}{4}$ 张饼。因此，当分数的分子大于分母时，它的数值可能会是某个整数再加上 $\frac{1}{4}$ 那样的真分数。这有点儿把带分数提前了。

张：我觉得出现分母为 4 的假分数，为接下来带分数的学习作一个铺垫也未尝不可。这个例子既说明了假分数 $\frac{5}{4}$ 的存在性，又给出了假分数可以化为整数＋真分数的一个例子。这样做，使得学生对分数的原始定义有了更深刻的了解。至于带分数这个名词，以后再说。

李：这就是说，分数的定义中对 n 没有限制，表明假分数同样符合分数的定义，所以假分数也是一种分数。但在实际应用中，一般只讨论真分数，即 $n<m$ 的情形。

张：对呀。我们为什么学习分数？说到底，分数主要是为了处理小于 1 而大于 0 的量。也就是说，学习分数的重点在于研究真分数的意义。下一步学了带分数，分数的结构就更加清楚了。建议教材认真处理分数定义中 $n>m$ 的情形。

李：归纳一下，活动二的好处在于：通过在 $\frac{(\quad)}{4}$ 的括号中填数的活动，把以下四个问题带动起来了。

1. 分数的定义中 n 可以是任意自然数。

2. 实际教学中使用的往往是 $n<m$ 的情形，即对于分数，主要处理真分数问题。这和大家的认识一致。

3. 所有分数可依 $n<m$ 和 $n\geq m$ 的不同情形分为真分数和假分数两类。

4. 一些假分数可以化为整数＋真分数，另一些假分数可以直接化为整数。

张：对。在具体教学设计中，应该尽可能体现这四个问题。

李：那么关于活动三，您有何评论？

张：先听听你的看法。

李：当时在课堂上学生不知道分类的目的。我在巡视中看到学生的分类五花八门。有些预习过教材的学生，知道要分为真分数和假分数。所以最后还是由这部分学生说出了真分数和假分数这样的分类结果。

张：我觉得活动三的问题，开放度大了一些。真分数和假分数是西方学者在历史上形成的。中国古代没有真分数和假分数的区分。这种给某对象命名的历史事实，没有必要让学生去发现，直接阅读教材就好了。

李：通过上面的讨论，我们进一步理解了分数的定义中份数 n 可以大于等于分割数 m，并且知道假分数也是分数，只是一些假分数可以化为一个整数和一个真分数之和，而另一些假分数可以直接化为一个整数。因此假分数的"假"，就假在这个"整数"上。

张：事实上，真真假假是各式各样的。假分数的"假"，就是因整数而产生的。假分数也是分数，和真分数的差别只在一个整数。

李：这些建议，大家恐怕不容易接受。许多教师觉得这堂课的主要任务是让学生学会判别分数的真和假，至于为什么要分真和假，小学阶段不必涉及。分数的定义只是形式定义而已，小学和初中阶段对形式定义的教学，重在研究其相关属性。

张：仁者见仁，智者见智，大家讨论就是了。不过，现在教学设计要落实三维目标，不能只有知识与技能，还要有过程与方法。五年级学生学习真分数和假分数，应该理解它们的发生、发展过程，况且在学习上也不见得会有多难。

李：还有活动四呢？

张：这个活动，教材和许多教学设计中都有，大家的做法差不多。我没有意见可以发表。只是有一点儿遗憾：分数的定义中分数是没有大小的。我曾建议在其定义中"表示一份或几份"后面加上"大小"二字，却一直未被采纳。希望有一天，分数回到有大小的数系里来。

李：听了您的一些建议，我想找机会试试。以前有人说数学大家玩的是数学概念，今天真是见识了。但是，是不是有时太求全，反而会忽略事物最重要的部分？我感觉小学生还是应在具体的实践活动中多感悟、多体会。

张：谢谢你的理解。我是大学教师，可以参加讨论，但是实践经验很少。

李：真分数、假分数内容背后渗透的思想方法非常有研究价值。感谢张教授从与众不同的角度所作的剖析。

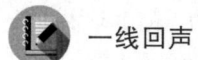

一线回声

学生认识"假分数"中的问题与对策

叶　青　浙江省杭州市萧山区湘湖小学

读了《关于"真分数、假分数"教学设计的谈话》,笔者颇受启发。特别是张教授对于分数"真和假"的讨论,以及"学习真分数和假分数,得回到分数定义中去寻求答案"等建议,让笔者有一种茅塞顿开的感觉。下面结合自身的教学实践经验,谈谈自己的一些粗浅想法。

一、尴尬的两段式分数教学

考虑到学生的认知特点和年龄特征,现行教材一般分两个阶段认识分数。

第一阶段是借助面积或实物模型抽象出分数。比如,人教版《数学》三年级上册"分数的初步认识"第一课时以分实物(月饼)为模型并这样表述:把一块月饼平均分成4份,每份是它的(　　)分之一;而在紧接着的第二课时认识"几分之几"时,以正方形面积为模型并这样表述:把一张正方形纸折成同样大的4份,每份是它的$\frac{1}{4}$,2份是它的$\frac{2}{4}$,3份是它的$\frac{3}{4}$,4份是它的$\frac{4}{4}$。以这样的模型教学分数,学生头脑中形成了基于"分""取"动作的分数意义表征。

用基于"分""取"动作表征分数的意义,对三年级的孩子是合适的,符合他们以具体、形象为主的思维特点,而分数本身内涵丰富,又比较抽象,因此,教师需要为学生搭建逐步深化认识的脚手架。教学中,许多教师想把这一阶段的分数表述与后一阶段的分数意义统一起来,反复引导学生用这样的语言表述分数的意义:把一个饼(或图形)平均分成4份,表示这样3份的数是$\frac{3}{4}$。虽然教师为学生的后续学习煞费苦心,可学生往往并不领情——因为他们确实弄不明白老师为什么不让他们讲"取其中",而非要让他们讲成"表示这样",而他们此前所从事的数学活动又确确实实是"平均分""取其中"。

甚至,许多教师也不清楚分数的意义为什么要表述为"表示这样"而不是"取其中"。那是因为,"取其中"的活动只能产生真分数,"表示这样"可以涵盖真假分数。比如,在假分数的学习中,如果我们让学生说分数 $\frac{5}{4}$ 的意义,学生通常会有这样的反应:把单位"1"平均分成 4 份,取……,哦,没法取啊。这时候学生就能体会到,"表示这样"的表述不会遭遇"取不出来"的尴尬。不仅如此,"表示这样"还意味着以单位"1"平均分成若干份中的一份作为单位,进行度量或比较,得到这样一份或几份可以用分数表示出来。也就是说,"取其中"只能表示部分与整体的关系,而"表示这样"涵盖了相比较的关系。所以,分数的意义教学不仅要帮助学生深刻理解单位"1"的意义,还要突出分数单位的意义和价值,强调度量或比较后得到几个几分之一就表示成几分之几。

二、悲喜交加的假分数教学

关于假分数的认识,人教版教材是通过观察涂色部分所表示的分数来引入的,如图 10-1 所示。

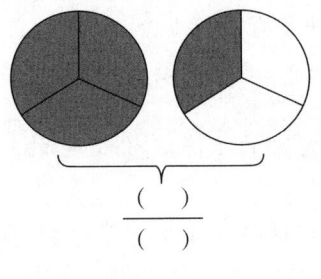

图 10-1

我们知道,只要我们给出表示阴影部分的分数 $\frac{4}{3}$,然后让学生说说这个分数的意义,那么困扰我们的分数意义表述中,学生总将"表示这样"说成"取其中"的烦恼就从此烟消云散,此为喜。

可教学实际是,得到这个分数 $\frac{4}{3}$,对学生而言并不顺理成章。学生往往表示成 $\frac{4}{6}$,为什么呢?原因有两方面:一方面,学生头脑中的分数意义表征是基于"分""取"活动的,如果表示成 $\frac{4}{3}$,3 份当中怎么能取出 4 份呢?这就产生了矛盾。解决的办法就是把分母放大,$\frac{4}{6}$ 就顺理成章地出来了。另一方面,教材并没有明确到底是把一个圆看作单位"1",还是把两个圆看作单位"1",只是简单地加了一个大括号——学生很容易把这个大括号理解为把两个圆看作单位"1"。因此笔者认为,在教材分数内容的编写过程中,凡涉及要求学生用分数表示的题目,都应该首先指明以什么作为单位"1",这既体现了教材编写的严谨性,也便于教师和学生更好地理解和使用教材。

指明以一个圆为单位"1",学生填写时就很自然地否定了 $\frac{4}{6}$,因为 $\frac{4}{6}$ 小于1,而这个图显然大于1。其实,就算我们指明了单位"1",学生也不见得就一定会用假分数来表示——如果我们不在图的下面用大括号和"$\frac{(\quad)}{(\quad)}$"明确要求的话,学生多半会用"1个圆 + $\frac{1}{3}$ 个圆"——类似于带分数的方式来表示。这就需要我们在分数的意义教学中明确约定"几个几分之一表示为几分之几",这样,图中有4个 $\frac{1}{3}$,故可以表示为 $\frac{4}{3}$。

三、体现累加思想的有益"尝试"

那么,如何突破这个难点呢?张奠宙教授给出了很好的建议,那就是回到分数的定义中去。分数定义是"将一个整体平均为 m 份,表示这样的一份或 n 份的数,叫做分数"。这里对份数 n 没有限制,它可以是任何自然数。但是,学生心目中的分数往往是分子比分母小。采用累加的思想则可以突破这一障碍。

师(出示图10-2):直线上从0到1表示1米长,那么0到第一个点表示几分之几米?

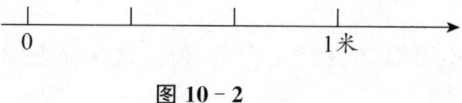

图10-2

生1:$\frac{1}{3}$ 米。

师:为什么?

生1:把1米平均分成3份,这样的一份就是1米的 $\frac{1}{3}$,也就是 $\frac{1}{3}$ 米。

师(标注 $\frac{1}{3}$ 米):也就是说,$\frac{1}{3}$ 米在直线上只有一小格长,那么,$\frac{2}{3}$ 米表

示多长的线段呢？$\frac{3}{3}$米又表示多长呢？

生2：$\frac{2}{3}$米表示2小格长，$\frac{3}{3}$米就是3小格长，也就是1米。

教师填图，如图10-3所示。

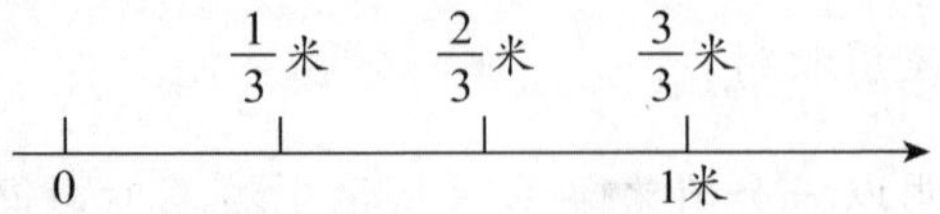

图 10-3

师：如果沿着这条直线继续画下去，2米、3米又有多长呢？

生3：从1米开始画和1米同样长的线段就是2米，画两个1米长的线段就是3米。

教师填图，如图10-4所示。

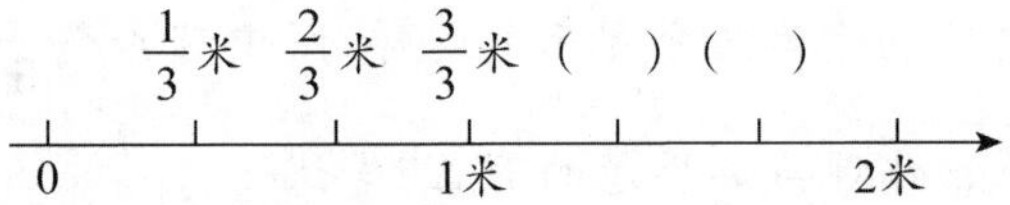

图 10-4

师：观察一下，你能继续用分数表示1米后面直线上的点吗？

生4：第一个点还是$\frac{1}{3}$米。

生5：不对，表示$\frac{1}{3}$米的线段只有1小格，现在有4个小格长，应该是$\frac{4}{3}$米。

生6：我认为应该是$\frac{4}{6}$米，因为这里是把2米看作单位"1"，平均分成6份，表示这样4份的数应该是$\frac{4}{6}$米。

师：到底第一个括号应填几分之几米？我们首先应该明确，1米后面第一个点的线段是多长？大家比划一下。

生比划，教师在直线上圈画。

师：比一比，这么长的线段用哪个分数表示合适，为什么？请大家先讨论。

生7：我认为 $\frac{4}{3}$ 米是正确的，因为这里有 4 小格，就是 4 个 $\frac{1}{3}$ 米。

生8：$\frac{4}{6}$ 米肯定不正确，现在的长度在 1 米和 2 米之间，而 $\frac{4}{6}$ 米比 1 米短，所以我也认为 $\frac{4}{3}$ 米是正确的。

生9：这条线段已经超过 1 米，因此表示的分数肯定要大于 1 米。

师：看来大家的意见越来越集中了，这条线段有 4 个小格，就是 4 个 $\frac{1}{3}$ 米，因此，这条线段长度的分数表示应该是——

生：$\frac{4}{3}$ 米。

从上面的教学实践来看，对于 $\frac{3}{3}$ 米又多了一小格，不能用已有的分数来表示，必须换个思维来解决，自然地突破了分数不能表示超过单位"1"的量的限制。这样的教学活动是着眼于学生学习困惑之上的调整，使假分数概念的建构有了适宜生长的土壤，从而实现了有意义的学习。

 数方夜谈

思辨与追问：假分数是怎样产生的

巩子坤：分数是为了表示大于 0、小于 1 的量。大家同意吗？

张奠宙：分数是为了表示大于 0、小于 1 的量，这是日本《数学学习指导要领》里的说法，我们的教材没有这样提。

巩子坤：为什么没有提？我觉得是怕给后面讲假分数带来麻烦。

殷文娣：从我们现行教材中的分数定义来看——把单位"1"平均分成若干份，表示这样一份或几份的数——没有规定分子一定要比分母小，这样，分数的定义就不仅包括真分数，还给假分数的存在留出了空间。

张奠宙：假分数是带着整数面具的真分数。把那个面具拿掉，就是一个真分数。因此，在脑子里把分数都当作真分数，也是可以的。

第二部分 关于"除法""分数"和"比"

殷文娣：虽然假分数也是分数，但是大家脑子里印象最深的还是真分数。随便找一个人来叫他举一个分数的例子，举出来的也多半是 $\frac{1}{4}$、$\frac{2}{3}$ 这样的真分数。

巩子坤：分数里最本质、最关键的还是真分数。我看了许多国内外的教材，在开始引入分数的时候，总是从真分数开始。新加坡的教材，在开始引入真分数的时候，会让学生体会 $\frac{2}{2}$ 也是分数，这是"整数是特殊的分数"的渗透了。

事实上，只要学生理解了真分数，假分数就容易接受了。所以，无论从学生认知角度还是从重要程度来考虑，假分数的地位都是从属的、次要的。

张　园：真假分数一课，如果只是就定义论定义，黑板上写几个分数，让学生辨别哪个是真、哪个是假，没有什么困难，也没有太大的意思。我觉得小学数学也要讲道理。分数为什么分真假？它和社会上"坏人冒充警察"的假警察是不是一回事？事实上，假分数还是分数，可是假警察根本不是警察。在教学上，把分数表示在数射线上，真假分数的意义就清楚了。

巩子坤：我也赞同讲完分数以后，把分数在数射线上表示出来。这也为下面讲假分数作了铺垫。

任敏龙：这样的表示是必要的，但需要分阶段逐步达到。在分数意义的第一节课，可以把单位"1"画成一条线段，把它平均分成 4 份，顺次取到第 3 份的地方表示 $\frac{3}{4}$。在认识真分数和假分数的课上，进一步考虑如何表示 $\frac{5}{4}$，发现原来的那条线段最多只能表示 $\frac{4}{4}$，要表示 $\frac{5}{4}$ 必须把线段延长这样的 1 份。这就突破了原来单位"1"的长度限制，进而把原来的线段扩充为数射线，同时，真假分数的意义也得到了落实。可见，一个分数画在哪个位置取决于它的大小，"分数的大小"问题一开头就会碰到。

殷文娣：既然分数的定义里包括假分数，那么为什么大家举例的时候往往只举真分数呢？

任敏龙：这可能和人们学习分数时"先入为主"的第一印象有关——先学真分数再学假分数，从根本上说，可能与人类认识分数的历史过程有关。人类需要分数表示大小的早期活动无外乎分物品、测量等实践活动。分东西表示一个或一堆物品的部分大小，测量表示不足一个单位的部分大小，都是真分数。反映到学生的学习上，如分月饼，当教师问 $\frac{3}{4}$ 是什么意思，学生会说："把单位'1'平均分成 4 份，取其中的 3 份。"教师再问 $\frac{5}{4}$ 是什么意思，学生往往也会说："把单位'1'平均分成 4 份，取⋯⋯"讲到一半学生就发现不对了：一共才 4 份，怎么取得出其中的 5 份呢？这样他就意识到用"取其中"这个说法是不对的了，而改用分数定义中"表示这样"的说法，即把单位"1"平均分成 4 份，表示这样的 5 份。这就把假分数包含进来了。

殷文娣： 可是假分数的现实模型，如 4 个人分 5 张饼，可以先每人给 1 张，再平分那剩下的 1 张饼。

任敏龙： 那只会出现带分数 $1\frac{1}{4}$，而不是假分数 $\frac{5}{4}$。可见，假分数的产生缺乏分物品的实际背景。会不会正是出于这样的原因，我们把"真"能从其中取出来的叫做"真"分数，把不能从其中取出来的叫"假"分数呢？当然，这有点望文生义。

张　园： 但学生分的时候，会出现将每张饼平均分成 4 份，每人都分到一张饼的 $\frac{1}{4}$，每个人一共可以拿到 5 个 $\frac{1}{4}$，这样就出现 $\frac{5}{4}$ 了。

任敏龙： 我觉得假分数更有可能来自分数的"率"的意义，即相互比较。我们前面说过的七只鸭是八只鸡的 $\frac{7}{8}$，反过来八只鸡是七只鸭的 $\frac{8}{7}$。这就是分数的"比"的定义，或者说"率"的意义。

巩子坤： 假分数这个概念也有可能来自若干个真分数相加，如 $\frac{2}{5}+\frac{4}{5}$，就可以产生假分数。如张先生所说，假分数是带着整数面具的分数，去掉这个面具就是真分数，所以真分数才是关键。在以后的学习中，分数乘除法的算理介绍、法则推导等，主要还是使用真分数。

张奠宙： 我临时想到一点。刚才任老师谈到，学生认为 $\frac{3}{4}$ 是"把单位'1'平均分为 4 份，取其中的 3 份"。一个"取"字就把分数的意义说完了，说明我们长期以来,把分数当作"分"和"取"的动作,却没有"引进新数"那样的思考。把话说完全应该是"将单位'1'平均分成4份,其中3份的大小用一个数来表示,记作$\frac{3}{4}$"。

殷文娣:也许学生心里明白,在口语上省略了。

任敏龙:不。学生确实缺少那样的严格训练。

张　园:在分数教学之初,真有学生把分数分解为"分"和"取"的两个动作。教师不断强调"要平均分",学生不断说"取多少份"。如果我问我的学生什么是$\frac{3}{4}$,学生基本上都是按"分""取"这样回答;如果我问我的学生什么是$\frac{4}{3}$,有的就蒙了,有的会举例:把4张饼平均分给3个人,每人先拿1张饼,再把剩下的饼平均分给3人,这样就是$1\frac{1}{3}$,也就是$\frac{4}{3}$,还有的会把每张饼平均分成3份,每人拿每张饼的$\frac{1}{3}$,能拿到4个$\frac{1}{3}$,就是$\frac{4}{3}$。认识假分数对于一部分学生而言还是有难度的,要不断练习才能理解。

巩子坤:这其中有"率"与"量"的混淆。事实上,如果把"4张饼"看作"一个整体",平均分给3人,每人得到整体的$\frac{1}{3}$,就得到一个真分数,这是"率"角度;从"量"的角度来看,就是每人得到$\frac{4}{3}$张饼。

任敏龙:现行教材中分数定义用"表示这样"而不是"取其中",还因为"取其中"得来的分数与单位"1"只能是部分与整体的关系,"表示这样"的措词不仅适合部分与整体的关系,还适合两个事物的比较关系——以其中一个的大小作为单位"1",平均分成若干份,以这样的1份为单位来度量另一个事物的大小,得几份就表示为几分之几。

巩子坤:在讨论分数、真假分数的概念时,总有一个词显得绕口,也容易混淆,即"单位1"与"分数单位"。前者指的是"整体",后者指的是整体平均分成的一份,即任老师所说的用来度量的"单位"。我建议,将"单位1"改成"整体1",这样会容易理解一些。

任敏龙:还有一个问题,即用分数表示阴影部分的大小。(图10-5)显然,编排在真分数与假分数一课中,教材的意图是让学生用假分数来表示,即$\frac{7}{4}$。但

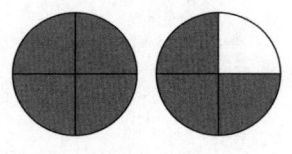

图 10-5

不少学生会用 $\frac{7}{8}$ 来表示。学生错了吗？显然不是，问题出在教材本身表述不严谨，没有把以什么作为单位"1"交代清楚。这个问题，希望引起教材编者们的注意。

课题 11　小数容易分数难，何必死死捆绑在一起

落实"四基"，要把数学思想方法适当地说出来
——谈"小数的意义"教材的处理

(本文发表于《教学月刊·小学版(数学)》2015 年第 10 期)

　　小学数学里的"小数的意义"的教学内容，所承载的数学思想方法在于扩充自然数，使得可以用"数"来表示小于"单位1"的量。因此，我们不能满足于会认、会读、会写小数，而要回答一些更为本源的问题，例如：为什么要学习小数？小数与分数的区别在哪里？小数和自然数是什么关系？尽量把构建"小数"背后的数学思想方法用孩子们易懂的方式表示出来。

一、不能满足于直接指认式

　　北师大版教材用直接指认的方式认识小数。"小数的意义(一)"首先用人民币的元、角、分来引进小数(图11-1)。开宗明义的三句话就是直接指认：

　　"1.11 元是 1 元 1 角 1 分。"

　　"1 角是 1 元的 $\frac{1}{10}$，也可以写成 0.1 元。"

　　"1 分是 1 元的 $\frac{1}{100}$，也可以写成 0.01 元。"

　　这一段教材反复地让学生知道，以 10 或 100、1000 为分母的分数表示的量，也

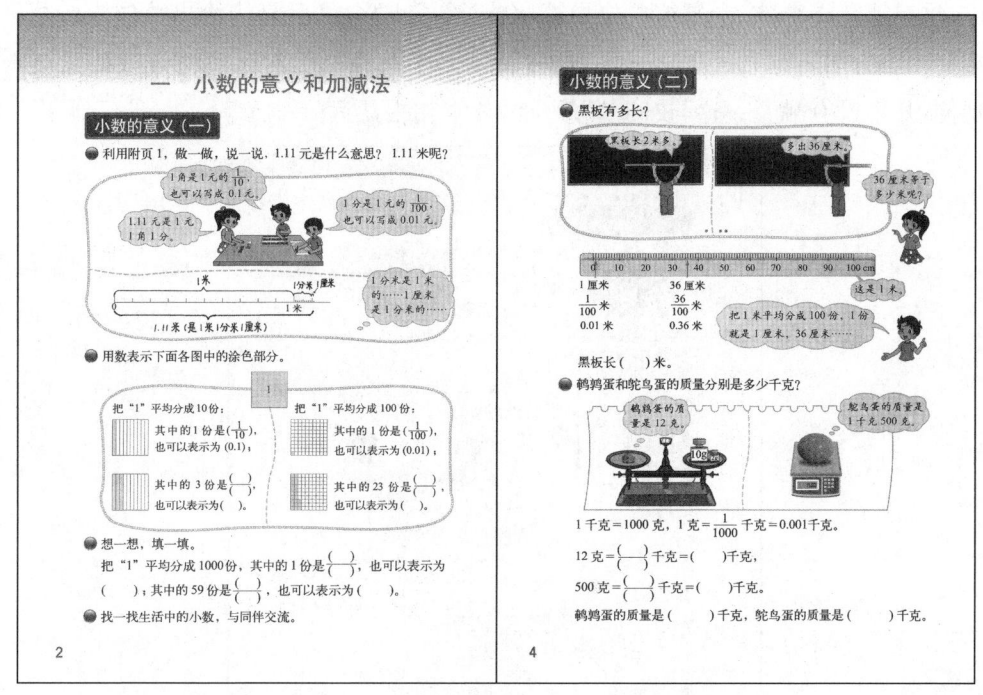

图 11 - 1　　　　　　　　　　图 11 - 2

可以改写成用"0.1，0.01，0.23，0.059"那样形式的数来表示它。随后，又将抽象的数 1 作十等分，再次说，$\frac{1}{10}$"也可以"写成 0.1；$\frac{1}{100}$"也可以"写成 0.01。接着的练习，要求学生模仿，$\frac{64}{1000}$"也可以"写成 0.064。用图形表示的分数，"也可以"写成 2.13 和 1.04。教材的内容全在分数的改写上。至于为什么要学习小数，凭什么将分数"也可以"写成小数，没有任何解说。无目的地写来写去，灌输的味道未免太重了。

到了"小数的意义（二）"（图 11 - 2），通过量黑板、称鸵鸟蛋，将测量得来的量，按照度量衡的制度将换算时的分数写成小数。例如，用米尺量黑板时，1 米之外多出的 36 厘米写成 0.36 米；鹌鹑蛋的质量 12 克写成 0.012 千克。总之，还是将换算得到的分数改写成小数。

到了"小数的意义（三）"（图 11 - 3），忽然在计数器上打出 22.222，直接问每个 2 分别表示多少，据此认识小数点、十分位、百分位、千分位等等，认知跨度相当大。然而，小数在计数器上位于何处？这本就是一个需要探究思考的问题，现在直接在计数器上拨出 22.222，一一指认各个数位上的 2 是什么意思，又是一通灌输。

总之，整段教材从指认开始，强调"也可以"把分数写成小数，在练习中依样模仿,重在能认得小数,会进行单位换算,会改写成小数,然后直接给出数位表。至于这些内容背后所承载的数学思想方法,特别是小数乃是自然数位值计数的扩展与延伸,几乎没有触及。这与"四基"教学的要求相去甚远。

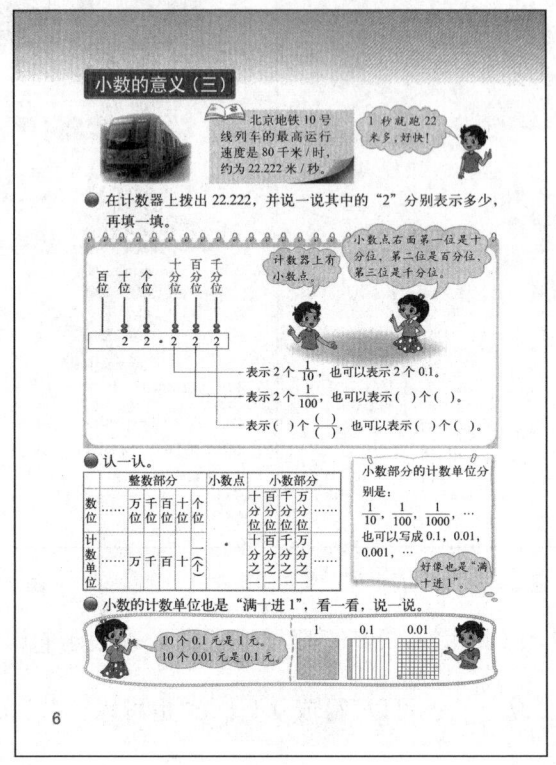

图 11-3

二、作好铺垫工作,揭示小数意义的本质

人教版《数学》四年级下册"小数的意义"教学内容(图 11-4),从度量讲台桌的高及课桌面的长入手,发现量出 1 米之后,还分别多出 1 分米和 2 分米。于是提出问题:如果"用米作单位,不够 1 米怎么办?"问题是提出来了,但是没有展开。教材接着也是把 $\frac{1}{10}$ 米、$\frac{1}{100}$ 米、$\frac{1}{1000}$ 米改写为 0.1 米、0.01 米、0.001 米。

学生只认识了 0.1、0.01、0.001 三个小数,教材紧接着就提出小数的记数单位是十分之一、百分之一、千分之一……分别写作 0.1、0.01、0.001……每相邻两个计数单位之间的进率是 10。最后,给出数位顺序表(图 11-5)。这样做,没有任何铺垫,同样没有说明数学思想方法。

《义务教育数学课程标准(2011 年版)》关于小学数学中"小数的意义"的内容只有一

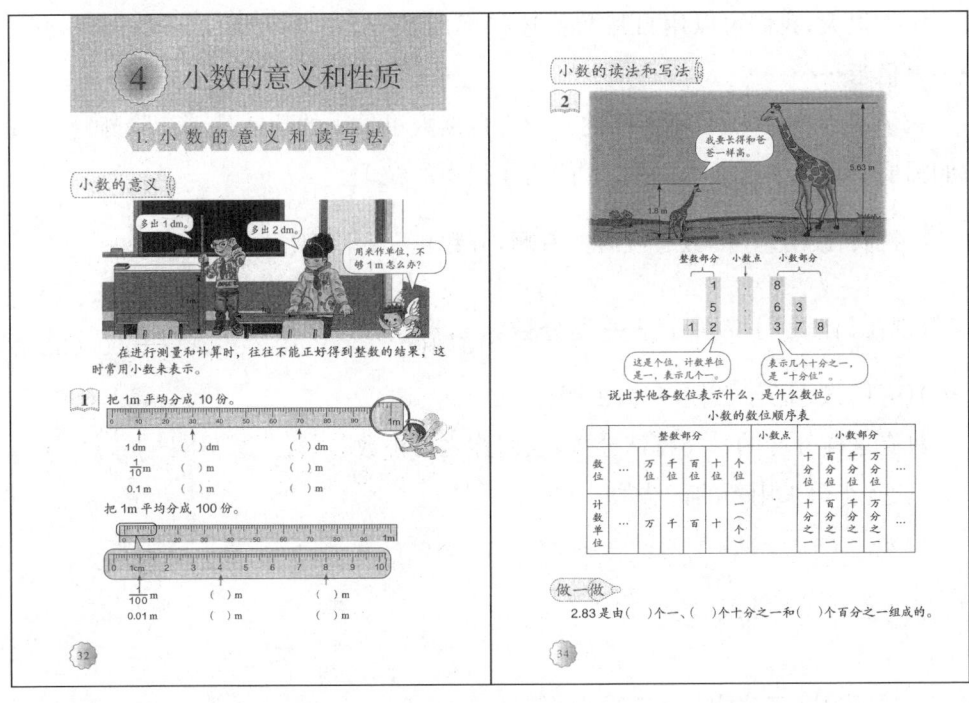

图 11－4　　　　　　　　图 11－5

句话:"结合具体情境,理解分数和小数的意义。"不过,理解是要求很高的行为动词。那么,对于"小数的意义"而言,要理解哪几点呢? 笔者认为可以有以下几个方面。

1. 引进小数是为了表示小于"单位1"的量。

2. 除0之外,自然数中最小的是1,所以自然数不能表示小于1的量。

3. 一个数的小数部分是小于1的数。(在《初等数论》中可以找到有关一个小数的"整数部分"和"小数部分"概念的表述)

4. 小数是分母为10,100,1000……的一类特殊分数。(注:在刚刚接触小数的时候,小数就是指有限小数。本文所涉及的小数,都是指有限小数)

5. 一个小数可以记为整数部分和小数部分,小数中的小圆点叫小数点。

6. 小数使用十进制位值原则记数法,满十进一,但分数不是。

三、一个具体的设计方案

第一段　小数的意义

(一) 开首语

华罗庚:大哉,数学之为用,宇宙之大,粒子之微……数学无处不在。

(二) 自然数和小数

宇宙很大，我们可以用自然数描述很远的地方，一米，十米，百米，万米，亿米……万亿米……

粒子很小，用自然数不能描述。因为自然数里最小的数就是1(0除外)。因此我们需要引进比1还要小的数，才能描述很小的粒子。

（旁白：比1还小的数有没有？有啊，分数！$\frac{1}{2}$、$\frac{1}{3}$都比1小。）

（现在，让我们特别注意一类分数：$\frac{1}{10}$，$\frac{1}{100}$，$\frac{1}{1000}$，$\frac{1}{10000}$，……$\frac{1}{1000000000}$，……）（旁白：10亿分之一，多么小啊！）

具有这样分母的一类特殊分数，我们称之为小数。

（三）小数采用新的记法

例如：

$\frac{1}{10}=0.1, \frac{3}{10}=0.3$；

$\frac{1}{100}=0.01, \frac{6}{100}=0.06; \frac{34}{100}=0.34$；

$\frac{1}{1000}=0.001, \frac{7}{1000}=0.007; \frac{87}{1000}=0.087$；

$\frac{543}{1000}=0.543$；

……

这样的记法，我们注意到：有小数点。

小数点后面一位处的1，表示$\frac{1}{10}$。

小数点后面两位处的1，表示$\frac{1}{100}$。

0.2就是两个0.1。

10个0.1就是1。

（旁白：这样记法的好处是和自然数很相似，都是一串数字，不同位置上的数字意义不同，也是满十进一。）

第二段　测量与小数

（一）测量问题：书桌面有多长

（旁白：以1米为单位。量得准确些。）

甲：1米多。量了1米，还剩下一段。

乙：我量出剩下的一段有2分米还多一点。

丙：我仔细量，结果是2分米之外，还多出6厘米。

（二）书桌面长度的三种表述方法

1. 书桌面长度是1米加2分米，再加6厘米。

2. 利用分数和长度单位可以表示出来：$\left(1+\dfrac{2}{10}+\dfrac{6}{100}\right)$米。

3. 利用小数和长度单位表示出来：1.26米。

（旁白：好简单啊！）

（三）在计数器上表示小数

1. 在计数器上看1.26，见图11-6。

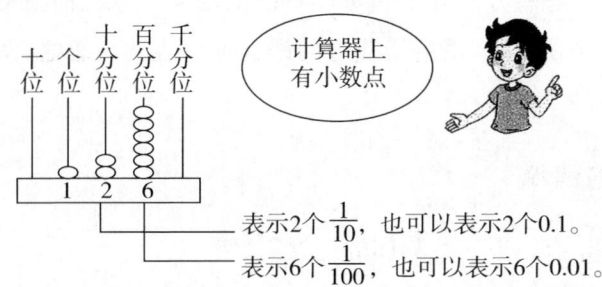

表示2个$\dfrac{1}{10}$，也可以表示2个0.1。

表示6个$\dfrac{1}{100}$，也可以表示6个0.01。

图 11-6

因为以1米为单位，书桌面长是1米多，所以个位数是1（在计数器的个位上拨1粒珠）。

2. 剩下的2分米，可以在计数器的哪一位置上表示？大家思考一下，和同伴交流。

（旁白：比1小的数，这里可以在个位的右边一格，拨2粒珠表示，中间用小数点隔开。）

3. 还有剩余的6厘米，可在个位右边的第二格，拨6粒珠表示。

小数写法有小数点，小数点右边的2，它的位置在十分位上，2表示$\dfrac{2}{10}$。同样，6写在百分位的位置上，表示$\dfrac{6}{100}$。

（这时，可用22.222的各个不同位置上的2来加深对小数的理解。22是它的整数部分，0.222是它的小数部分。）

第三段　数位顺序表

有了以上的铺垫，数位顺序、计数单位、进率及满十进一就自然地得出来了。

这里只要加一句总结的话(这是有关数学美的教育):数位顺序表,显示了自然数和小数的完美统一。

以上的处理建议,着重说明了小数和自然数的关系。小数可以用来表示微小的量。分数和小数的产生,都是由于在测量过程中出现了比单位 1 更小的量。真分数和一个数的小数部分都是小于 1 的数。有限小数是一些特殊的分数,不是分数的全部。一般地说,分数的表示方式关注整体和部分的关系,简单明确。但是小数的表示方式采用"满十进一"的十进位制,可以和自然数的表述方式相匹配。这是小数的显著优点,也是要将分数改写为小数的缘由。

这些有关小数的本质,小学数学中蕴含的数学思想方法,在《教师教学用书》里要深入论述。教材里则要尽量用小学生能够理解的浅显方式呈现出来。事实上,对小学生而言,数学思想方法并不是可以自己悟出来的。我们虽然不可大段地说教,但在关键地方必须点穿,用适切浅近的语言加以表述。总之,落实"四基"不能只是一句空话。

四、一些具体的建议

读过两套教材,有以下一些具体的建议。

1. 关于在数直线上表示小数。

人教版教材在练习中要求把 0.4、1.6、2.3、3.85 标记在数直线上。北师大版教材只要求在刻度尺上标记小数。

在数直线上标记小数,能够体现数形结合,使小学生对"小数"有一个总体的、直观的认识。如前所说,数的小数部分是小于 1 的数,我们把 0.1、0.01、0.001、……在数直线上标出来,就可以看到它们所处的位置越来越接近 0 点。另一方面,整数 1、10、100、……则越来越大,位置越来越向右。进一步,学生会直观地留意到有了小数,数直线上就不只是一个个孤立的整点,而是密密麻麻地布满了数。

2. 北师大版教材强调"小数"也是满十进一,非常必要。人教版教材则采用进率的说法。然而,满十进一比"进率"这样的专用名词更好理解,更贴近小学生的认知水平。

3. 关于"也可以写成"的说法,值得商榷。

小数,并不是将分数改写而产生的,而是自然数的十进位值制记数规则加以扩展的结果。0.1 是对 $\frac{1}{10}$ 的一种新的表述方法。我们还要问,为什么要将分数 $\frac{1}{10}$ 写为 0.1 呢?实际上,这是为了与自然数的写法相匹配。我们不妨将 0.1 与 1 相比较。如果从 1 开始数 10 个数进位到 10,即 10 个 1 就是 1 个 10。那么,我们从 0.1 开始数 10 个数:0.1、0.2、0.3、0.4、0.5、0.6、0.7、0.8、0.9、1,也是进位到 1。10 个 0.1 就等于 1,这样,小数就和自然数的写法一致起来了。

 一线回声

谈"小数的意义"教学中数学思想方法的渗透

王伟伟　江苏省淮安市淮阴实验小学
朱贤梅　浙江省杭州市第十一中学

"小数"单元的教学,需要渗透数学思想方法。于是,我设计了这样一个教案:利用米尺上的刻度,让学生理解小数的意义。其主要目的是体现数形结合的思想以及数学模型方法,并用类比思想推广到多位小数的认识。

其中,通过教师提出的一系列问题,启发学生思考:

1. 师:1 米平均分成 100 份,每份长多少?谁能结合米尺图(出示图),用自己的话表达一下 0.01 米表示的意思?(米尺是直观形象的数学模型)

2. 师:请对照米尺图,说出 4 厘米、9 厘米写成分数和小数各是多少米?(数形结合思想的具体体现)

3. 师:你能在这把米尺上分别找出 0.18 米和 0.70 米吗?为什么这两个小数在这两个位置呢?(过渡:米尺上的两位小数找到了,人民币里的两位小数又表示什么意思?)

4. 师:这里的 0.65 元表示什么意思呢?

生:0.65 元就是 65 分,6 角 5 分,表示把 1 元平均分成 100 份,表示这样的 65 份,也就是 $\frac{65}{100}$。

师:如果把这个正方形(出示图,略)看作 1 元,怎么表示 0.65 元?为什么不平均分成 80 份?

5. 师:你能自己任意给出一个两位小数,并在上图中表示出来吗?学

生在练习纸上完成。（再次体现数形结合思想）

6. 师：观察这些两位小数，你能得出三位、四位小数吗？（两位小数向多位小数的类比推广）

我认为，学生学习数学知识的过程，其实就是体验数学思想方法的过程，教师要带领学生在操作、交流及思想的碰撞中，不断地触摸其中所蕴含的数学思想方法。

上完这节课之后，看到张奠宙先生关于教材小数单元内容的评论，猛然想起，为什么有了分数之后，还要学习小数呢？分数为什么"也可以"写成小数呢？我在考虑小数所涉及的数学思想方法的时候，漏掉了最重要的一种数学思想方法——满十进一的位值记数法的渗透。小数的好处，就是和整数一样，也是位值记数，也是满十进一。这是中国古代数学的伟大成就之一。单看分数，就没有这样的好处了。所以，我们要将分数改写为小数。

今后我要在课堂上正面提问题："从 0.1，0.01，0.001 想到 1，10，100，1000，它们有什么共同点呢？"

让学生自己给出答案：都是满十进一，位值记数。

 数方夜谈

小数意义教学的重点在于位值记数与"十分""十进"

——对"小数的意义"教材处理的讨论

（本文发表于《小学数学教师》2017 年第 6 期）

话题一：多教材比较小数与分数的呈现顺序

巩子坤：小数的教学，一些教材的处理方式是先讲一点分数，再来讲小数，以便于学生更好地理解小数的意义。当然，也有国内外教材是不用分数作铺垫，直接讲小数的。今天我们就先来讨论一下，教材该如何处理小数教学中的这一问题。

张奠宙：我读小学的时候，是先学小数后学分数的。民国时期的教材大多是小数在前，因为小数比分数容易。为什么小数容易学呢？因为小数的计数原则跟整数一样是十进制的,有整数老大哥帮忙,小数比较容易懂。还有,这可能也和当时广泛使用的算盘有关,算盘的十进制很容易处理小数,但一般的分数就不好处理了。我看过的一些俄罗斯现行教材也是小数在前。不过,现在国内的小数教学似乎已经形成一种传统了,先讲分数,然后讲小数,之后再讲分数,不学分数似乎就学不了小数。我是主张从特殊到一般,先学小数——十进分数的特殊形式,再到一般的分数。

殷文娣：您读书的时候教材是怎样安排的呢？

张奠宙：那时候分数是比较靠后的,小数大概在三年级,分数要到五、六年级了。当下美国的好几种教材也是这样的,小学里学的就是小数,中学才学分数,他们认为分数很难。

巩子坤：北师大新版教材已经是先讲小数,再讲分数了。它讲小数时不强求概念的严密准确,而是结合学生的生活经验,采用描述性定义的办法讲小数。比如,某商店里商品 A 的单价是 2.3 元,商品 B 的单价是 4.25 元,然后给出描述性定义：像 2.3、4.25 这样的数就是小数。在此基础上,把小数的加减运算都学完。

张奠宙：我觉得这样做符合认识规律。

巩子坤：对,小数符合整数的十进制计数原则,即满十进一；同时有很好的现实基础,人民币就是一个很好的模型。

任敏龙：我记得 20 世纪七八十年代,关于分数的意义到底要不要分两段来教曾有过比较激烈的争论,我揣摩这可能是基于两方面考虑：一方面,分数本身比较难,分两段教便于螺旋上升；另一方面,小数的学习需要分数作必要的铺垫。比如,小数的定义——十进分数的一种特殊形式,小数的计数单位——十分位的计数单位是十分之一,百分位的计数单位是百分之一,等等。后来,国内的教材编写就逐渐形成了一种传统：先在三年级左右学习分数的初步知识,然后学习小数的意义、运算和应用问题,再在五年级学习分数的意义、运算和应用问题。

巩子坤：我个人认为,不讲小数的意义,描述性地定义小数,也完全不影响小数运算的学习。

张　园：小数的加减运算和整数几乎一样,只要注意"小数点对齐"就可以了,而"小数点对齐"其实就是"计数单位相同才能相加减"的直观体现。

巩子坤：小数的乘除也可以转化为整数的乘除,只是需要注意小数点的位置；甚至,在推导小数的乘除法运算法则时,也是从整数的算理中得来的。

话题二:如何去生活化地引入小数的意义

任敏龙: 我们的教材在讲小数的时候还有个问题,直接介绍生活里的小数,却不讲数学和现实生活中为什么要有小数。

张奠宙: 商店里的货物标价是学小数的常用实例。比如,某商品标价1.2元,先读1元2角,然后读1.2元。但是物价在涨,现在"分"币纸币市面上已经不流通了,分币硬币也几乎没人使用,如果将来像韩元那样,角、分的面值都没了,小数教学该怎么办?

任敏龙: 先生说得有道理。我觉得用测量来引入小数可能是个更好的选择。元、角、分是一种纯粹的规定,借它们来讲小数,除了现实生活里面有原型、学生熟悉,再无别的好处——这是纯粹的事实性知识的学习,不能解释数学和现实生活中引入小数的原因。用测量就比较好。比如,要量一个物品的长度,先用1米为单位去度量,量完以后还有不足1米的部分剩下,怎么办呢?就把1米十等分,每份叫做1分米,用分米作单位去度量,量了以后还有不足1分米的部分剩下,怎么办?那就再把1分米十等分,每份叫做1厘米,用厘米作单位去度量。如此下去以至无穷,这就把我们逼入绝境了,更何况,取了那么多的单位名称我们也根本无法记住啊!这就迫使我们思考:能不能就用"米"这一个单位把它们全部表示出来?我觉得这样引入的话,学生就能体会到学习小数的必要性了。

巩子坤: 对,我们想到一块儿了。这个设计可以简化一下:用1米这个单位量完以后,剩余部分不足1米,要求还是以米为单位表示它的长度。这就涉及分数了。

殷文娣: 我觉得"还是以米为单位表示它的长度"这句话不宜说得太早,否则,矛盾冲突不够,学生对小数引入的必要性体会不充分。

任敏龙: 还有一个问题:小数是"十进分数",教学的重心应该落在"十进"上,还是落在"分数"上?我个人觉得要落在"十进"上,分数只是一个描述计数单位的工具,十进才是本质:小数的计数单位是按照与整数相同的十进制原则创造出来的。可以这样引导学生思考:要用"米"作单位来表示比米更小的数量,必须要在个位的后面创造出新的计数单位。我们来看前面的整数,个位满十向十位进一,十位满十向百位进一……反过来,把百位的计数单位平均分成十份,一份就是十位的计数单位,把十位的计数单位平均分成十份,一份就是个位的计数单位。在同一个数中,要在个位的后面创造新的计数单位,必须遵守与整数部分同样的原则,把个位的计数单位"1"平均分成十份,每份是"1"的十分之一,这一位就称为十分位,把十分位的计数单位平均分成十份,每份是"1"的百分之一(每次平均分十份,两次就是 $10×10=100$ 份,产生两个数位),这一位就称为百分位⋯⋯这样看来,小数作为十进分数,分数的意义实际上是非常弱的。

殷文娣: 按满十进一的原则,从个位出发,向前可以创造出无数个数位,无论多大的数都可以表示出来;按退一作十的规则,从个位出发,向后也可以创造出无数个数位,无论多小的数也都可以表示出来。这样,以个位为中心,数位的创造实现了向两侧的开放,非常圆满。其中,按同样的规则(十进制)来创造,这一点非常重要,凸显了知识的本质,有利于学生感悟创造活动中的人类智慧。

巩子坤: 分数的意义虽然很弱,但讲一讲还是好的。如果不讲分数,就要完全依靠生活经验。比如,8 角加 5 角等于 13 角,满 10 角进上去是 1 元,结果是 1 元 3 角,用元来表示就是 1.3 元,我们可以说 1 元是 1 角的 10 倍,那 1 角是 1 元的多少呢?这就不好讲了。

另外,如果仅仅讲"1 元是 1 角的 10 倍",而不说明"1 角是 1 元的 $\frac{1}{10}$",那就与小学一、二年级所讲的整数没有什么区别了。

我听过特级教师袁晓萍的一节课。她借助元角分带领学生初步认识了小数后,并没有停下来,而是通过这样一个问题,把学生的思维引向深入——

教师出示排成一行的 10 个 1 角硬币,一个长方形(与上述一行硬币长宽大致相当),一条线段(与长方形的长相等)。

问题:你还能用其他方法表示出 0.8 吗?

要求:以四人小组为单位,用画一画、标一标、圈一圈、写一写这些方法表示出 0.8。

这样学习小数,就通过多元表征构建起了小数与分数的联系(图 11-7)。

任敏龙: 所以,在学小数之前稍微讲点分数是便于小数学习的,讲小数的时候不要在十进分数的"分数"上做太多的文章。

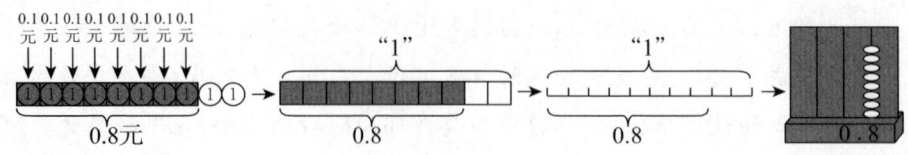

图 11-7

巩子坤：对，不需要对分数的意义有很好的理解，只要有一个基本的理解，在一定程度上辅助小数的学习就可以了。

我想，小数意义的教学重点在于位值记数和"十分""十进"。简单地说小数是特殊的分数，即分母为 10、100、1000 等的分数，那是不够的。事实上，小数是按照位值记数法书写的，而分数与位值记数无关。总之，按照十等分和逢十进一的规则构造出来的小数，可以和自然数一起构成完整的位值记数系统，这正是小数的意义和核心所在。

话题三：对小数教学实践中具体问题的探讨

张奠宙：刚才的讨论相对侧重理论一些。那么，在小数教学的实践中遇到了哪些具体的问题呢？

张　园：小数意义的第一课时还是有难度的，用分数形式来表示小数的计数单位，用 $\frac{1}{10}$、$\frac{1}{100}$ 等计数单位来帮助学生理解小数的组成，学生不易接受。

任敏龙：为了让学生理解 0.3、0.25 的意义，我们采用画图等形式帮助学生理解 0.3 就是 $\frac{3}{10}$，0.25 就是 $\frac{25}{100}$，这当然不好懂。我觉得我们现在许多的教材教学的落脚点不对，应该落在"十进"上，而不应该落在"分数"上。落在"十进"上难度就会降下来，落在"分数"上难度就会升上去。

张　园：此时学生只是初步认识了分数，对分数意义的理解并不深刻，把落脚点放在"分数"上，就不容易理解小数了。所以，从"十进"这个角度看，新知识"分数"倒成了绊脚石。

巩子坤："十进"的反面是"十分"。只讲"十进"，比较适合讲整数，而要讲小数，则必须讲"十分"，否则"数位的创造实现向两侧的开放"就成为不可能。正如讲"白"，必须讲"黑"。也就是说，无论如何，"十分"是无法回避的，分数是无法回避的，即便不出现这个概念，也要出现这个概念的含义。

可以这样来理解进位制：一分成十等份，每份是十分之一（或者说十份中的一份），记作 0.1，产生一个新数位；再分一次就再一次十等分，再产生一个新数位，记作 0.01。

任敏龙： 说到这一点，我想起自己以前教学生把十进分数改写成小数，再把小数改写成十进分数的事了。我用画图等办法帮助学生理解小数的意义，然后做这样的题目，发现正确率不高。一着急，我就告诉学生：十进分数改写成小数，数一下分母的 1 后面有几个 0，就有几位小数，从分子的最后一位开始向左数几位，点上小数点即可；小数改写成十进分数，数一下有几位小数，就在 1 的后面写几个 0 作分母，把小数点去掉作分子即可。这么一教，正确率立马上去了。按理说，学生理解了小数的意义，题目应该做得更好才是。为什么我教"死办法"反而取得了更好的效果？是不是因为这个"死办法"其实反映了小数的本质？想一想：把"1"十等分，产生十分位，计数单位为 $\frac{1}{10}$，分母 1 后面有一个 0，是一位小数；再分一次，把"1"分成 $10 \times 10 = 100$ 等份，计数单位为 $\frac{1}{100}$，一共分了两次，所以分母 1 后面有 2 个 0，是两位小数；……反之亦然。这就是"死办法"的合理性。

巩子坤： 如果仅仅从"程序"正确的角度来实现小数与分数的转换，那么也许利用"分数相等的性质"来解决更好：以 0.23 为例，0.23 可以表示为 $\frac{0.23}{1}$，分子、分母同时扩大 100 倍，得到 $\frac{23}{100}$；同理，$\frac{23}{100}$ 的分子分母同时缩小到原来的百分之一，分母变成了 1，分子 23 的小数点向左移动两位，得到 0.23，结果是 0.23。这样操作更容易，原理也清楚。

张奠宙： 学生会不会问：既然小数是十进分数的特殊形式——小数是特殊的分数，那么小数、分数其实有一样就够了，要两样干什么？

张　园： 学生不会问这样的问题。在学生的头脑里，分数归分数，小数归小数，泾渭分明。一直到六年级总复习，对小学阶段的数进行系统整理，分数两个字的旁边有个小括号，括号里写着"小数"。有的学生不太愿意接受这样的表述，还会疑惑：小数怎么是分数呢？打个比方，小数是整数的血统，分数是另外一个血统，小数与分数的关系，就像两个血统之间通婚，在通婚的背景下，整数可以看成特殊的分数，小数也是如此，正是在通婚的基础上，形成了统一的数的系统。

巩子坤：学生还没有遇到无理数，体会不到小数的包容性、优越性。

张奠宙：有没有学生问无限小数化分数的问题？

张　园：学生已经知道了分数可以化成有限小数和无限循环小数，有限小数总可以化成分数。确实有个别学生会问及无限循环小数、无限不循环小数能不能化分数，但绝大部分学生不会提这样的问题。

张奠宙：作为一个教育工作者，教师起码自己要明白，两套（分数、小数）都差不多，要两套干什么？

巩子坤：历史也许可以提供一个注脚。仔细看《九章算术》，里面用的都是分数，没有出现小数。人类的测量活动最早产生的是分数、无理数，而不是小数。小数的出现比分数晚得多。小数可以说是人类按照自然数的十进制计数原则创造出来的数，它具有十进制自然数的所有特征，也满足十进制自然数的运算法则，因而用起来十分方便。也正因为如此，小数获得了广泛的应用。加之小数不仅能表示所有的分数，还能表示无理数，它的作用就更大了。话说回来，要想获得小数的直观意义，还是离不开特殊的十进制分数。

张　园：现实生活中小数的应用远比分数广泛。比如，描述某物体的高度是 3.5 米，两点之间的距离是 4.78 米，很少用分数表示。学生刚刚接触分数计算的时候，很喜欢把它化成小数来计算，这当然会遇到无限循环小数的麻烦。

张奠宙：仅仅讲现实生活中的小数，是不会涉及无限小数的。比如，长度的测量，到了一定的精确度也就结束了——测量技术所能达到的精度总是有极限的，无限小数来自分数和无理数的 10 的幂级数表示。因此，讲无限小数的时候，要有个注解，说明仅依靠有限小数是不够的。我觉得教材里面就应该有很多这种启发学生思考的东西，不考试，但是要把思考的东西摆在那里，把这个更高的想法、思维渗透进去。教材中的本章小结不应该仅仅是梳理知识点，讲知识的逻辑关系，应该回头想想上述问题：我们以前也学过小数，为什么还要再学分数呢？原来，还有许多有限小数解决不了的问题，此时用分数就能够方便地解决。

巩子坤：张先生的观点是对的，在复习的时候，除了构建起结构，还要提升为思想。

课题 12 "比"和"除"不可混为一谈

返璞归真　正本清源
——"比"不能等同于除法

（本文发表于《教学月刊·小学版（数学）》2015 年第 3 期）

杭州师范大学戎松魁先生来信，邀我看一下小学数学教材中"比"的定义和例题。信中写道：

在人教版小学数学实验教材六年级上册第 43 页中，以我国"神舟五号"顺利升空为载体，对"比"和"比值"的意义作了这样的描述："两个数相除又叫做两个数的比""比的前项除以后项所得的商叫做比值""比值通常用分数表示，也可以用小数或整数表示"。在 2014 年 7 月出版的人教版义务教育教科书《数学》六年级上册第 48 页中引进"比"和"比值"的概念时，内容基本不变，就是把"两个数相除又叫做两个数的比"这句话改为了"两个数的比表示两个数相除"。而在与课本配套的《教师教学用书》第 86 页中指出："教师还可以指出，两个同类量的比表示这两个量之间的倍数关系，两个不同类量的比可以表示一个新的量。如'路程比时间'又表示速度。"

人教版实验教材和 2014 年修订教材引进"比"的例子相同，其一都是用航天员展示的国旗长 15 厘米，宽 10 厘米，长和宽的比是 15 比 10，可记作 15：10，15：10 $= 15 \div 10 = \frac{3}{2}$，$\frac{3}{2}$ 就是比值。其二是"神舟五号"平均 90 分钟绕地球一周，大约运行 42252km，指出"路程和时间的比是 42252 比 90"。

根据教科书的例题,比值是不带计量单位名称的,这里路程和时间的比值应该是 $42252 \div 90 = \frac{7042}{15}$（或 $469.4\dot{6}$）。

从教科书和配套的《教师教学用书》引出如下值得我们思考的几个问题。

1. 在小学数学教学中应该怎样引出"比"和"比值"的概念?"比"究竟是"两个数的比"还是"两个量的比",或者两者都可以?

2. "神舟五号"绕地球一周运行的路程和时间的比是 42252∶90,那么根据教材中"比值"的定义,它们的比值应该是 $42252 \div 90 = \frac{7042}{15}$（或 $469.4\dot{6}$）。而根据《教师教学用书》所言,"两个不同类量的比可以表示一个新的量"。那么,该例中的比值要不要写成 $\frac{7042}{15}$ 千米/分? 能不能写成 $\frac{7042}{15}$ 千米/分?

3. 在小学数学教材中是否有必要引进不同类量的"比"和"比值"的概念?

信中提到的把"比"等同于除法的信息,令人惊讶。恰巧接信不久,又蒙某教材编辑寄来 2014 年修订教材一套,于是连同网上下载的实验版,看到了该版本教材"比的认识"一节的修改过程。(图 12 - 1～图 12 - 5)

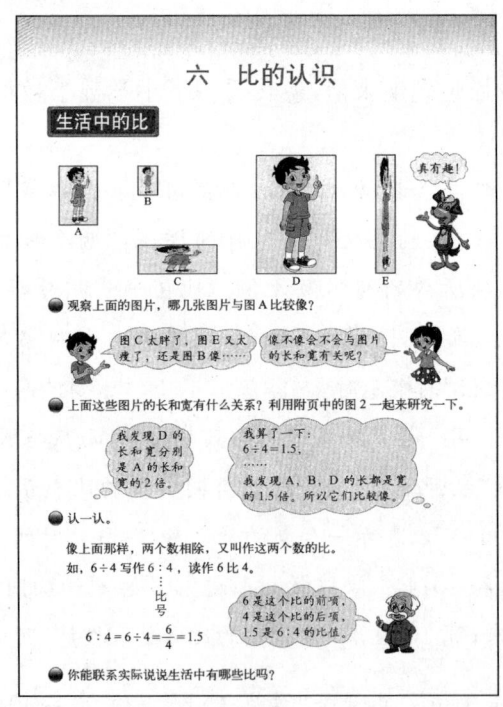

图 12 - 1

四　比的认识

生活中的比

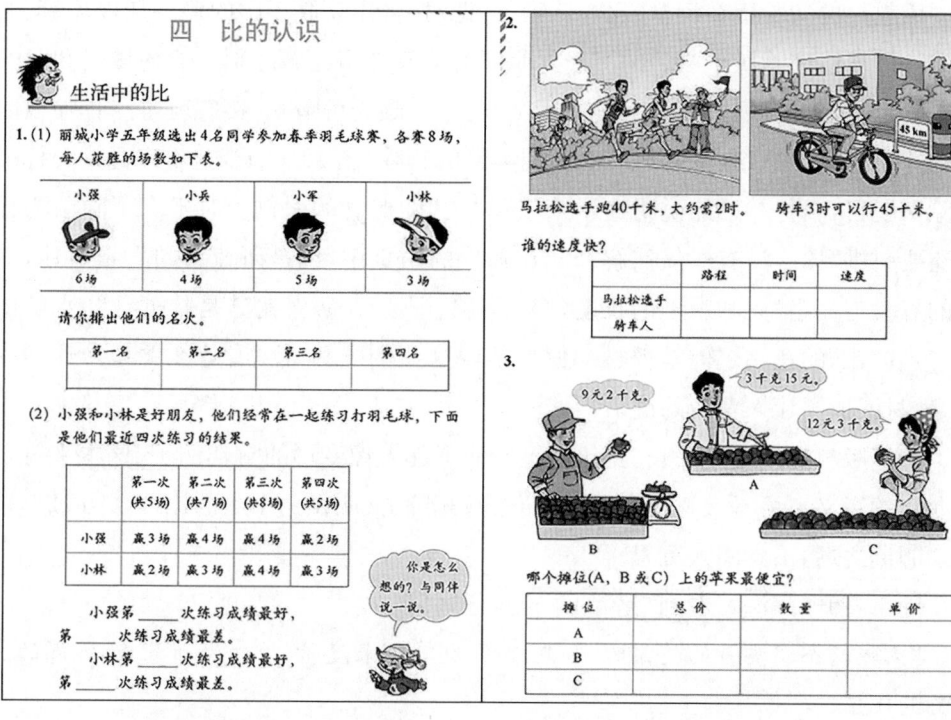

图 12－2

图 12－3

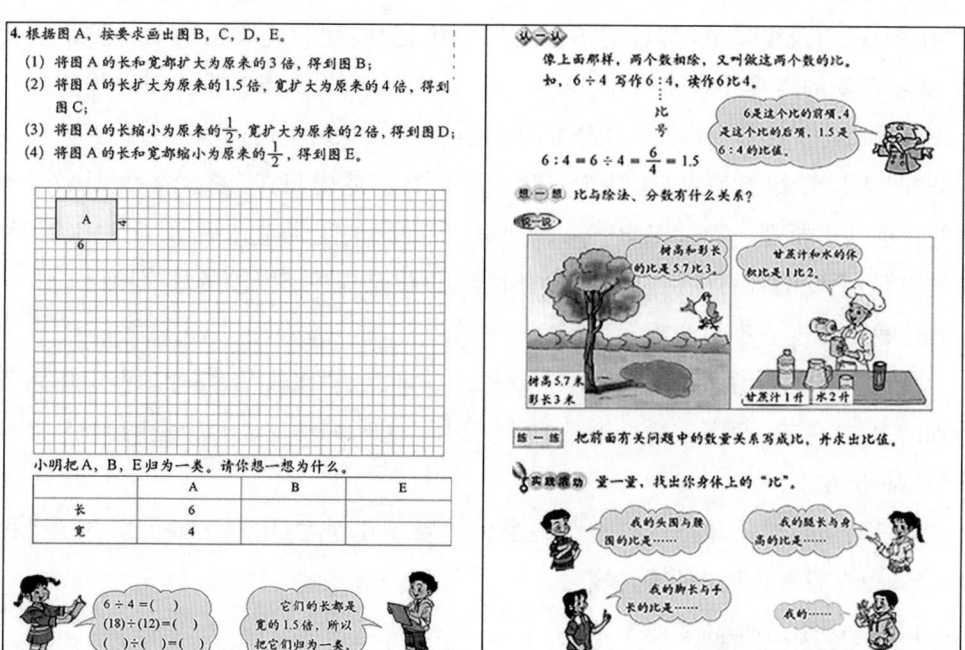

图 12－4

图 12－5

该教材的实验版在编排"比的认识"一课时,曾用获胜场次的多少加以比较(图12-2)。显然这不属于"比"的例子。原以为编者想用此例区别一般的排名和"比"的概念有别,可是教材未置一词(新版则删去了,颇为可惜)。接着就是路程除以时间得速度,总价除以数量得单价的不同类量的相除(图12-3)。这本来是一类标准的除法题目,教材却不加说明地拿来当作"比"的概念的引例。对于有了除法为什么还要引进"比",没有作任何解释。在随后的两页中,倒是研究了同类量之比,矩形的放大与缩小,树和影子的长度(图12-4,图12-5)。尤其是甘蔗汁和水的配比,极具"比"的意义。但是教材却偏偏不说这些例子和"比"有什么关系。这样一来,教材就成了让人费猜的谜语。

修订版教材使用照片长、宽比值不同而引起人像变形的童趣例子,这本来可以引向比的意义。可是教材却突然说"两个数相除,又叫做两个数的比"。(图12-1)

阅读之后,不觉陷入沉思。

随手打开《辞海》,看到"比"的条目这样写着:

"比较两个同类量的关系时,如果以 b 为单位来度量 a,称为 a 比 b,所得的 k 值称为比值。"

这大概是"比"的老式定义。新潮的小学数学教材已经将之废除,直接把两数之"比"说成两数相除了,其目的不过是要学生记住:比只是除法的另一种说法而已,并没有新的内容。这样的"改革",究竟是进步,还是倒退?没头没脑地将除法说成就是比,把"比"当作除法的附庸,该如何落实知识发生的过程性目标?既然要贯彻"四基",那么"比"的基本数学思想方法何在?返璞归真,正本清源,是数学教学的一项基本原理。稍微想想就可以知道,《辞海》的定义重在揭示"比和比值"概念的内涵,而新潮教材则回避了"比"的本质,仅仅是描述了"比"的外壳而已。

让我们作进一步的分析。

顾名思义,学生看到"比",第一个联想到的词就是"比较"。《辞海》释义中首先提到的也是"比较"两字。对六年级的学生而言,关于如何比较两个量的大小,已经学过两种方法。

第一种方法是比较两数的差距关系。如果 a 比 b 大,用减法就可以知道差距是 $a-b$。在日常语境中我们常说:

(1) 小明比小华高 2 厘米;

(2) 甲、乙两队篮球比赛的结果是 100 比 99,乙队以一分之差输了;

(3) 中国乒乓球队以 3 比 0 完胜对手;

（4）比较胜利场次排名次。

这里都用到"比"这个词。但只是比较差距,而差距用减法可求得。这是 a 与 b 之间的"差关系"。

第二种方法是比较两数之间的倍数关系。对 a,b 两正数,若 $a>b$,那么 $a \div b = k > 1$;如果 $a<b$,那么 $a \div b = k < 1$;如果 $a=b$,那么 $a \div b = 1$。在生活中,我们常说:

（1）姚明比我高,他的身高是我的 1.5 倍;

（2）我比小胖的体重轻,我的体重只是他的 0.8 倍。

这就是说,"比"这一概念的本源是"比较"。用倍数比较大小,表明 a 与 b 之间存在着"比关系"。本单元要学习的就是第二种方法的比较。

现在,我们可以给"比"下一个比较合理的定义了。

"两个量 a、b,如果以 b 为单位去衡量 a,称 a 和 b 之间有关系 a 比 b,记作 $a:b$。$a \div b = k$ 称为比值。"

通过以下的例子,可以不断强化"比"的本源意义。

例1 做面包时,用 3 杯面粉加 1 杯水。面粉体积和水体积是 3 比 1,记作 $3:1$。比值是 $3 \div 1 = 3$。

例2 用 1 杯纯甘蔗汁加 5 杯水兑成甘蔗饮料。甘蔗汁和水的数量是 1 比 5,记作 $1:5$。比值是 $1 \div 5 = \dfrac{1}{5}$。

例3 在某时刻,以树影子长度衡量树的高度,形成 2 比 1 的关系,记作 $2:1$,比值是 $2 \div 1 = 2$。（图 12-6）

图 12-6

例4 一个矩形的长度 a 和宽度 b,形成 a 比 b 的关系。如果比值 $a \div b = k > 1$,那么矩形是扁平状的;如果 $k < 1$,那么矩形是竖条状的;如果 $k = 1$,那么矩形是正方形。（图 12-7）

对于上述"比"的定义,我们再进一步作些解释。

（一）"比"是一种数量关系。"比"不是除法运算,只是在求比值时才用除法。

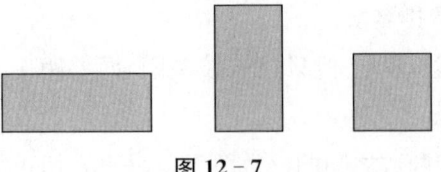

图 12-7

"比"在《辞海》的定义中明确提到 a 与 b 之间是一种关系。"维基百科"里,对英文 ratio 的解释中,也说"比"是一种关系(relationship)。实际上,"比"有时候只是描述了两个量之间的一种状态,一种对比。说两个同类量 a 与 b 之间存在着比的关系,可以先求出比值,也可以不必求比值。如例 1 中,做面包时 3 杯面粉要用 1 杯水调和,我们就直接说面粉与水的用量是"3 比 1",记作 3∶1。现实中直接照此操作就是了,并非一定要先用除法去计算其比值为 3 之后再来说二者之比。

换句话说,比,只是在求比值时才是除法。3∶2 可以只是一种状态,3÷2 则是一种运算,二者在意义上不一样。

(二)"比"为比例作准备,并可以扩展为一种变量之间的正比例函数关系。这种比例关系的含义远超"除法"。

例如,某教材中树高和它的影子的关系就可以看作一个正比例的函数关系。事实上,在固定的时刻,树高 x 决定了影子的长度 y;不同高度的树,其影子长度都是树高的 k 倍,形成 $y=kx$ 的函数关系。这就是说,小学里"比"的学习,不等于重学一遍除法。比的概念,还要进一步发展为四个量的比例关系,并为将来学习正比例函数作准备。这种函数对应思想较之除法的意蕴要深刻得多。

当然,并非所有的"比关系"都可以扩展为函数关系。例如,某班的男生人数和女生人数恰好相等,形成 1 比 1 的关系。但是,别的班级未必如此,我们不能说任何班级的男生和女生的人数都相等。

(三)"比"原本是同类量的比较关系,但是也可以推广到不是"同类量"的情形。不过,同类量之比是"源",不同类量之比只是"流"。

《辞海》定义规定,只有同类量才能作"比"。我们在上述定义中没有这样限制。事实上,日常生活里有许多对"非同类量"进行比较的事例。例如,为了鼓励回收易拉罐,规定 10 个易拉罐可以换 100 克糖果。易拉罐的个数与糖果的质量不是同类量,但我们也会说,易拉罐和糖果之比是 10 个∶100 克。又如,我们看到一则广告说,买某品牌牙膏 3 支,奉送牙刷 2 把。"牙膏支数"和"牙刷把数"不是同类量,但也会说购买的牙膏数与赠送的牙刷数是 3 比 2。

由于非同类量之间不能说"倍数",因此这个定义里只用了"以 b 为单位去衡量

a"的说法。

但是,比的概念的源头毕竟是同类量的比较。不同类量的比乃是流,是派生、引申出来的。区别源流,分清主次,是概念教学的要义。在倡导"过程性"教学目标的今天,更显示出正本清源的重要性。

(四) 不同类量的比,不宜作为"比"的主要情境引入。

我们注意到,人教版教材中,引出"比"的主要例子之一是一个不同类量之比:"神舟五号"平均90分钟绕地球一周,大约运行42252km。于是指出"路程和时间的比是42252比90"。

这样做,未免失当。如上所述,"比"的本质是"比较"关系,一个除法问题难以覆盖"比"的内在含义。路程除以时间等于速度,明明是一个计算运转速度的除法问题,并没有比较路程与时间大小的含义在内。用不同类量作为主要引例,颠倒了源流关系,增加了学生理解的难度。此外,对于比的理解,先要从两个简单的整数之比说起,如面粉和水之比为3比1之类。现在一下子出现42252这样大的一个数,分散了学生对"比"的意义的注意力。

至于某教材里问"哪种苹果最便宜"的例子,给出了三种总价和数量,然后计算三种单价,再比较这些单价得出"最便宜"的答案(这里的比较和"比"无关,学生容易混淆)。编者的意图是要学生说出单价是总价与数量之比。但是这明明就是一个典型的除法情境,日常生活中总是说"总价除以数量为单价"。这里生硬地把除法说成是"比",对学生理解"比"的概念不但没有益处,反而会产生干扰。

(五) 同类量的比值没有量纲,不同类量的比值一定会有量纲。

同类量之比,其比值是无量纲的。例如,长度(4厘米)比宽度(2厘米),相除以后,单位(厘米)约去,比值是无量纲的数2。但是不同类量之比,比的前后项里的量纲不能约去。作为"量",两个量之比一定是有量纲的。路程(米)比时间(秒)得到速度,其量纲是米/秒,不能省略。人教版教材说"神舟五号"绕地球一周运行的路程和时间的比是42252比90。这样,按教材中"比值"的定义就得出二者的比值是$42252\div 90=\dfrac{7042}{15}$(或$469.4\dot{6}$),那是不正确的。有人会辩白说那只是"两个数之比"。确实,任何"数"都是无量纲的,例如,有理数是两个整数之比。但是,量和数不能混为一谈。"神舟五号"运行的距离和时间都是具体的量,具有清晰的速度量纲,不能随意抹去。

(六) 把"两个数相除,又叫做两个数的比"作为"比"的定义,乃是舍本逐末。

比的概念有一个发展过程。最先是同类量的简单倍数比较,如甘蔗饮料的配比 1∶5。然后是同类量的复杂比,如树高与其影长之比,具有函数对应的背景。再次是不同类量的比较,具有量纲,如速度。最后,则是从"量"到"数",引出两个无量纲的数的比。

这就是说,直接把"两个同类量之比"定义为"两个数相除",就跳过了许多步骤,抽去了"比"的概念发生过程,把引申出来的最边远结论当作了概念的本源,不啻是一种本末倒置的做法。

"比值"的计算固然要用到除法,但是"比"不等于除法。比有比的意义,除法有除法的用途。如前所述,比,可以只是两个量之间的一种比较关系,一种对应,一种状态,可以不必凸显"除法"。另一方面,除法的用途很广,可以离开"比较"的本意很远。例如,假定数学和语文的成绩分别是 92 和 90,那么它们的平均成绩是 91。这里只用除法的意义,无须想到这是两科总成绩与 2 之间的一种比较。

这里,我们不妨以周树人和鲁迅的关系对"比和除法"作一个比方。周树人和鲁迅确是同一个人,但是含义不同。周树人是出生于 19 世纪末绍兴周家的自然人和社会人,鲁迅则是一位 20 世纪的文学家和思想家。周树人是本源,鲁迅是后来派生出来的。如果在解释"周树人"时只写一句"周树人即鲁迅"就算完事,岂不是以偏概全,违反常识了?

通过以上的分析,对戎老师提出的三个问题发表了我的看法。下面是关于"比的认识"一节教材的若干设计建议。小学教材用上述方式定义"比"的概念,固然是一种选择,但是也可以将同类量之比和不同类量之比分别陈述。

第一段 "比较"

给出两个量,如何比较大小?

例 1 篮球赛 55 比 50 差距 5 分。排球赛 3 比 0。

(设计说明:用加减法比较差距,以前学过。)

例 2 一样大小的六个红色方块,三个蓝色方块。红色方块比蓝色方块多,6 是 3 的 2 倍。称为 6 比 3,记作 6∶3;蓝色方块少,只是红色方块的 $\frac{1}{2}$ 倍。称为 3 比 6,记作 3∶6。

(设计说明:今天要学的"比"是要用除法所得倍数来比较大小或多少等,和例 1 不同。)

例 3 做米饭合理的配比是 1 杯米要用 1.2 杯水。我们说米和水的用量是 1 比 1.2,记作 1∶1.2。

(设计说明:生活化的术语,不涉及比值与除法。)

第二段　比的定义

国旗的长、宽比。

从某产品目录中看到国旗尺寸分6种规格,长与宽分别为(单位:毫米):

1号,2880,1920;

2号,2400,1600;

3号,1920,1280;

4号,1440,960;

5号,960,640;

6号,660,440。

以宽度为单位,求出长度是宽度的几倍。这些国旗的长、宽尺寸都不相同,但每种规格的国旗长都是宽的1.5倍。由此给出比的定义:

"两个同类量a、b,若以a是b的倍数k来比较它们的大小,称为a比b,记为$a:b$。数$a \div b = k$称为a与b的比值。比值k就是a除以b的商。"

(设计说明:这里先要求"同类量",突出"比较"的本意,陈述一种状态,但最后归结为除法,为下一步具有广泛应用的"比例"打基础。数是量的抽象表示,两个数相除称为两个数之比,是自然的结论。)

第三段　比的练习

继续举例,并练习。

(1) 本班男生人数和女生人数的比;

(2) 糖水中糖与水质量的配比;

(3) 食物的配比;

(4) 农药的配比;

(5) 树高与其影长之比;

(6) 增加同比与环比内容:某厂月生产量的同比与环比。如某校每年5月和10月,都要捐书给希望小学。今年10月同比于去年10月,环比于今年5月。

(设计说明:不断强调"比"的意义,突出"除法"之外的特定内涵。)

第四段　不同类量之比

"两个不同类的量a、b,虽然彼此没有倍数关系,但如果以b为单位衡量a,即考查$a \div b$,我们也把它叫做a比b,记为$a:b$。"

(1) 某商店卖牙膏规定:顾客每买3支牙膏送1把牙刷。购买商品与赠品之比为3支:1把,比值为3支/把;

(2) 路程÷时间=速度。我们也说速度是路程与时间之比。如刘翔打破110米栏世界纪录的速度。

(设计说明:作为小学教材,把同类量和不同类量之比分开来叙述,眉目清楚。)

小学教育是基础教育,小学数学教材应有助于学生理解基本数量关系的本质。比的概念作为小学生数学素质的重要一环,有其特定的内涵。教材设计应该紧扣"比较"的本意加以理解和生成,力求返璞归真,正本清源,循序渐进,平易近人。

一线回声

从"两个数相除"到"生活中的比"

任敏龙　浙江省杭州市上城区教育学院

笔者读到张先生的《返璞归真　正本清源——"比"不能等同于除法》一文,不由回忆起多年前修订原《现代小学数学》教材(即现浙教版新思维小学数学教材)的情景。那时也试图通过研究来回答这样的问题:"两个数相除又叫做两个数的比",这样的定义究竟是否合理?数学为什么要引入"比"这一概念?等等。由此获得的研究结果为教材编写和教学研究提供了依据。笔者发现研究也得到了与张先生类似的结果,相对而言,我们的研究更多源于教学实践中发现的问题,到达彼岸的过程也艰难曲折得多。下面简要介绍我们的工作。

在传统"比的意义"的教学中,我们总觉得有一些不尽如人意的地方。教学通常都是这样进行的:

【案例一】比的意义

1. 两个同类量的比的教学。

呈现学习材料:某班有男生25人,女生20人。

师:要表示男生和女生之间的关系,可以求男生人数是女生的几倍,女生人数是男生的几分之几,怎样计算?

学生列式计算,教师说明还有一种表示方法:男生和女生的人数比是25比20,或女生和男生的人数比是20比25。这样,"几倍"和"几分之几"就可以用"比"统一地加以表示。

2. 两个不同类量的比的教学。

呈现学习材料:一辆汽车3小时行驶120千米。

师:路程和时间的关系可以用速度(每小时行驶的路程)来表示。

列式计算后,教师说明还可以用"路程和时间的比120比3"来表示路程和时间的关系。

3. 给出比的定义。

教师先着重说明上面的例子都是通过除法来表示两个数量间的关系,可以用比来表示,在此基础上概括出比的意义——两个数相除又叫做两个数的比。

教师引导学生比较比与除法的区别,说明除法是一种求两个数相除的商的运算,而比则是表示两者之间的相除关系。

4. 教学比的各部分名称和求比值的方法。

5. 提供正例和反例(如球赛中的比分),进一步加深对概念的理解。

纵观整个教学过程,教师提供信息、发出指令、解释意义,学生读取信息、回应教师、建构理解。在高效传承知识的同时,学生被置于被动应答的状态,缺乏积极参与、主动探索的热情。我们不禁要问:这样的意义学习,学生真的感受到学习的"意义"了吗?

答案显然是否定的。那么,学习"比的意义",其意义究竟何在?我们觉得关键是要弄清下列问题:

(1) 为什么要学习"比"

两个数相除又叫做两个数的比,已经有了除法,何必再去学"比"呢?如果说是今后学习物理、化学等知识之所需,那把这些学科中"比"的说法改成"相除"即可,何苦惹这个麻烦呢?

(2) 从定义出发,如何解释比与除法的区别

由定义可知,比表示的就是两个数相除,那么比和除法是同一回事,哪来区别可言?而在实际教学中,又必须强调比与除法的区别。否则,就无法把化简比与求比值区别开来——比化简后还是一个比,仍然表示两个数之间的关系,而用除法求比值得到的是一个数值。既然无法从定义解释两者的区别,老师的教学就只能是灌输了。

(3) "按比例分配"中的"比"是"比"吗

例如,男、女职工人数的比是5∶4。容易理解在职工总人数中,男职工占5份,女职工占4份,如果根据比的定义,将这里的5∶4看成"两个数相除",反而令人费解。

进一步的研究得到了与张先生类似的观点,摘要如下:(一)"比"是一种关系。"比"不是除法运算,只是在求比值时才要用除法。(二)"比"为比例作准备,并可以扩展为一种变量之间的正比例函数关系。这种比例关系,其含义远超"除法"。(三)"比"原本是同类量的比较关系,但是也可以推广到不是"同类量"的情形。不过,同类量之比是"源",不同类量之比只是"流"。(四)不同类量的比,不宜作为"比"的主要情境引入。

张先生关于"源""流"的说法就是我们所理解的"狭义的比"和"广义的比"(《简明数学辞典》等)。我们认识比的概念经历了从"狭义"到"广义"的发展过程,鉴于这一概念的丰富内涵,我们进一步认识到如案例一这样直接告知的办法不是一个明智的教学选择。让学生充分经历概念的发生发展过程,更有利于学生把握概念的本质。

与张先生提出的"四段"教材编写建议相类似,我们编写"比的意义"的教材计划用两课时完成如下教学:第一课时涉及"狭义的比",建立比与几倍、几分之几之间的联系,突出比表示"两个数之间的一种关系"的这一特点。第二课时拓展至"广义的比",借助比与分数的关系建立比与除法之间的联系,给出比的定义。

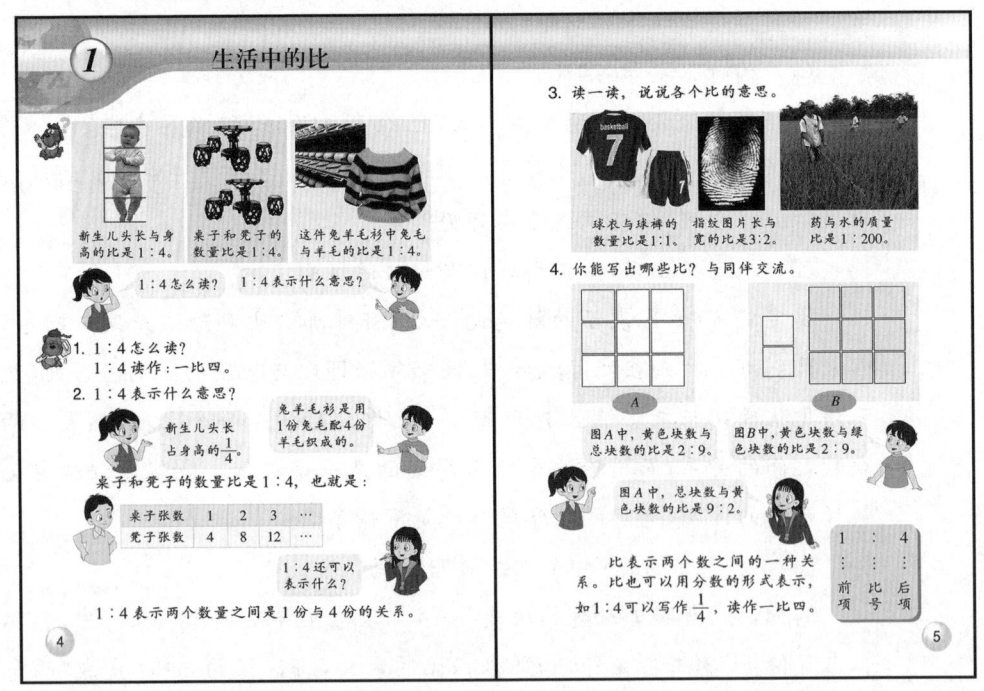

图 12-8　　　　　　图 12-9

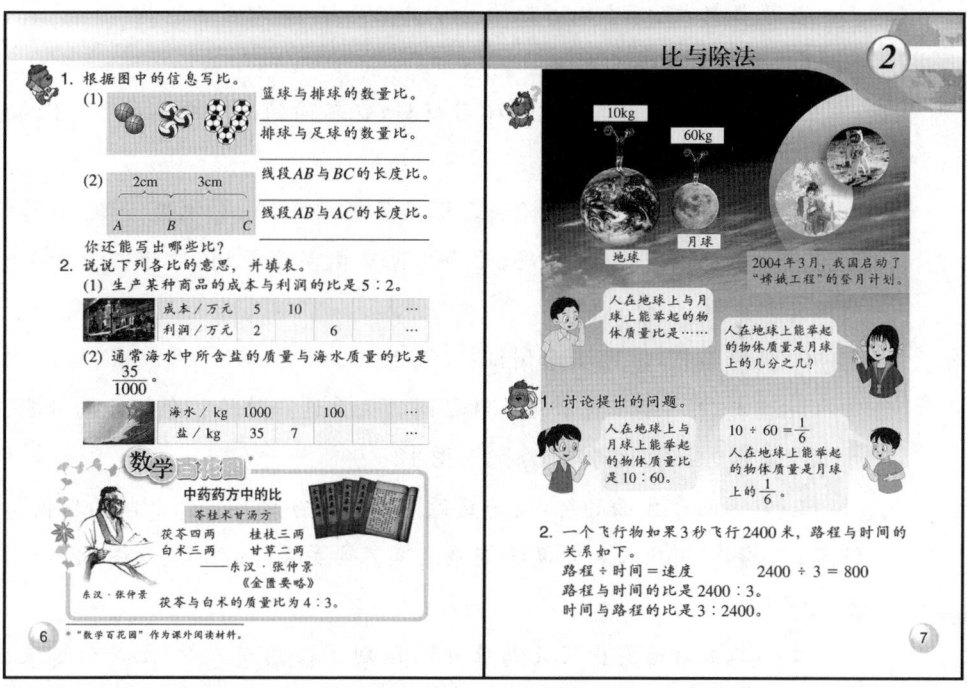

图 12－10   图 12－11

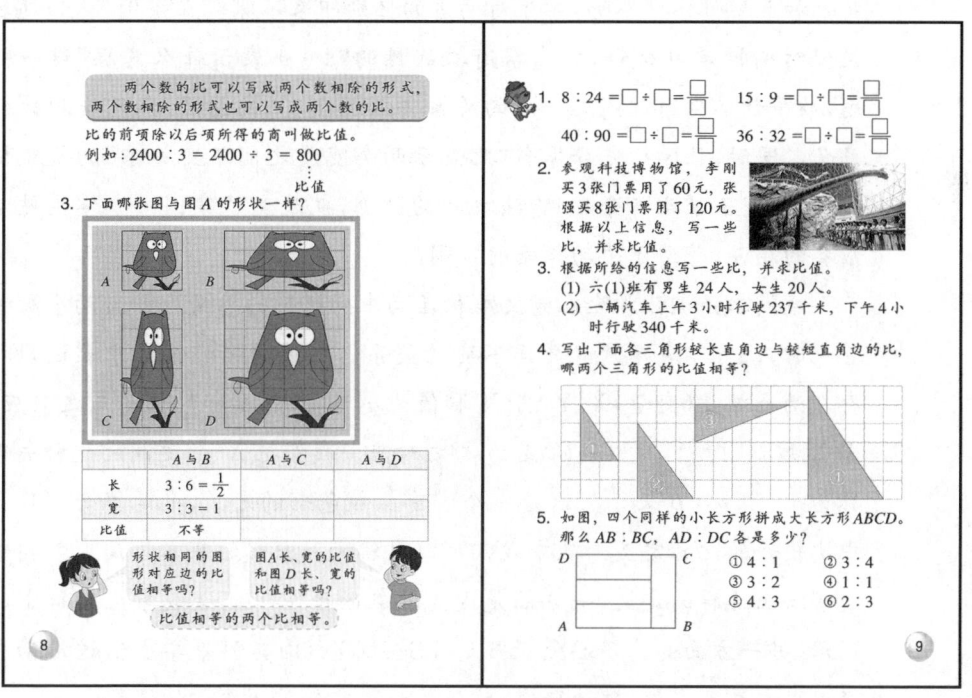

图 12－12   图 12－13

基于教材,就有了如下教学。

【案例二】生活中的比

1. 利用教材,呈现结构性学习材料,在不同的情境中解释1∶4的意义。(图12-8)

学生读信息,了解比的读法。根据图意,从份数、倍数或分数、具体数量等方面来解释1∶4的意思,体会当两个数量变化时,比可以表示两者间不变的关系。

2. 迁移应用,丰富概念例证。(图12-9)

3. 概括"比"可以表示两个数之间的关系这一结论。介绍比的分数表示以及前项、后项、比号等名称。(图12-9)

4. 突出两个方面的练习:一是做"几倍、几分之几与比之间的转换"的练习;二是做"用比来表示两个变量之间不变关系"的练习。(图12-10~图12-13)

案例二很好地突出了比与除法的区别。在案例一中,比是通过表示两个数之间的相除关系引入的。这突出了比与除法的联系,但是,比的独特性和优越性体现不够,学生对两者的区别印象不深。在案例二中,通过呈现结构性学习材料,提出富有挑战性的"1∶4表示什么意思"这一问题,放手让学生通过图文之间的关系去解构1∶4的意义,从而发现比的意义。同时,让学生充分体会"比表示两个变量之间不变关系"的直观便捷性,既突出了比与分数、除法之间的区别,也改变了案例一中学生被动应答的局面,营造了主动探索的氛围。

案例二强调让学生在意义解构活动中感悟比的意义——当两个数量变化时,比可以表示两者之间不变的关系。用数学化的方式来表述,即:存在两个数量(变量)X、Y,当 X 取值为 a 时,Y 有唯一的值 b 与之对应;当 X 取 ka 时,Y 有唯一的值 kb 与之对应。我们把 X、Y 之间的这种关系称为比,用 $a∶b$ 表示。这是一个带有函数色彩的定义,也是笔者心目当中比较好的比的定义。从中我们可以自然地引出比的基本性质。教材中没有给出这样的定义,一方面是因为抽象的语言可能造成学生理解上的困难,另一方面是为了避免教师过于关注而影响其引导学生通过活动感悟概念本质。当然,作为研究,这仍是一个非常值得探讨的课题。

可以看到,案例二的教学并没有直面"为什么要学习比"这一问题。

那么,在教学中如何解决这一问题呢?

从数学史料来看,西方数学中"比"概念的起源与测量(即"公度")是紧密联系在一起的。古希腊"原子论"者认为,用一条线段度量另一条线段,其结果必定可以表示为两个自然数之比。与此不同的是,我国古代数学中"比"的概念还蕴含在具体问题中,且带有概念原创时期的特征。例如,先秦古籍《考工记》中记载了许多青铜器铸造的配方,配方中就有需要进行比例计算的问题。由此笔者想到,现实生活中"配方"问题应是"比"概念得以呈现的一个比较典型的问题情境。其发生发展路线为:配方中的比(份数关系)—建立比与分数的关系(倍比关系)—建立比与除法的关系(两个数相除又叫两个数的比)。

【案例三】生活中的比

1. 经历配比活动,探索共变规律。

教师通过谈话引入配制饮料活动:学生用苹果汁和蜜糖水配制混合饮料,从三款中选择一款口味较好的推荐给大家。

反馈时教师选择"苹果汁 60mL、蜜糖水 20mL"展开研究,探索口味不变、数量变化时苹果汁和蜜糖水数量的共变规律,学生用翻倍、减半等方法解释口味不变的原因。

2. 探索配方的多种表示方法,掌握用比表示配方的方法和条件。

学生用已有知识表示配方,如:苹果汁量是蜜糖水量的 3 倍,蜜糖水量是苹果汁量的 $\frac{1}{3}$,苹果汁量占总量的 $\frac{3}{4}$,蜜糖水量占总量的 $\frac{1}{4}$。进而根据生活中见过的配方,给出新的表示方法:苹果汁量与蜜糖水量的比是 3 比 1 或蜜糖水量与苹果汁量的比是 1 比 3,表示 3 份苹果汁配 1 份蜜糖水,如苹果汁 150mL(3 份),每份 50mL,蜜糖水 50mL(1 份)。体会用比表示配方的直观便捷性。

3. 介绍比的表示方法与各部分名称。请学生用比来表示三款饮料的配方。

4. 迁移应用,用多种方法解释比所表示的意思。

呈现材料(见案例二中三个 1∶4 的例子),学生从多种角度解释比的意思。教学中进一步渗透函数思想,体会值域和定义域。

5. 解决问题,联系实际。

6. 进一步的拓展。

火药是中国古代四大发明之一,是我国人民对人类文明进步的伟大贡献。配制黑色火药的原料是火硝、硫磺和木炭,它们的质量比是15∶2∶3。15∶2∶3表示什么意思?

案例三的教学基于前两个案例,对知识本质进行"正本清源"的追问,从而对逻辑体系中的比、历史发展中的比获得较全面的认识。通过配制饮料活动和研讨配方表示方法,力图把学科本身的发展动力化为学生的学习动力,突出学习比的必要性,较好地解决了"为什么要学习比"这一问题。案例三体现了活动的实践性、探索性和综合性,通过师生共同演绎创造者的思维过程,学习创造者的思维方法,让学生在体验中学会创造,在实践中锻炼成长。

 数方夜谈

"比"和"除"在概念上的源与流

巩子坤:张先生在《返璞归真　正本清源——"比"不能等同于除法》一文中关注了三个问题:"比"的本质是什么?比与除法、分数的关系是什么?如何开展"比"的教学?我看后很受启发。我们就来聊聊这些问题。

张奠宙:现行小学数学教材这样定义"比":两个数相除又叫做两个数的比。"比"是一个非常重要的核心概念,说两个数相除就是两个数的比,把比与相除等同起来,这恐怕不负责任。

任敏龙:是啊,既然两个数相除又叫两个数的比,有除法就够了,为什么还要引入"比"这个概念呢?我们编写浙教版新思维小学数学教材时,认真研究了数学教材中为什么要引入比这个概念,它跟除法到底有什么不同等一系列问题,得到的结果与张先生文中的观点非常一致。

张奠宙:体育比赛里的1∶2、2∶3也是比,是比差距。我们这里所讲的"比"是比倍数,两个都是"比",但有着本质的不同。

任敏龙:是的,所以浙教版教材在这节课的引入环节创设了正比例函数关系的情境,引导学生从中抽象出"比"。数学中为什么要引入"比"这个概念呢?

我们觉得一个很重要的原因是研究比例关系的需要。它揭示了两个变量之间一种不变的关系，这才是"比"概念的本质。这个本质使它具有完全不同于除法的特点，是除法所不能替代的。

巩子坤：" 比"是一种关系。《数学辞海》认为，比较两个同类量之间的一种倍数关系，称为这两个同类量的比。在单位相同时，两个量的比可以用这两个量的数的比来表示。尽管两个数相比的比值、相除的商和分数的值是相等的，但比、除法、分数仍有各自的意义。" 比"是两个量之间的倍数关系，"除法"是一种运算，"分数"是一个数。

维基百科指出，比是两个数之间的一种关系，这种关系表明第一个数是第二个数的多少倍。比如，一个盘子里有8个橘子、6个柠檬，橘子与柠檬的个数比就是8∶6(即4∶3)。这样的两个数可以涉及任何数量，如人数、长度、面积等。

可见，两者都强调比是两个数(量)的倍数"关系"，维基百科的定义弱化了同类量的要求。

任敏龙：对，"关系"是概念的本质所在。

张奠宙：所以，教材这么简单地说"两个数相除又叫做两个数的比"，未免太粗糙了。

任敏龙：这节课我按照人教版教材的编法上过，总的来说，灌输的味道比较浓，学生欠缺感悟。按照新思维小学数学教材的编法，我是这样上的(图12-14)：引导学生在对信息的解读中发现概念的意义。

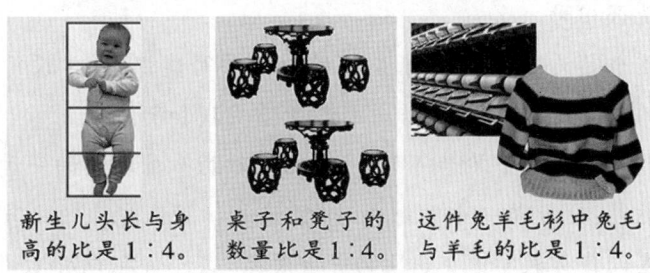

新生儿头长与身高的比是1∶4。　　桌子和凳子的数量比是1∶4。　　这件兔羊毛衫中兔毛与羊毛的比是1∶4。

图 12-14

我还用另外的方法上过这节课，创设了用苹果汁和蜜糖水配制饮料的情境，提出如何表示一款口味较好的饮料配方的问题，引导学生思考一种配料的数量变化；为保持口味不变，另一种配料的数量应如何变化。从中感悟两种配料之间必须保持的不变关系——倍数关系，由此导出用比来直观表示这一关系,即苹果汁多少份配蜜糖水多少份。我这样设计是受到《九章算术》中"衰分术"和生活中广泛使用的配方的启发,以为很好地体现了张先生关注的比例内涵。

巩子坤:此外,如果说比就是除法,就不好解释连比式,如1∶2∶3。这不是连除,也不能由此计算出比值为$\frac{1}{6}$。

张　园:小学里称之为连比。

巩子坤:这是又一个不能用除法来定义比的理由。张先生在文中给出了比的定义:"两个同类量a,b,若以a是b的倍数k来比较它们的大小,称为a比b,记为$a∶b$。数$a÷b=k$称为a与b的比值。比值k就是a除以b的商。""两个不同类量a,b,虽然彼此没有倍数关系,如果以b为单位衡量a,即考察$a÷b$,我们也把它叫做a比b,记为$a∶b$。"我觉得需要推敲。

任敏龙:对小学生而言,这样的定义不好懂。对于不同类量的比,在小学教学中,我们突出的是比的结果,而计算的过程都是省略量纲的,只在结果中显示量纲。比如,15千米÷3时＝5千米/时,我们让学生写成15÷3＝5(千米/时),这样的处理弱化了不同量纲的比,在这一前提下还要抽象出"两个不同类量a、b,……"这样一个定义,有点勉为其难了。不过,让学生对这个定义有所感悟,我觉得还是做得到的。

巩子坤:不同类的量纲之比都有着很强的现实背景,应用非常广泛。我觉得,还是像维基百科那样比较好,笼统地说"a,b是两个数",而不强调它们的量纲是否相同。

这个定义不好懂,但张先生的教材编写建议、教学设计很具体,凸显了比的本质,很值得我们作进一步教学实践和研究。

张　园:要去试试。小学老师都知道:比表示两个量之间的一种关系,除法是一种运算,分数是一个结果、一个数值。读了张先生的文章以后我发现,其实我们日常教学中突出比为一种关系,只停留在口头上的反复强调,并没有让学生体会其蕴含的道理。张先生、任老师所说的比的内涵,如一张桌子配四张椅子等,我们在上课的时候没有突出,因此学生也没什么体会。

任敏龙:所以我们现在的处理办法是不急于正式定义,而要让学生感悟比的本质。

张　园:对,用"单位度量"来定义比,学生还是不好理解的。

张奠宙:理论上来说,比就是设定一个参照物,比差距、比倍数。这里比的意义是比倍数,应先讲清楚比是一种"关系",再处理比的结果——比值,也就是多少倍。

巩子坤：要得到倍数的结果,自然想到要用除法。倍数关系、度量都是"比"的概念性理解,除法是"比"的程序性理解。无论是教材还是教学,要凸显"比"的概念本质。应该先介绍同类量的比,然后作为比的应用,介绍不同类量的比。

张奠宙：各位讲得有道理。不同类量的比例关系是变量之间的一种函数关系。

第三部分

关于图形与几何

课题 13　用直觉理解"平行",与中学的"平行公理"衔接
课题 14　用平移来定义"平行"并不妥当
课题 15　"一对有序的数"对应一个方块,还是对应一个点
课题 16　篮球是圆的吗
课题 17　面积的定义应该突出数学本质
课题 18　面积测量的活动有点"故弄玄虚"
课题 19　小学数学课程为什么要列入平面图形的运动
课题 20　轴对称是平面图形运动,但照镜子不是
课题 21　理清概念之间的联系
课题 22　角度定义最好不要用射线

4

课题 13　用直觉理解"平行"，与中学的"平行公理"衔接

小学数学课程必须坚持"混而不错"的原则
——以"平行与垂直"的教材为例

（本文发表于《小学教学（数学版）》2015 年第 2 期）

小学数学教材既要根植于儿童的生活直观感知，又要言之有据，形成循序渐进、互相连接的逻辑框架。这是很不容易做到的。我国数学家苏步青先生认为，中小学数学教材编写要坚持"混而不错"的原则，从而保持一定的逻辑严谨性。但是，从 A 版和 B 版教材（分别由国内两个出版社出版）中"平行与垂直"单元的处理来看，在这方面都有许多值得商榷的地方。

以"平行"概念为例，B 版教材中概念的叙述逻辑性有待加强。在二年级下册教材中，突然冒出"平行四边形"的图形和名称，对"平行"二字没有任何解释。到了四年级上册，正式提出"平行"概念，却只是说"拖拉机的车轮印是平行的""铅笔平移后形成的线条是平行的"，两个例子就算把"平行线"说清楚了。新版教材更将物体平移后的图形作为平行的定义（图 13-1），颠倒了逻辑顺序。后来又说"除了平行之外，直线还可以相交"，因而引出直线垂直的概念。这给人的感觉是"两直线的平行是常态，相交反而是难懂的概念"，有违常识。

再来看 A 版教材，四年级上册中"平行四边形与梯形"单元的开头就严格定义"在同一个平面内不相交的两条直线叫做平行线"；接着说"两条直线相交成直角，叫做互相垂直"；然后定义"从直线外一点到这条直线所画的垂直线段的长度叫做

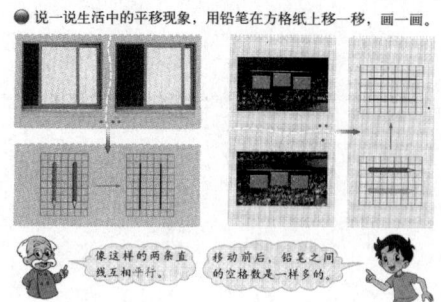

图 13-1

这点到直线的距离"。于是,引导学生通过操作发现"与平行线垂直的所有线段的长度都相等"(图 13-2)。

下图中,$a \parallel b$。在 a 上任选几个点,分别向 b 画垂直的线段。量一量这些线段的长度,你发现了什么?

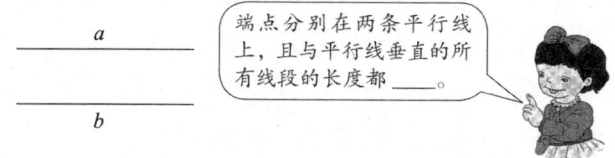

端点分别在两条平行线上,且与平行线垂直的所有线段的长度都____。

图 13-2

可是,要得出这一结论,就要跨越以下障碍:

• 从 a 上一点向 b 画垂线,这条垂线也和 a 垂直吗?即与两条平行线都互相垂直吗?

• 对于"选几个点"画垂线所得的几条线段,如果产生误差,其长度不相等,该怎么办?

• 从 a 上"选几个点"就能断定从 a 上其他无限多个点向 b 画垂线所得线段的长度都彼此相等吗?无限多个点如何一一检验?做不到啊!

这样的思维跨度让学生不假思索就跨过去了,是不是有点随意呢?这样得出的结论顶多是一个猜想,我们在行文上要不要有所保留呢?在小学数学教学中固然不必严格证明,但是总要符合逻辑才好。如果一味地将未加证明的"发现"不加怀疑地当作真理,久而久之,养成一种不加论证就断然肯定的思维习惯,必将对以后学习数学理性文明带来负面影响。

更进一步,即便通过操作得出"与平行线垂直的所有线段的长度都相等"这一结论,那么反过来是否成立呢?教材上没有说。众所周知,原命题成立,其逆命题未必成立。但是,教材上紧接着就要求学生将上述结论(平行线的性质)作为检验两条直线是否平行的准则(图13-3),这在逻辑上说不通。

请用在例3中发现的规律,检验下面各组直线 a、b 是否互相平行。

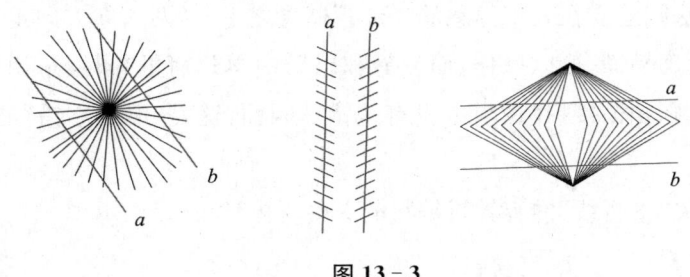

图 13-3

事情还没有结束。到了练习阶段,又要求学生通过量一量,发现一条直线和两条平行线相交而成的两个角相等(∠1=∠2),即同位角相等(图13-4)。同样地,尽管平行线有此性质,却未必就是平行线的判定定理。一次又一次地重复这样不合逻辑的思维过程,后果堪忧。

13. 下图中,$a \parallel b$,量一量∠1、∠2 的度数,你能发现什么?

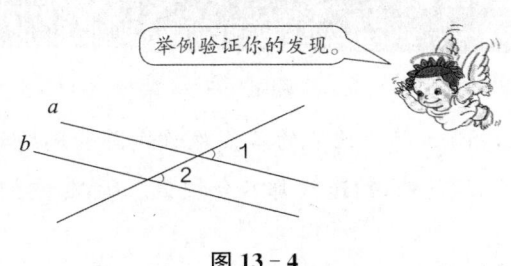

图 13-4

那么,应该如何改进呢?我们不妨放弃那些不合逻辑的所谓的"发现",远离那些不合逻辑的思维方法,直接去处理平行线的判定法则。应当看到,小学数学里有关平行线的教学内容无非是三部分:1.平行线的概念(无限延长不相交);2.平行线的判定法则;3.利用判定法则画平行线,研究平行四边形。这三部分中,核心在于如何"混而不错"地给出平行线的判定法则。

大家知道,平行线概念涉及无限延长。直接从概念出发来检验无限的过程是不可能的。因此,平行线的判定法则必须利用第三条直线,借助检验两个同位角是否相等的"有限"手段加以解决。然而,用同位角相等来判定,必须依赖于平行公理。在小学数学里,当然不能用公理的方法。那么,我们能不能用直觉经验来代替呢?例如,借助学生关于"方向"的生活经验和基础知识,正面提出一个基本事实作

为出发点:

两条方向相同的直线不会相交,因而是互相平行的。

特别地,与同一条直线垂直的两条直线互相平行。

这一判定法则建立在人们熟悉的"方向"概念之上。"两人同方向走不会相交"世所公认,它明确易懂,可以操作,而且能和以后中学几何里"同位角相等,两直线平行"的判定法则相衔接,在逻辑上没有差错。因而,这是"混而不错"的一种合理选择。

以下是有关"平行线"内容教材编写的一些具体建议。

【教材设计】

第一页:

图案:刘翔面对的跑道(图 13-5)。

图 13-5

文字:田径场上,110 米跨栏比赛的各条跑道线都和起跑线垂直。它们具有相同的方向,不管怎样无限延长,跑道线都不会相交。所以,它们是互相平行的。

第二页:

图案:枕木与铁轨(图 13-6)。

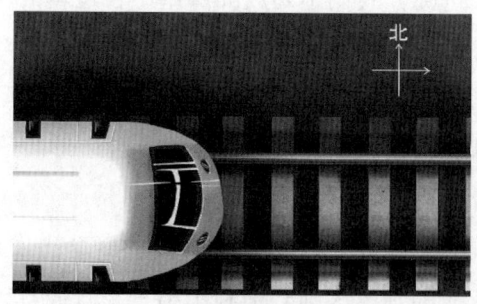

图 13-6

文字:向东的两条铁轨都和南北方向的直线垂直,延伸的方向相同,所以它们无限延长也不会相交。因此,与同一条直线垂直的两条直线互相平行。

第三页：

图案：拖拉机的车轮印（图 13-7）。

图 13-7

文字：

- 拖拉机的两条车轮印都和东西方向的直线形成东偏北 30°的夹角。
- 想象拖拉机无限地笔直前进和倒退，形成两条直线。
- 因为它们具有同一方向，所以平行，即使无限延长也不相交。
- 结论：与同一方向的直线形成相同夹角的两条直线互相平行。

第四页：

依据这两个准则，可以用三角板画出长方形和平行四边形，并能标注它们的边长和角度。这是小学数学中平行概念的教学目标。

事实上，小学里为什么要讲平行线？除了提升儿童的空间观念，在知识的逻辑安排上就是为了画平行四边形。由于有了判定法则，因此就能有理有据地画具有任意对角的平行四边形。这是 A、B 两版教材都未能做到的。

现在，让我们来讨论平行线概念的无限性质。

直线是把线段无限延长而形成的，而无限是超经验的；平行线被定义为"无限延长而不相交"，进一步涉及无限，更是超经验的。A 版教材和 B 版教材都想从"双杠""铁轨"之类的现实物体中抽象出平行线的概念。这样做是否科学，值得探讨。

"平行"是普通名词。数学里的名词"平行线"借用了普通名词"平行"的含义。所以，既然数学教材里提到"两直线平行"，学生就会顾名思义从字面上去理解"平行"的意思。那么，一般意义下的普通名词"平行"又是什么意思呢？

"平行"二字的含义古有定说，并延伸至今。翻开《辞海》，"平行"条目的非数学的解释有：

- 等级相同，没有隶属关系。如平行机关。
- 同时进行。如平行作业。

网上所见，则有平行志愿、平行录取、平行进口等说法。这就是说，在日常生活中，

"平行"并不陌生。所谓两件事情是平行的,意味着彼此的活动各顾各,互不相干,不从属、不交叉、不搭界。迁移到平行线上来,就是平面上两条直线不相交。这是学生必然会联想的情境,教学上无法回避。既然如此,教材上何必吞吞吐吐,不明确说出来呢?

既然小学生直觉地会把"平行线"想象为"不相交"的情境,那么学生一定还会想:
- 拖拉机转弯了,车轮印还平行吗?
- 双杠这么短,怎么知道将它延长不相交?
- 铁轨也是会转弯的呀!

A、B两版教材都用了"有限长"的经验材料来说明平行线的"无限"过程,这当然可以当作"平行线段"的模型。但是,我们的教学任务是要走向无限,没有对无限的想象,就不会有平行线的概念。因此,教材里应该正面提出:
- 拖拉机的车轮印,要想象为笔直开、不转弯的。
- 双杠,要想象为可以无限延长而不相交的。
- 铁轨,要想象为笔直地不断向前的。

总之,用"有限"冒充"无限"乃是"混而有错"的做法,不足为训。"想象"在这里是关键词。人与动物的区别之一,就是具有无限的想象力。想象力与生俱来,没有人因为想象不出平行线的无限性而学不好数学的。

一线回声

有而无痕　联而不乱
——关于"平行与垂直"的教学思考
章晔婷　浙江省杭州市学军小学

张奠宙教授通过对比 A、B 两个版本的教材,提出以下建议:我们不妨放弃那些不合逻辑的所谓的"发现",远离那些不合逻辑的思维方法,直接去处理平行线的判定法则。我们的教学任务应该从"有限"走向"无限",没有对无限的想象,就不会有平行线的概念。这些改进建议是否可行?笔者通过整理相关教学案例,并结合自己的教学实践,从几个方面谈一谈关于"平行与垂直"教学的点滴思考。

一、有限的认知,无限的想象——让"超经验"转化为"接地气"

张奠宙教授在文中所说,"平行线被定义为'无限延长而不相交'",进一步涉及无限,更是超经验的"。既然是超经验的,对于四年级的学生而言,如果概念的呈现远远超乎其本身的知识结构和生活经验,那么认知就会遇到阻碍。因此,还是需要从学生本身有限的生活经验出发。但是,教材中借助"双杠""铁轨"之类的现实物体来设计活动引入"平行""垂直"概念,不仅容易让学生产生错觉——平行线都是水平的或垂直的,同时也无法说明平行线的"无限"特性!因此,我赞同张教授所说的"用有限长的经验材料来说明平行线的无限过程并不十分科学"的观点。鉴于此,在教学中是否可以引入可能产生各种位置关系的情境,通过想象操作、预学呈现等方式,尽可能暴露所有和两条直线相关的位置关系,让学生观察、分类、辨析,感知特性,最终引导学生从关注表象到关注数学的本质。

【课堂片断1】预学导入,巧用格点

师:同学们,今天我们一起来学习"平行与垂直"。大家都做了预学单(图13-8),在格点图上画出自己心目中的平行与垂直,最后提出了一些相关的问题。现在,我们就来分享、交流同学们的学习成果吧。

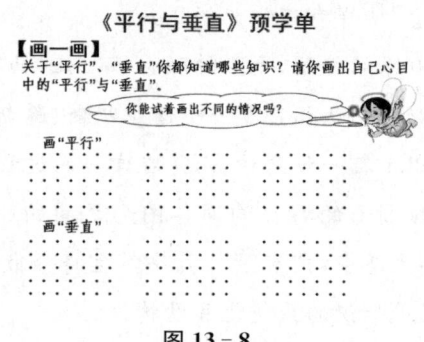

图13-8

师:首先我们来欣赏一下同学们心目中的平行与垂直(图13-9、图13-10)。

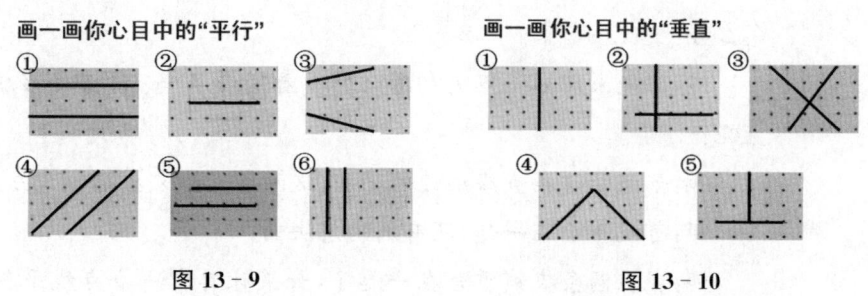

图13-9　　　　　　　　　　　图13-10

分类讨论。

质疑一：平行系列图中，图③中的两条直线平行吗？（课件演示：两条直线延长后相交于一点）图④中两条斜着放的直线也属于平行吗？

质疑二：垂直系列图中，图④中的两条直线垂直吗？

小结：同一平面内，两条直线的位置关系有相交（包括垂直）和不相交（平行）。

【思考】

教师直接呈现学生前置性作业中出现的平行与垂直的各种情况，让学生直观感知两条直线的关系与它们放置的方向无关。这一系列图形从学生的"作品"而来，暴露了学生的原始认知，可以让他们有话可说。学生从画心目中的"平行""垂直"到自学概念，在对图形的感受与有关的纯数学知识之间建立联系。通过判断、辨析，把不相交的直线延长后相交与把平行线延长后仍不相交进行对比，体会平行线的特征。两条直线各种情况的整体呈现避免了张教授所指出的"两直线的平行是常态，相交反而是难懂的概念"这样有违常识的认知。

二、有限的经验，无限的联系——让"抽象化"转化为"直接式"

任何概念的认识都是一个逐步明晰、逐渐完善的过程，不必苛求所有学生在认识上都一步到位，而是在学习的过程中自我修正、自我完善。在教学中依据图形的特征沟通各图形之间的联系，沟通数学概念中的"无限"与现实生活中的"有限"，引导学生将分散的知识进行系统整理、归纳和沟通，促进知识的系统化和结构化。

1. 由表及里，联结"平行"与"垂直"关系

【课堂片断2】变动位置，沟通关系

师：这里有两条相交的直线，我们要把这两条线变成垂直关系，可以怎么办？

师：你能来比划一下吗？怎么转？看明白了吗？转到什么时候是垂直呢？

师：如果让这条直线继续转下去，这两条直线又会是什么关系？

师：可能重叠在一起，还有别的想法吗？

师：现在两条直线重合在一起了，如果让其中一条直线平移，这两条直线又会是什么关系？你想象得到吗？（图13-11）

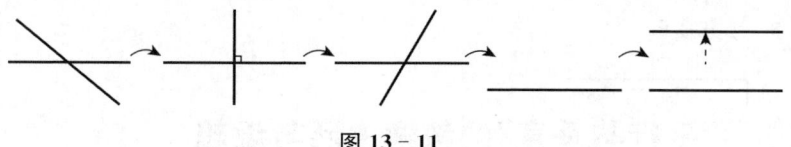

图 13 - 11

小结：看来，两条直线通过旋转或平移，位置关系是会发生变化的。

【思考】

本环节探究两条直线的位置关系，学生再次经历想象、操作的过程，发现原来通过"有限"的运动方式，两条直线间的位置关系可以变动，"平行"与"垂直"既相互独立，又相互联系，尤其是"两条直线重合后通过平移又出现了什么现象"引发学生的思考，从而明晰平行的特征。

任何概念都不是独立存在的，可以将此知识点涵盖的面不断呈现辐射式的拓展和联系，进行几个知识点的适度整合，不断融合新知与旧知。尽管平行和垂直有其本身的特征，但是通过"运动"可以将它们联系起来。

2. 回归生活，寻找"实际生活"与"数学概念"的联系

张教授提到"用'有限'冒充'无限'乃是混而有错的做法，不足为训"，所以我们摒弃从现实物体中抽象出平行线的概念。但是，我们可以从无限的角度出发，用数学的眼光去观察生活中"有限"的现象（图 13 - 12、图 13 - 13），将视野从课堂拓展到生活的空间，引导学生发现生活中随处都有垂直与平行的现象，体验数学与生活的密切联系，感受数学的应用价值。

图 13 - 12　　　　　　　　　　图 13 - 13

> 数方夜谈

"平行与垂直"的教学内涵与设想
—— 基于教材编写的几点讨论

(本文发表于《小学数学教师》2017年第3期)

话题一：平行线的原型

巩子坤：今天我们聊聊平行线这个概念的生成。

殷文娣：我觉得小学生理解平行是比较困难的。《几何原本》中提到，"平行线是在同一个平面内的直线，向两个方向无限延长，无论哪个方向它们都不相交"。这里涉及"无限"，又是"不相交"这一否定句式，进一步还要涉及平行公理，对逻辑思维的要求比较高。

巩子坤：什么是平行线的原型呢？

任敏龙：我上平行线这节课的时候，不是从双杠、铁轨这样的现实情境引入的，而是从两条直线的位置关系引入，用问题驱动。具体做法是：先要求学生在纸上画一条直线，再画另一条直线。提出问题：想一想，你后来画的这条直线和先前画的直线有怎样的位置关系？可以分为几种情况？

巩子坤：位置关系这个概念也挺大的，学生能明白吗？

任敏龙：好像没有问题，许多学生马上举手。学生认为有三种情况——重叠、交叉、不交叉。他们通过理性思考得出了这三种情况，然后诉诸纸笔画图。我这样做是基于两方面的考虑：一是平行线的生活原型并不是两条直线，而是线段，如双杠；二是平行意味着两条直线不相交，原型只存在于理想当中，实际上看作直线后往往会相交，而且因为涉及无限，所以无法检验。因此，现实生活中的例子是把"双刃剑"，反而不如用纯数学的材料。

张奠宙：理性思考和现实原型的抽象，二者应该兼顾。先作理性思考，再举生活中的实例，也是可以的。

殷文娣：这样一来，观察操场上的双杠，思考它们会不会碰在一起，能够促成平行线概念的形成。

巩子坤：张先生曾经问过双杠是不是平行线。

任敏龙：双杠不是直线，不符合平行线的严格定义，但是它有平行的现象。数学概念是从这些现象中提炼出来的。

巩子坤：双杠这个现象是平行线概念的胚胎与雏形。

张奠宙：双杠可以说是平行线段的原型。马鞍山市的司擎天老师告诉我，他做过一个较大样本的调查，发现有92%的初中生认为双杠是平行线。问其原因，都说是小学老师教的。小学数学教材里平行线单元出现过双杠，但没有说明双杠是不是平行线。

巩子坤：严格说来，铁轨也不是平行线，但是比双杠要好些。因为铁路延伸的距离比较远，能够引发学生的想象。教材中呈现双杠、铁轨，目的是让学生借助现实原型来想象，促进概念形成，体会数学与现实世界的联系，而不是告知学生双杠就是平行线。

张奠宙：最近，大家在热烈地讨论数学核心素养，其中有一项就是抽象思维的素养。小学数学也要点明：双杠、铁轨、斑马线等是平行线的现实原型，平行线是这些现实原型的抽象。

殷文娣：人教版的定义和中学里一样：同一平面内不相交的两条直线称为平行线。北师大版教材则用线段的平移来定义。两者不一样。

巩子坤：平行和平移的关系是另一个话题了，下次再谈。今天先聊人教版的传统定义。

话题二：方向相同与平行线的判定

巩子坤：我个人觉得，某种意义上，平行线的概念并不重要，重要的是如何判断平面上两条直线是否平行。怎么判断呢？

殷文娣：两条直线无限延长后是否相交，是无法检验的，必须借助第三条直线，用同位角相等来检验，但这又是中学的内容了。因此，小学里如何依据直观判定两条直线平行是一个难题。

任敏龙：我在三年级执教过"平行四边形的初步认识"一课。在学完新知识的练习阶段，我出了一道题：如图13-14，下面的图形中哪些是平行四边形？

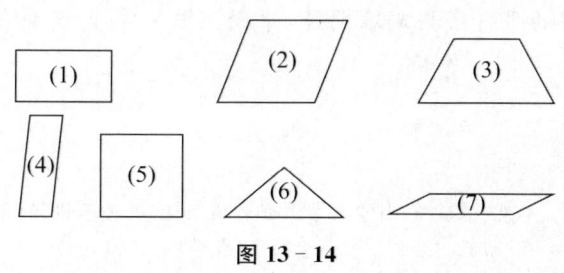

图 13-14

学生认为图(2)、图(4)、图(7)是。当我问学生图(3)为什么不是时,学生回答:这个图形有两条边的方向是一样的,还有两条边的方向不一样,而平行四边形这两条相对的边方向一样,另两条相对的边的方向也一样。

张奠宙: 方向,用方向来看平行!这是我想了半天提出来的一种设想[1],竟然和你的教学实践不谋而合。太高兴了。

任敏龙: 在日常生活中,学生已经积累了与方向有关的丰富经验。比如,学校在家的什么方向,两辆车并排着同方向行驶就不会碰撞,等等。学生头脑里的方向与东西南北、前后左右等方位概念有关,我们可以想象这实际上就是一个直角坐标系,两条直线方向相同就是斜率相同,就是两条直线与 x 轴的夹角相等,也就是同位角相等,两直线平行。总之,方向相同是一种直觉,将来和严谨的平行线判定——"同位角相等,两直线平行"可以很好地衔接。特别地,两条直线都与同一条直线垂直,就是方向相同的特例。

张奠宙: 这很直观,所以我建议用刘翔面对的跑道作为平行线的实例。理由是:由于跑道都与起跑线垂直,因此跑道的方向一致,因而跑道如果延长是不会相交的。

巩子坤: 方向一致背后的数学本质是平行于同一直线的两条直线平行,或者是平行于同一向量的两个向量平行。我们都认可,可以用"方向一致"来说明什么是平行线。这样的观点也与史宁中先生的想法不谋而合。史先生认为,平移的参照物是一条射线;如果一条直线是由另一条直线平移得到的,那么这两条直线平行。甚至可以借此来定义平行线[2]。参照物射线,其实就是我们刚刚讨论的方向。

张奠宙: 若两直线方向相同,则彼此平行,这是一个平行线的判定准则。小学里一般角度的测量出现得比较晚,三年级时学生只知道垂直,即90度。于是,我们常用的平行线判定准则是:平面上与一条直线垂直的两条直线互相平行。

---

[1] 参见:张奠宙.小学数学课程必须坚持"混而不错"的原则——以"平行与垂直"的教材为例[J].小学教学(数学版),2015(2).
[2] 史宁中.基本概念与法则[M].北京:高等教育出版社,2013:60.

话题三:距离相等与平行线的判定

巩子坤: 方向相同作为平行线的判定准则,是我们几个人认可的。可是,各种教材都没有这样做。

殷文娣: 我们来检视一下人教版教材。教材首先给出平行线的定义——平面内不相交的两条直线,给出垂线、点到直线的距离的概念;然后通过画一画——从两平行直线中的一条上取两点分别向另一条直线画垂线段、量一量——量出这两条垂线段的长,进而推广得到"两条平行线之间的距离处处相等"的结论,用得到的这一结论来检验两直线是否平行;最后应用这些知识来画长方形。

巩子坤: 这样的安排似乎有问题。其一,平行线之间的距离处处相等,与普通名词"平行"的意义不大匹配,有些生硬;其二,正如张先生在文章中所说的,这也不符合逻辑:两直线平行,距离相等,并不能够必然地得到逆命题"距离相等,两直线平行";其三,"距离相等,两直线平行"和初中的同位角相等两直线平行的判定法则衔接不上。

任敏龙: 问题是有的。比如,"两直线之间的距离"就是一个很难定义的概念,比较合适的说法是一条直线上的点到另一条直线的距离[1]。不过,人教版教材这样的处理也是基于直觉,有它的现实原型。比如,梯子中间的横档都一样长,说明梯子竖直的两条边是互相平行的。反之,如果两条直线之间的距离不能保持相等,就会在某一侧逐渐收缩交于一点。

巩子坤: 对。如果用眼睛观察两条直线,彼此间的距离始终保持不变,就说明平行了;距离慢慢变小了,就会在变小的这一侧"碰头"。欧几里得(Euclid)的第五公设是:两直线被第三条直线所截,如果这两个同旁内角的和小于两个直角之和,这两条直线无限延长后,就在这一侧相交。第五公设说的是角,不是距离,但两者之间是有联系的。

我们不妨将"两直线间的距离相等"看成考察平行线的又一个"直觉的基础"。这样一来,我们就有平行线的"方向直觉"和"距离直觉"两种直觉。

张奠宙: 我经过思考,觉得"方向相同"难检验;反而距离相等容易检验。表面上要

---

[1] 本文所说的两条直线间的距离是一种笼统的称谓,指一条直线上的一点到另一条直线的距离.

验证距离处处相等,需要检验无穷多个点,但因为是直线,只要验证两点就够了。这是"距离直觉"的优越性所在。

殷文娣:那么,教材里只说"平行线之间的距离处处相等",在逻辑上能不能以此作为判定平行线的依据呢?

巩子坤:诉诸直观、直觉,对于小学生的数学学习是合适的,小学阶段不能太讲究逻辑的严密性,"混而不错"是不错的选择。我听过一堂数学课,内容是"三角形三边之间的关系",教师给每个学生一根塑料管,让学生动手把这根管子剪成三段,看看在什么情况下能够拼成一个三角形。学生得出的结论是"任意两条线段的和大于第三条线段时,就能够构成一个三角形",教师写在黑板上的结论却是"三角形任意两边的和大于第三边"。这就把命题和逆命题混为一谈了,但还是"混而不错",在后续学习中能进一步得到澄清。

殷文娣:条件和结论弄颠倒了。

巩子坤:是呀。现在问题来了。我们有两种关于平行线判定的直觉,一种是"方向相同",一种是"距离相等",哪一种是学生更容易产生的呢?

张　园:所以,我想再教这部分内容的时候,要调查一下学生对于平行线的直觉到底是什么。给学生一组线让他判断的时候,很多学生不是用尺子推,就是用眼睛看。用尺子推,就是同位角相等,两直线平行;用眼睛看,学生会怎样思考?他们是不是真的能想到点到直线的距离相等呢?

张奠宙:我们期待张园老师的研究结果。

话题四:如何画平行线

巩子坤:说到底,小学里把平行线列入必学内容,主要是为了认识平行四边形,会画长方形和平行四边形。

张奠宙:张园老师,教学中,你是怎样引导学生画平行直线的?

张　园:就用推的办法。

巩子坤:什么是推的办法呢?

张　园:例如,画直线 l 的平行线,可以用直尺和三角尺画。如图13-15,第一步,固定三角尺,沿着一条直角边画一条直线,记作直线 l;第二步,直尺紧贴三角尺的另一条直角边,固定直尺,然后平移三角尺;第三步,沿刚才画直线的直角边画出另一条直线 m。这样就画出了两条平行线。

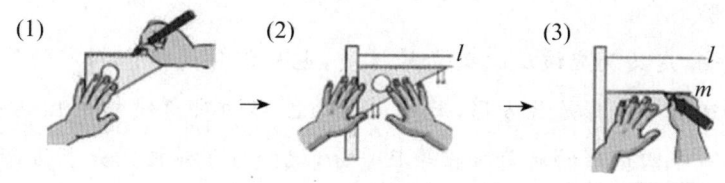

图 13-15

张奠宙：实际上，还是根据垂直于同一条直线的两直线互相平行的判定准则。

张　园：当然，也不一定垂直，总的说来，是运用了"同位角相等，两直线平行"的判定定理。教学中，关于如何判断平行，如何画平行线，我们都是用推、画的方法；学完平行概念后进行总结时，再告诉学生有"平行线之间的距离处处相等"这么一条规律。

巩子坤：说到画平行线，"距离相等法"比较方便。如图 13-16，有一条直线 n，从直线 n 上任意选两点 A 和 B，分别作两条垂线段 AC 和 BD，若这两条垂线段相等，即 $AC=BD$，则联结 CD 并向两端延长，此时两条直线就平行了。这样做，比推三角尺要方便。这个办法可以简称为根据"距离相等"直觉画平行线的方法。张园老师提供的方法，可以简称为"方向相同"直觉画法。两种方法都可以。但距离相等的方法比较简单，画长方形时尤其方便。

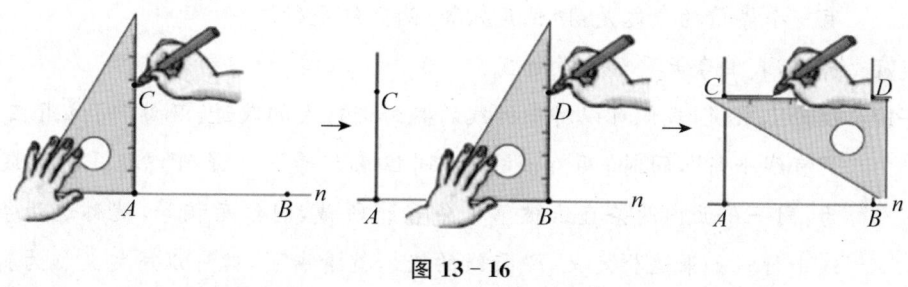

图 13-16

话题五：贯通中小学的平行线理论

殷文娣：中小学的平行线定义是差不多的。中学教材也是先给了平行线一个描述性的定义："我们知道，在同一个平面内，不相交的两条直线叫做平行线。"所谓"我们知道"，是指我们在小学里知道，这是小学概念的翻版。

巩子坤：《几何原本》定义 23 提到"平行线是在同一平面的直线，向两个方向无限延长，在不论哪个方向它们都不相交"，与教材大体一致。

殷文娣：这就是说，小学、中学、《几何原本》里的平行线定义都差不多，都不能用于

第三部分　关于图形与几何

检验。

张　园：是啊，定义既应该反映概念的性质，也应该作为概念判定的依据。比如，知道一个图形是长方形，就知道了该图形的对角线相等且平分；同时，知道一个四边形的对角线相等且平分，就知道了该图形是长方形。但是，平行线的定义只反映了该对象的性质，却不能作为判定依据。平行线知识的复杂性，根源就在这里。

巩子坤：中学数学教材介绍平行线的时候，是先介绍判定定理，再介绍性质定理的。这与介绍平行四边形、全等三角形不一样——这些内容是先介绍性质定理，再来介绍判定定理。究其原因，是因为平行四边形、全等三角形的概念本质属性清晰，可以检验；平行线的概念不能检验，当然无法作为判定定理。

当年，古希腊数学家也为此大伤脑筋。他们原以为从平行线的定义和其他公理可以推出"平行线被另一条直线所截的两个同位角相等"这样的结论来，可是反复思考都没有结果。正因为如此，欧几里得才在《几何原本》里加了一条公理（欧几里得第五公设（改进版））：同平面内一条直线与另外两条直线相交，如果一侧的两个内角和为平角，那么这两条直线平行。另外一个改进版是：过直线外一点，有且只有一条直线与该直线平行。还有一个等价的命题是：同位角相等，两直线平行。

殷文娣：那么，我们今天要如何改进呢？

巩子坤：理论上来说，我们可以对平行线的概念进行大的改造：既然"同位角相等，两直线平行"，同时"两直线平行，同位角相等"，于是可以把平行线定义为：同一平面内两条直线被第三条直线所截，同位角相等，就称这两条直线平行。如果这样定义，平行线的概念就清晰了，就可以用定义作为判定准则了。

任敏龙：这样的改造未尝不可。但原来的定义也有它的优势，一方面有现实生活原型的直觉支撑——"方向直觉"和"距离直觉"，另一方面很容易被理性把握——同一平面内两直线的位置关系无非是重合、相交、不相交（平行）。无论采用哪种路径，学生都容易获得平行线的概念。"方向直觉"其实已经涵盖了判定的问题。

巩子坤：因为小学里的平行线概念出现很早，而角度的测量出现较晚，所以没法使用同位角相等的概念。但是我觉得，作为教师，我们要清楚为什么平行线的定义有缺陷,为什么要有平行公理。

张奠宙: 我们今天的讨论可以概括为"一个理论、两个直觉"。"一个理论"是指平行线理论,其核心事实在于平行线的原始定义不能作为两条直线是否平行的判定准则。为此,需要增加平行公理(第五公设)来说明平行线的性质。由于"同位角相等,两直线平行"的判定定理与平行公理等价,而且中学里的平行线理论是基于同位角相等的判别准则,因此推理的方法就保持了中小学的一致性。至于小学阶段,由于不谈平行公理,没有同位角概念,在尚未学习角度测量的情况下,平行线教学的目标只能是基于平行线的直觉,能借助直角进行平行线的判定,并能画平行线。

"两个直觉"是指:判定两直线是否平行,可以凭借方向一致的直觉,也可以利用距离相等的直觉。方向、距离都是学生与生俱来的直觉。如何基于学生的直觉、用好学生的直觉,值得我们好好思考。从知识层面上分析"方向相同"的直觉,与中学里"同位角相等"概念的衔接比较顺畅;使用"距离相等"直觉,在画平行线时比较方便。

巩子坤: 今天就聊到这里了。

课题14　用平移来定义"平行"并不妥当

小学数学教材要厘清逻辑顺序
——谈平行与平移

(本文发表于《教学月刊·小学版(数学)》2015年第1、2期)

平行和平移都是小学数学中的几何学名词。二者之间存在内在的逻辑顺序，即先有平行，才有平移。小学数学尽管需要深入浅出，却不宜违背这一逻辑顺序。

让我们看某教材中关于平行直线的定义。(图14－1)

这一段教材，通过移动的门窗、上升的国旗，以及铅笔的水平移动的观察，就说"像这样的两条直线互相平行"。显然，这是从物体的平移给直线的平行作定义式的陈述。这样处理会出现不少问题。

首先，门窗、国旗都是立体或平面的实体，抽象之后乃是二维的平面，怎样和一维的"直线"联系起来呢？比如，国旗升起的画面中，平行线在哪里？不加以明确指出，让学生如何理解编写意图？

其次，若从两支铅笔抽象为几何图形，不过是一条线段，怎能说是直线呢？线段和其所在的直线需要有所区分。这里的断语应该是"像这样的两条线段互相平行"。至于说这也是它们所在的两条直线互相平行，那是另一种约定，在界定一个对象时要分清楚，不能混同起来。

第三，最为严重的混淆是用平移来界定平行，把二者的逻辑顺序弄颠倒了。说到底，究竟是先有"平行"，还是先有"平移"呢？

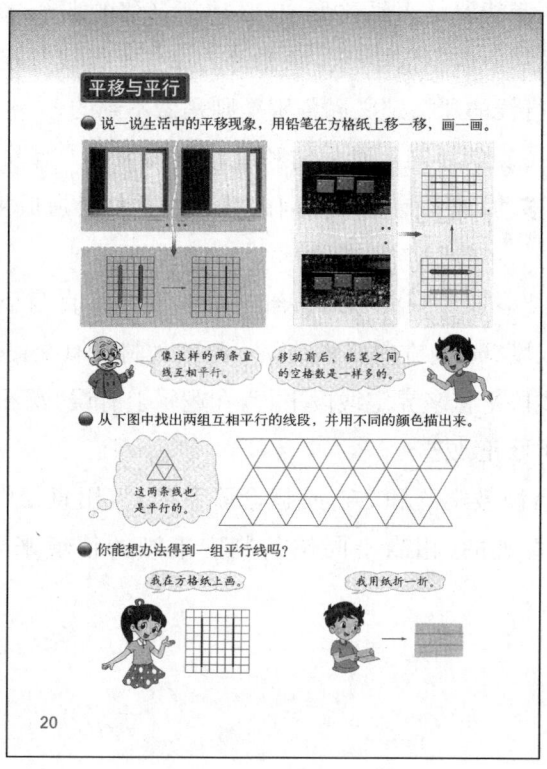

图 14-1

先来看什么是平移。"百度词典"这样定义：

"在平面内,将一个图形上的所有点都按照某个直线方向作相同距离的移动,这样的图形运动叫做图形的平移运动,简称平移。"

这里的关键是"所有点都按照某个直线方向",它的意义就是每组对应点连成的直线都彼此平行。这就是说,教材图上那支平移的铅笔,其上的每个点都要沿"水平方向"移动一个固定的距离。如果将铅笔头移动前后两点连线(记为 AB),将铅笔底部移动前后两点连线(记为 CD),那么因为是同一方向,所以必须有 $AB \parallel CD$。这时,顺次联结 $ABCD$ 四点构成一个矩形。进一步,那支铅笔也可以沿 45 度角向"东北"方向平移,铅笔各点扫过的图像就是一个平行四边形。

这就是说,作平移运动时,图形中无限多的点都要保持"同一方向",也就是要形成无限多条的平行线。因此,先有平行概念和平行判断准则,才能作平移运动。用平移定义平行,在逻辑上有误,混而有错。

在这页教材上,还可能会产生另外一些误解。

1. 以为可以用两条线段彼此间是否为平移来判断是否平行。但这是做不到的。事实上,判断两条线段是否平移形成,必须把平移的那个"统一方向"找出来。为了找这个方向,最后不得不依赖同位角相等的那些平行线判定法则。因此,想用平移概念来绕开平行线的严格定义和判别准则是做不到的。

2. 教材的那两支铅笔是向水平方向和垂直方向平移。容易产生的错觉是,平移就是水平方向的移动,或者是垂直方向的移动。这就会造成平行线都是水平的或垂直的错误印象。

3. 教材呈现的平移操作只能在方格纸上向水平或垂直两个方向移动。那么,要在方格纸上作45度、60度方向的移动怎么办?教材没有交代,也无法说清楚。

综上所述,用线段平移来界定线段平行,在逻辑上有误,既不能实际操作,又会带来一些误解,应予修正改进。

笔者认为,平行线教学要和"方向"概念联系起来,用直线的方向相同来定义直线的平行,即用直观的、相当于同位角判定准则的情境来处理,那要另文探讨了。

 一线回声

反思和改进:"平移和平行"概念教学

孔万华　浙江省杭州市袁浦小学

张奠宙先生在《小学数学教材要厘清逻辑顺序——谈平行与平移》一文中,就平移和平行的逻辑顺序给出了明确的指导与建议,即先有平行才有平移,在课堂教学中不宜违背这一逻辑顺序。

笔者曾执教"平移和平行"这一教学内容,当时确有种种困惑,感觉从平移引入平行有点别扭,但是又说不出哪里不对,苦思不得其解。阅读此文后茅塞顿开,获益匪浅。

一、关注定义平行的方向迁移

某版本的教材从平移引出平行,违背了先有平行再有平移的逻辑顺序。平移是一种图形运动,作平移运动时,图形中无限多的点都要保持"同一方向",也就是要形成无限多条的平行线。因此,先有平行概念和平行判断准则,才能作平移运动,用平移定义平行在逻辑顺序上是错误的。

那么,平行的概念可以怎样引入呢?如何充分利用学生的已有经验呢?

【教学片断1】观察平面上两条直线的位置关系

师:请同学们拿出准备的纸,这张纸就是一个平面。在这个平面上先画一条直线,想一想,再画一条直线你可以怎样画?

笔者适度改编教材的引入方式,从直线和平行线的共性(都可以向两端无限延长)着手:让学生先画一条直线,想一想再画一条直线。使学生在思考、想象两条直线的位置关系的基础上有目的地画一画。教师在展示学生作品的过程中让学生进行分类,从而引导学生发现,相交、垂直都是以前学过的知识,而两条直线不相交是以前不曾学过的,从而导出课题——平行的认识。我们还是用平面上不相交的两条直线互相平行来理解平行线的概念。

二、反思直线互相平行的判定

学生认识了平面上两条不相交的直线称为平行线之后,怎样引导学生判断两直线是否平行呢?以前我曾经用过以下的教学案例,现在看来是不妥当的。

【教学片断2】平行线的判定

材料准备:学生动态生成的材料、不干胶制成的点子图(格子图)、尺子等。

学习方式:独立思考—小组合作探究—师生交流

呈现图14-2:

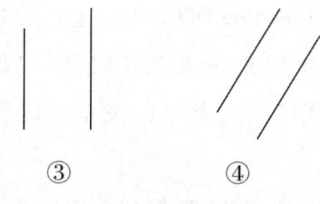

图14-2

师:③和④是不是平行线呢?请你想办法验证一下,看看谁的方法好。

生1:我们小组验证的是③号,用的是延长的方法,把这两条直线一直延长,不会相交,所以是平行线。

(反思:一直延长是无限过程,没法穷尽。没完没了地延长,得不到最后结果。也就是说,平行线的定义无法用来检验两条直线是否平行。生1的回答在事实上是无法完成的。)

生2：我们小组验证的也是③号，用的是平移的方法，把左面的直线往右平移就会和右面的直线重合在一起，就可以知道它们是平行关系。（学生用铅笔代替直线边演示边说）

（反思：平移要沿着某个方向移动，哪一个方向呢？移动了之后重合，为什么就肯定平行？所谓把一条直线沿某个方向平移，就是铅笔上每一点移动前后的两点连线要和该方向平行。事实上，先有平行，再有平移，而不是相反。）

生3：我们小组研究的是③号，用的是用点子图的方法。两条平行线之间的格子都是两格，所以它们一定是平行线。

（反思：一直保持两格，直观地看，两条直线之间的距离不是越来越小，也不是越来越大，因而可以保证平行。这是一种直观的判断。）

生4：我们验证的是④号。如果画出来的垂线段都是3厘米，它们的距离都是一样的，那么它们就是平行的关系。

（反思：什么是两条直线的垂线段？不够明确。）

事实上，以上四种检验方法，只有第三种在直观上是可以操作的。一般来说，定义本身可以用作判定的依据。但平行线的定义不能用作判定的依据，是个例外。真正的检验要使用平行公理，或者使用与平行公理等价的判定准则："若两条直线的同位角相等，则这两条直线互相平行。"那是中学的学习内容了。

三、关注空间平行的认知突破

在同一平面内，两条直线可能平行，也可能相交；但是，立体空间内两条不相交的直线不一定是平行关系。这样的认识对于四年级学生来说有一定的挑战性。

【教学片断3】考察课桌上各条线段的位置关系

图14-3

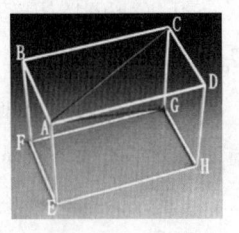

图14-4

师:(出示图14-3)你能在课桌上找到平行线吗?请你上来摸一摸,说一说。

生答略。

师:你能在长方体中找到平行线吗?请你摸一摸,说一说。

(为了便于表达,笔者用字母标记长方体,如图14-4)

生:(摸着上底面的两条宽边)这两条边平行(即$AB/\!/DC$)。

(学生找出长方体六个面上的平行线)

师:这两条边互相平行吗?(边说边摸边AB和边HG)

生:我觉得它们是互相平行的,因为它们不会相交。

生:我认为它们是不平行的,因为它们不在同一个平面里。

……

师:这两条边在不在同一个平面中呢?我们验证一下。(电脑演示:用一张纸插在斜的截面中)

生:这两条边在这张纸所在的平面中,所以是相互平行的。

生:这两条边延长后也不会相交呀,但它们不是平行的。(该学生摸着边AB和边FG)

师:我们一起来看看,这两条边在同一个平面内吗?(电脑演示:过AB与点F的面,不过点G;或者过AB与点G的面,不过点F)

生:不是。

师:所以,我们在研究相交、平行的时候,所研究的直线必须在同一个平面内。像这样不在同一个平面内的两条直线的情况,是我们以后要学习的内容。

 数方夜谈

用平移定义"平行",究竟行不行

巩子坤:什么是平移?什么是平行?平移在先还是平行在先?两者的关系是什么?我们就来聊聊这些问题。

张奠宙:当然是先有平行再有平移了,没有平行怎么定义平移啊。

巩子坤：我知道张先生谈这个观点的背景，北师大版教材是通过平移来引进平行的，是先有平移再有平行。

张奠宙：我很奇怪，平行怎么可以用平移来引入，这不是颠倒了吗？

任敏龙：这个在数学上确实是不太说得通的。

张奠宙：什么叫平移，两个图形对应点所形成的直线都是平行线，这叫平移。

任敏龙：我觉得这里有两个概念，一个是物理学的，一个是数学的。物理学讲平动，平动指的是运动物体上任意两点所连成的线段，在整个运动过程中始终保持平行。平动是机械运动的一种特殊形式，是刚体的一种最基本的运动。北师大版教材引进的平行其实是"平动"，而不是"平移"。"平移"是张先生讲的这个意思，物理学关注的是物质本身，而数学关注的是两者的关系。但是，上课的时候老师给学生讲的是通过"平移"——我们没法和学生讲"平动"啊——"平移"好歹还是个生活概念，生活当中谁讲过"平动"了。其实，在生活中这两个概念根本就是混为一谈的，如果只看现象，两者也确实是一回事，不仔细追究，我们的老师、学生都是混为一谈的。这两者也确实可以相互推导的，从平动看，物体上任意两点 A、B 运动到达某处，记该两点为 A'、B'，由平动定义，线段 AB 与线段 $A'B'$ 平行且相等，有 AA' 与 BB' 平行且相等。两者都是刻画刚体运动，一种是物理学的，一种是数学的。

巩子坤：物理学讲的平移涉及物体的物理属性，而我们数学里讲的不涉及物理属性，我们只关心它的几何形状，关心线面角的度量，关心点线面的位置关系。我们舍弃所有的物理属性。

任敏龙：平移实际上讲的是在变换过程中保持怎样的运动不变性，使得变换前后的两个图形全等，数学研究的是这个变换规则。我觉得平行从"平移（或平动）"的生活概念引进来是有道理的，因为学生在日常生活中积累了丰富的诸如此类的"平移"活动经验。

巩子坤：学生最初接触的是平移而不是平行？

任敏龙：比如，小孩坐在地上搭积木，把积木推过去移过来，这个时候他是没有平行的概念的，平移体验是有的，而且他关注的是物体本身。

巩子坤：从平移来引出平行是有现实基础的，比如说拉门。对小朋友而言，平行这个概念接触得是比较晚的，推过去、拉过来、直接走过，其实都是平移的背景。

任敏龙：对，实际上平移或者说平动的概念形成得更早。

巩子坤：史宁中教授认为，可以通过平移得到平行。他说，平移的参照物是一条射线，图形上所有的点与射线的距离保持不变，沿射线的方向移动相同的距离，这就是平移。简单地说，每一个点沿射线的方向移动相同的距离，这就是平移。图形的许多性质可以通过图形的运动直观得到，这是小学"图形与几何"的内容要点。比如，如果一条直线是另一条直线通过平移得到的，那么这两条直线平行，甚至可以用这个来定义平行。

任敏龙：这就是说，从平移到平行，从数学的定义上来说是反了的，但是从日常生活经验和认知过程来说是可以的。

巩子坤：我觉得有道理。

张奠宙：我不同意。平移是沿射线的方向移动相同的距离，什么叫方向？

巩子坤：对，方向是一个问题，又回到我们刚刚辩论的如何来直观理解"平行"这个概念了。（参见【数方夜谈】《"平行与垂直"的教学内涵与设想——基于教材编写的几点讨论》）

任敏龙：方向就需要对这个平面进行定义了。

巩子坤：怎么确定每个点的方向都一样？

任敏龙：平行！

巩子坤：对，其实还是要涉及平行的问题。从理论上来说，沿着同一个方向就是平行了，从数学的角度肯定是先定义平行再定义平移，比较符合逻辑。但是，平移或者平动是我们日常生活中经常见到的，从这个现实基础出发，从平移来引入平行也未尝不可。

张奠宙：平移的参照物是一条射线，移动的过程中每一点与射线的距离保持不变。什么叫距离，距离就涉及垂直，每一点与射线的距离相等，就是平行啊。平行公理是用垂直来定义的。

巩子坤：我们这样想，从数学的角度，先有平行才能有平移。但是，学生平移的生活经验比较多，从这个角度出发，先来介绍平行也未尝不可。

张奠宙：刚才我们已经讨论过了，平行是老百姓非常认可的一个概念，平行移动是普通概念中的一种而已。平行作业、平行运输、平行工作都是平行，所有的平行并不只是一个数学概念。如果你的目标、你的方向、你的工作要求都是一样的，就是方向相同，就是不相交，各搞各的，彼此不要来往，就是这样一种思想，这个是最普遍的。我们应该从这里出发，而不是从窗户移动那里出发。窗户移动只是平行的一种，所以刚刚我觉得不对，总要有个最初的出发点。一个方向、一个距离，要有这两个东西，欧氏几何还是我们大家应该遵循的，这个一颠倒，整个就要乱了。

巩子坤：昨天我跟任老师沟通了，这实际上还涉及另一个问题——在小学教学中，如何做到混而不错很难。

任敏龙：是的，这个分寸很难把握。

张奠宙：但我们还是应该先把是非弄清楚，现在是非都不清楚，那当然就错了。先有平移还是先有平行，混可以，但是不能有错。

任敏龙：我觉得张先生的意思也对，从学生的生活经验来说，可能认识平移要先于认识平行，学生关于平移的经验要比平行的经验丰富。但是，学生已经进入数学学习中了，不能仅凭经验来，要更多地考虑数学的逻辑架构。

张奠宙：或者这样说，当生活经验和逻辑架构不能完全一致的时候，我们首先要考虑的是逻辑架构，或者说过多地考虑逻辑架构。

任敏龙：在同样可接受的情况下，逻辑架构优先。

巩子坤：如果逻辑架构很难接受，但是生活经验很容易接受，那就考虑生活经验，这就是混而不错。

任敏龙：还有个问题，如果基于生活经验很容易接受，而基于逻辑架构很不容易接受，那么是不是考虑把这个东西往后面放一放，等学生的逻辑思维慢慢地更成熟一点再教他，教早反而不好。

巩子坤：再一个，比如说我们追根溯源，在《几何原本》里面是怎么说平行和平移的，这个问题值得我们去思考。据我所知，《几何原本》中，平行这个概念就是描述性的，是没有说清楚的。（参见【数方夜谈】《"平行与垂直"的教学内涵与设想——基于教材编写的几点讨论》）

课题 15 "一对有序的数"对应一个方块，还是对应一个点

数学要源于生活，但要高于生活
—— 以小学六年级"位置"一节为例

(本文发表于《小学教学（数学版）》2014 年第 7、8 期)

用有序的数对描述平面物体的位置，是 21 世纪数学课程改革新增的内容。按照《义务教育数学课程标准（2011 年版）》（以下简称"课标 2011 年版"）的要求，其教学目标主要不在于用"数对"找位置，而是要为日后的平面直角坐标系提供直观的认识。但是，当前的一些教科书偏离了这一目标。许多教科书和教学设计都停留在寻找第几排、第几座的位置之类的生活常识上，局限于用"有序数对"确定位置的操作层面。对于如何选择起始点、怎样标注方格纸上两个方向的刻度、规定数对的顺序、揭示其几何学的价值等几何学知识都避而不谈。数学教科书如果囿于生活实际，就会缺乏数学的高度，像是一杯白开水了。

试看某教科书的"位置"一节。正文共两页（图 15-1、图 15-2），然后是练习题，共 8 个问题。正文中有两个例子：一是标注好了的教室座位图，二是有方格的动物园地图。学生要做的事，仅仅是在给定的方格图上按有序数对找出相应的对象，以及给出对象后标出其相应的"数对"。至于后面的许多练习题，同样也都是在标好了刻度的方格纸上找位置。但是，"位置"这一节的数学核心内容乃是怎样在方格纸上标注数字（相当于放置自然数的坐标架）。

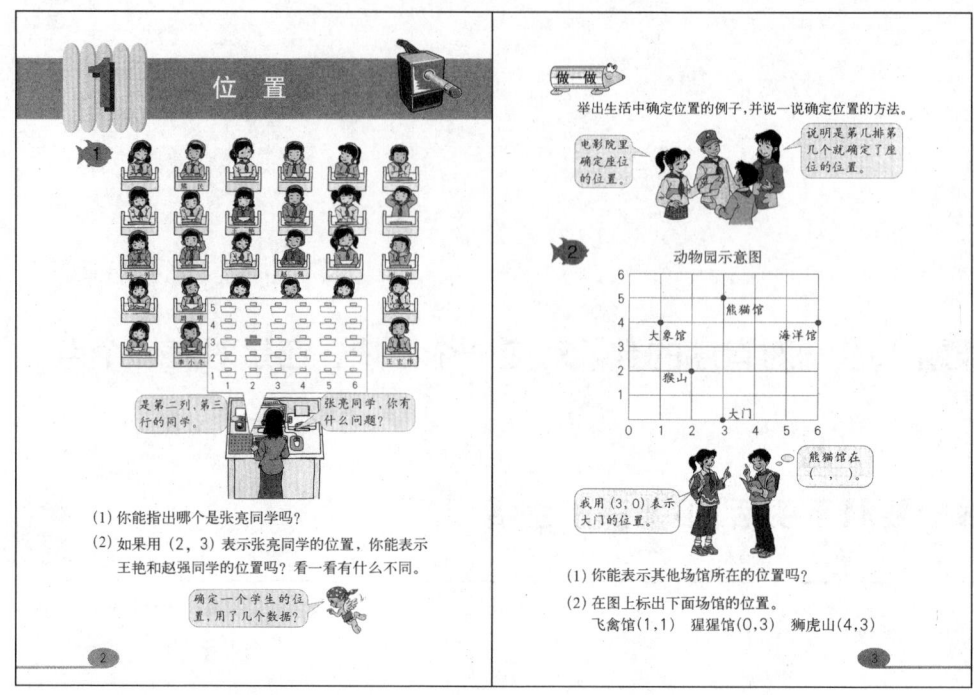

图 15–1　　　　　　　　　　　　　图 15–2

我们且看"课标 2011 年版"是怎样规定"位置"教学的：

在具体情境中，能在方格纸上用数对（限于正整数）表示位置，知道数对与方格纸上点的对应（参见例37）。

例37：小青坐在教室的第 3 行第 4 列，请用数对表示，并在方格纸上描出来。在同样的规则下，小明坐在教室的第 1 行第 3 列应当怎样表示？

【说明】需要先在方格纸上标明正整数刻度，希望学生能够把握数对与方格纸上点（行列或者列行）的对应关系，并且知道不同的数对之间可以进行比较。这个过程有利于学生将来直观理解直角坐标系。

重要的是最后这段说明，其中明确要求在方格纸上标明刻度，弄清有序数对与方格纸上点的对应关系。由此可见，上述教科书的相关内容实在太局限了，没能达到"课标 2011 年版"的要求。

那么，应该如何处理呢？我们不妨作如下的教学设计：

在正文第一页标注了教室座位的基础上增加新的一页，把学生的注意力集中于如何在方格纸上标记自然数的刻度。

标题：在方格纸上标记我们教室的座位图。

第一步：确定哪一个格点是第 1 排第 1 座，并将它记为 A；
第二步：由 A 向右移动的这一行表示第 1 排，并依次标注其座次；
第三步：第一行向上移动依次构成第 2 排、第 3 排……

问题 1：老师所在的讲台是第几排？（0 排）

问题 2：数对的次序怎样定？（数学上常用（列数，行数）表示）

采用这一教学设计的三步法，就可以把教室座位画在方格纸上，使得其刻度的格式和未来的平面直角坐标系相吻合。这样标注刻度，对六年级的小学生来说并不难懂，却是"高于生活"的一种几何学表示，具有笛卡儿（René Descartes）当年提出坐标几何的思想内涵。

值得注意的是，上述教学设计里提出的两个问题，明确地指出了生活习惯和数学规范之间的差异。

首先，日常生活是从第 1 排第 1 座的格点 A 开始的。但是，学生很自然地会问：老师的讲台是第几排啊？于是引出第 0 排的记法。由于自然数是从 0 开始的，因此数学表示的规范是从 0 排 0 座开始，它的位置用点 O 表示。其次，标注位置需要用有次序的数对。日常生活中习惯于用"第几排第几座"，这时的数对是（行数，列数）。不过，在数学上习惯于用"第几座第几排"的数对（列数，行数）来表示。

以上建议增加的三步标记和两个问题，既考虑到要源于日常生活的习惯，又进一步指出了数学的规范,从而高于生活。

有了这样的铺垫,我们就可以对原教科书例2(图15-2)的动物园地图进行刻度标注了。这是"位置"这一单元的核心部分。教科书上要说明,首先将动物园地图打上方格,并使得一些场馆位于格点上。然后确定 O 点 $(0,0)$,沿水平方向为第一行,由左至右标出列数。接着向上方移动产生第二行、第三行……这样一来,我们就可以要求学生把动物园大门、熊猫馆等用有序的数对加以标注。一个"直观的"具有自然数格点的坐标框架也就呈现出来了。这一过程可以使学生能够清晰地看到自然数的数对与平面上的格点位置之间所存在的对应关系。

进一步的问题是:我们究竟为什么要建立数对和格点之间的对应关系呢?"课标2011年版"给出的答案是:为了今后建立坐标系,为了研究曲线与方程。当然,小学里不可能也不必要说清楚建立坐标系的真正意义,但是举几个容易体现坐标价值的示例还是不难做到的。例如,许多一线教师在教室座位加以刻度标记之后,就让学生做以下的活动[1]:

- 请位置为 $(0,0)$ 的同学站起来。(出发点 O)
- 请位置为 $(x,3)$ 的同学站起来。(第3行)
- 请位置为 (x,x) 的同学站起来。(对角线)
- 请位置为 (x,y) 的同学站起来。(全体同学)

这样的数学活动正是"四基"数学教学的组成部分。事实上,用有序数对表示几何学上的点,目的是数形结合,用"数"来表示几何对象,包括直线和曲线。小学生看到根据"数对"的某种特性,在几何上就可以表现为许多不同的直线,可以猜想其内心的震动是非常强烈的。这也正是高质量数学教学要实现的过程性目标。

最后,要说到上述教科书将"数对"对应一个"方块"的大量示例(原教科书六年级上册第4页,以及以后的练习题,直至六年级下册第108页)。其中包括一个空白的方格图,国际象棋(图15-3),分成格子的地图,"增强体质"标语的背景牌,到指定区域拼接等,数量之多令人诧异。"课标2011年版"明明强调要将"数对"和方格纸上的格点相对应,教科书却不厌其烦地重复出现"数对"和"方块"相对应,指导思想显然是不正确的。

---

[1] 季国栋."用数对表示位置"教学实录[J].小学教学(数学版),2014(04).

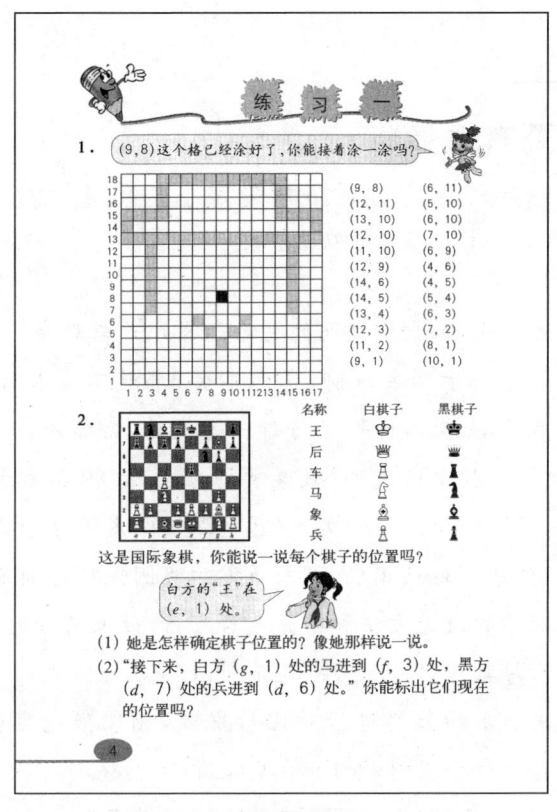

图 15－3

让我们回到本文的主旨上来。数学源于生活,但要高于生活。"数对"或"文字对"可以对应一个"方块"乃是生活常识。这种识图的技能,对于六年级的学生来说实在是过于简单了,实际上不教也会。问题在于:此类技能与数学的发展没有关联;"方块"不能计算,做不到"数形结合",更无法推广到"有理数对"的方块、"实数对"的方块,对日后学习"坐标几何""曲线与方程"等数学基本方法并无助益。喧宾夺主,反而容易产生误解,干扰数学本质的揭示。因此,我建议删除这类例子,只是偶尔将这种用"数对"对应"方块"的现象作为一种变通的特例提及。

总之,用第几排第几座找座位,用一对符号标注国际象棋棋子所处的方块等,不过是"怎样打电话""怎样乘公共汽车"之类普通人不教也会的常识。但是,毕竟并非人人都有笛卡儿那样的天才悟性。要产生像笛卡儿那样的坐标思想,必须认真学习和领会,教科书应该起到引领的作用。

> 一线回声

让数学更有力量
——从"确定物体的位置"到"确定点的位置"的转变
罗永军　浙江省杭州娃哈哈双语学校

数学源于生活,它们之间的关系就像儿子与母亲一样,亲密无间。但如果儿子总是囿于母亲跟前,恋恋不舍,那就不会长大。好在数学这个"儿子"很能干,长大后开辟了另外一番天地,常常有能力比生活这位"母亲"过得更好。张奠宙先生《数学要源于生活,但要高于生活——以小学六年级"位置"一节为例》一文,以具体课例阐发了这一观点。作为一线教师,我深以为然。观点正确,那么所举的实例呢?特别是张先生给出的教材编写与教学的改进方法和措施是否可行,效果又如何呢?

一、有序数对对应"方块"还是对应"点"

对不同版本的教材进行对比后发现,相比张先生引用的教材(2000年版),现行大部分教材(2013年版)已作了调整,具体如表 15-1:

表 15-1　不同版本教材数对对应点/方块的比较

教材(版本)	数对对应点	数对对应方块
人教版	例题(1/2)*、习题(4/9)	例题(1/2)、习题(5/9)
苏教版	例题(2/2)、习题(6/9)	习题(3/9)
北师大版	例题(5/5)、习题(6/6)	
西师版	例题(2/2)、习题(11/11)	

＊ 例题(1/2)指教材中共 2 个例题,有 1 个符合要求,余同。

从上表可见,现行教材的例题和习题大部分已经对学习目标和学习内容进行了修改。虽然不知道教材的主编们是否汲取了张先生的建议,但事实上已经证实了张先生的观点,即将数对对应点,而不是方格。

二、怎样把"座位图"抽象成"点阵图"

既然数对对应"点"的位置,那么座位图抽象成点阵图也是理所当然的。如何转化、抽象呢?张先生提出了教材改编的建议,主要有以下几点。

(1) 0 排 0 座开始

从 0 排 0 座开始用点 O 表示,目的是为了和数学规范接洽。这样做儿童能理解吗?当然可以,不仅六年级学生能理解(原教材是六年级上册),五年级学生也能理解(现行教材放在五年级)。因为这个 O 点可以看成教室靠近黑板这一边的门口。除了用教室里的座位图,也可以用其他生活情景引入,比如,上海版教材从景点图开始学习(图 15-4)。

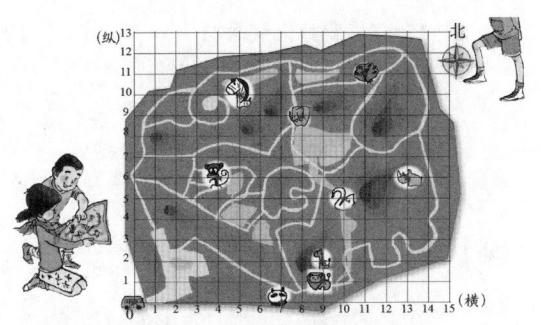

图 15-4

引入 0 排 0 座虽然儿童也能接受,但生活中却不常见,因此有些生硬。如果要引入坐标原点(0,0),不如抛弃教室座位图这一情景,如上海版教材的样例。

(2) 座位图与点阵图对应

上述教材中,除人教版教材外都给出了相应的点阵图。这些教材中给出的座位图类似,点阵图略有不同。(图 15-5、图 15-6、图 15-7、图 15-8)

其中,西师版教材特别注明"小红的位置用第 3 列与第 2 行交叉处的点表示"。

总体来讲,上述各版本教材已经将生活中的位置排列用点阵图表示,为后续学习建立了认知基础。张先生的主张得到了实现。略有遗憾的是,可能囿于座位图这个情景的现实性,坐标原点都没有从(0,0)开始构建。是否换个情景就可以呢?上海版教材给出了一个样例,值得我们进一步研究。

当然,我们也大可不必为原点的表示而纠结,在小学阶段,关键是让学生明白可以用数对来表示一个点。

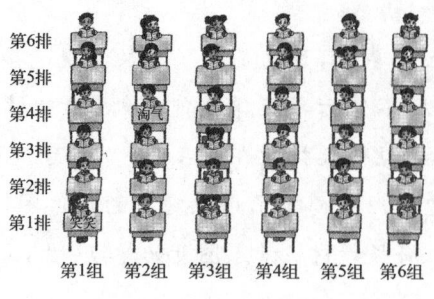
图 15-5 北师大版教材

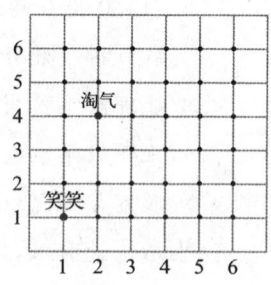
图 15-6 北师大版教材

图 15-7 苏教版教材

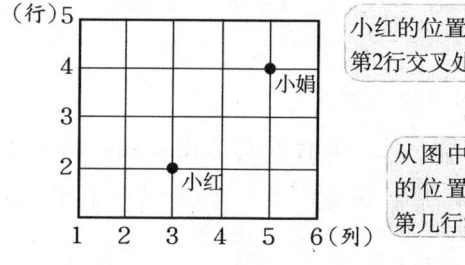

图 15-8 西师版教材

三、把变量放入有序数对学生能接受吗

按照课程标准的要求，用数对确定位置的教学目标非常明确，是为学习直角坐标系打基础的。因此，"确定位置"的重点不在于确定生活中物体的位置，而是确定把物体抽象成点的位置。差别在哪里呢？生活中，物体的位置确定方法常常结合方位词来描述，常用的方位词有18个：上、中、下、前、后、左、右、内（里）、外；东、南、西、北和东南、东北、西南、西北。如果表示队列（座位）中的物体位置，常用"第几排第几个"来表示。因此，用方位词足够满足生活中的定位需要了。但是，要表示出

物体的动态和运动中的位置,仅用方位词就力不能逮了,而要用到数学的方法。

按照数学的方法,把物体抽象成点,再把点和数对一一对应起来,然后用代数式把点与点(线、面等)之间的关系构建出来。根据这个代数式,我们就可以了解点或物体的位置,以及有关的规律了。显然,这里有两个关键,一是将点转化成数对,二是用代数式表示点与点之间的关系。这两者是连在一起的,如果止步于前者,不结合后者,学生只会认为"今天又多了一种方法",为什么学,有什么好,没有体会。对于教师来说也是一个新负担,因为数对表示法与生活中惯用的"先行(排)后列(个)"顺序不一样,反而容易混淆。

为什么要建立点与数对的关系呢?"为了今后建立坐标系,为了研究曲线与方程。当然,小学里不可能也不必要说清楚建立坐标系的真正意义,但是举几个容易体现坐标价值的示例还是不难做到的。"进而,张先生给出了实例:

让学生做一下活动(将教室的座位用刻度标记)。
- 请位置为$(0,0)$的同学站起来。(出发点O)
- 请位置为$(x,3)$的同学站起来。(第3行)
- 请位置为(x,x)的同学站起来。(对角线)
- 请位置为(x,y)的同学站起来。(全体同学)

并认为"这样的数学活动,正是'四基'数学教学的组成部分。事实上,用有序数对表示几何学上的点,目的是数形结合,用'数'来表示几何对象,包括直线和曲线"。

把变量放入有序数对,学生能接受吗,特别是现行教材把此内容从六年级"降"到五年级,可行吗,效果如何?

2014年下半年,浙江省平湖市广陈中心小学的王逸卿老师来杭州新思维教育科学研究院进修,其毕业汇报课即是《直角图中点的位置》(四年级)。王老师前后在杭州、台州等地的学校上了10余次课,我有幸跟随其中的3次,次次反响很好,其课堂实录已经发表在《小学教学(数学版)》2015年第10期上。他从观察点的位置开始(图15-9):看到这些点,你想到了什么?(直线)如果现在要用一个数对表示这条直线上(图15-10)

任意的一个点,你有办法吗?每次上课都有超过50%的学生能用诸如$(x,5)$的形式表示。进一步,王老师请学生指出$(6,y)$所表示的那些点,学生也能顺利指明。接下来是让学生独立完成:先确定斜线上的点,再"用一个数对表示这条直线上任意的一个点"(图15-11),虽然难度有点大,但正确率也在40%以上。在王老师课上,由于问题恰当,有些学生还在问题探究中自发地进行了有序数对的运算。

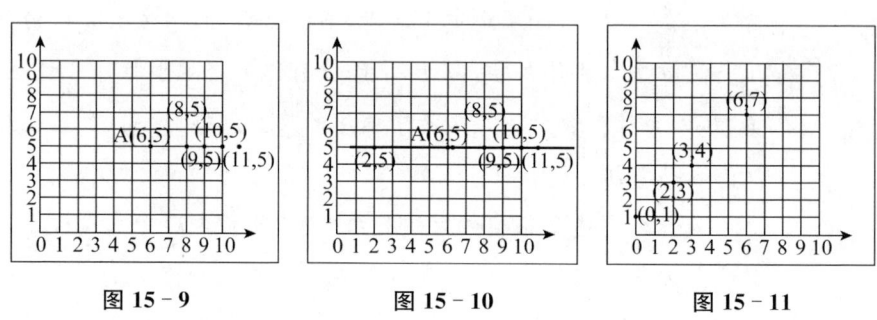

图15-9　　　　　　图15-10　　　　　　图15-11

王老师的课围绕着确定点的位置,从有序的整数数对迁移到代数数对表示,将点"运动"了起来,让学生充分体会到有序数对的学习价值,达到了张先生所说的"小学生看到根据'数对'的某种特性,在几何上就可以表现为许多不同的直线,可以猜想其内心的震动是非常强烈的。这也正是高质量数学教学要实现的过程性目标"。

将"点"动起来,将"数对"代数化的教学,除了上面介绍的实例,还有很多,比如,《小学教学设计》2015年第23期就刊登了一组关于确定位置的教学设计:潘媛老师的《经历过程感悟思想——用数对确定位置教学实录》、苏月媚老师的《创设情境引导探究——用数对确定位置教学的若干尝试》、刘松老师的《有魂才有魄——用数对确定位置的教学思考》。这些设计有个共同的特点是将"点的位置"数学化。应该说,张先生的关注点是完全现实的。

问题讨论到这里,不禁让我反思,张先生提出的"数学要源于生活,但要高于生活"的观点是常识,文中所提的主张也完全可以实现而且可更进一步,但为何没有及时发现或落实呢?是不是这些常识还没有成为我们的信念,以至于我们常常失守?我们到底有哪些数学观、数学教学观是需要经常主动地去实践、去检验呢?

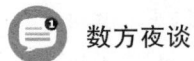
数方夜谈

平面坐标系的根本作用在于表示函数图像

巩子坤：平面上点的位置和坐标表示是老问题了。张先生问，小学里用一个有序的数对究竟表示一个方块，还是一个点？

张　园：对应一个点。

张奠宙：那为什么教材中大量的例子都是对应方块呢？比如，教室座位，国际象棋棋盘，地图说明，运动会上的背景图，等等。

张　园：刚开始的时候都是方块。

张奠宙：第二课时要变成对应点，怎么变成点？

任敏龙：直接把方块看成一个点，直接就过来了。

张奠宙：教材中对应点还是对应方块不加区别，反正都是确定位置。

张　园：是没有区别的。

张奠宙：我觉得不好，坐标系里明确说是一对数对应一个点，课程标准也是这么规定的。

任敏龙：我觉得就应该把方块抽象成点，比如，把教室的位置图中表示座位的方格直接看成点。

巩子坤：到底要不要抽象？何时抽象？怎样抽象？

张　园：教学中肯定是需要抽象的。第一课时的内容直接来源于生活，用数对表示方格，学生是没有问题的，反而是我们老师在教的时候感觉别扭。

巩子坤：因为有坐标系概念框着你。

张　园：对，因为我们是有概念框着的，学生是没有这个框的。所以，第一课时从熟悉的座位表引入，数对对应方块学生是比较好接受的，学生也不会觉得哪里不对，生活中就是这样"对着"的。但到了后一课时，把数对对应点，把方块抽象成一个点，的确有孩子表现出不适应，还是会把数对对应到方格上。

巩子坤：后面这一课时直接硬性规定一个数对对应一个点，没有抽象过程。

张　园：是的，一般没有抽象的过程，感觉很难用语言表达出"方块"变成"点"，基本是直接出现。原来老教材是从一个动物园的地图引入，出现每个景点的位置，这样自然出现用"点"来表示位置，学生是有这样生活经验的，没有出现疑问；而新教材没有动物园的地图，直接出现方格图，更抽象了。

张奠宙：我觉得这样混过去不好，应该指出两者的区别。国际象棋用一对数确定一个方格，中国象棋则是用一对数确定一个点，都是确定位置。日常生活中对应方块的例子很多，但在数学上看没有多大发展前途。一对数对应一个点的发展前途大，就是后来的坐标系。

巩子坤：中学里讲坐标系，是为了画曲线。小学里用一对数确定一个对应点没有什么用处。

任敏龙：对，小学里讲用数对确定位置是孤立的知识点，其实没多大用处。

张奠宙：我查了《义务教育数学课程标准（2011年版）》，明确要求用一个有序数对对应一个点。如果一点用处也没有，就不大好了。在小学里把坐标系讲到什么水平，似乎没有系统的考虑。现在的实际教学中有没有坐标系的应用？

张　园：没有，就是这么很突然地出现了。我们上课的时候一般就是先出现地图，然后指出比如熊猫馆就是一个点，接着就是在方格纸上出现不同的点，没有交代为什么要这样做，也没有处理过方块和点的问题。

任敏龙：我也觉得小学里引进数对表示位置这个概念要有一定的应用，否则意义不大。我想过，可以考虑在第一象限里将图形作运动，比如，一个四边形用坐标来刻画移动到某个位置。

张　园：这在练习里面已经出现了，根据数对来画图形、画轴对称图形或者进行平移，写出数对等。

张奠宙：平面坐标系的根本作用就是表示函数图像、几何曲线，体现数形结合，最起码就是能表示直线。所以，最好用一对对的数画出一条直线。

巩子坤：比如，描出(2,0)(2,1)(2,2)(2,3)(2,4)各点，发现它们在一条线上。

张　园：这在练习中有。

张奠宙：我又要介绍俄罗斯的小学4年级教材了，里面就有等速运动 $s=vt$ 的函数图像（图15-12）。我的预感是，函数概念迟早要进入小学数学。

张　园：我们平时练习里出现的"运行图"，横轴表示路程，纵轴表示时间，也表示一个物体运动的过程。

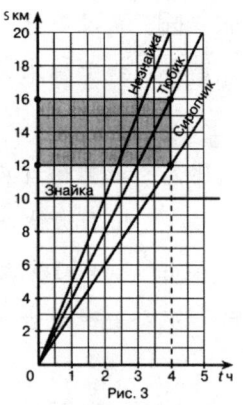

（此图中的四个俄文单词是俄国神话里的四个人物的名字。图中的横坐标表示时间，以小时为单位；纵坐标表示位移，以千米为单位。图中四条黑色的射线分别表示四位神话人物的运动规律）

图 15-12

巩子坤：位置的教学涉及坐标原点 O 的出现，我问一下，说 0 行 0 排行不行？

任敏龙：生活当中没有这个说法。如果我们用座位图来引入数对表示，也就是坐标 $(0,0)$ 这个点是不会出现的。

张奠宙：究竟有没有出现坐标系？

巩子坤：没有坐标系，但是有图形在方格纸上运动。

任敏龙：如果是放在坐标系里来考虑平移和旋转，就可以用数对来精确刻画。

巩子坤：你是想把平移放在格子里来刻画？

任敏龙：对。教材里有平移这个内容啊，为什么不与坐标结合呢？

张　园：有结合的。练习中有平移用数对描述，比如，一个三角形向上平移 5 格，用数对表示出平移后三角形三个顶点的位置。

巩子坤：学生会说都往上移了一格，往右移了三格，不会说这个点本来的坐标是 $(1,3)$，往右平移了三格之后变成了 $(4,3)$？

张　园：会呀！小学教材里只到这步为止，学生用数对表示平移后的位置问题不大。

巩子坤：什么时候会出现？

张　园：平时的作业和考试中都会出现。因为这样就是把位置与方向、平移和旋转综合起来了。但是，新授课是不出现的，练习课中会出现，老师还是要花时间去反馈、去巩固的。

巩子坤：这样的题目有点难度。

张　园：是有难度的。

巩子坤：坐标变换现在连高中都不讲，大学才讲。

任敏龙：我有一个大胆的想法，如果仅仅是要表示一个位置、确定一个位置，这点东西以后到中学里面都要重新来过，小学里学意义不大。

巩子坤：是有这个问题，初中数学教材中对于这些内容要重新讲过。浙教版初中数学教材也是先从生活入手，先介绍如何确定你在电影院的座位，如何确定棋盘上棋子的位置，再逐渐把这些具体的位置抽象成一个点。其中，数对对应一个方格、数对对应一个点也是混在一起的。显然，这样处理也没有很好地展现从方格抽象成点的过程。所以，从这样的角度而言，我觉得小学阶段可以把重点放在数对与方格的对应上，而到了中学，必须让学生清晰地经历将方格抽象成点的过程，或者直接将数对对应点。

张奠宙：课程标准的事情我们没法说，但是我们可以给建议，要么给出第一象限的坐标系，画正比例函数的图像，要么只是一对数对应方块，停留在生活层面。要有明确选择。我觉得要对应方块的话，干脆把极坐标也放上来，就是用角度和距离确定一个位置。这也是一个常识性的知识。

课题 16　篮球是圆的吗

更多地关注数学本质与细节处理
——以圆的定义为例

（本文发表于《小学教学（数学版）》2014 年第 4 期）

一位教师在课堂上问道："什么是圆啊？"学生回答："篮球是圆的！""月亮是圆的！"这很出乎教师的预料。圆是一维的曲线，篮球和月亮都是球体，因而不是圆。可是，篮球不是圆的，难道是方的吗？显然，数学语言和日常生活用语之间发生了冲突。

一般认为，圆是一维封闭曲线，具有周长。可是，从"圆的面积"一节来看，圆又应该是二维的图形了。圆，究竟是几维的图形？让我们以人教版《数学》（2006 年 3 月第 1 版）教材为例来作一下分析。

一、圆的几何学定义

我国的小学数学有一个不成文的规定：小学阶段只涉及圆的直观表象，不出现圆的定义。六年级上册第 4 单元"圆"的前两页如图 16-1、图 16-2 所示。

【评论】圆是生活中常见的几何图形。儿童早在低幼时期就有对圆的认识经验。以上引用的两页教材中，圆心找出来了，半径也知道了，甚至用圆规把圆也画出来了，可是依然停留在蒙眬的圆的直觉里，没有界定"什么是圆"。六年级的学生已经接近少年时期，完全有能力弄清"圆"的几何学定义。

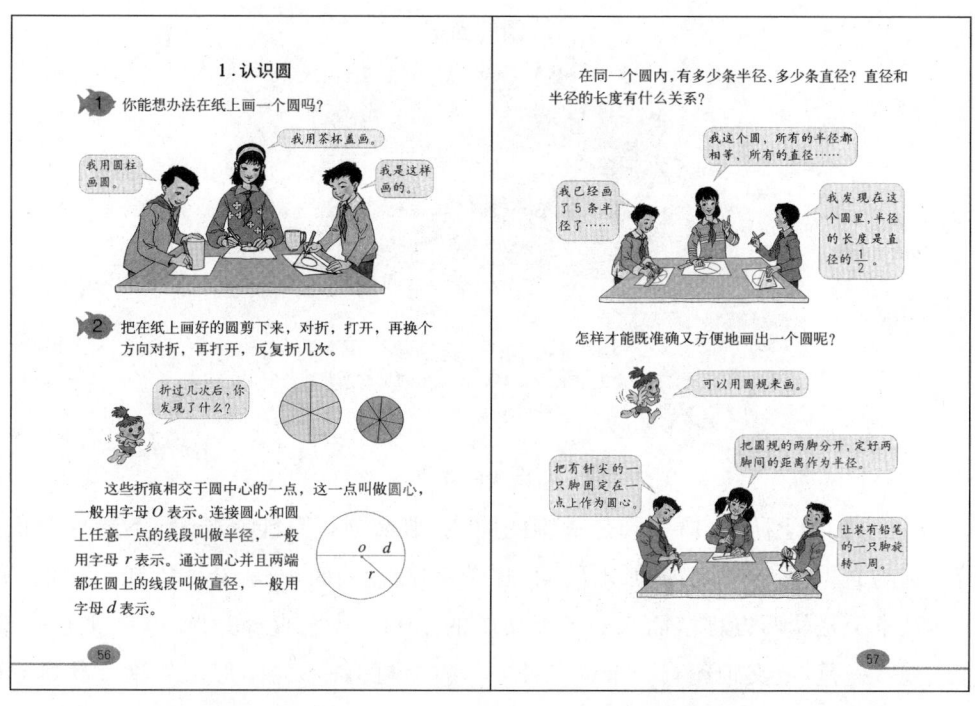

图 16 - 1　　　　　　　　　　　图 16 - 2

【建议】我们不妨在使用圆规画圆的活动之后顺势提出如下的定义：

让线段 OA 绕着它的一个端点 O 旋转一周，我们把另一个端点 A 所画出的曲线叫做圆，点 O 称为圆心，OA 称为半径。

这样的定义不过是圆规画圆过程的数学描述，其中只用了小学里已有的"线段""旋转"等术语，避免使用中学里才出现的"集合""轨迹"等名词。可以预料，六年级的学生是完全能够接受的。

小学里给出"圆"的逻辑定义，揭示了圆的概念的动态形成过程，并明确地指明圆是一条曲线，即是一维的几何图形。这样的定义也符合我国古代典籍《墨子》中的断言：圆，一中同长也。顺便指出，这段古文明白易懂，希望能正式写入教材。我国古代数学关于几何学的论述不多，圆的概念是其中重要的一笔。在大力倡导数学文化的今天，把从西方传入的数学和中国传统文化加以融合，值得数学教育工作者多加重视。

二、关于"圆形"和"圆盘"

六年级上册第 67 页"圆的面积"一节，提到要度量"圆形草坪的占地面积"（图 16 - 3）。

3．圆的面积

图 16 - 3

【评论】如上所述，既然圆是一维的曲线，那么圆就只能有长度，不能有面积。所谓圆的面积，应该更名为"圆形的面积"或者"圆盘的面积"。众所周知，我国小学数学基本上是从西方移植而来的。英文中的 circle，我们直译为圆，其含义是一维的曲线。但是，英文中还有一个词 disk，专指二维的圆形的图形，《英汉大辞典》释义为"圆盘、圆板、圆片、圆平面"。因此，在英文里圆和圆盘是两个不同的词。但是，在汉语里两者混同起来了。如果将"圆的面积"改为"圆盘的面积"，就能将一维的"圆"和二维的"圆盘"区别开来。

所谓"圆的面积"，原本是英文"area of a circle"的直译。不过，如果我们用搜索引擎查找"area of a circle"，固然可以看到不少这样的说法，但是有的著作中已经说明：这一词条的严谨提法应该是"area of a disk"。在维基百科里，则只有"area of a disk"的词条，没有"area of a circle"。显然，欧美的数学书籍也正在注意区分"circle"和"disk"的不同用法。

一个可以讨论的问题是："圆盘"一词可不可以用"圆形"代替？三角形、矩形、多边形以及高等数学中的曲边梯形等词语，都是指二维的图形。"圆形草坪"一句中所出现的"圆形"一词，也是用来形容二维的草坪的。因此，借鉴矩形的面积、三角形的面积的说法，使用"圆形"的面积也许是一个不错的选择。

是采用"圆盘"还是"圆形"，乃是一个学术性问题，需要在实践过程中开展民主讨论加以解决。数学教育界应该关注这样的细节。数学教育机构和数学教育杂志不仅要研究大问题，也要关注小问题。精益求精是永远的目标。

三、如何解释"篮球是圆的"

说"篮球是圆的",乃是本文开头出现的一幕。我们应该如何看待呢?事实上,这是同一个词在两个不同领域里有不同含义的一个普遍性问题。例如,"中心"一词在数学里指图形的中心,在政治学中有"权力中心"的用法,在组织机构中则有"研究中心"的含义,彼此有一定关联,却各有各的准确意义。

篮球不是数学意义上的圆,但是含有圆的成分。日常生活中说"篮球是圆的"没有错。但是,在数学上不能说"篮球是圆的",只能说篮球里含有圆的成分。区别一个词在不同语境中的不同用法是公民文化修养的组成部分,这需要在实践中不断学习、体察和积累。

值得注意的是,在英文里形容词 circular 和 round 都有"圆的"意思。人们会说 round ball,但是不会说 circular ball。汉语中把二者都翻译为"圆的",就容易引起混淆。

本文不断提到英文与汉语的翻译问题,根源在于我国的"学校数学"是全盘从西方引进的,我们要有一个民族化和本土化的过程。这需要正本清源,摒弃英文原文中不合理的说法,也要反思自己的汉语用法,以求做到更加准确、更加科学。数学教学改革固然要抓大的方向性研究,却也要关注细节。正如俗语所说,有些时候"细节决定成败"。

 一线回声

小学数学概念教学应重视数学的本质
——以"圆的认识"教学片断为例

左文艳　江苏省淮安市淮阴实验小学
陈继辉　杭州师范大学附属小学

小学阶段涉及的数学概念都是非常基本的。然而,"越是基本的往往越是本质的"。因此,理解本质的数学概念是掌握数学思想方法、形成恰当的数学观的载体。

张奠宙先生在《更多地关注数学本质与细节处理——以圆的定义为例》一文中,就圆的定义教学给出了明确的指导与建议。文中观点简述如下：

（1）明确了圆的几何学定义——圆是一维封闭曲线，具有周长。建议教材中将圆的定义改为：线段 OA 绕着它的一个端点 O 旋转一周，我们把另一个端点 A 所画出的曲线叫做圆，点 O 称为圆心，OA 称为半径。

（2）建议明确区分圆和圆形（圆盘）。圆是一维的曲线，具有周长；而圆形或圆盘则是二维的图形，具有面积。

（3）正确区分生活用语与数学术语，数学教学应注重细节。

笔者曾执教"圆的认识"，当时确有种种困惑，苦思不得其解，阅读此文后如醍醐灌顶，茅塞顿开。本文拟基于张奠宙先生的三个观点，对原教学设计进行再加工，呈现相关课堂教学片断，探索在"圆的认识"教学中关注数学本质特征的有效教学设计。

一、巧用素材，凸显概念本质

【教学片断1】

师：同学们喜欢看《名侦探柯南》吗？

播放视频，出示案情介绍：犯罪嫌疑人抢劫了一大批珠宝，被警方拘捕后该疑犯交代，珠宝被藏在距离灯柱基座50米的地方。寻找珠宝的任务落在柯南身上，柯南该怎样搜索？（出示示意图）

学生尝试找出宝物所在的点，课件演示，点越来越密集，形成圆。（红色的圆闪烁强调）

【教学片断2】

师：就要举行学校运动会了，体育老师要在操场上画一个很大的圆，你有什么好办法吗？

学生讨论画圆的方法。

生：在指定的地方插一根木棒，拿来一根足够长的绳子，一端固定在木棒的底部，另一端系上粉笔，绕着木棒旋转一周，粉笔就画出一个圆。

生：也可以由一些同学手拉手来完成，要求是被当作圆心的同学不能动，被当作半径的同学长度不能变化。

片断1选取学生喜爱的极具故事色彩的素材，有效激发儿童探索的欲望。学生看着自己逐个找出来的点联结形成的圆，清晰地认识到"圆是一条曲线",生动地诠释了圆的动态概念——"圆是到定点的距离等于定长的点的集合"。虽然基于小学生的年龄特点,没有出现这样专业的说法,但已于潜移默化中悄然渗透了圆的本质特征。

片断2选取和学生生活经验密切相关的素材,在掌握了圆规画圆的原理之后学以致用。这样的设计,从动态角度解释了圆的概念,即张奠宙先生提出的"线段OA绕着它的一个端点O旋转一周,我们把另一个端点A所画出的曲线叫做圆,点O称为圆心,OA称为半径"。虽是专业的解读,但是融于学生喜闻乐见的游戏素材中,学生容易理解消化,从而形成圆的概念。

二、运用比较,构建网络体系

【教学片断3】

学生尝试找点后形成圆。

师:(指着圆内某一点)宝物可能在这里吗?

生:这一点距离灯柱基座不到50米,所以不可能有宝物,可以叫做圆内。

师:(指着圆外某一点)宝物可能在这里吗?

生:这一点距离灯柱基座超过50米,也不可能有宝物,可以叫做圆外。

师:那么,宝物究竟可能在哪里?

生:宝物在距离灯柱基座50米的地方,所有可能存在的地点联结起来是一个圆,所以说宝物在这个圆上。

在层层追问中,学生借助具体情境加以比较,"宝物在距离灯柱基座50米的地方",即只可能在"以灯柱基座为圆心,半径为50米"的圆上,这样就明确了圆的基本属性——圆是一维封闭曲线。

通过反复比较,得出"圆的范围内""圆的范围外"不符合"距离50米"这样的要求,所以"圆的范围内"不是圆,形象地区分了"圆和圆形(圆盘)"这两个概念。本课不少教学设计往往是从生活中常见的含有圆的物体着手,抽象出圆,进而研究圆,这样设计容易导致圆与圆形混杂在一起,应该摒弃。

【教学片断4】

师:圆与以往学过的平面图形有什么区别?

学生将圆与线段、长方形、正方形、三角形等进行比较,大致认识直线形与曲线形。

【教学片断5】

师：我们从柯南寻宝说起，认识了圆，了解了圆的很多知识，还热情地帮助柯南出谋划策。但是很遗憾，柯南在大家描述的圆上仔细查找，还是没有找到宝物，可能是什么原因呢？

生：测量精确吗？

生：犯罪嫌疑人没有撒谎吧？

（教师出示一个切开的乒乓球）

生：哦！可能埋在地下啊！

……

在探究环节，特别强调圆与其他平面图形的比较，旨在引导学生发现圆是曲线，与长方形、正方形、三角形等平面图形是不同的。最后抛出"困惑"，进一步追问"宝物一定在圆上吗"，又将圆与圆球面进行比较。

这样一系列的分析与比较，有利于帮助学生构建与圆相关的知识网络体系，清晰地诠释"圆—圆形—圆球面"三者间的本质区别。只有构建这样的逻辑体系，才能从本质上把握圆的特征。

三、选用史料，彰显数学文化

【教学片断6】

（探索并发现圆的特征后）

师：在同圆或等圆中，半径都相等。其实，早在两千多年前，我国古代就有了关于圆的精确记载。墨子在他的著作《墨经》中这样描述道："圆，一中同长也。"我国古代的这一发现要比西方整整早一千多年。

（板书：圆，一中同长也）

泱泱中华，拥有五千年的璀璨历史。对于我国优秀的数学成就、古典文化，要取其精华，发扬光大。

几乎所有执教"圆的认识"的教师都会引用墨子的话"圆，一中同长也"，这与圆的定义"到定点的距离等于定长的点的集合"异曲同工，更能展示古汉语之精炼美，为何不能理直气壮写入我们的教材呢？

概念是思维的基本单位，数学概念是学生学习相关数学知识的基础。在小学数学概念教学中，要从数学本质上来理解这些概念，并进而构建相应的知识体系。

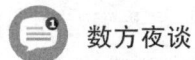 数方夜谈

圆,究竟是一维图形还是二维图形

巩子坤：今天聊聊"圆"的定义。

张奠宙：在汉语中,圆有双重身份,既是曲线,又代表它的内部。不过,英文是区别开来的,circle 指圆周,disk 指盘状物、圆形物,二者是不一样的。

巩子坤：是的。我看了看维基百科,circle 指圆周,是一条曲线,不包括任何面;而 disk 指圆周的内部。所以,严格地说,当我们说到圆的面积的时候,是指 disk 的面积,而不是 circle 的面积。

其实,不仅圆的概念,三角形、四边形等概念也具有这样的模糊性。

张奠宙：当时诱导我写这篇文章的是初中几何课上的一个问题。学生问篮球是不是圆的,老师说篮球不是圆。学生反驳："篮球不是圆的,难道是方的吗？"问题在于,"圆"在小学里规定只能是曲线,是一维图形,那么篮球是一个立体的三维图形,怎么可能是圆呢？这就在语文与数学之间出现了矛盾。

巩子坤：这是由我们日常语言的模糊性导致的:我们说球是圆的,其实我们想说的是它是一个圆球而不是说它是一个圆。日常生活语言是很模糊的,所以我们笼统地说篮球是圆的,其实后面省了一个"球"字,实际上是说篮球是一个圆球。

任敏龙：但是我们不会说多棱柱是圆的,因为球的截面是圆的,多棱柱的截面没有圆。

张奠宙：张园老师,如果学生来问篮球是不是圆的,你会怎么回答？

张　园：我肯定会指出,篮球应该说是球,而它的截面是圆。

任敏龙：我们教学"圆的认识"通常是这样开始的,先提问:同学们,你在哪里见到圆？学生会说钟是圆的,柱子是圆的,等等。这时老师怎么回答呢？我上课的时候会说,是的,这些图形中都有圆,今天我们就来认识圆。我不说他对还是错,因为这个时候还没有对圆下定义,所以先放着。

巩子坤：对,我们说这些里面都有圆。有的老师为了避免日常实物对认识圆所造成的负面影响,直接从画圆开始。比如,【一线回声】中"圆的认识"一课就很好。

任敏龙：学生会说碗是圆的。实际上学生说某些东西是圆的，都是指其中存在圆的截面。我们可以在学了圆的概念后再回过头来认识篮球是圆的、柱子是圆的……这里的圆究竟所指何物。

张奠宙：说"篮球是圆的"，圆在这里只是形容词，意思是"篮球有圆的成分"。我们要区分"是圆"和"是圆的"之间的差异。

课题 17　面积的定义应该突出数学本质

深入浅出，平易近人
——怎样测量长度、面积和体积

（本文发表于《小学教学（数学版）》2014 年第 9 期）

长度、面积和体积是最基本的度量几何学概念。这三者除了图形的维度不同，作为一种测量过程其本质是一样的。不过，目前的小学数学教科书中并没有给予统一的处理。测量，不仅仅是拿刻度尺去量测一条线段的长短（那属于物理学范围），数学测量的本质是给每一条线段以合适的数。在这样的视角下，可以说长度、面积、体积测量的数学意义很遗憾地在中小学教科书里被淹没了。那么，怎样深入理解数学本质，平易近人地浅近展示呢？

让我们从长度概念说起。小学数学教科书通常在二年级就有"长度单位"一节，但始终没有解释什么是长度，将它当作人人自明的一种直觉感知，这是很自然的。但是到了三年级，却要一本正经地"定义"什么是面积。大多数教科书都是说："物体表面或封闭图形的大小就是它们的面积。"其中，"面积"二字用粗体或者不同颜色加以突出强调，这看上去好像是一个定义。于是，许多教师围绕这句话进行教学设计，反复地讨论什么是表面、什么是封闭。其实意义不大。面积和长度一样，也是人与生俱来的直觉。早在婴儿阶段人们就已经能辨别两块饼的大小。把"大小"作为面积，就如同把"长短"作为长度一样，并没有实质性的解惑，都是同一个意思的简单重复。因此，这种粗体字的所谓定义只是常识性的叙述而已，并不能帮助学生真正理解面积概念。

众所周知,数学学科讲究逻辑严谨。一些概念的严谨定义乃是一个大单元的出发点,教科书上将逻辑意义上的定义用粗体字显示,以期引起读者的注意,这自然是对的。不过,并非任何定义都是重要的。有些对象可以基于直觉的感知,不必追求严格的定义。例如,《辞海》(第六版)对汽车的定义是:"由自备的动力装置驱动,非轨道、无架线的运输车辆。"这样的定义,对于普通百姓来说,知道不知道并没有多大关系。什么是汽车,大家都明白,能够和电车、火车大致区别开来就行了。就数学教科书而言,也有许多并不重要的粗体字定义。小学数学里面积的定义就是其中之一。

关于面积的定义,《辞海》(第六版)的解释是:"几何学的基本度量之一。是用以度量平面或曲面上一块区域大小的正数。通常以边长为单位长的正方形的面积为度量单位。"(这里应该说"非负数",因为图形的面积可以是0)

《辞海》(第六版)的解释也不是严格的定义。但是,它强调面积是一个数,这很重要。事实上,衡量一个事物的大小有多种方法。例如,衡量军阶的大小,有上将、中将、少将、大校……的区别,但它们并不是"数"。至于面积,则确确实实是一个数,不能回避。

为了印证《辞海》(第六版)里说法的科学性,我们不妨引用现代数学中的测度理论,看看如何严格地定义面积。

【面积】设 $\sum$ 是一些封闭平面图形组成的集合。m 是定义在 $\sum$ 上取值于非负数的一个映射:$m(A), A \in \sum$,且满足以下条件:

1.(有限可加性)若 $A, B \in \sum$,A 与 B 不相交,那么 $m(A \cup B) = m(A) + m(B)$。

2.(运动不变性)如果图形 $A \in \sum$,经过平移、旋转、反射的运动成为图形 $A' \in \sum$,那么 $m(A) = m(A')$。

3.(正则性)边长为1的正方形 $I \in \sum$,且 $m(I) = 1$。

我们将映射 m 称为图形的面积。

面积的这个严谨定义说明,面积乃是对一些平面图形分别指定一个数(0或正数),而且指定的方法必须满足"有限可加性""运动不变性"和"正则性"三个条件。这三条也可以看作是"面积公理"。其实,其基本思想也适用于长度公理、体积公理,只要把Σ中的平面图形换作线段或立体图形就行了,关键是要满足那三个条件。

现在,让我们回到小学数学范围里。小学数学当然不能将测度论的那一套搬过来,但是,我们是不是应该深入浅出地把面积理论的基本思想方法生动地呈现出来呢?数学中的"测量"并不是拿刻度尺量物体边缘的长度那样的一种物理学意义上的技能。数学意义上的面积测量,其实质是要对某些平面图形指定一个合适的数,并使之满足一些特性。以下就来谈谈我们如何在教科书中叙述。

一、关于长度概念

前已述及,二年级教科书中有"长度单位"一节,那里没有给长度下定义或给予任何说明。对儿童来说,长度就是长度。感知直线段或曲线弧的长度乃是人类的直觉本能,小学数学无须多作解释。

三年级教科书中有"测量"一节,可是内容只是介绍毫米、分米、米、千米、吨等单位,并没有介绍什么是测量、如何测量。

这样的内容只涉及度量单位,包括使用毫米、厘米、分米、米、千米等标准。凡是有刻度的测量,都涉及测量的手段,机械的、光学的、原子物理学的等,从学科划分上属于物理学范畴。至于数学上的"测量",如长度,其核心要求在于如何给每一条线段"指定"一个适当的数,并使之具有长度的三条性质。这三条性质在我们"指定"的过程中不经意地使用了。

首先,"长度的有限可加性"。例如,在教科书中用塑料尺量课桌面的时候,由于尺短而课桌面长,因而要不重叠地量好几段才能量完,然后把几段长度加起来获得最后的结果。这蕴含着有限可加性。因此,为了强调"测量"的这一特点,我们不妨在教科书里加上一句:

要量不同的两条线段的长度,如果彼此不重叠,那么先分别量,然后加起来就行了。

这样的一句话,平易近人,却体现了"数学测量"的本质意义。

其次,测量过程隐含了长度的运动不变性。量课桌面长或宽的长度时,两段能彼此重合的线段,虽然位置不同,但长度是一样的。为了强调这一点,也不妨在练习题里出一道题:

大扫除时把课桌搬动了一下,课桌面的长度有没有变化?

再次,测量时要使用长度单位,如厘米、分米、米等(这在教科书里已经充分强

第三部分 关于图形与几何

调)。数学和物理在这里和谐地链接起来了。

对小学生而言,这些长度的性质虽然不必给出特别的名词,但在度量过程中明确地指出、有意识地运用,无非是加上两句话,却对理解长度的意义十分有益。

二、关于面积的意义的教学

面积的教学,其核心是如何测量图形的大小,即如何给平面上的封闭图形一个恰当的数,能满足那三个条件。在教科书中,我们可以通过回顾长度的测量过程,将面积的测量过程与长度的测量过程进行类比,再次揭示测量的数学本质。以下是有关面积在教科书中如何设计的建议。

第1页:回忆长度的测量过程。有以下三步:

- 感知长度的相对性:物体有长短,人体有高矮。例如,小明比小英高。
- 用数表示长度的测量过程。例如,小明有多高?小英有多高?如果从长度单位"厘米"出发,给每个人都量出身高就好了。例如,结果是小明的身高是145厘米,小英的身高是141厘米。
- 用数值计算量出的长度相差多少。例如,145－141＝4,所以小明比小英高4厘米。

第2页:面积的意义。不妨这样写:

大家知道,物体表面是有大小的。例如,邮票贴在信封上,我们就说邮票比信封小。那么,信封有多大?邮票有多小?我们能不能用数来表示它们的大小呢?

我们用一个数来度量平面或曲面上一块区域的大小,并把这个数叫做这一区域的面积。

类似于长度的测量过程,如果我们能从"平方厘米"这个单位出发给出长方形的面积,那么我们就能测量出邮票的面积(如6平方厘米)以及信封的面积(如30平方厘米),并因而能用数值计算比较它们的大小了(如信封比邮票大24平方厘米)。

这样叙述,就把"测量"的数学本质呈现出来了。

第3页:"求"长方形的面积。

我们用数方格的办法给长和宽都是自然数的长方形指定了相应的面积("求"出了面积)。数方格的过程蕴含了面积的有限可加性。此后,还要"求"平行四边形的面积,要把一个三角形切下来、搬过去凑成长方形,这是利用了面积的运动不变性。总之,所谓测量,就是"求"平面图形的面积,即设法给一个确定的数与之对应,并能够满足那三个条件。

最后,我们要问:小学数学里是不是能给面积、体积下一个严格的数学定义?我们提出以下建议,看看能否在一些学校里试行一下。至少,可以在教学参考资料以及小学数学教师培训教材中出现。

【面积】数 m 是一个平面图形 A 的面积,就是指能用 m 个单位正方形不重叠地恰好填满 A。

通过简单的数学活动,小学生可以得出:

- 重复认识:单位正方形的面积是 1。
- 若长方形的长和宽分别是整数 a、b,则它的面积 $m=ab$。
- 若长方形的长和宽分别是有限小数 a、b,则它的面积 $m=ab$。(这时要用边长为 $0.1, 0.01\cdots\cdots$ 的小正方形去填)

接着应该研究,长和宽分别为无限小数(循环或不循环)a、b 的情形。这涉及无限,要用极限方法处理。面积同样也是 $m=ab$。(此结论中小学都默认了,未加细究)

- 用出入相补原理可以将平行四边形的面积归结为长方形的面积(底乘高)。(边长是小数的平行四边形,其高可能是无理数,小学里也未加细究)
- 于是,三角形、多边形的面积也就可以求了。
- 圆的面积。这时无法绕开 π 是无理数的情形。实际上,我们用刘徽的割圆术直观地描述了这一极限过程,求得的圆面积为 πr^2。
- 由此可以求得扇形、环形等图形的面积。

小学里的面积教学到此为止。中学数学课程没有再对面积概念作进一步的探究,只是在高中阶段将求面积、体积的度量几何学扩展到能够计算常见立体图形的体积:球体、锥体、台体。这就是说,中小学里的内容大量的是"求"一些常见平面图形的面积和物体的体积。

大家知道,对一般的曲边梯形的面积计算属于微积分学的基本内容。定积分的定义过程,就是用分割以后"内填""外包"的互不重叠的矩形面积之和无限逼近(填满)的结果。只在此时,才对边长为无理数的矩形面积、圆面积给予严格的论证。

综上可知,小学里的面积、体积概念,在微积分之前的中学数学里并没有得到深化。许多人头脑中的面积、体积概念就只有小学里那一点点。可以说,数学意义下的测量过程还未能广泛地进入数学教学圈中人的视野。

求平面图形面积的过程贯穿于整个数学发展史。从古希腊数学到 17 世纪的微积分、现代的测度论,乃至今天的分形理论,一直没有完结。如果更进一步学习,就会知道并非所有平面图形都有面积,那就涉及勒贝格测度等现代数学内容了。

联想开去,可知小学数学并不简单,甚至具有很高的学术含量。小学里有许多内容需要高屋建瓴地从数学本质的揭示上进行梳理,仅就一些教育理念进行教学设计是走不远的。晚近以来,提倡 MPCK(Mathematical Pedagogical Content Knowledge,简称 MPCK,意为数学内容的教学知识)研究,教师培训要在教学内容的理解上下工夫,乃是有的放矢的决策。与时俱进、高屋建瓴地讨论面积、体积的定义,只不过是一个小小的例子而已。

一线回声

行走在"无声"与"有声"之间

严欢明　浙江省杭州市学军小学紫金港校区

读了张奠宙教授的《深入浅出,平易近人——怎样测量长度、面积和体积》一文,可谓受益匪浅。张教授高屋建瓴地对长度、面积和体积进行了概念梳理,提出长度、面积和体积都是几何度量领域的概念,它们都具有"数"的基本属性,即找到一个合适的数对其数学属性进行描述,且它们皆具备"有限可加性""运动不变性"和"正则性"三个基本特征,只有对这些度量概念进行研究才能设计出更符合数学思维发展的教学案例。

一、关于长度概念——此时无声胜有声

我关注到张教授举例的是人教版的实验教材,而修订教材中已经就一些概念进行了重新处理。比如,修订教材更加尊重学生真实的经验,将长度统一的过程进行了简化(图 17-1)。而在 1 厘米的认识中丰厚了单位的多重表象,帮助学生积累测量经验(图 17-2)。

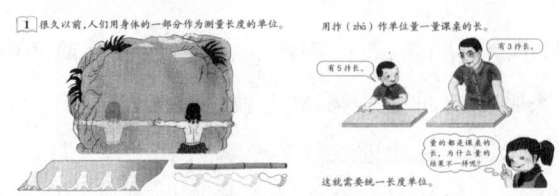

图 17-1

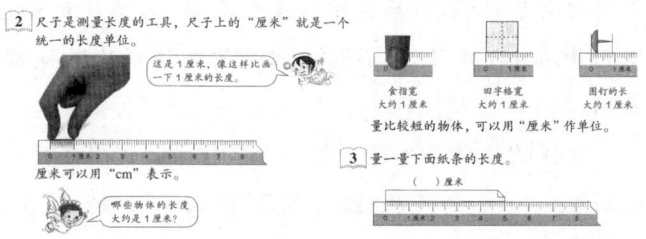

图 17-2

修订后的人教版教材更加灵活地运用学生与生俱来的长度直觉,尊重孩子已有的真实经验:通过伸展的手臂、一拃、脚印等多种身体尺子对同一个物体进行测量,通过测量结果的不同来说明统一长度单位的必要性(图 17-3)。不难发现,虽然此处还没有涉及长度单位,但"长度的有限可加性"已经有所渗透。

图 17-3

鲜活的表象是学生今后正确选择长度单位进行测量与描述的思维支撑,通过各个不同物体长度与 1 厘米的比较丰富了 1 厘米的表象,而这一体验过程不也是"长度的运动不变性"的证明吗?1 厘米与手指的宽度比较时,与小方格的边长比较时,与钉子的长度比较时都没有发生变化。1 厘米的概念建立后,在实际测量中"几厘米"是 1 厘米累加的结果,这体现了长度具有有限可加性。在认识米的过程中,需求被再次激发,学生需要用合适的单位来描述长得多的物体,100 个 1 厘米相加就是 1 米。而新加入的解决问题"一根旗杆的高度是 13 厘米还是 13 米",更是充分体现了长度的根本是"数",我们需要寻找合适的模型对其进行匹配。在合适的单位叠加后,不多不少正好与已知长度相等。这一例题综合学生已有表象的提取——1 厘米多长、1 米多长,叠加——13 厘米多长、13 米多长。

二、关于面积概念——润物也可细无声

张教授在文中对面积的教学提出了全新的设计,他认为应该先回忆长度的测量过程,然后类比长度的测量,为不同的面寻找合适的"数",呈现测量的数学本质,最后用数格子的方法求出长宽都是自然数的长方形面积。

这样的设计完全符合数学中"测量"的逻辑展开过程。除了这样一种认知方式,我们可否从"线动成面"来认识面呢?除了面积的概念学习,我们更应该关注什么?

1. 从长度的学习经验入手展开面积的学习,有必要吗

笔者认为,没有必要花大量的笔墨回顾长度的学习。在学生学习了厘米和米后,又学习了分米、毫米和千米,无论是实际生活还是数学学习中都积累了大量操作经验与技巧。累加、比较、求差等数学经验并不是独立存在,早已融入已有的知识体系中。所以,我认为完全可以无需回顾长度,而直接进行面积的学习。

【课堂尝试1】如何引入面积

(1) 猜猜看它们有多长(图17-4)。

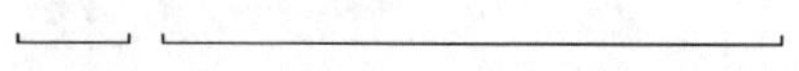

图17-4

(2) 这是1分米,这是1米,除了这两个长度单位,我们还学过哪些长度单位?

(3) 1分米长的线段运动起来了,你看到了什么?(变高了,变成了一个长方形(图17-5①))

(4) 如果1米长的线段也运动起来,它的面和①号图形相比怎么样?(大,肯定大)

出现一个很窄的面(图17-5②),学生中出现了疑惑的声音:咦?比刚才的长方形要小!

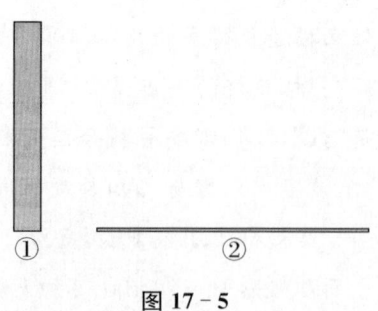

图17-5

(5) 怎么样才能比①号的面大呢?(再高一点)

(6) (把1米长的线段继续升高,如图17-6)现在谁的面大?

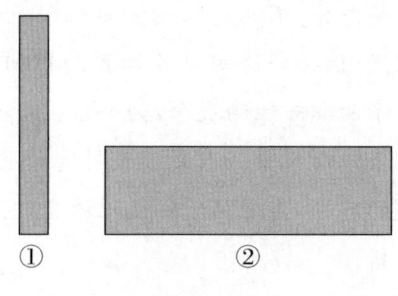

图 17-6

(7) 线段还可以有别的运动方式,看,它们都动起来了,这些图形的面你也能比较大小吗?(图17-7)

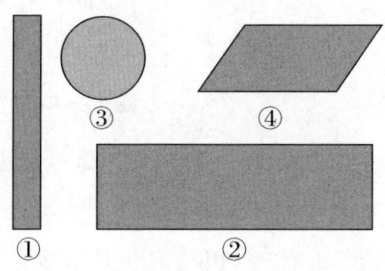

图 17-7

(　　)的面比(　　)的面大,(　　)的面比(　　)的面小。

【思考】

将线段的长度设定在"1分米和1米",在估一估的过程中自然回顾了长度单位,唤醒了学生的学习经验。如何让学生的思考中心从"长短"转移到"面",笔者顺"藤"摸"瓜",让图形"动起来"。从一维运动到二维运动,让学生初步体验"面"的含义。之后打破定势,故设障碍,抓住"1米动起来肯定比1分米要大"的弱点,进一步强调二维运动,聚焦"大小"。

2. 为了理解面积的本质,应关注什么

面积学习的核心是给指定区域一个恰当的数。除此以外,我们也应该关注面积学习的几个难点:面积单位如何规定?正方形为什么作为面积单位?面积单位与相应长度之间存在怎样的关系?面积单位是如何累加的?如何正确数出表示面积的数?

人教版教材不给出面积的定义,通过具体实例"××的大小就是它的面积"描述概念。在定量刻画中,从需求出发,通过操作展示说明为什么必须要用正方形:因为正方形可以密铺。在下一个层次中说明边长和面积单位之间的关系,不断建立面积单位的表象。在练习中辨析长度和面积的不同维度,选择合适的单位计算面积相同小正方形的周长。练习的最后还渗透了面积守恒的观念,为今后平行四边形、三角形、梯形、圆等面积的推导积累活动经验。人教版教材是对张教授面积教学设计"第2页"与"第3页"的补充,实现了面积认识的层次性和全面性,强化了长度和面积的对比辨析。

【课堂尝试2】用正方形等测量图形的面积

出示图17-8:

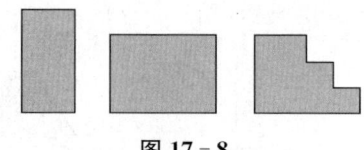

图 17-8

(1) 这些图形的面积是多大?你能想办法告诉我们吗?老师提供了圆、三角形、正方形等小工具,你可以根据自己的需要进行选择。

——我选择正方形,因为我估计正方形可以正好摆进去。

——我觉得选择圆肯定不行,用三角形测量又太慢了,而且边上可能摆不上。

(2) 你可以摆一摆,也可以估一估。

(学生摆前两个图形时都很顺利,到第三个起了"争议")

——第一个行放2个,第二行放3个,第三行放4个,所以是9平方分米。

——我觉得它的边可以移一移,移成一个长方形,那就变成了12平方分米。

——这样是不对的!面积变了!(学生引发一片争论)

(3) 你们说说看,12平方分米错在哪里?

——这样移是周长没变,但是面积变大了。

【思考】

通过"选""摆""估",渐渐显现了面积的数学本质。前两个图形让学生自然抽象出数格子的方法,长能放几个,宽能放几个,学会用合适的数去描述指定区域的大小。第三个图形不刻意回避负迁移,这是对学生认知真实情况的考虑,面积概念交织在选择、操作与辨析中。学生最终发现"移"是可以的,但要移"面"而非移"线",否则面积就变了。

3. 在现行的面积学习体系设计中留白了什么

张教授提出在小学数学里可否给面积、体积下一个严格的数学定义,并梳理了面积的数学活动开展过程。我赞同在教学参考书中出现这些观点。张教授的观点可以从两方面来理解:凸显长方形作为面积研究的核心地位;长方形的长和宽分别是自然数、有限小数、无限小数(无理数)。

我们的教材缺乏长、宽从自然数到小数、分数的衔接设计:用长、宽均是自然数的模型推导了长方形的面积,当长、宽不再是自然数的时候,迁移已经学过的长方形面积公式就了事了。这样的设计值得我们反思与改进。我想,对于小数、分数,我们是可以直观推导长方形的面积公式的。

参考文献

[1] 中华人民共和国教育部.义务教育数学课程标准(2011年版)[S].北京:北京师范大学出版社,2011.

[2] 张奠宙.数学教育随想集[M].上海:华东师范大学出版社,2013:24-25.

[3] 朱德江."学"与"导"应着力于学习的"关键点"[J].小学数学教师,2016(03).

 数方夜谈

关于求面积的数学方法和物理学方法

巩子坤:今天聊聊体积和面积。这两个概念谁都认为自己明白,却又都说不明白。张老师是函数论专家,先来听听您在这方面的高观点。

张奠宙:不是什么高观点,就是普通的日常生活经验。首先要问,什么是物体的体积和平面图形的面积?物理学家说,固体物体的体积就是把它放到注满水的容器里,溢出的水放到带有刻度的量杯里,根据刻度计算水所占有的体积就是物体的体积。小学数学里求土豆的体积，就是用这种等量替代、使用刻度读数的办法得出来的。这是物理学方法，不是数学方法。凡是用刻度来计算的方法都是物理学方法。

殷文娣：数学家是怎么做的呢？

张奠宙：就是用单位立方体（单位正方形）去量测，拼起来数一数。

殷文娣：也就是切小方块或者画方格子"数一数"的办法。

张奠宙：这个"数一数"牵涉到面积或体积公理。第一，有限可加性。不相交的两个方格子的并，其面积是2。第二，运动不变性。方格子搬来搬去，在任何地方的面积都是1。这两条都是日常生活经验，又是数方格子必须默认的规则。据这两条公理，用单位方格子能够数出来的数叫做这一图形的面积。边长为自然数或有限小数的矩形，用方格子可以填满，因而是可以数出来的。边长为无限小数的矩形面积，要用极限理论处理。

殷文娣：这么说来，与其说"数方格子"是求面积，还不如说是定义面积。

张奠宙：对啊。面积公理既是求出某些图形面积的方法，也是这些图形面积的定义。

殷文娣：接下来是平行四边形和三角形的面积。直接数方格子不行了，就再根据面积的有限可加性和运动不变性，提出出入相补原理，用化归方法将它们归结为某个矩形的面积。哦，这也是等量代换啊。

张奠宙：这和测量土豆体积时的代换不同。这里的化归虽然也是等量代换，但绝对不去依赖刻度器皿的读数。

殷文娣：再往后就是圆面积。用有限个小三角形面积之和，再求极限得到。微积分则用矩形条之不相交并集通过极限方法求得曲边梯形面积。

张奠宙：曲边梯形的面积从来没有定义过。古里古怪的曲边梯形可能"没有面积"（即不是黎曼可积分情形）。总之，数学家的办法是从面积公理出发，给各种图形确定合理的面积，同时给出求面积的方法。

殷文娣：那么，求土豆的体积是用溢水法好，还是切小方块好？

张奠宙：物理学实用，但有读数的误差。数学是纯理论的，给出公式，可以计算，可以推演，绝对精确。这种数学思想方法的科学价值意义深远。

巩子坤：说得很清楚。好，咱们来谈谈教材。

殷文娣：教材上说"物体占有空间的大小叫做体积"，这是不是定义？

任敏龙：这是一个大体说明，不是精确的定义。空间的概念比面积概念难懂得多。

仔细推敲,会发现越说越糊涂。

张奠宙：这句话仅仅是描述,不是定义。它没有告诉你体积究竟是什么。面积概念也是如此。平面图形大小到底指的是什么仍然不清楚。事实上,一个事物的大小未见得都能用数来表示。比如,一个人能力的大小就没法数量化。

殷文娣：张先生,您说"我们用一个数来表示平面上一块区域的大小,并把这个数叫做这个区域的面积",这算不算定义？

张奠宙：这也不是定义,只是说明我们要做什么,怎样做,以后一步步说明如何对一些图形给出这个数。

任敏龙：第一步是给出单位立方体（或单位正方形）的体积是1。这是出发点,非常重要。第二步则是用"覆盖"或"内填"的生活经验：甲区域覆盖了乙区域,一定是甲区域面积大于乙区域面积。剩余部分越少,二者的面积就越接近。所以,面对一个平面区域A,我们可以用单位正方形去内填,填得越满越好。当然,单位正方形之间不能重叠。这就是有限可加性的原理。然后是第三步,数一数单位正方形的个数,就可以大体确定区域A的面积了。

殷文娣：数单位正方形的个数是用了运动不变性,即单位正方形不管位于何处面积都是1。

任敏龙：对。通过这样的三步,面积的数学理论就有了雏形。边长为自然数的矩形,用单位正方形恰好能填满,最后数出来的数就是它的面积。既是定义,又是求法。以后一步步扩充,哪些图形可定义面积,如何求得,同时完成。这是一个很重要的数学思想方法。

张　园：面积的理论是清楚了,教学怎么办？

巩子坤：现在教材里面也有这样的环节。先用两个平面图形,一个能把另一个完全覆盖,外面这个图形的面积比含在里面的那个图形的面积大。接着出现两个图形相交却彼此不相包含的情形,为了比较它们的大小,就用单位正方形去填充。这样做铺垫得不少,可惜的是没有点穿面积问题的实质是要一步步地给各种图形赋以面积的数值。

任敏龙：面积定义不像其他的属加种差式定义那样容易捉摸。例如,对于平行四边形,立刻画一个出来,和其他图形一比较就明白了。面积的大小学生都能作一些直观的判断,具体是多少就需要我们合理地赋值,一步步确定。

张　园：度量面积也是一个难点。面积这节课最难的是学生受经验影响，一看到求面积就用尺子去度量长度，并直接将量得的长和宽数据相乘求出面积。这样一来，学生的头脑中根本没有用二维的小正方形去度量图形的体验。

巩子坤：难点就是当遇到一个面的时候，学生想到的不是找一个单位面去覆盖它，而是拿着绳子去量，像量长度一样。

张　园：所以，学生在做周长和面积的题目时经常会搞混。我们最开始教面积（如长方形面积）的时候是用1平方厘米去覆盖，好不容易学生明白了一行几个，有这样的几行，如一行6个，有8行，一共有六八四十八个，就是四十八个1平方厘米。过两天求长方形面积，你又拿一把尺子去量长和宽，量面积又变成了量长度。我们量的目的是量出有几个小正方形，但学生往往不会像我们老师这样想，他看到的就是一维的，所以做题目的时候周长和面积经常会搞混。真正的问题还是对面积概念的理解、对面的二维概念的建构不到位。

巩子坤：你刚刚说的这个问题很好。为了度量这个面的大小，我们用一个单位面积去覆盖它，但真正去算的时候，如长方形，我们还是量长和宽，还是一维的问题。

张　园：所以小孩子就很糊涂。

任敏龙：其实，还是面积的概念问题。

张　园：会不会因为我们仅仅用了一节课的时间教学生用小方块去度量面积，时间还是不够，学生的体会不够深刻，老师很急，急着想把课上完？你说不知道怎么教吧，其实是知道的。

张奠宙：我当然是很想把测度论那些东西潜移默化，就是有限可加性，就是两个东西不相交的话，面积就是相加，搬来搬去它是不变的。所以，土豆可以切，把土豆切碎了，所有的方块都是一样大小，把它们不相交地叠起来就好了，这里的方块和那里的方块是一样大小的，根据这两条性质就可以切土豆了，就可以画方格纸了，利用这个大小再用极限方法就可以推广到全部。我想，无非就是在这些地方，人越来越聪明，思想方法的境界越来越高。数学里面那么多东西，我们哪里学得全，一定把里面最精华的东西保留下来，具体的方法可以多种多样，思想方法掌握了，方法就不成问题了。注重思想方法是未来教改的趋势。现在讲面积，说穿了无非就是画方格子，画方格子是一切面积和体积问题的本源，画方格子为什么可以做到，就是根据有限可加性和运动不变性。这个思想现在不需要写在小学教材上，可以写在小学教材的培训资料上，老师要明白。

巩子坤：用单位面积去覆盖的时候，这两个单位面积不能重叠，其实就是这个意思。

张先生，就像您说的，可加性是一种天然的直觉，一张纸撕开以后再拼起来，它的面积没变，这是第一；第二就是您说的正则性，其实就是单位，就是标准。

您刚才说到教师培训，教师要有这种自觉的意识，把长度、面积、体积讲完后，在带领学生复习的时候，要把知识贯通一下。让学生想一想我们是怎么做的，比如，我们测量物体先要找一个单位，长度要找一个一维的单位，面积要找一个二维的单位，体积要找一个三维的单位，找到单位以后对这个物体进行覆盖，覆盖物体就是可列可加了，如果找的单位太大了，不能覆盖，就要找更小的单位。这样，就把整个测量的基本思想和方法贯通了，就是张先生讲的测度论的那几条。小学中测量有大量的篇幅，我们要让学生领会到测量的本质。

张　园：就是要把这些想法转为教学的某些环节。

巩子坤：对，我们在上复习课的时候，要让学生知道，这些东西其实我们以前学的时候已经这样做了，但是是隐性的，现在只不过把它显性化。

张奠宙：面积、体积在初中、高中都不再讲了，画方格子的这个办法要到大学学习微积分时再去接触。如果小学再不讲，这些思想方法就溜掉了。

课题 18　面积测量的活动有点"故弄玄虚"

削枝强干,消除平庸
——谈小学数学教科书中"测量"的编排

(本文发表于《小学教学(数学版)》2015 年第 10 期)

近日阅读了 A 版和 B 版二年级上册《数学》教科书中的"测量"单元,觉得教材的处理需要更好地体现数学的本质,不要把时间花在一些平庸的活动上。

先看 B 版教材"测量"单元的第一页(图 18-1)。标题是"教室有多长"(准确地说是"教室地面的一边有多长")。教材要求学生用尺子、书、脚印或自己喜欢的测量工具获得测量的结果。笔者觉得,对于年龄较小的小学二年级学生,这样的活动要求太高了,要真正完成"教室地面一边长度的测量"并非易事。

线段长度的测量是一项基本数学技能,它有如下内涵。

1. 测量的目的:给一条线段确定一个数(叫做长度),使得用直观感知的线段的长或短可以用数(长度)的大小来表示和计算。

2. 测量操作有以下要点:

(1) 确定单位。即要指定某一条特定线段 l 的长度为 1。

(2) 可加性。两条线段 l 不重叠地拼接而成的线段长度为 2,三条线段 l 不重叠地拼接而成的线段长度为 3,以此类推。一般地,两条线段不重叠地拼接而成的新线段,其长度是原来两条线段长度之和。

(3) 运动不变性。线段移来移去,长度不变。

图 18 - 1

3. 测量所需要的数的知识主要是小数知识,进一步需要分数,乃至无理数知识。

4. 测量有误差,因而有"近似""估计""差不多"等概念产生。

针对上述目标,教材(图 18 - 1)是如何处理的呢?教材一开始就问"怎么量教室的长度"。可是,为什么要量教室的长度?什么是长度?长度是一个数吗?什么是"测量"?为什么要用书去测量?测量要怎么做?这对于刚刚学完表内乘法的二年级学生来说,既没有足够的数的知识,也没有测量的生活经验,要回答实在太难了。

作为情境教学,教材的处理也有缺陷。

第一,情境学习要有问题驱动。为什么要学习测量?量教室的长度有什么用?教材没有交代。没有明确的目标,就难以调动学生的学习积极性。进一步,教材理应对"什么是长度"给予某种指向性的说明。例如,可以问"如果我们要在侧面墙上挂一条横幅,要买多少米长的红布",或者问"横幅的长度应该是多少本书的长度"。

第二,测量要有一定的操作规范。小学生不是天生就会测量的,而是需要观察、模仿、练习才能掌握的。可是,教材没有交代如何量,也不要求教师示范。如果学生的活动没有指导,就会乱动一气。

第三,教室地面的一边有七八米长,一本书或一个脚印的长度不过 20~30 厘米,如果认真测量,要重复三四十次才能量完,孩子太累了。此外,据相应的《教师教学用书》说,这一活动要求把课桌椅都移出教室,画几条平行于教室地面长边的线,供各个小组测量。太兴师动众了,值得吗? 测量其他简单的物品是不是也能达到目的呢?

第四,用书长测量教室长,往往不会刚好量尽,这就涉及小数,超出了学生的知识范围。

第五,用不同工具(单位不同)测量所得的结果当然不同,这可以引向"同一单位"的教学目标。但是,两个小组以同样的书长为单位进行测量,结果为什么也不同? 这涉及测量误差,如果学生问起,该如何回应?

第六,最令人懊丧的是,学生趴在地上辛辛苦苦量出来的结果,最后毫无用处。没有成就感的活动,会对学生的学习情绪带来负面影响。

这节课的教学实效如何,没有看到详尽的报告。用"百度"搜索"教室有多长"的教学反思,可以看到以下的陈述:

- 这个活动对二年级学生来说实在是太难了。
- 我用给课桌买桌布的情境,让学生量课桌。量教室长度太费事了。
- 学生都知道用尺子量,很少有学生想到用书也可以量。
- 我先请一个小组量黑板的长度,其他小组看,知道什么是测量。
- 学生的记录里出现:数学书 25 本半、36 只脚掌多一点、小尺子 39 把半。
- 把秦始皇统一度量衡也带了一下。

这些陈述说明:"量教室长度"的活动往往被量黑板、量课桌所代替;学生很少想到用书也可以测量。测量过程中出现的问题也很多。虽然大家肯定用不同测量工具会得到不同的结果,为米和厘米的认识作铺垫,但我们要思考的是,在二年级一次性地做这样的活动,会不会太早、太难、得不偿失呢?

数学活动要符合小学生的实际,不能用成人的思考方式要求儿童。活动可以在事前作铺垫,也可以在事后进行反思;可以一步完成,也可以逐步螺旋上升。有利于揭示数学的本质是最重要的,不要把时间过多地花费在平庸的活动上。

我们是否可以有更好的设计呢? 以下是一个三阶段的建议。

第一阶段(二年级上册):用米尺量本班学生的身高

我们觉得,用书、脚印去测量教室的长度不是二年级学生自发的要求,是成人的思考。

数学学习要用问题和任务驱动。学习测量先要解决"为什么测量"的问题。我们建议,第一阶段提出的问题情境要密切联系学生的实际,即用现成的刻度尺测量每个学生的身高。

学生有高矮,大家都知道。两人的高矮站在一起就可以比较出来。但是,相差多少?能用数来说明吗?于是我们想到,如果每个人的身高都用一个"数"来表示,"数"大就表示个子高。高个子比矮个子高多少?(例如,姚明比我高多少)如果可以用数算出来,那该多好!如果把全班学生的身高由低到高排列起来,做早操时就可以照这样的次序排队啦!

学生从生活经验中知道,长度要用尺量,也听说过姚明的身高是 226 厘米。因此,第一阶段的目标不妨设定为认识米和厘米,学会量自己小组成员的身高。学生的活动内容是:将每人的身高在墙上做记号(注意保护教室墙壁,可以在墙壁上粘贴一张纸),用一把米尺量出 1 米的位置,剩下的部分用文具盒中的尺子量出有多少厘米,最后得出答案。

教师先示范一下,或请一个小组先量一下,领会测量过程的要点。然后各小组自己量,记录在案。

(注:这一阶段学习解决测量身高的问题,主要是认识米和厘米,会量。至于统一单位的必要性,留待以后解决可能更好)

第二阶段(三年级上册):两位数乘两位数乘法的一个应用

问题驱动:"教室地面的一边有多长?"

首先用卷尺量出结果,然后给出新的情境:"如果没有带卷尺,怎么办?"但是,我们的文具盒里有小的直尺。

这时,学生自然地想到要用其他工具进行测量。

- 最常用的是步测法。如果知道某同学一步的长度是 30 厘米,那么他可以沿教室的一边连续地走一遍,将步数 m 记下来,教室一边的长度就是 $30m$ 厘米。
- 先用书的长度测量教室边长,结果为 n 本书的长度;再用文具盒里的直尺量书的长边,长度为 26 厘米,于是知道教室一边的长度为 $26n$ 厘米。(教科书版权页有开本,那里注明"184mm×260mm")
- 同样,也可以以文具盒的长度为单位进行测量……

不同的测量单位可以彼此换算。例如,趣味题:武松是身高八尺的大汉,他究竟多高啊?如果按秦朝统一度量衡时一尺约为23厘米算,武松的身高约是184厘米。这样一来,有两位数乘法的知识作基础,用各种工具测量教室长度所得到的数据尽管彼此不同,但还是有用的,避免了在二年级时测量半天得来的数据全部作废的状况。

第三阶段(五年级上册):数学文化——度量衡的故事

五年级上册有"体积和容积单位"的单元。这时,长度、面积、体积、质量、时间等度量单位的学习全部完成了,应该有一个总结回顾的学习环节。实际上,这是一个内容丰富的综合实践活动,横跨语文、数学、物理、历史等几个学科,但以数学为主。教学上要阐明我国度量衡体系与国际接轨的必要性,同时在文化上要继承民族的传统。这是进行价值观教育的一个重要载体。这部分内容不是讲讲故事就完事,应该列入必修内容,严谨教学,并进行考核。具体地说,有以下要点:

- 各个国家、各个民族都有自己的度量衡制度。
- 中国自从周朝以来就有自己的度量衡,如长度有丈、尺、寸,质量有斤、两、钱,容积有石、斗、升。
- 秦始皇曾统一度量衡。
- 世界通用的公制单位米、千克、升等的简史。
- 由于世界处于大融合之中,为了便于交流,世界各国的度量衡趋于统一。
- 但是,世界上的度量衡制度并未完全统一,美国、英国等国家仍在使用英尺、盎司、加仑等非公制单位。
- 看看长辈们曾使用的粮票、布票、油票(图18-2)。20世纪80年代实行改革开放以来,我国度量衡与国际接轨,实行公制。

全国通用粮票

布票和油票

图18-2

- 汉语中仍然保留了许多有关度量衡的成语和谚语,如"得寸进尺""丈二金刚摸不着头脑""斤斤计较""半斤八两""为五斗米折腰""升斗小民"等。
- 历代"尺"和今天的厘米可以互相换算。例如,张飞的"丈八蛇矛",堂堂"七尺男儿",都可以换算成米和厘米。

这些知识融人文、科学、数学于一炉,兼具趣味性和科学性,是一个现代公民必须具备的常识。这一类数学文化内容应该列入正式的教学内容,不是可看可不看的阅读材料。至于教学过程,不妨让学生自己收集材料,互相出题交流,可以组织得很精彩。

最后,要提到测量的精确性。任何测量,放在第一位的要求是科学性,即要尽可能精确。每一次测量都要对自己测得的数据负责,务求精准。因此,如果没有说明是"估测",就必须尽可能给出精确的数据。这是一种基本的科学态度。但是,现在的教材里充斥着"大约""差不多"之类的模糊表述。

A版教材二年级上册没有要求"量教室长度"这样的复杂问题。测量部分(即"量一量,比一比"单元)一共只有两页,但第一页的三个数据都是"大约"的不准确数据:"讲台大约长1米""教室大约长10米""肩宽大约是30厘米"。

试问:为什么测量得来的数据都是1、10、30这样的整数?是实际测量得来的,还是人为地舍去或进位而得来的?这样做完全没有准确性的要求,是不合适的。尤其是只测量了某一个人的肩宽,就断言每个人的肩宽都是30厘米,这怎么行?事实上,测量是一门大学问。小学生要掌握测量的基本技能,就必须坚持实事求是的原则,比如,"据我的测量,某同学的肩宽是31厘米多一点儿。"随便改动实测数据,对学生形成科学的习惯十分不利,绝不可等闲视之!

再请看第二页(图18-3)。文字的表述是:"有一条鳄鱼身长6米。一个人的肩宽大约是30厘米,20个人并排站着和鳄鱼差不多长。"

有了"大约",结果就不得不"差不多"。这本来是一个典型的除法问题,教科书上可以表述为:"一条鳄鱼长6米。如果每个人的肩宽都是30厘米,20个人并排站着和那条鳄鱼一样长。"我们不需要"大约"和"差不多",而要用科学假定代替模糊。

最严重的问题在于下面的测量(图18-3):

- 选择一种动物,如长颈鹿的身高是6米。
- 选择一个测量标准,如肩宽30厘米。
- 测量并给出结果。

图 18-3

教材的要求是一个人的肩宽大约是 30 厘米,20 个人并排站着长度约是 6 米。这是计算出来的结果。然而,实际测量时,由于各种原因,也许需要 22 个学生并排站着才够 6 米(也可能 19 个就行了)。试问,这仍然是"差不多"吗?

这一类的测量离"科学测量"的要求越来越远了。晚近以来,小学数学引进国外的"估算"与"估测",这当然有一定的合理性,但是不能"毛估估"满天飞,到处都是"大约""差不多"。精确测量和估计度量是两个不同的领域,需要严格区分。尤其是,估计猜测的度量是建立在精确测量的基础之上的。正如学习书法,必须先学楷书,才有可能写好草书。估测之类的问题比较有趣,放在"数学好玩"的单元内是不错的选择,如 B 版教科书中"寻找身体上的数学'秘密'"(图 18-4)。至于"测量"单元的主题,必须突出精确测量。进一步提出近似数、四舍五入、精确数位的概念之后,再来处理估测的精度问题。事实上,没有精度的估量,也可能是"胡量"。

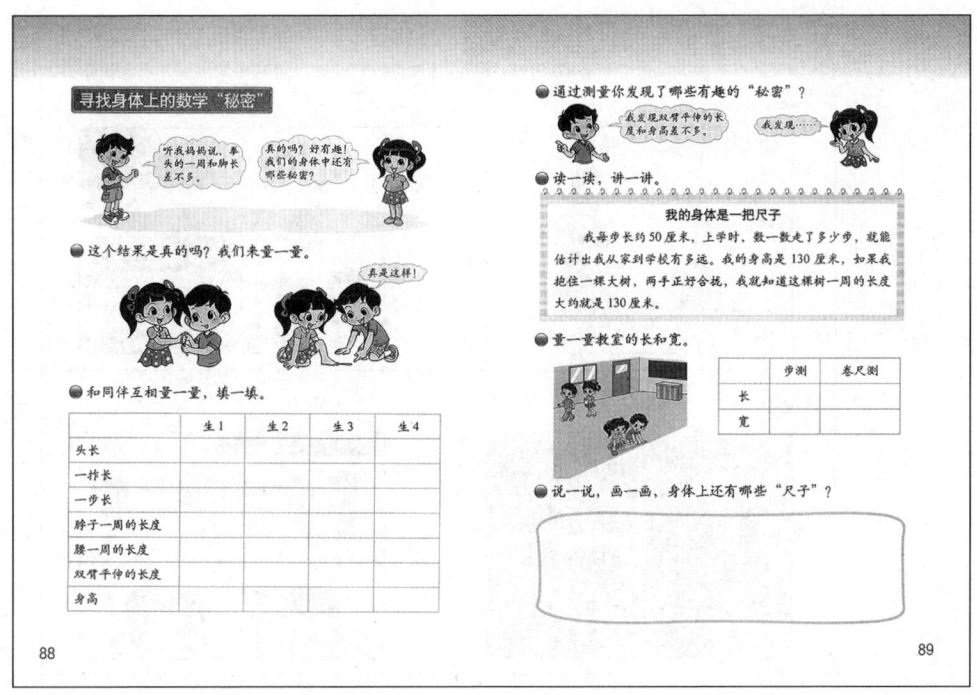

图 18-4

 一线回声

基于学生实际　走向数学本质
——读张奠宙先生一文的思考

卢　洁　浙江省杭州市学军小学
许霜霜　浙江省杭州市和睦小学

张奠宙先生在《削枝强干,消除平庸——谈小学数学教科书中"测量"的编排》一文中,针对两个版本的教材进行了细致的分析,并提出了三个观点:第一,情境学习要用问题驱动;第二,测量要有一定的操作规范;第三,基于学生的实际,选择合适的测量对象和测量工具,尽可能精确地表达测量结果。作为一线教师,根据自己的教学经验,我们觉得张教授的观点非常正确。但是,到底该如何选择和处理教材中的内容和材料呢?

对比 A、B 两个版本的教材发现,都把让学生经历用不同的长度单位测量同一物体的长度、讨论建立统一长度单位的意义作为理解长度单位

的逻辑基础。(图 18-5)

图 18-5

教材这样编排,是因为学生只有亲自经历了测量活动,对测量的体验才是真实的,理解才是深刻的。然而,动手固然很重要,但是对于数学知识的学习来说,动脑比动手更重要。在"分米"的教学中,曾遇到这样的尴尬:教师指着黑板上的 1 分米,让学生与他们本子上画的 1 分米比较,是一样长吗?很多学生会直观地回答"老师的 1 分米短"。我们该如何帮助学生建立长度的表象并解决只测量不思考的问题呢?我们认为:第一,设计的实践活动要符合学生的实际,从学生的生活经验出发;第二,设计的实践活动要揭示数学的本质,让学生的数学思考有生长。以下选用特级教师俞正强的一个课例来作说明。

【片断1】基于学生的经验,寻找"比较物"

教师板书:××比××长_____,并请一高一矮两名学生来到黑板前。

师:同学们,请大家完成这道填空题,要求不重复别人的回答。

教师根据学生的回答整理如下:××比××长_____。(很多、一些、一拳、半个头、10 厘米、2 米)

师:同学们讲了这么多不同的答案,你最喜欢哪一个答案,为什么?

生(回答有一定代表性):喜欢"半个头",因为它能让我们知道长了多少,"一些""很多"就不知道到底有多长,"厘米"和"米"没学过。

对于小学生来说,有的不仅知道厘米和米,还知道千米、纳米、微米等,但这种知道是笼统的、模糊的。俞老师通过"你最喜欢哪一个答案",促使小学生比较发现"一些""很多"是不太明确的,而"半个头""一拳"虽然比较具体,但是对每个人来说,"半个头""一拳"长短不同,需要去统一。那么,厘米是什么?厘米是标准吗?这个过程符合儿童的认知,从具象到抽象,帮助学生完成了从无比较物到有模糊的比较物,再到标准比较物的认知过程。

【片断2】改造固有经验,建立单位标准

师:同学们,你们尺子上的1厘米与其他同学尺子上的1厘米一样长吗?

生:一样。

师:为什么?

生:都是1厘米。

师:这能说明吗?

生:比一比就能知道。

师:(拿出米尺)同学们,你们尺子上的1厘米和老师米尺上的1厘米一样长吗?

生:一样长。(部分学生不确定,甚至认为不一样)

师:为什么不一样长?

生:因为您的尺子那么长,所以您的1厘米就有这么长。(比划约5厘米)

生:我不同意。老师这把尺子一共有100厘米,我们只有15厘米、20厘米,所以感觉会长一些。但是,我们把它们叠在一起看,还是一样长的,都是1厘米。

学生都赞同。

师:老师想再考考大家,咱们杭州的1厘米和北京的1厘米一样长吗?

生:一样长,因为1厘米是一样的。

师:为什么全世界的1厘米都一样长?

生:因为尺子是按照同一个标准造的。

生:如果1厘米不一样长,我在杭州是120厘米,到北京去就长高了。可是,我不可能长高得那么快呀。

比较是测量的基础,在对比学生的尺子时,因为长短差异小,甚至相同,所以学生的直观感觉是一样长的。但是,当对比米尺和学生的尺子时,部分学生认为"1厘米"是不一样长的。学生对单位的统一性理解基于两个经验:一是正面的经验,外地小朋友使用的尺子跟我们的一样,所以1厘米应该一样;另一个是有干扰的经验,孩子长大了,手也变大了,所以当15厘米的尺子变成了100厘米的尺子时,1厘米当然也变大了,是一种具有比例意义的长大。学生在尺子的几次对比中发现:无论尺子怎么变长,1厘米始终是不变的。

在这个片断中,学生明白了单位的统一主要是为了方便,为了比较,相互认同。从认为1厘米不一样长,到认可1厘米一样长,学生已经跳出了固有的经验,建立了单位标准。

当然,建立1厘米和几厘米的空间观念并非易事,它是一个完整的反复体验过程。一是从尺子中认识1厘米,建立标准;二是从众多的实物中找出1厘米物品,建立表象;三是徒手画出1厘米或几厘米长的线段,再用尺子去检验校正,直到画得比较准确为止;四是自己动手制作一把手指尺,经历做尺子的思考过程,体会一把尺子实际上是由多个1厘米拼起来的,认识单位长度以及体会用尺子测量长度的好处,还能充分发挥孩子的创意,真正做到学以致用。

参考文献

[1] 俞正强."种子课":给知识以生长的力量——从小学数学"计量单位"的教学谈起[J].人民教育,2011(2).

[2] 姜荣富.长度测量教学研究[M].北京:教育科学出版社,2013.

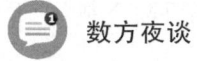 数方夜谈

用脚步量教室的长度，有必要吗

巩子坤：我们谈一个小问题：小学数学教材如何教"测量"？

张奠宙：在测量长度这一部分教材里，看到用一步的长度来量一根竹子的长度，用一拃（张开手掌，大拇指与中指之间的最大距离）来量课桌宽度，用一庹（两臂打开的距离）来量一块巨石的宽度，等等。为什么要这么做？

张　园：我刚工作的时候，教学"测量"这个内容，还没有这么强调统一单位，但后来由于公开课中不断地出现这样的环节，慢慢地就渗透到日常教学中。老师们开始认识到，有关测量，如长度单位、面积单位等第一课时，就要让学生体会建立统一度量单位的重要性。这也是《义务教育数学课程标准（2011年版）》所要求的。就是说，要用一种大家公认的单位来量。

张奠宙：学生如何反应？

张　园：我们备课时也有这样的困惑，只要一说度量，学生一定会拿出尺子量，孩子的铅笔盒里早就有尺子了，生活和学习中也早已认识、早已使用了。

任敏龙：不妨倒过来讲。先用尺子量，再问"人们为什么要统一度量衡"。

张奠宙：用刻度直尺、卷尺量长度是现代人的第一选择。只有在没有尺的情形才要使用其他的量法，如步测等。

巩子坤：我们读小学的时候，老师直接告诉我们这个就是一米，这个就是一厘米，完全是灌输的。

张奠宙：现在都是合作学习。分小组步测教室一边的长度，五个小组就要有五条线，墙壁只有两条线，于是把课桌椅搬到走廊里，中间再画三条线让学生步测。折腾了半天，五个小组的步测数据都不一样，也没有一个比较准确的答案。结论是既然各组的结果不一样，就必须找共同的单位。大家辛辛苦苦测出来的数据全报废，人人都没有成就感。学习的结果是回到自己早先的第一选择：用尺量。这种没有数学含量的活动有什么意义呢？

任敏龙：这种活动最多用在测量课桌的边长，量教室的长度没有充分考虑可行性。

张　园：现在的教材过多集中于需要公认的共同单位这一点，测量中选择单位是关键。但是，测量还有另外两条，可加性和运动不变性。量的时候，量过

的地方不要重复量,也不要空一段不量。有的卷尺一面是国际公制,一面是英美制,不可弄混。这些也是测量的基本技能。

巩子坤: 各个时期的度量衡制度是不一样的。张飞的丈八蛇矛合今天的多少米,就是很有趣的话题。这方面的话题和故事很多,属于数学文化的范畴。

课题 19 小学数学课程为什么要列入平面图形的运动

小学数学如何实现直观到抽象的飞跃
——谈教材里关于"图形的运动"的处理

(本文发表于《小学教学(数学版)》2015 年第 5 期)

21 世纪初进行的课程改革把"图形的运动"列入小学教材,这是一个意义深远的决策。但是,各种教材的编写者在展现这一内容时,对其内在的数学本质揭示得不甚确切,表现形式也有些含混。

我们首先要问,为什么小学里要将平面图形的运动列入数学课程呢?《义务教育数学课程标准(2011 年版)》没有明确说明。大体说来,应是为了达到以下目的:

第一,观察和认识现实世界里物体的平移、旋转、翻折的运动现象。

第二,建立平面图形运动的几何框架。

第三,了解图形在刚体运动的作用下大小、形状不变的性质。

第四,会用平面图形的平移、旋转、轴对称作简单的应用。

下面,我们围绕某些教材相关单元中存在的问题进行一些评论,并提供一些建议。

一、实物的运动和平面图形的运动不是一回事

在现实生活中,物体的运动大多是立体图形的运动。例如,人在行动、车在开动、门在转动、书在翻动、电梯的升降运动、推拉门的滑动,等等。小学数学教材中,"平移与旋转"的主题图是用许多照片来显示实际物体的平移与旋转运动现象(图

19-1、图 19-2)。学生可以根据自己的生活经验,判断图片里的实物究竟是在移动还是在转动。也就是说,我们要求学生判断的是照片里的那个立体物体所做的运动,而不是照片里平面图形的运动。例如,教材里一张直升机的照片,我们要求学生想象直升机会移动,而且它的螺旋桨会转动,而不是说照片里的图形在转动(照片里的直升机一动也不动)。

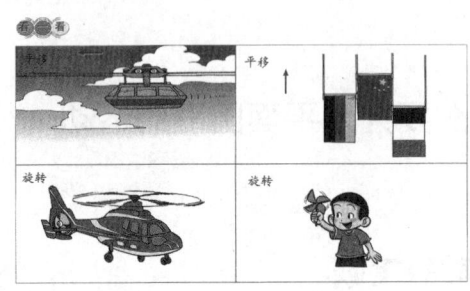

图 19-1

图 19-2

这就是说,物体的运动现象和平面图形的运动,虽然都有"运动"二字,却并不是一回事。从观察实物的运动状态到探究"平面图形的运动",其间的距离相当大。我们的任务是实现从直观的物体运动到抽象的平面图形运动的飞跃。

那么,为什么在小学里不直接研究立体图形的运动,只研究平面图形的运动呢?这一方面是因为立体物体的运动太复杂,如物体的旋转就有绕直线轴的转动和绕一点的转动两类,理解起来比较困难,因而在义务教育阶段直至高中的数学课程中,都没有正面地接触立体图形的运动;另一方面由于电影、电视(不包括3D)里大量出现的都是平面图形的运动,在电视画面上看缆车的滑动、电梯的移动、窗户的移动,其实都是平面图形的移动,尤其是儿童在熟悉的动漫里看到熊猫的画面在移动,电影里孙悟空的金箍棒在转动,照片里蝴蝶的左右两半可以折叠相重,等等,都是具有现实生活原型的平面图形的运动。

二、通过一系列的"数学活动"构建平面图形运动的平台

教材里的主题图只是认识物体运动的开始,我们的目标是要建立平面图形运动的数学平台。按照数学"四基"教学的要求,教材中不妨设计一系列的数学活动,让学生在实际操作中逐步完成这一过渡。具体建议如下。

步骤1.1 想象和认识生活中物体运动的现象。例如,电梯和直升机。

步骤1.2 在课堂上进行立体物体运动的实际操作。例如,可以带一个熊猫玩具,演示实物的平移和旋转。

步骤 2.1　观察接近平面形状的实物的运动。例如,奥运会上不断上升的国旗(平移)、菜场里台秤上的指针(旋转)。

步骤 2.2　在教室里取材实际操作。例如,教师先在黑板上演示把一本书进行平移、旋转作为示范,然后学生将一个铅笔盒或一块三角板在课桌上沿某方向平移、绕某点旋转一个角度。通过实际操作,体验什么是"运动"。

步骤 3.1　抽象地把书的形状(矩形)或三角板的形状(三角形)画在黑板上,用平面图形表示书或三角板的运动。

步骤 3.2　在方格纸上定量化地将平面图形作运动。例如,将一个三角形向右移动 3 格,将一个三角形向上移动 4 格,将一个正方形绕某点旋转 $90°$,将一个正方形绕某点旋转 $45°$。

经过这样的 6 步,从立体到平面,从物体到图形,从定性描述到定量描绘,学生就能通过自己的数学活动体验平面图形运动的意义了。

三、一个"基本数学活动":三角形的重合

众所周知,平移、旋转和翻折这三种运动是最基本的平面图形运动。在小学数学教材里,往往把平移、旋转放在一起,而把翻折放在"对称"一节,并称作轴对称。为了对刚体运动有一个完整的认识,并为中学里学习平面几何打基础,建议明确提出"翻折"运动,并和平移、旋转放在一起考察。

为了进一步贯彻"四基"教学,给学生参与"基本数学活动"的机会,建议开展以下具有几何味道的活动。

活动主题:将两个相同的三角形通过运动使之重合。

1. 将点 A 移到 A'。(这只需要平移)

2. 将线段 AB 移到 $A'B'$($AB=A'B'$)。(这需要先作平移,将点 A 移至 A' 处,将点 B 相应地移到 B'' 处。若 B'' 和 B' 不重合,则需要绕点 A' 做一次旋转)

3. 将两个完全一样的三角形 ABC 和 $A'B'C'$,通过运动使之重合。(这时,单靠平移和旋转可以使 AB 与 $A'B'$ 重合,但是还可能需要沿线段 AB 做一个翻折运动才能重合)

活动时可以用两个相同的三角板,先用胶带粘在黑板上的不同位置,然后让一些学生上来操作完成。这样一来,学生就自然而然地明白为什么在小学数学里要学习平移、旋转、翻折这三种平面图形的运动了。

学生通过这样的数学活动所积累的经验,可以为初中学习"全等三角形"内容作好直观的铺垫。

四、平面图形刚体运动的不变性质

平面图形的平移、旋转和翻折(轴对称)是最简单的几何运动,统称为刚体运动。"刚体"的意思为它是用钢铁或钢板那样的硬物构成的物体,不是橡皮泥捏出来的,可以变形;也不是冰做的,会化掉。刚体运动的重要特性是运动之后图形的形状和大小都保持不变,既不会放大或缩小,更不会变形走样。与这一特性相关的割补法以后要不断地使用。例如,推导平行四边形的面积公式,就要把一个三角形搬过去拼起来。由于面积是不变量,最后获得底乘高的结果。

寻求"平面图形几何运动的不变量"是一种极其重要的数学方法。众所周知,运动几何学起源于1872年德国数学家克莱因(F.C.Klein)探究运动群下的不变量的划时代贡献。此外,寻求变化中的不变性质也是其他学科的任务之一。物理学中的能量守恒定律、动量守恒定律就是明证。小学数学当然不必涉及这些,我们只是为这样的数学方法隐含地播种而已。

"变化中的不变性"的理解并不困难,在生活中也可以举出许多例子。例如,中华文明已经有五千年历史,但是使用方块字的传统没有改变;我们的年龄不断增大,但是名字没有变,与爸爸妈妈的儿女亲情关系也没有改变。

长期以来,我国数学教学中对不变量思想重视不够。从小学阶段开始孕育,在小学教材里提一句,也许是必要的。

五、教材中"轴对称图形"单元的一些不恰当表述

对于轴对称图形,更要明确指出这是平面图形的运动,不是立体图形的运动。如不加以区分,就会出现"天安门是不是轴对称图形"这样的怪问题。事实上,天安门建筑物是立体的,是关于中轴面对称的立体图形,和平面图形关于某直线的轴对称不是一回事。具体说来,我们必须明确指出"立体的天安门"和"正面拍摄的天安门照片"二者之间的区别,人脸、蜻蜓、蝴蝶的对称都是如此。

立体图形和平面图形不加区分的做法,如果处理不当还可能出现更多的错误。例如,某教材里所谓"镜子里的图形"(图19-3)其实不是轴对称图形。因为初始的图形和镜子里的图形不在同一个平面里。其中,有一个女孩照镜子,完全是在两个不同的平面上,和轴对称相去甚远。[1]

---

[1] 修订教材中已删去此内容。——编者注

图 19-3

六、学会"平面图形运动"的一些初步应用

平面图形的运动有一些重要的应用,教材中应该有所体现。

1. 用轴对称观点作艺术欣赏。

某教材的处理是将它作为艺术欣赏,呈现数学的文化特征(图 19-4)。这一页的内容取材于我国古代文物中的平面图案(只有一个"原始社会彩陶"是立体图形,应删去),突出数学的文化价值,有利于"情感、态度、价值观"教学目标的达成,值得称道。

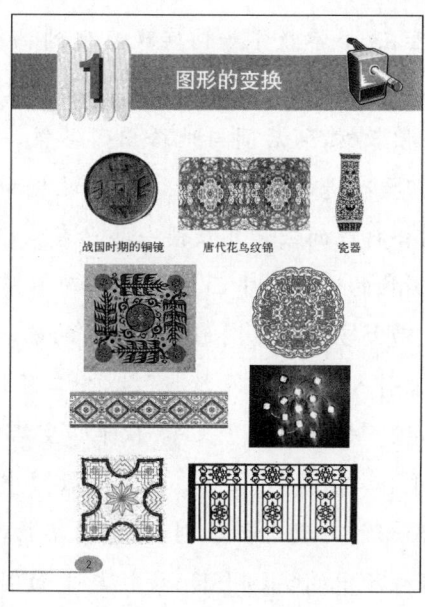

图 19-4

2. 利用轴对称运动画各种图案,包括比较复杂的拼图(图 19-5)。

图 19-5

3. 为割补法作铺垫,如前面提到的推导平行四边形的面积公式。

4. 用平移画矩形和平行四边形。根据平行定义等,一支铅笔(一条线段)平移扫过的图形是矩形或平行四边形。

 一线回声

通过数学活动逐步构建平面图形运动的平台

张　园　浙江省杭州市长江实验小学
李付成　杭州师范大学附属东城实验学校

张奠宙先生在《小学数学如何实现直观到抽象的飞跃——谈教材里关于"图形的运动"的处理》一文中,首先从课程改革谈为什么需要把"图形运动"列入小学教材,随后间接地给出了答案。接下来,张先生对教材中一些模糊和需要改进的地方作了详细的说明和阐述。下面,就张先生的一些观点,结合自己的教学实践谈一些思考。

张先生从实物的运动和平面图形的运动不是一回事说起。"在现实生活中,物体运动大多是立体图形的运动。"的确,教材也是从学生熟悉的生活实物运动来引入。比如,人教版《数学》二年级下册中出现了游乐场的主题图,五年级下册中出现了风车、秋千等生活中的场景。这些场景都有实际物体的平移与旋转现象。但在实际教学中,教师往往没有将实物的运动和平面图形的运动进行区别,直接从实物的运动迁移到平面图形的运动,学生将生活中的实物平移、旋转与平面图形的平移、旋转等同起来。这对于后继学习是不利的。

立体图形的运动讲了学生也听不懂,但又想把它与平面图形的运动加以区别、有所感知。怎么实施教学呢？我们采用张先生文中所提到的"通过一系列的'数学活动'构建平面图形运动的平台"这一个观点,将平面图形的运动这一内容进行教学尝试。

【步骤1.1—1.2】想象和认识生活中物体运动的现象,并在操作中进一步感知运动的特点

人教版《数学》二年级下册"图形运动(一)"中,充分地让学生从熟悉的生活场景中寻找物体的不同运动现象,通过想象,学生将看到的物体运动借助实物模型进行动作演示,在此过程中感知对称、平移、旋转运动的区别,并能用自己的语言简单地表达。比如,立体停车库中的汽车就是通过平移进行移动的。学生用一块橡皮代表汽车,做动作表示平移的过程。又如,计数器上的珠子上下拨动来计数,也是平移现象。学生在计算器上拨数来演示平移的过程。再如,学生指着教室中的电风扇,用一把尺子代表一张风扇叶,演示旋转的过程。教师引导学生观察,风扇叶在旋转的时候哪儿不动,哪儿在旋转。

同时,充分用好教材中的操作活动。在折纸活动中,折一折、画一画、剪一剪,得到许多有意思的对称图形,如一件衣服、一棵树、一颗爱心等。学生在操作中观察到,得到这些对称图形的过程中都有一个对折的动作,对折后有一条对折线(即对称轴),对折线的两边完全重合。学生在不断地"对折→重合→展开→再对折→再重合→再展开……"的操作中感受对称图形的对称轴两侧图形形状一样,方向相反。

在平移活动中,提供给学生小房子纸片,让学生在操作中用自己的语言来表述怎样的运动是平移,怎样的运动不是平移。我们听到学生的表述是:"不管怎么平移,房顶在上就永远在上,房门在右就永远在右。房子在平移之后形状、方向是不变的。"

在旋转活动中,通过制作陀螺、玩陀螺,学生观察到有一个旋转中心,就是陀螺的手柄。教师根据学生的回答,在示意图上点出这个"旋转中心";再观察陀螺顺时针或逆时针旋转时,给定点分别经过了哪些位置;逐步描出这些点的位置后体会一个点的旋转轨迹,学生会说,点的旋转轨迹像一个"圆"。

以上的教学活动充分地从学生熟悉的生活经验出发,先想象翻折、平移、旋转运动的过程,再通过大量的操作再现事物的运动,感知每种运动

的基本特点。这样的操作活动非常适合二年级学生的认知特征,操作促使学生在不断地感知中说出自己对各种物体运动的认识,虽然回答是"稚嫩"的,但因为是自己亲身体验,收获还是深刻的。

【步骤2.1—2.2】观察近似平面形状的实物运动,并实际操作

人教版教材二年级下册通过各种操作活动,让学生初步体会翻折、平移、旋转等运动现象的特点。之后时隔两年,再分两个阶段进行平面图形运动的认识,分别是四年级下册认识"轴对称图形"和"平移",五年级下册认识"旋转",都是直接在方格纸上绘制运动后的图形。教学中发现,对于部分学生来说,总是不能在方格纸上正确地画出对称图形的另一半,或不能正确画出平移后的图形,特别是画出旋转后的图形错误率最高。从学生的作业(图19-6)中可以看出,学生对平面图形的基本运动方式以及平面图形刚体运动的不变性质没有正确理解。有什么好的教学策略呢?张先生提到的"观察近似平面形状的实物运动,并进行实际操作"给了我们教学的思路,也就是增加立体图形运动过渡到平面图形运动的实际操作活动。具体实施如下。

1. 画出三角形AOB分别绕点O顺时针旋转90度和逆时针旋转90度的图形。

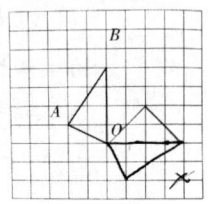

图 19-6

游戏一:"橡皮车"运动

有一辆"橡皮车",如图 19-7 所示。

在方格纸上有①～④四个起点(图 19-8),每位学生将"橡皮车"的某个面放置起点处(图 19-9),其中一个顶点与起点重合。然后掷骰子轮流进行,掷到几就可以向上、向下、向左或向右平移几格。谁先将四个顶点中的某个顶点碰到终点,就算取胜。

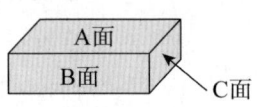

图 19-7

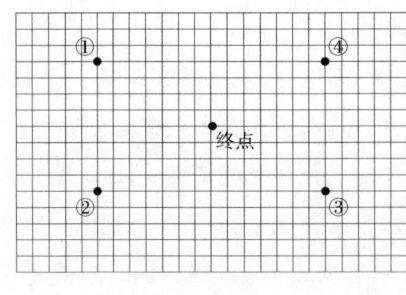

图 19-8

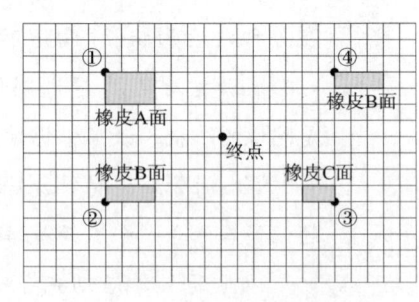

图 19-9

游戏后让学生思考并交流:"橡皮车"怎么平移到达终点？你觉得"橡皮车"怎么放比较好？

游戏二:"三角板大战"

四位学生在方格纸的四个角放上各自的三角尺(图 19-10),掷骰子轮流进行。掷到几就可以向上、向下、向左或向右平移几格;如果掷到"6",可以绕着红点顺时针或逆时针旋转90°。当你的三角尺运动时碰到对方的尺,对方就被"击毙",最后留下的就是胜者。

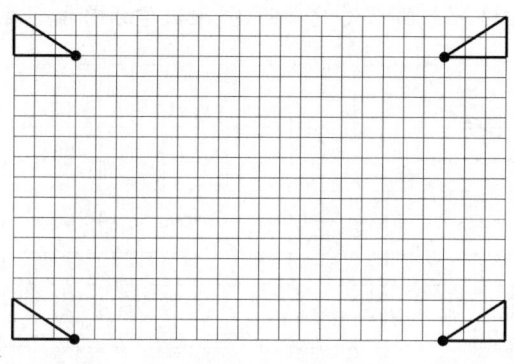

图 19-10

游戏后让学生思考并交流:在运动三角尺时,为了不让其他三角尺碰到,有什么诀窍吗？你的三角尺旋转过吗？怎么旋转？

上述游戏不仅让教学更生动有趣,受学生喜欢,更重要的是突破了教学上的瓶颈,即学生在判断实物平移或旋转时毫无问题,但一到方格纸上进行平移、旋转就会出现这样那样的问题。现在将近似平面的实物在方格纸上进行定量化的运动,就找到了非常好的"中介",让学生在活动中不知不觉量化地描述平移旋转的过程,为后继学习做了很好的孕伏。

【步骤3.1—3.2】用平面图形表示书或三角板的运动,并在方格纸上定量化地将平面图形作运动。

1. 抽象地把橡皮的某个面的形状(矩形)或三角板的形状(三角形)画在黑板上,用平面图形表示书或三角板的运动。

在前述两个游戏的基础上,教师将三角板的形状(三角形)画在黑板上,与学生进行一次师生"三角形大战"。在游戏过程中,让学生将运动过程用数学语言描述下来,教师进行板演。比如,三角形向右平移5格;三角形绕点A顺时针旋转90°。看似不变的游戏,实际上上升了一个高度,充分地体现了张先生总结的"从立体到平面,从物体到图形,从定性描述到定量描绘,学生就能通过自己的数学活动体验平面图形运动的意义了"。

2. 在方格纸上开展"三角形重合"的活动,定量化地将平面图形作运动。

在方格纸上将两个相同的三角形通过运动使之重合,从而感受平面图形的刚体不变性质。具体实施如下。

三角形ABC怎样运动后,就能与三角形A'B'C'重合呢?(图19-11)请在方格纸上画出关键步骤,并用数学语言描述运动过程。

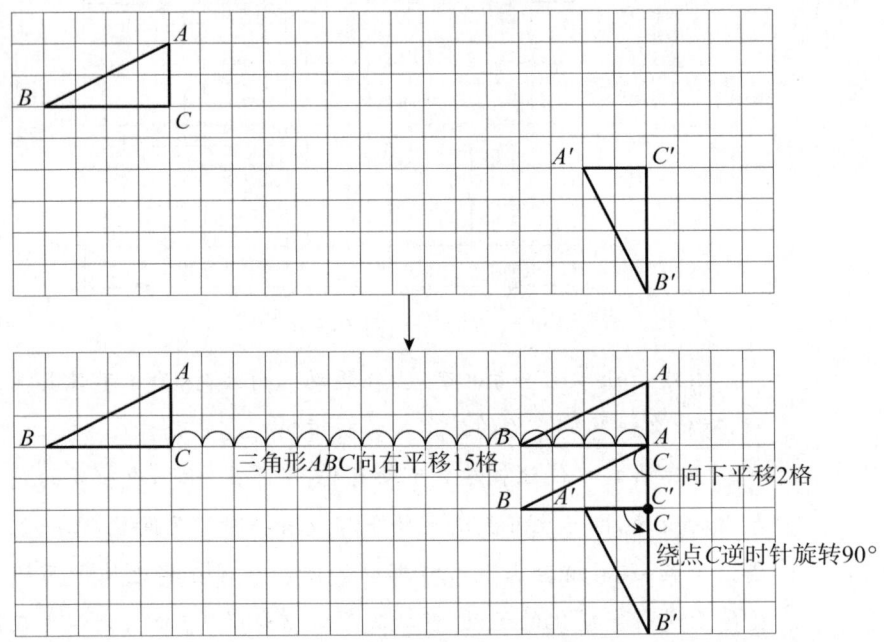

图19-11

这是一个非常开放的数学活动,学生不止一种方法能做到重合。有的学生平移的方向和距离不同,有的学生旋转的中心不同,还有的学生运用了翻折。丰富的运动过程让学生感受到这三种运动各自的特征,也感受到不管怎么运动,最后重合就说明运动之后图形的形状和大小都保持不变,既不会放大或缩小,更不会变形走样,这就是"变化中的不变"。

我们将张先生提出的一些建议赋予教学中并进行实践,发现这样的数学活动能让学生真正体会平面图形运动的特征,而且这样的体会是深刻的,也是学生喜欢的。

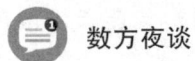
数方夜谈

关于图形运动的教学目标与中小学课程的衔接

巩子坤：在小学，有关图形的运动主要介绍"平移、对称、旋转"，这些都是平面图形的变换。张先生在文中提到，这其中还有一些概念没有理清楚，比如，什么是平移，什么是对称，什么是旋转？教材编写与教学中应该注意哪些问题？我们就来聊一聊。

张奠宙：图形的运动要注意两个问题。第一，立体的运动和平面的运动是两码事，不能过多地来类比；平面的运动简单得多，立体的运动非常复杂。小学里接触的是平面图形的旋转、平移和翻折。第二，天安门是不是轴对称图形？教材里面就一张照片，照片是平面图形，当然是轴对称图形。但天安门本身不是轴对称，它是立体图形，只能关于一个面对称。小学教材里有反射镜，这个反射镜也不是轴对称的，它不在同一个平面上。

任敏龙：生活里面不需要这么讲究。

巩子坤：真正的数学命题被发现、创造的时候，平移、旋转、翻折只能帮助作出初步的猜测，是不能够被接受的；只有经过演绎证明，才能够被接受。

张奠宙：旋转、平移、翻折就是普通的常识性的东西，数学把它们提炼形成了三个概念。生活里会用它们来解决问题吗？

巩子坤：好像没什么要用的。我理了理图形的运动与变换，最大的用处是用来探索和发现图形的性质。

任敏龙：中学里面就是这样，运动变换与图形的性质结合在一起。

张奠宙：所以，小学里为什么要讲运动？

任敏龙：对于"图形运动"在小学数学中的教学价值，我思考过两个问题。一个是我们讨论的平移、旋转和对称，实际上是一个平面图形在一个平面上的运动，除了用它们来创造一些美丽图形以供欣赏，其他的用途就涉及运动不变性了，比如，探索平行四边形的面积公式，把这块切下来拼到另一边，这就是一个平移的过程。但是对于小学生来说，讲不讲运动不变性其实关系不大，他们的生活经验已经足够了。还有一个就是帮助学生认识图形性质，这个牵涉到平面图形在空间里的运动，比如，怎么认识长方体呢，可以把它理解成长方形的面垂直往上平移,运动所形成的图形就是长方体,可以由运动不变性引出诸如相对的面完全相同等一系列性质。

巩子坤:小学里可以这样讲吗?

任敏龙:可以这样讲,而且讲了学生能懂,比如,长方形绕一边旋转形成圆柱,你可以用开关教室的门来演示,学生很容易懂。

巩子坤:讲长方体的时候,说是由一个长方形垂直向上运动形成的。圆柱为什么不这样讲呢?

任敏龙:也讲啊。这样讲了以后就引出圆柱和长方体性质上的一个根本区别,即圆柱既可以由平移形成,又可以由旋转形成,而长方体不能由旋转形成。用这种角度去帮助学生认识图形,学生对图形的性质把握是比较准的。

张　园:认识圆柱的侧面积的时候,就是用底面周长乘高,用运动比较好理解。

巩子坤:怎么没想到把它展开呢?

张　园:展开也有,我觉得两种都可以。

张奠宙:平移、旋转、对称,数学里的用处很多,在生活中的用处我找不到。理解了窗户是平移,能解决窗户的什么问题? 好像什么也解决不了。

任敏龙:是的。

张奠宙:我觉得,轴对称要跟对联建立联系,对联的上下联很多东西是不变的,比如,"明月松间照,清泉石上流",词性相对,平仄相对;轴对称图形翻过来以后,角度大小、长度都不变。不变性是我们在小学里必须要讲的一个问题。

任敏龙:是的,讲运动的时候一定要强调它的运动不变性。

巩子坤:张先生的意思是要从对称讲到文化。

张奠宙:现在大量的时间都用在似是而非的东西上,小孩子玩玩当然很高兴,但是数学上的价值并不大。

巩子坤:关于图形的运动,我有两个问题。第一个问题,教材中把飞行中的直升机的螺旋桨作为旋转图形是不合适的,它有平移,也有旋转。第二个问题,平移讲的是图形的平移,旋转讲的是图形的旋转,这两个词都是动词,但教材里讲的对称其实是轴对称图形,是图形的一个性质,而不是运动变换。翻折跟平移、旋转是对应的。

任敏龙:这里有两个概念,一个是轴对称图形,指的是某个图形具有轴对称的性质,对称轴可以通过对折使两边重合找折痕来找到。还有一个就是轴对称变换,或者轴对称的运动,比如,把一个三角形翻过来,得到一个位置不同的三角形,这就是轴对称变换,通过变换得到一个与原图形全等的图形。现在的教材把这两个概念混起来了,是用轴对称性质这个概念偷换了轴对称运动或者变换这个概念,这的确是个大问题。

张　园:平移和旋转是动词,轴对称是名词,轴对称图形是通过翻折来实现的。

巩子坤:对,我们要讲的是图形的运动,所以应该怎么讲翻折、平移、旋转?

张奠宙:但学生说翻转的更多。

巩子坤:翻转不行,转有旋转的意思。

张　园:对,但学生这样说的挺多。

巩子坤:史宁中教授认为:"旋转的参照物是一条射线而不是点,因为只有一个点无法判断是否旋转,还必须确定方向。"你们怎样看待这个问题?

任敏龙:旋转确实有个方向问题。解决这个问题有两种途径,一是可以建立直角坐标系来刻画;还有一种就是极坐标。我理解史宁中先生讲的本质上是极坐标,这个东西是要的,否则你讲不明白。

巩子坤:对,是讲不明白,其实当你说顺时针和逆时针时就有方向了。

任敏龙:就是极坐标。

巩子坤:对,说旋转的参照系是一个点是讲不清楚的。张园老师,你在教学中是不是讲围绕一个点旋转,接下来恐怕要加一句话往哪个方向转?

张　园:要讲的。我现在觉得画旋转图形对学生而言是很难的。因为旋转一个图形的时候,比如三角形,我们肯定要找它的三个顶点,找旋转后这三个顶点的位置。学生为什么画不了,可能就像您说的,我们要把那条隐形的参照线找出来。没有这条线,旋转后的图形就画不好。

任敏龙:对称的参照物是一条直线,翻折的参照物是已经给定的,平移的没给定,旋转也是给定的。

巩子坤:张先生在文中设计了一个基本的数学活动"三角形的重合",这个活动很好,把平移、旋转、翻折综合起来了,同时为学生初中学全等埋下了伏笔。

巩子坤:看来,对于图形的运动,首先,我们要清楚的是这里的图形均是指平面图形,我们可以从日常生活的平移、旋转、对称现象入手展开学习,因为这些现象与学生的生活经验很近。但是,我们要从这些现象上升到数学,要讲平面图形的运动。其次,我们要清楚所有的运动都有一个参照,平移是沿着某个方向平移,对称是沿着某条直线对称,旋转是沿着某条射线旋转。参照清楚了,怎样运动变换才清楚。

课题 20 轴对称是平面图形运动，但照镜子不是

天安门是轴对称图形吗

(本文发表于《教学月刊·小学版(数学)》2014 年第 11 期)

最近，一位小学数学教师来家做客，问起"天安门是轴对称图形吗"。我说当然不是。天安门是关于中轴面对称的立体建筑。所谓轴对称图形，按照定义只能是平面上的图形。因此，从正面拍摄的天安门照片才可以叫做轴对称图形。无论在理论上或是实践中，都应该是没有什么疑问的。可是那位教师告诉我：这个问题在小学数学界看法不尽相同，争论很多。这使我颇为讶异。难道这也是一个问题？上网一查，果不其然，许多答案模棱两可。

问题在于，有的教材以天安门的照片作为"轴对称"一章的章头图，却又不区分"立体的天安门"和"正面拍摄的天安门照片"之间的区别。照片混同于实物，把许多教师弄糊涂了。有一位网友就此调侃道："孩子们现在还真做不对这道题。教师说是就是，说不是就不是。"

缺乏"维度"概念，把立体图形和平面图形混同在一起，是目前小学数学教材的一个通病。信息时代来临了，许多数学术语走进了人们的日常生活，成为普通常识。"维度"(Dimension)的概念就是如此。我们生活在三维空间里，媒体上一维码（条形码）、二维码的说法随处可见；3D 电影、3D 打印更是普通常识了。与此同时，维度又是几何学的基本概念之一。社会上使用的维度一词是从数学中借用的。因此,学完九年义务教育的数学课程,总应该对维度有个比较明确的认识才是。可是,查遍"数学课程标准"也找不到"维度"二字。据说是因为"减负",小学数学内容不能太多之故。

其实,维度的概念很容易掌握。翻开一年级上册的数学教材,就有上下、左右、前后的知识内容。这就是"维度"的原型,毫不神秘难懂。

事实上,如果在教材里添上如下的几句话(不一定就在一年级的教材里),学生立马就懂了。

"如果一个图形和上下、左右、前后三个方向都有关系,就称它是三维图形,也叫立体图形。例如,长方体有长、宽、高三个方向,就是立体图形。"

"我们生活的空间具有上下、左右、前后三个方向,所以说它是三维空间。"

"如果像黑板表面那样,只和上下、左右两个方向有关,而没有前后的分别,就称它是二维图形,也叫平面图形。例如,长方形只有长和宽两个方向,所以是平面图形。"

"一条直线或线段只涉及一个方向,我们称它是一维图形。"

我想,没有孩子会不懂得这几句话,以致弄得数学不及格。学生更不会因此认为数学难学而觉得负担重。比起坊间那些矫揉造作的"奥赛题",其学习难度真是不可同日而语。

一线回声

教学素材的选择与优化
—— 以"轴对称图形"为例

蒋玲飞　浙江省杭州市学军小学紫金港校区

读张奠宙先生《天安门是轴对称图形吗?》一文,有如醍醐灌顶。笔者认为,会出现"天安门是轴对称图形吗"这样的问题,在很大程度上是素材的选择和处理的问题。

一、素材呈现:教材到底是怎样呈现天安门的

小学数学教材普遍会以生活中的对称现象作为轴对称图形的开篇,教材中对天安门或其他建筑物是怎样呈现的呢?

教材	呈现形式及后期处理
A	呈现建筑物的正面图画,作为判断是否是轴对称图形的练习素材。
B	呈现建筑物的正面图画作为"对称与建筑"的知识拓展,如天安门。虽然去除了建筑物上的文字元素,但没有考虑彩旗的方向是否对称。
C	呈现建筑物的正面照片,并说明"这些都是对称的"。
D	呈现建筑物的正面照片,作为"对称"标题下的素材。 后期处理:将其加以抽象,以平面图画作为轴对称图形的素材。
E	呈现建筑物的正面照片,并说明"它们都是对称的"。 后期处理:"把它们画下来,可以得到下面的图形",从而引出轴对称图形;之后呈现了更多古今中外对称的著名建筑。

由上表可见,教材普遍有区别"对称现象"与"轴对称图形"的意识。在笔者看来,教材中所呈现的实际立体物体的照片,如天安门的照片,其实是想说明天安门是对称的,而不是意指天安门是轴对称图形。但翻看某版教师教学用书,"许多建筑、植物等都具有以中线为轴,左右相似的特点,可以看成是生活中的对称现象",相较张先生所说的"天安门是三维物体,不是平面图形,它关于中轴面是对称的",这样的描述对教师的指导缺乏严谨性、科学性。

教材 D 和教材 E 的编写意图比较清晰,引导学生从对称的视角去重新认识平时看到的物体,然后将照片中的对称物体用画等形式加以简化、抽象(并忽略一些无关紧要的细节,如去除天安门上的文字)来作为轴对称图形的素材。有意区分立体和平面,避免了正面拍摄的建筑物照片所产生的歧义。

二、素材选择:教学一定要从对称物体引入吗

从儿童的生活世界来看,对称现象为儿童学习轴对称图形提供了丰富的现实背景,因此教材普遍由对称现象来引出轴对称图形。但既然对称的三维物体可能会对轴对称图形的教学引起混沌,那么这样的素材一定得用于课堂引入吗?

【名师点播1】

张齐华老师在执教六年级"轴对称图形"时,就以"一张白纸怎么玩"展开教学,并由教师示范对折—撕—打开(是个宝塔),学生也随之尝试操作与创造,最后利用生成的素材比较异同,揭示课题。

【名师点播2】

刘德武老师执教的二年级"轴对称图形"一课,课始将课题"轴对称图形"这五个汉字倒着呈现,请学生读一读,并引导学生边观看动画演示边做翻折的动作,最终课题就是一个轴对称图形(图20-1)。

图20-1

儿童的抽象思维需要生活经验和具体形象思维的支撑,这对感知"图形的运动"中抽象的数学概念来说尤其重要。两位教师对于引入部分的素材选择都着眼于轴对称图形的本质特征,单刀直入。其中,刘德武老师的情境设计很好地激活了学生的生活经验,学生在"翻上去"的"动手"思维中初步形成概念的表象,体会概念的直观内涵。

三、素材处理:轴对称图形如何拓展

【名师点播3】

刘德武老师在"轴对称图形"一课的最后,把关于中轴面对称的物体带进了课堂。

课件出示:我们为什么要学习轴对称图形?

课件动画演示:以3D效果呈现飞机从起飞到飞走的立体的画面效果。

师:为什么飞机飞得这么平稳?(两边是对称的)

出示:对称与不对称的两架飞机模型。(学生观察区别)

教师分别试飞两架飞机模型。

师:如果这两架飞机让你选择,你选择坐哪一架飞机?为什么不选择第二架?

总结:道理大家都明白。好好思考一下,轴对称图形重要不重要?

刘德武老师以富有童趣的形式呈现飞机模型的素材,激发学生的学习兴趣。由书本数学走向生活数学,让学生体会"对称"不仅有美学价值,还有科学价值,帮助学生了解数学在人类文明发展中的作用与价值。

【名师点播4】

张齐华老师给在"轴对称图形"一课中,将"镜面对称"作为教学的拓展。

师:最后一点时间,张老师想给大家展示一些轴对称的东西,这些东西不是我创造的,从根本上来说,这些东西压根也不是轴对称图形。

课件播放:桂林山水画面。

师:这哪里是桂林的山、桂林的水,这分明是大自然为我们创造的最完美的对称。虽然不是轴对称图形,但你能从中感受到对称的味道吗?

师:其实,大自然对于对称的创造还远不止这样,仰望苍天,俯瞰大地,拥有生命的地方,何处没有对称的足迹。(出示:蝴蝶、蜜蜂、大雁、落叶等)

师:同学们,难道你们没有从中感受对称的力量?有人说,因为美,大自然选择了对称。如果我们再深入地想一想,难道这仅仅是因为美吗?

这样富有生活味、艺术味的设计,以富有诗意的形式使数学更生动地与现实世界联系起来。特别值得学习的是,张齐华老师的教学语言在贴合学生的年龄特点的同时,又不失数学的严谨性,合适的表达"混而不错"。

参考文献

[1] 中华人民共和国教育部.义务教育数学课程标准(2011年版)[S].北京:北京师范大学出版社,2011年.

[2] 张奠宙.天安门是轴对称图形吗?[J].教学月刊·小学版(数学),2014(11).

[3] 张奠宙.浅而不错,分而不碎,着眼于数学素质的养成——以"维度"概念为例[J].小学教学(数学版),2014(12).

[4] 曹培英."图形与变换"的备课与教学[J].人民教育,2006(13-14).

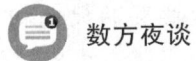 数方夜谈

如何准确把握平面图形运动的教学本质

(本文发表于《小学数学教师》2017年第5期)

话题一:怎样用运动变化的观点看待图形的运动

巩子坤:小学数学有关图形的运动的教材编写与教学,应该注意哪些问题?

任敏龙:我觉得首先要充分认识"图形的运动"引入小学数学的意义和价值。张先生提出了小学数学中引入"图形的运动"的四个目的:第一,观察和认识现实世界里物体的平移、旋转、翻折等运动现象;第二,建立平面图形运动的几何框架;第三,了解图形在刚体运动的作用下大小、形状不变的性质;第四,会用平面图形的平移、旋转、轴对称作简单的应用。我想作一点补充:运动变化还是我们更好地认识图形的性质,展开空间推理的工具。比如,圆柱体可以看成是由长方形绕其某一边旋转而成的。

巩子坤:这好像是中学的内容。

任敏龙:小学里也讲啊。我记得人教版教材六年级中就出现了旋转体的连线题。从我的教学实践来看,这并没有造成学生理解上的困难,反而为学生高阶思维的发展提供了机会。比如,长方体可以看成是一个长方形沿垂直于它的方向平移形成的,原来静态的图形特征就有了动态解释——平移起始时的长方形与终止时的长方形是同一个,所以它们的形状大小都相同,两条长边平移同样的距离形成两个形状、大小相同的长方形,两条宽边也是如此,这样,运动形成的长方体必有6个面,相对面的形状、大小都相同。长方形有4个顶点,运动过程中不产生新顶点,所以长方体有8个顶点。长方形有4条边,4个顶点运动形成4条棱,所以长方体一共有12条棱。又如,圆柱既可以看成是由一个圆沿与它所在的面垂直的方向平移形成,又可以看成一个长方形绕一边旋转所成。因为是圆平移得到的,与圆(底面)平行的切面都与底面相同,所以圆柱上下一样粗细;因为是长方形绕一边旋转得到的,母线上任一点旋转都形成圆,这些圆大小相同,所以圆柱上下一样粗细。这个意思这样说比较容易被学生接受:因为是长方形绕一边旋转得到的,假设绕长边旋转,可以在长方形内画出一系列的

宽线——与宽平行且与宽的长度相等,旋转都形成圆,这些圆的大小相同,所以圆柱上下一样粗细。绕宽旋转也是如此。

殷文娣：按这样的视角,圆柱与圆锥的不同还在于圆柱既可以通过平移来形成,也可以通过旋转来形成,圆锥只能通过旋转来形成。

张　园：用这样的数学观点,原来孤立的知识点(如长方体的特征——6个面、相对的面完全相同、12条棱……)就可以用演绎的方法组织成一个知识系统,培养学生的推理能力,提升他们的认知水平。任老师讲的是图形运动在认识图形的"形"的属性方面的作用。其实,它在帮助学生认识图形的"量"的属性方面也深有意义。比如,长方形可以看成一条线段在垂直方向上的平移,这就是所谓的"线动成面","长方形的面积＝长×宽"可以理解为"长方形的面积＝线长×线在垂直方向上平移的距离"。同样,在圆柱侧面积公式的教学中,可以借助动画演示一个圆(圆周)沿垂直于所在面的方向平移形成圆柱的侧面,从运动的视角来理解"圆柱的侧面积＝圆柱底面周长×高"就是"线长(圆的周长)×它沿垂直方向平移的距离"。

巩子坤：也可以把圆柱侧面展开为长方形来求面积。

张　园：是的。教材只采用这种"展开的方法",而我在教学中两种方法都讲,学生都能够理解。同样地,长方体的表面积也可以理解为一个侧面积加两个底面积,其中的侧面积＝底面周长×高,用运动的观点也很容易理解。

张奠宙：小学数学里的图形运动有利于学生了解圆柱、圆锥、球体等图形的性质。这很重要。但是,这只是平面图形在空间里的运动,是空间里图形运动的很小一部分。立体图形的旋转很难懂,有绕轴转、绕点转、绕点和轴共同转等,花样多得很,太复杂了,中学里也不能涉及太多。

巩子坤：是呀！教学平面图形的运动要注意什么？

张奠宙：现在讲平移、旋转时,立体图形和平面图形往往彼此不分,混清在一起,但立体的运动和平面的运动毕竟是两码事。诚然,小学生的学习要贴合他们的生活经验,一开始可以从电梯的平移、摩天轮的旋转等生活中的现象切入,但接着马上要区分平面图形绕一点的旋转(如时针的转动)和立体图形绕一根轴的旋转(如门的转动)。小学数学里不宜涉及立体图形绕一点的旋转,那太复杂。

殷文娣：在教学中,立体的实物和它们的照片常常混淆不分,引发了不少问题。比如,天安门究竟是不是轴对称图形？

张　园：教材呈现的是一张正面拍摄的天安门照片，可以算是轴对称图形。但是，天安门本身不是轴对称图形，它是立体图形，没有对称轴，只能关于一个面对称。

殷文娣：教材里面讲反射变换时还用了反射镜。斜着放的反射镜里的镜像，与原物也不是呈轴对称的。因为物体和它的镜像不在同一个平面内。

张　园：这是一种不正确的表述，教材已经删去了。

话题二：小学数学引入平面图形运动的意义

巩子坤：好，下面集中讨论平面内的图形运动。平面图形的运动，除了用于创作一些好看的图案，在日常生活中似乎没什么用处。

殷文娣：我认为，小学数学是将日常生活中的平面图形运动直觉上升为数学概念。平面内的刚体运动最简单，一共只有旋转、平移、反射（即轴对称）变换这三种。数学地认识这些运动就能更好地把握其本质，更精确地指导生产和生活实践。

巩子坤：学习平面图形的运动主要是为平面几何中全等三角形的学习作准备。中学里定义两个三角形全等，就是指一个三角形通过平移、旋转、反射三种运动，能够和另一个三角形重合。这样一来，理解和运用平面图形运动就成了学生必须具备的基本数学活动经验。

任敏龙：学习平面图形的运动，我觉得应该重视运动不变性。例如，在推导平行四边形的面积公式时，把一块三角形切下来拼到另一边形成长方形，在这个过程中，图形的总面积保持不变。

巩子坤：是呀。认识图形的运动固然重要，探究图形运动的不变性才是根本。平移、旋转、轴对称不改变图形的形状和大小，利用这个特性可以探索图形的一些性质。

小学数学里学习平面图形运动的意义，不妨归结为三点：一是将生活中的图形运动提升为数学概念；二是在数学上为平面几何的学习积累基本数学活动经验；三是利用运动不变性研究图形的性质，为以后更深入地研究图形的运动奠定基础。

张奠宙：大家说得对。这里，我想起数学家谷超豪先生提出的一个看法。他说，变化中存在不变性质的现象是普遍存在的，如物理学上的能量守恒、动量守恒。他特别提到，数学的"轴对称"还可以跟中国文化里的"对联"联系起来。事实上,对联的上下联中很多性状是不变的,如"明月松间照,清泉石上流",且上下联一般字数不变,词性不变,意蕴不变,平仄相对。如果上下联全变了,对联就像白开水,没有味道了。时代在前进,但民族传统的精髓不变。

殷文娣:谷先生和张先生都能把图形运动提升到哲学、文化的层面,这方面我们是很不够的。

巩子坤:最后,我认为教材里关于图形的运动有几处叙述不够准确,似乎是"混而有错"。例如,把飞行中的直升机说成旋转,其实螺旋桨是在旋转,但直升机是在平移。特别是,把平移、旋转、轴对称三者并列不够妥当。平移是个动词,旋转是个动词,而轴对称描述的是图形的性质,不是运动。用"翻折"这个词来取代"轴对称",如何?它跟平移、旋转在词性上倒是蛮对应的。

任敏龙:"轴对称"一词指代两个概念。一个是轴对称图形,指的是某个图形具有轴对称的性质,对称轴可以通过对折使对应的两边重合形成的折痕来找到;还有一个就是轴对称变换,指的是一个平面图形可以通过轴对称变换得到一个与它全等的图形。

张　园:轴对称图形是通过翻折来实现的,但学生说翻转的更多。

巩子坤:翻转不大好,"转"有旋转的意思。用"翻折"好像也有问题,"翻折"必须在三维空间里完成;而平面图形的运动应该始终在同一个平面内进行。

殷文娣:大学数学课堂上用"反射变换"。

张奠宙:用哪个词合适,没法强制,我们就不要再纠结了。

话题三:平面图形运动的参照物问题

巩子坤:我们换一个话题,再来谈谈旋转的参照物。物体的运动必然涉及参照物。史宁中教授认为,"旋转的参照物是一条射线"。图形上的所有点到射线原点的距离保持不变,相对射线移动了相同角度的运动称之为旋转。又指出,旋转的参照物是点的说法不正确,因为只有一个点无法判断是否旋转,还必须确定方向。大家怎样看待这个问题?

殷文娣:"相对射线移动了相同角度的运动",不大明白这句话的意思。

任敏龙:我觉得史先生的意思是要建立极坐标系来刻画旋转。

巩子坤:所谓参照物,是指借助它我们能够知道图形是否运动。单单一个点,连方向都没有,怎么标明一个物体的运动呢?

张奠宙: 让我们揣摩一下史教授的意思。即便有了一条射线,也不能确定一个点是怎样运动的。比如,坐标原点 O 是旋转中心,y 坐标轴是给定射线。现在横坐标轴上的点 $A(1,0)$ 要运动到 y 轴上,于是 OA 逆时针旋转 90 度与 y 轴重合,也就是完成了旋转 90 度的运动。

巩子坤: 好像是这个意思。

张奠宙: 我觉得这样定义旋转运动还有欠缺。OA 还可以顺时针旋转 270 度和 y 轴重合,究竟是指哪个运动呢?

巩子坤: 这倒没有说明。我赞成史宁中先生把这些射线凸显出来的意思。至于哪一根射线比较好,我觉得用要旋转的点 P 与旋转中心 O(固定点)之间的连线 OP(可以理解为由旋转中心与要旋转的点构成的一条射线)就行了。有了这条连线,就可以衡量旋转的角度了。当然,仅仅一条射线,旋转方向的问题似乎还没有解决。

张　园: 巩老师说得那么复杂,我们在实践中总结出旋转的三要素:旋转中心、旋转方向、旋转角度。为了让学生在格子图中画出旋转后的图形,我们紧紧围绕着这三要素,利用课件动画展开教学。对图形中的某一点 P,我们就强调与旋转中心 O 相连的线段 OP,按一定的旋转方向(逆时针或顺时针)、旋转角度(自然数)来旋转这些线段,最后联结形成旋转后的图形。

任敏龙: 不错,旋转运动要知道旋转中心、旋转方向、旋转角度。但在实际操作中,必须有一个参照物,那就是巩老师说的射线 OP,也就是张先生画的线段 OP,我说的极坐标的原始数射线 OP,它的作用在于指明这是计算旋转角度的起始线,也称为 0 度线。有了这条线,旋转方向、角度就可以明确了。

张奠宙: 我明白了。旋转运动的确需要一条射线。这条射线的意义不是要沿着它去旋转、去运动,而在于指明是旋转角度的起始线、0 度线。有了它,可以分辨顺时针、逆时针,以及旋转的角度。于是,操作就可以明确进行了。

任敏龙: 刻画旋转的工具是一条射线和一个圆:先在射线上定义单位长,然后以射线的端点为圆心、单位长为半径画圆,再定义圆上单位长的弧所对的圆心角为单位角(弧度),这个工具就制作好了。当然,如果把圆周 360 等分,一份弧所对的弧度就是 1°,这就是学生熟悉的角度了。使用时先在旋转起始位置的图形上任取一点 P,将它与旋转中心 O 联结,把工具的圆心与 O 重合,射线与 OP 重合,找到旋转结束位置对应的连线 OP',判断旋转

方向并读出 OP 与 OP' 的夹角度数即可。

巩子坤：很好。这一旋转的参照物是自然形成的，不是外加的。我们大家的意见都统一了。看来，对于图形的运动，在理论上我们要清楚，所有的运动都有一个参照物，平移是沿着某个方向平移，对称是沿着一条直线对称，旋转是以一条 0 度射线为基准旋转。参照物清楚了，怎样运动变换也就清楚了。

殷文娣：张先生在文中设计了一个基本的数学活动"三角形的重合"，这个活动很好，把平移、旋转、反射都综合起来了，同时为学生进入中学后学习"三角形全等"埋下了伏笔。我觉得这很重要。

巩子坤：确实重要。三角形的刚体运动是一项基本数学活动经验，又是中小学数学衔接的重要一环，希望教材能够加以吸纳。

课题 21　理清概念之间的联系

数学概念之间需要融会贯通
——评图形与几何中一些概念的表述

（本文发表于《小学教学（数学版）》2015 年第 4 期）

21 世纪以来的中国小学数学，几何的分量有所增加。目前各版本教材涉及的内容有：

- 直观几何。包括认识图形这样比较传统的内容。
- 度量几何。线段的长度，角度，面积，体积。
- 坐标几何。数直线，位置，方向。
- 演绎几何。平行与垂直，三角形内角和。
- 运动几何。平移，旋转，轴对称。

这样一来，小学数学的几何内容已经相当宽泛，给人以"麻雀虽小，五脏俱全"的感觉。但是，这些概念如何有机地联结在一起，使得彼此融会贯通呢？我们似乎做得还不够。美国 2000 年的 NCTM（National Council of Teachers of Mathematics，全国数学教师理事会）数学课程标准里强调"联结（connection）能力"的培养，值得借鉴。下面就现行小学数学教材里的若干问题做一些探讨。

一、古希腊几何是"线几何",中国古代数学是"矩几何"[1]

我们先来宏观地考察一下古希腊数学和中国古代数学的差异。

古希腊和中国古代的几何学都是从土地测量开始的。古希腊人用"绳"测量,抽象之后形成直线,用点和直线在平面上构造了"线几何"。中国古代数学家则用"矩"进行测量,于是形成了"矩几何"。从《周髀算经》开始的中国几何学,由直角的矩作出正方形、矩形,借助面积的割补和代数的计算,很快就证明了勾股定理,并由此得到了一系列有用的相关结论。但是,中国古代数学除直角之外,没有"角"的一般概念,这是一个重大的缺陷。因此,我们需要学习古希腊的几何学。

古希腊的"线几何"从不定义的原始概念直线开始,截取其有限的一段称为线段,然后用两条直线或线段构成角,由此再形成各种几何图形。更进一步的是度量,给线段以长度,给角以角度,进行量化计算。有了长度和角度,"线几何"的基础也就建立起来了。我们知道,这两种基本量的统一体就是向量。向量是现代数学的基础。

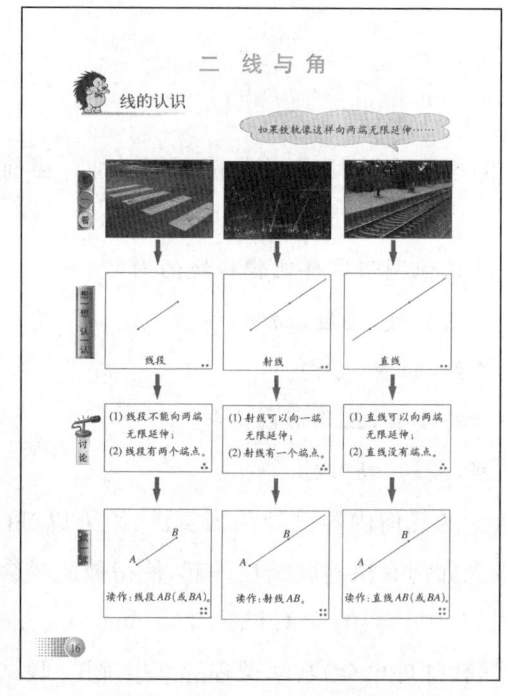

图 21-1

---

[1] 王善平.古代希腊和中国数学比较初探:绳与矩,量与数[M]//魅力数学(《数学与人文》丛书第7辑).北京:高等教育出版社,2012.

如图 21-1,B 版教材四年级上册有"线与角"的单元,教材编排得非常正确。小学数学中的几何学就是要直观地认识"线与角";初中的几何学则是用公理化思想演绎地证明以"线与角"构成的命题和定理;到高中的几何学,就要研究空间中的"线与角",而且要使用代数化的"线与角",那就是向量几何了。

二、线段与直线的关系

在欧氏几何中,直线是不定义的原始概念。

一个不容回避的概念联结是直线与线段的关系。我们将线段向两端无限延长之后称之为直线。但是,无限过程是人的经验所不能达到的,人们能够感知的只是有限的"线段"。这就是说,直线是小学数学里遇到的一个超经验的概念。

A 版教材是先有不加定义的直线,然后说截取直线上两点之间的一段称为线段。这样做比较抽象,但符合欧氏几何的原意。

B 版教材则是先有线段,然后将其两端延长成为直线(图 21-1)。这样做从儿童看得到的"线段"开始,比较贴近儿童的经验。但是,这页教材中对线段的说明里竟有"线段不能向两端无限延伸"一句,未免失当(新版教材中已经删去)。线段当然是能够延伸的:向一端无限延伸成为射线,向两端无限延伸成为直线。无限延长需要依靠人们的想象力。诸如探照灯与射线、铁轨与直线等都是用有限比喻无限,不能真的达到无限。然而,不可思议的是,人人都天生有这样的想象力。儿童也是如此,没有哪个小学生因为想象不出直线而不认识直线,因而学不好数学的。由此看来,教材上与其强调实物比喻,不如进一步说:"铁轨的长度毕竟是有限的,让我们运用想象力,想象无限延长着的直线。"

线段和直线的一致性为许多教材所忽略。例如,各版教材都定义过两条直线的平行,却没有定义过"线段"的平行。教材里应该加一句:"两条线段互相垂直或平行,就是指这两条线段所在的直线互相垂直或平行。"这样一来,线段 a、b 平行和直线 a、b 平行就统一起来了。这并不费事,也不难懂。可是,有些教材里往

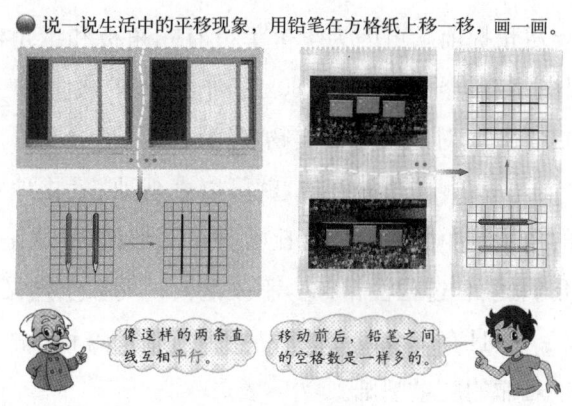

图 21-2

往自说自话，不清不楚。例如，B版新教材把两支铅笔称为两条直线(图 21-2)，就混淆了二者的区别，做了不恰当的联结。

三、角与角的度量要及早推出

B版教材二年级下册有线段的测量，却没有角的度量。新版教材很用心地在四年级上册介绍了"角的度量"。处理得很细致，很好。不过，出现的顺序还可以再提前一些。例如，在没有角的度量的情况下先出现了直角、锐角、钝角，就不太自然（图 21-3）。

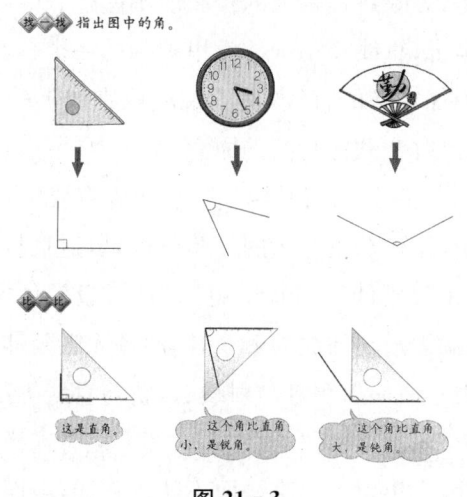

图 21-3

我们的问题是，为什么出现线段之后就立刻介绍线段的度量，而在角的定义出现之后不能立即出现"角的度量"内容呢？前已提及，角的度量是几何学的基础，需要尽量提前。更因为学生手里有三角板和量角器，有实物参照学习起来就比较容易。量角器上有 0°～180° 的刻度，三角板上的三个角分别是 90°、60°、30° 或 90°、45°、45°。对照手中的实物(学具)学习角的度量，事半功倍。

一旦有了角的度量，就可以直观地、量化地定义 90° 角是直角，大于（小于）90° 的角是钝角（锐角）。这比看一个图形就说"这是直角"既严谨又清晰，何乐而不为？我们提出"过程性目标"，不正是要说明数学定义的来源和依据吗？

一旦有了线段和线段的度量，以及角和角的度量，以后的小学几何学内容就有了可靠的度量基础。

四、角度与方向的密切关联

A版教材在四年级上册介绍角的度量,然后在四年级下册详细地用角度标识方向,做得比较好。

B版教材在二年级下册先出"方向与路线"单元,介绍东、南、西、北和东北、东南、西北、西南八个方向,然后认识角。在"认识角"的部分,绝口不提方向,这就造成知识上的人为割裂。"方向"和"角度"都是生活中经常遇到的基础知识,为何不能统一起来呢?

事实上,确定了基准的"北向"或"东向"箭头之后,方向就是与基准线所形成的角度,角度就是确定方向的依据。

更令人不解的是,B版新教材四年级上册中先有"角的度量",后有"位置与方向"。可是,那里的方向依旧只限于东、南、西、北四个方向,没有提出用角度来描述方向。显然,将方向与角度"联结"起来,使"方向"得以数量化,是几何学的重要一环。

五、理清平行与平移的关系

前已提及,B版新教材将两支铅笔平移后形成的图形作为平行的定义。于是,我们要问,究竟是先有平移再有平行,还是先有平行再有平移呢?

什么是平移?百度词典这样定义:"在平面内,将一个图形上的所有点都按照某个直线方向作相同距离的移动,这样的图形运动叫做图形的平移运动,简称平移。"这里的一个关键词是"所有点按同一个方向"。图21-2中平移前后的铅笔,其上的每个点都要沿水平方向移动一个固定的距离。如果将铅笔上端点移动前后两点的连线记为 AB,铅笔下端点移动前后形成的两点连线记为 CD,那么因为是同一方向,所以必然有 $AB \parallel CD$。这时,四边形 $ABDC$ 就构成一个矩形。这就是说,作平移运动时要让图形上无限多的各点保持"同一方向",就要作无限多条平行线。因此,先有平行才能平移。用平移定义平行,在逻辑上有误。进一步,那支铅笔也可以沿45°角向斜上方平移,铅笔各点扫过的图像所形成的图形就是平行四边形。

值得注意的是,A、B两版教材在介绍平面图形"平移运动"时,都没有与"方向""角度""平行"等概念联系起来。彼此内涵相同的知识需要融会贯通,不应割裂。

六、关于点与直线的距离

两点间的连线,以线段为最短。在欧氏几何中,这是一条公理,明显成立。甚至抛一根肉骨头,狗也会沿线段奔去。这样显而易见的公理,是否还要小学生去探究发现呢?应该不需要了。一些教材认为这样的结果需要儿童合作讨论,发现汇报,乃是低估了人的直觉能力。正确的做法是,让学生"凭直觉猜想",说出真理,然后用量一量的办法加以确认就是了。

至于直线外一点到直线的距离,学生也是不难猜想出来的。教学时顶多在黑板上画一画,或者在练习本上量一量就可以了。B版新教材四年级上册要求学生分组量某点到小河的距离(图21-4),似乎属于小题大做,不切实际。

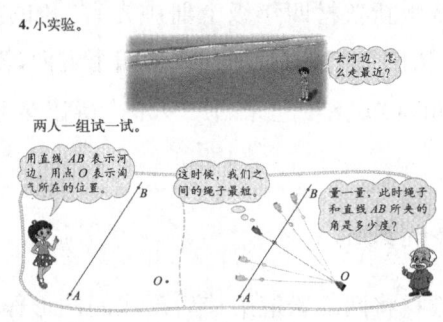

图 21 - 4

用人类的直觉掌握这一原理并不困难,重点应放在这一原理的应用上。

一线回声

关注知识脉络与学生经验的联结

孙钰红 浙江省杭州市拱墅区教师进修学校

数学概念之间需要融会贯通,这是每一位数学教师都知道的常识。认真阅读张奠宙先生《数学概念之间需要融会贯通——评图形与几何中一些概念的表述》一文,细细品味他对于"图形与几何"领域一些概念之间如何实现有机联结的阐述,深感该文为笔者今后教材研究与教学工作开展打开了新的思路。

文中张先生从古代中西几何学、不同几何内容领域、同一几何内容领域等多维角度阐述了如何实现概念之间的融会贯通和有机联结。联结需要考虑知识脉络,思考知识之间的关系,也需要考虑儿童是如何学习数学的。当两者有效融合时,有效的学习才可能发生。小学生的数学学习总体来说是偏感性的,他们的数学理解力比较有限。因此,日常教学中,在不违背数学本体性知识的前提下,我们会从孩子们的认知特点出发来开展教学设计活动。笔者对张先生文中的大部分观点是非常认可的,但对于这些观点如何在小学数学教学中更好地落实,愿与张先生商榷。

一、基于学生的认知能力,建立知识的联结

图形与几何中一些概念的联结需要遵从概念的意义与内涵,这是一个思考的角度,张先生在文中已作了很好的阐述。同时,我们也需要思考学生已有的认知经验与认知能力。

商榷一:是否需要以文字表达的形式来认识"线段和直线的一致性"

文中张先生提出要关注"线段与直线的一致性",即"教材里应该加一句:'两条线段互相垂直或平行,就是指这两条线段所在的直线互相垂直或平行。'这样一来,线段 a、b 平行和直线 a、b 平行就统一起来了。这并不费事,也不难懂。"这一句话无疑是比较抽象的,或许对成人来说理解起来并不费劲,但对于四年级的孩子来说会比较拗口。这样的语句呈现甚至会影响孩子数学学习的心情。

小学生学习数学并不轻松,成人世界中简单易学的内容在孩子们眼里常常会是另一番景致。张先生用理性的表达来突出数学的严谨性,看似简单,但事实上对学生来说是困难的。如何将张先生的思想在教学中更好体现?笔者认为,联结需要充分考虑学生的认知能力,或许采用体验式学习来感悟直线平行和线段平行的一致性,效果会更好。笔者将在下文中说明。

商榷二:是否需要提前进行"角的度量"的教学

张先生提出"角与角的度量要及早推出":四年级上册介绍了"角的度量"。……不过出现的顺序还可以再提前一些。例如,在没有角的度量的情况下先出现了直角、锐角、钝角,就不太自然。我们的问题是,为什么出现线段之后就立刻介绍线段的度量,而在角的定义出现之后不能立即出现"角的度量"内容呢?

仅从该知识的逻辑脉络来考量,这样安排是可以的。但依据学生学习角的度量的现状,笔者觉得目前教材安排先学习直角、锐角、钝角,之后学习角的度量还是比较合理的。事实上,四年级学生学习角的度量这一

内容并不容易。由于受到量角器内圈、外圈设置的影响,学生在进行角的度量时往往会失误。而按目前教材设置,三年级教学角的认识时直接呈现直角,进而以直角为标准来判定锐角与钝角,教学聚焦至三类角的特征,使得学生对三类角的联系与区别有更清晰的认识。这也是学生对角的大小的初步、模糊认识。

在四年级学习"角的度量"这一内容时,有经验的教师会引导孩子先对角的类别作出预判,在此基础上进行度量,从而大大降低错误率。这是对角的大小的精确认识。因而,初步认识基础上的精确认识更符合孩子的学习规律。

二、基于学生的亲身体验与感悟活动,建立知识的联结

小学生只有亲自经历、体验了知识生成的活动,才能够建立起概念之间的联结。

体验活动一:感受"线段和直线一致性"

对于张先生所说的"线段和直线一致性"问题,笔者认为可以结合实际的教学活动来渗透。

(1) 呈现两组线段(图21-5),说说这两组线段的位置关系。

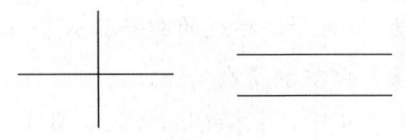

图 21-5

(2) 想象一下,如果把其中每一组的线段向两端无限延长,线段成为什么?我们可以怎样表达这两组线段的位置关系?(课件演示:依次将每组线段分别变为直线)

学生表达:一组直线互相垂直;一组直线互相平行。

(3) 教师口头小结,表达线段与直线的一致性。

师:两条线段互相垂直或平行,就是指这两条线段所在直线互相垂直或平行。(课件演示:将第一组两条线段闪烁,再延长为直线;第二组作同样演示)

学生通过直观形象的体验活动,感悟一组线段之间的位置关系延伸到一组直线的位置关系,进而感受线段与直线的一致性。即便没有文字陈述,相信学生也能体验到位。

体验活动二:体验"点到直线的距离"

张先生在文中提到:"直线外一点到直线的距离,学生也是不难猜想出来的。……量某点到小河的距离,似乎属于小题大做,不切实际。用人类的直觉掌握这一原理并不困难,重点应放在这一原理的应用上。"我比较赞成这样的观点。如果将直觉思考与原理应用结合,学生会不会对该原理有更通透的认识呢?

(1) 创设问题情境。

师:(出示课本情境图)小明要去河边,怎么走最近呢? 最近的路有什么特点?

(2) 学生独立思考,探索解决问题的思路。

(3) 学生汇报。

如图 21-6,把小明看作一个点,把河岸看成一条直线,小明到河边最近的路其实就是点到直线的垂直距离。

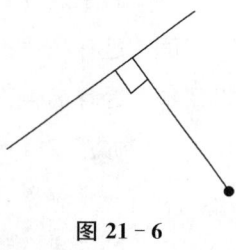

图 21-6

直线外一点到直线的最短距离在哪里,学生凭直觉是能感知到的。但这样的线段有着怎样的特征,学生未必有清晰的认识。上述教学将直觉掌握与原理应用有效结合起来,让学生自主经历探究体验的过程。学生在解决问题的过程中经历了将生活情境抽象,而后自主提取相关认知经验解决问题的过程,其中也自觉将概念作了有效衔接。

小学阶段几何概念的融会贯通可以通过类似这样的学习活动来实现。教师可以恰如其分地做一些点睛工作,而并非一定要将有些概念、原理上升到抽象的层面。

 数方夜谈

贯通理解线、角以及它们之间的关系

话题一:线的概念并不好理解

巩子坤:张先生提出要贯通理解几何的一些概念,比如,线的概念,角的概念。我们今天就来谈谈这个话题。

任敏龙：“线"与"角"是图形与几何中的两个十分重要的概念，但是要把这些概念说清楚，还是很困难的。

张奠宙：是很难说清楚。学生在小学阶段接触的几何，大都是直观几何、度量几何、运动几何。所以，侧重的是度量、计算，侧重的是对一些几何性质的直观感受，完全没有上升到演绎的水平。

巩子坤：所以，对于有些概念，没必要，也不能够精确定义。比如，在《几何原本》中，线是这样定义的：线只有长度没有宽度；直线是这样定义的：直线是它上面的点一样的平放着的线；面只有长度与宽度；平面是它上面的线一样的平放着的面。

张　园：这样的概念，说与不说是一样的。似乎不说更好。

巩子坤：这样的概念还比较直观呢，几乎就是人类经验的描摹。后来，为了满足几何严密性的需要、结构化的需要，就要把这些经验性的、直观性的概念进一步抽象，就要提出一些不加定义的概念。比如，希尔伯特(D.Hilbert)这样来定义这些概念。

定义：设想有三组对象，第一组称为点，用 A,B,C 表示；第二组称为线，用 a,b,c 来表示；第三组称为面，用 α,β,γ 来表示。

他又说，"点、线、面的定义并不重要，它们之所以成为讨论的中心，仅仅是因为公理述说了它们之间的关系"。如果高兴，我们可以"把点、线、面称为桌子、椅子、啤酒杯"。

张奠宙：有道理。这些概念并不重要，这些概念之间的关系才重要，所以就有了《几何基础》中的关联公理等。

我写这篇文章的出发点还不是这些。我想说，虽然小学数学是"混而不错"的，概念也大致是描述性的、直观的，但一是不能出现科学性的错误，二是要建立概念之间的联系。

巩子坤：我们就来聊聊这些概念之间的联系。

任敏龙：对于线段、直线、射线这三个概念，不同版本的教材采用了不同的呈现方式。但是，大致看来基本是一致的，即先给出线段（拉紧的绳子，绷紧的弦）；然后线段向一个方向延伸，就成了射线；向两个方向延伸，就成了直线。也就是说，线段成为认知射线、直线的基础。由线段生成射线、直线，这就建立起了线段、射线、直线之间的联系，也就看出了它们的一致性。

当然,也容易看出它们之间的相异之处。

巩子坤:我觉得,从线段的几何直观出发,从线段的描述性定义出发(这里甚至描述都没有),这就是直观几何的特征。这样做也符合儿童的认知规律。想一想,在我们的视线范围内能够看到什么,只能够看到线段:我们看到的一定是线段;如果是射线、直线,我们一定看不到。所以,把线段作为认知的起点是合理的。

张　园:正是因为我们看到的只能够是线段,所以张先生建议:"无限延伸需要依靠人们的想象力。由此看来,教材上与其强调实物比喻,不如进一步说:'铁轨的长度毕竟是有限的,让我们运用想象力,想象无限延长着的直线。'"这是合理的。

张奠宙:人天生有这样的想象力。儿童也是如此,没有哪个小学生因为想象不出直线而不认识直线,因而学不好数学的。

殷文娣:所以,要基于直观,要善于想象。

巩子坤:直线这个概念贯穿几何学习的始终。我们一开始说,平面上两直线的位置关系有相交、平行与重合;然而,在射影几何中平行也是相交,相交在无穷远点;这个无穷远点远在天边,近在眼前,你完全可以用一个符号来表示它。几何就是这样的神奇。

任敏龙:学习几何一定要善于想象,或者说抽象:几何的研究对象是基于"形"的,更是"形而上"的。

话题二:角的概念要与角的度量联系在一起

巩子坤:我们再来聊聊"角"这个概念。事实上,我们在"课题22　角度定义最好不要用射线"中,比较详细地讨论了角的概念。

张先生的主要观点是:"角的概念要与角的度量放在一起,角的概念要与方向的概念密切关联在一起。"

任敏龙:当然要与度量放在一起。引出角这个概念后,紧接着的一个问题就是,如何比较不同角的大小:可以模糊地比较,通过移动重合的办法知道哪个大,哪个小;到底大多少,小多少,就要测量了,这就涉及度量的单位等。

张　园:当然,何时精确度量角的大小,这值得商榷,也需要实践的进一步验证。

殷文娣:既然学习了角的度量,方向的概念当然要与角的概念联系起来。比如,这时我们就可以把"东北、西南"等概念与角联系起来。如果不联系起来,如果不用角的大小,如何说明这个问题(图 21-7)?

1. 说一说小红上学和回家的路线,填一填。

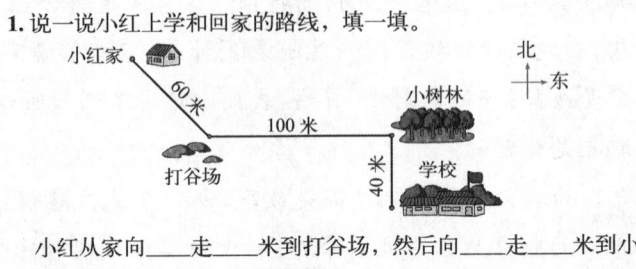

小红从家向____走____米到打谷场,然后向____走____米到小树林,再向____走____米到学校。

图 21-7

当然,你可以说小红从家向东南方向走 60 米到打谷场。如果东南方向是指"东偏南 45°",那么这就是一个确指,图形中的角度的确是 45°吗?另外,现实中有这么精确的东南吗?打谷场正好就在小红家的东南方向吗?如果东南方向不是确指,那么到底是东偏南多少度才叫东南呢?

张奠宙:所以,还是要用角度来衡量,这样就精确了。这就是我强调要建立"角度与方向是密切联系"的原因。

话题三:贯通理解线与角的关系

巩子坤:其实,除了可以建立"角度与方向"的密切联系,也可以建立角度与长度的密切联系。如下图(图 21-8),有一个提示,可以用尺子量角。当然,用尺子量角太麻烦了,所以我们询问可否有更好的量角的工具。于是,用量角器来量角。

● 如何度量三个角的大小呢?说一说。

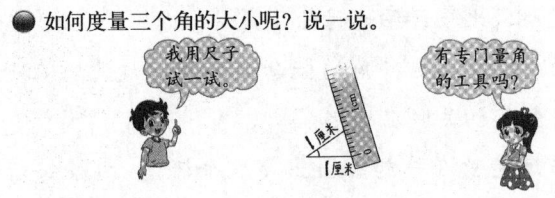

图 21-8

殷文娣:可以用尺子来量角吗?

巩子坤:当然可以了。假设把所有角的顶点都放在一起,以顶点为圆心画圆,这样每一个角都成为圆心角,圆心角对应的弦越长,这个圆心角就越大。上图中,用直尺所量的就是弦长。

殷文娣：真没有想到。

巩子坤：用尺子来量,弧度的概念就呼之欲出了。

我们想一想,在高中阶段是怎样引出弧度的概念的:把长度等于半径长的弧所对的圆心角叫做1弧度的角。整个圆周有2π个半径,于是圆周角就是2π弧度。也就是说,引入了弧度后,就把对角的度量转化为了对"弧长"的度量。角度转化为了弧度,角度转化为了长度。

从这个意义上讲,实现了角度与长度的统一。

任敏龙：事实上,儿童对于长度的度量是最为熟悉的,最初是长度,接着是面积——二维的长度,最后是体积——三维的长度。如果把对角度的度量转化为对长度的度量,就实现了长度在度量中的一以贯之。

巩子坤：这样也能让学生看到,角度的大小与构成角的边无关(如果把边理解为线段的话,就是与线段的长短无关;就我的经验,据我们上述讨论,大部分学生是把边看作线段的),而与角所对应的弧有关,弧越长,事实上就是张开度越大。如果说张开度是角度的同位语,不好理解的话,那么对应的弧长(或者弦长)就容易理解多了。

张奠宙：弧度制的思想源于阿耶波多(Aryabhata),由欧拉(Leonhard Euler)完善。他们发现,以某角的顶点为圆心,以任意长为半径画圆,该角所对应的弧长与相应半径的比值,完全由该角的大小决定,而与半径的长短无关;于是规定"长度等于半径长的弧所对的圆心角叫做1弧度的角"。如果规定圆的半径是1,那么弧度就是弧的长度。这就把度量直线段与圆弧、弧度的单位统一起来了;这就是上页图(图21-8)中为什么出现"从顶点出发,在两边分别截取1厘米长的线段"。

巩子坤：当然了,严格来说,由于弧度是"两个长度之比",因此弧度就是一个无量纲的量,就是一个纯粹的量,纯粹的量就给计算、推广带来了极大的便利。不过,为了与长度相统一,我们还是通常用"单位圆的弧长作为该弧所对圆心角的度量"。有了这个弧度制,我们才有 $\lim_{x \to 0} \frac{\sin x}{x} = 1$；若 x 为角度制,则 $\lim_{x \to 0} \frac{\sin x}{x} = \frac{\pi}{180°}$，这是非常复杂的。

张　园：原来,弧度制还有如此多的好处。

任敏龙：当然了,这样的好处学生要到中学才能够慢慢体会出来。

巩子坤：正是因为大家熟悉长度，习惯用长度来测量物体，所以长度就成了度量的首选。史宁中先生说"度量的基础是两点间直线的距离"，有了这个基础，其他的度量就好展开了。

对了，再仔细想一想，时间也是一维的，我们通常说"时长"，也试图用长度来度量时间。质量怎样度量呢，那就用秤来称量吧。用秤称，就把质量转化为了长度：物体越重，秤砣越靠外，对应的秤杆上的刻度越靠外；这个刻度，这个长度，就是物体的质量。

张奠宙：这样就说来话长了。比如，人们对角的度量"情有独钟"，却又"耿耿于怀"。情有独钟是说，有了角才能够张开二维空间、三维空间，所以要度量角；耿耿于怀是说，角的度量单位不同于长度的度量，这就给表示、计算带来了很大的不便。比如，在三角形中我们能够笼统地知道"大边对大角"，我们也知道"三条边确定了，三个角也就唯一确定了"。但是，大边所对的角到底有多大，三个唯一确定的角分别是多少，都不能够清清楚楚地知道。也就是说，我们明明知道有个关系在那里，但是这个具体的关系是什么，我们无从表述清楚。

巩子坤：所以，迫切的任务就是建立角与边的可以量化的关系。这个最初的关系就是三角函数。比如，两个对应边不等的相似三角形 Rt$\triangle ABC$ 与 Rt$\triangle A'B'C'$，明明看着$\angle A$与$\angle A'$的大小相等，但是其所对应的边BC与$B'C'$却不等；再仔细看，虽然所对应的边不等，但是$\dfrac{BC}{AC}=\dfrac{B'C'}{A'C'}$。

这就发现了规律，这就把角的相等转化为了比的相等，进而将角的度量转化为长度的度量。

殷文娣：这不就是三角函数吗？有了这个三角函数，不仅实现了角的度量向长度度量的转化，也实现了对边与角关系的定量刻画。这个刻画就是正弦定理、余弦定理。

任敏龙：是呀，这就实现了角与边的对立统一。

巩子坤：我们从线段、射线、直线的内在统一，聊到线与角的统一，聊到最后稍微有些深了。今天就到这里吧。

课题 22　角度定义最好不要用射线

教材处理宜朴素自然、平易近人
——关于小学数学教材里"角的认识"

（本文发表于《小学教学（数学版）》2015 年第 7、8 期）

　　角，是数学名词，更是普通名词。因此，大家都对角有一个先入为主的来自现实生活的理解。羊角，牛角，书的四角，五角星的五个角，无人不知、无人不晓。至于数学中，除"垂直"之外，中国古代数学里几乎没有涉及角。于是，当今小学数学里角的概念是从国外全盘引进的。然而，国外对于角的认识和处理也有不同的认识。我们应该根据自己的教学实践加以消化、整合，形成自己的认识。

　　根据"课程标准"的安排，现在的小学数学教材中角的认识分为两段：第一段在二年级，直观地认识角，大小不超过 180 度，知道锐角、直角、钝角，用以辨认三角形、矩形等图形；第二段在四年级，教学角的定义及其度量，扩展到周角。

　　各版本教材都分这样两段，但是在处理上有所不同。以下是笔者阅览之后所作的评述。

一、用射线定义角，华而不实，弊多利少

　　在第一段，各版本教材都是直观地展示角的形状，把从一个公共点出发的两条线段所组成的图形叫做角。画出图形，一目了然。不同的是在第二段。多数教材都在第二段强调性地用射线正式地定义"角"：从一点引出的两条射线所组成的图

形叫做角(图22-1)。

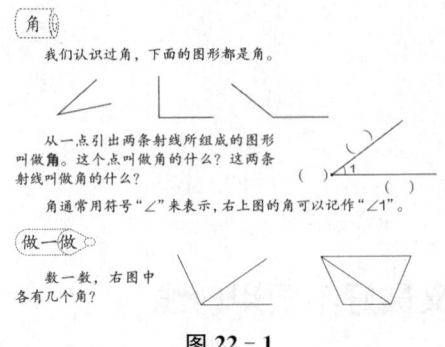

图 22-1

用射线来定义"角"的目的何在？教材里没有说。可以想见的理由是：从一点出发的两条射线围成的是一个确定的无限区域。角的两边不是长短不一的线段，而是无限长的射线，于是一个角只有一种表示。但是，有的教材就没有采用这一传统的射线表示，显示了可贵的独立性。

用射线定义角，为何不可取呢？理由如下。

1. 射线是画不出来的，只存在于想象之中。画在纸上的射线仍旧是线段。用手电筒、探照灯之类的光线比喻，并无科学价值。

2. 射线在数学上不重要。在整个小学阶段，射线只在这里出现一次，没有更多的用处。有没有射线无关数学大局。

3. 当用红色粗体字给出角的定义之后，理应对二年级时的角的认识进行新的加工，将那里的角的顶点都加粗，形成角的线段都改成射线才是。可是，教材里没有这样做。这就是说，用射线表述角并没有对角的认识有任何提高，还是停留在直观水平上。

4. 角的射线定义以后再未正面引用。形同虚设，没有实际功能。更离奇的是，在紧接着的"做一做"所画的图形中(图22-1)，各个角的顶点并不加粗，角的边也不用射线表示，依旧是二年级时的老样子。请问，用射线定义角的优越性何在？

这就是说，用射线定义角，既不能在理解上有所深入，也不能在实用上有所改进。这样华而不实的概念，要它何用？

那么，角的射线定义从何而来？当然是从国外引进的。长期以来，以为这是国际共识，科学通例。其实，从网上检索，既有用射线定义的，也有用线段定义的。我们应该择善而从，不必囿于以往的惯例。现在，有的版本教材就没有采用射线定义，但从没有听说在理解角的概念时发生困难。

二、角的相等是不能回避的

二年级时直观地描述角有两个缺陷:一是同一个角有多种表示,却没有定义角的相等;二是没有涉及"角由线段绕一个端点旋转生成",难以过渡到周角以及角的度量。

我们先来看角的相等问题。

大家知道,今后的几何课程要大量地使用角的相等。对顶角相等,等腰三角形底角相等,平行四边形对角相等,以及全等三角形、相似三角形的论证,都离不开角的相等。在小学数学教材的练习中,也出现了对顶角相等的题目(图22-2)。因此,角的相等是绕不开的,是不能回避的。

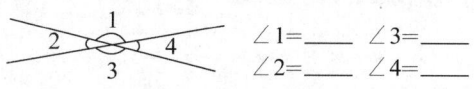

图 22-2

然而,角的直观定义只说角是从一个顶点出发的两条线段构成的图形,对于线段的长度并无要求。也就是说,角的图形表示不唯一。于是就产生了一个问题:"哪些不同表示的角其实是彼此相等的呢?"

在图22-3中,学生可以形象地看到同一个角可以有不同的表示。这和学生的生活经验相符,也和今后的几何学习一致,学生接受起来没有困难。

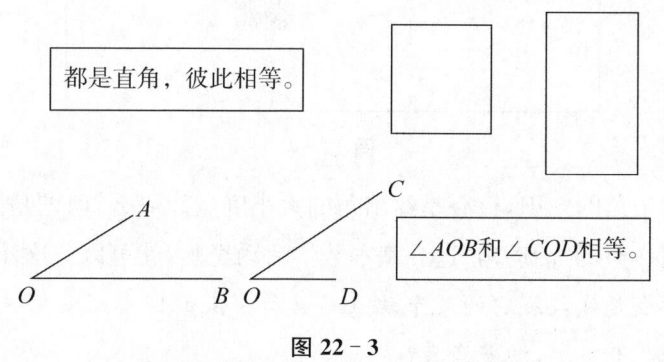

图 22-3

为了准确起见,不妨在四年级教材中增加一段"角的相等性质":

如图22-3所示,如果∠AOB 和∠COD 的顶点重合,并且边 OA 和 OC、OB 和 OD 分别互相重叠,我们就认为这两个角彼此相等。这就是说,一个角的两边无论怎样延长或缩短,都表示同一个角。

三、旋转：角的动态生成

二年级时关于角的教学，只要求认识直角、锐角、钝角就可以了。到了四年级，就需要对角的生成、角的大小、角的测量给出科学的界定。这一切都基于一个基本的数学活动：线段绕一个端点的旋转。某教材作了这样的处理，生动地展现了角的动态生成（图22-4）。

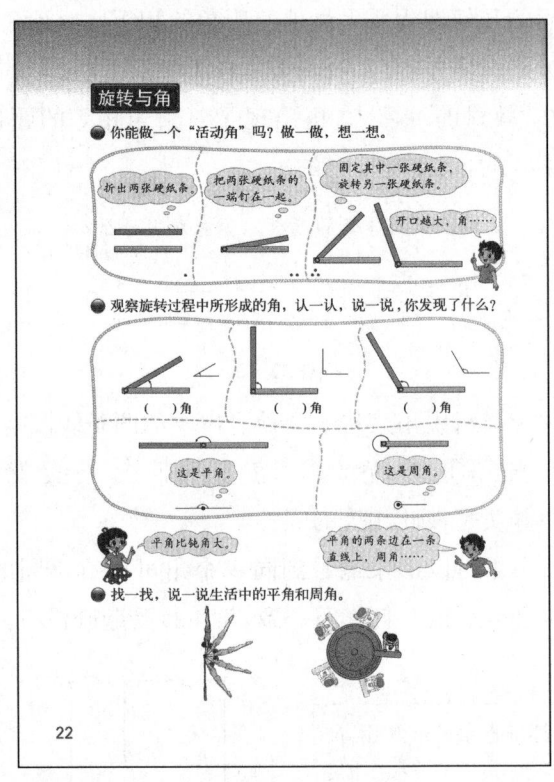

图 22-4

四年级关于角的知识，核心是给出角的大小度量。那么，何谓角的大小？教材里没有说。现在借助"活动角"这一基本数学活动经验，就可以写这样一段话：

角可以看成是线段绕它的某个端点旋转所形成的图形。旋转产生的图形，其开口由小变大。开口大，就是角大。

由此出发，给出周角，给出1度的角，进而用量角器度量给定的角，一切都显得非常自然流畅。

反观某教材的处理，就显得非常突兀。在该书的第39页（图22-1）之后，紧接着的第40页（图22-5）立刻问："下面两个角哪个大些？大多少？"然后硬生生地说:"人们将圆平均分为 360 份,将其中 1 份所对的角作为度量角的单位……"至于周角,要到第 42 页才出现。

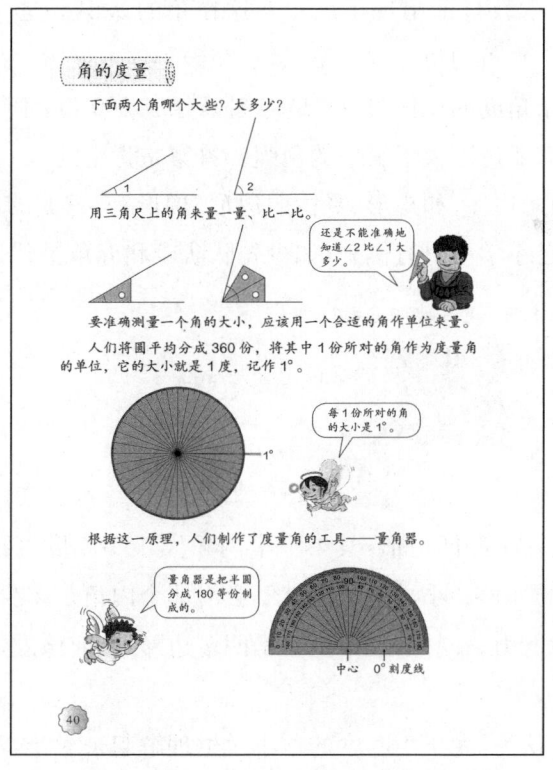

图 22-5

于是,我们看到了两种处理方案:

方案 A:活动角的操作→角度开口由小变大→周角→1 度→量角器度量。

方案 B:射线定义角→怎样衡量角的大小→将圆分为 360 份,1 度→周角量角器度量。

显然,方案 B 缺乏数学活动的支持,概念出现生硬,逻辑次序不清。在强调"四基"数学教学的今天,数学基本活动经验应该提到更高的位置。

最后,如同胡重光教授所指出的,小学生对于角的大小并不是很容易理解的。(详见《小学教学(数学版)》2015 年第 4 期《角的认识和度量的教学分析》一文,以下简称"胡文")我们觉得,用"活动角"展示角的开口大小,可以有效消除学生的误解。至于"胡文"中用钟表指针的转动来解释,则未必精当。

四、关于周角以及大于180度的角

各版本小学数学教材都出现了周角。这在角的认识上是一个突破。在第一段,我们只处理小于平角的角。到了第二段,突破了这一局限。为什么要突破?教材里的暗示是,由于角度的单位"1度"是将圆等分成360份,不得不引进周角。那么,在生活中是否需要讨论大于平角的角呢?答案是肯定的。一般地说,中小学讨论的图形多半是凸多边形,如矩形、平行四边形、梯形等,它们的内角都不大于180度的。但是,即使在小学里也有例外,如少先队队旗和五角星(图22-6)。

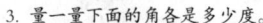
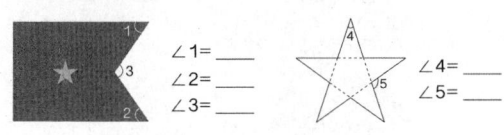

图 22-6

少先队队旗是一个凹四边形,其中一个内角大于180度。我们不能无视它的存在,仅仅衡量它的外角。小学生难道就不会问那个内角是多少度吗?"我们不要太低估学生的思考能力。"同样,五角星也是凹多边形,也应该度量那几个大于平角的内角。

有些教师可能认为,大于180度的角小学生理解起来太难,不能要求过高。笔者也表示赞同。我们不要将它列入考试内容,不要大量地进行演练。但是,知识宽度已经有周角了,生活里又会碰到,我们不该回避。即使只是优秀学生有所收获,我们也要尽量满足。

另外,有一个细节提请教材编写者注意,就是钟表上分针和时针所形成的角度问题。笔者建议,在二年级"角的认识"阶段不要引进钟表模型,因为第一阶段的角都是静态的,而时针和分针所形成的角则是动态的,适宜于在四年级学习"旋转与角的生成"时引用。尤其是时针、分针各自运动产生的角,也是超过180度的,值得关注。

五、位置、方向与角度

最后,我们要探讨"位置与方向"单元与角度的关系。

在各版本小学数学教材里,"位置与方向"单元一般放在三年级,与角度没有任何联系。方向就是东、南、西、北,也有东南、东北、西北、西南的区别。由于"角的度量"单元放在四年级,因此方向就不能用角度描述了。

东、南、西、北是一种自然常识,放在数学课里,应该尽量用相应的数学工具加以描述。角的度量是一个有力的数量化工具,应该把角度和方向有机地结合起来。是否可以将前后的次序做些调整,这是一个值得关注的课题。

一线回声

教材处理宜追本溯源、还其自然

谢　莹　浙江省杭州市崇文实验学校
任敏龙　浙江省杭州市上城区教育学院

张奠宙先生在《教材处理宜朴素自然、平易近人——关于小学数学教材里"角的认识"》一文中,从利于学生学习的视角对"角的认识"的教材处理提出了自己的看法。

如张先生所言,小学数学"角的认识"通常分两段,第一段通常称"角的初步认识",包括:通过对实例的抽象认识角——一个顶点、两条直的边(实际上是线段)组成的图形,进而通过操作"活动角"定性认识角有大小——知道角的大小与两边的张开度有关,认识直角、锐角和钝角。第二段"认识角",包括:角的定义——一点引出两条射线所形成的图形叫做角,定量刻画角的大小——角的度量、画指定大小的角等,认识直角、锐角、钝角、平角和周角。

在"角的初步认识"教学中,我们总能见到许多令人啼笑皆非的现象。比如,教师在引导学生认识角后继续引导学生操作"活动角",活动前没有说明什么叫做"角的大小",却用这一概念提出活动要求——操作"活动角"并比较"角的大小",而活动得到的结论恰是在说明到底何谓"角的大小"(角的大小不能被发现,只能被告知)。这在理论上难免有循环论证之嫌疑,在活动中学生也难免有不知所云之疑惑——到底是指边的长短还是指张开程度?这样的教学设计,由于活动角的边的长短没有变化,变的是张开度,因此"角的大小"只能被解释为与张开度有关,但不能说明与边的长短无关。正因为如此,在后续学习中学生很容易受到边的长短及因

此导致两边所夹区域大小的影响而产生误判。教师们也清楚：如果明确说明角的大小与两边的张开度有关，与边的长短无关，学生误判的几率就会大幅度下降。但"角的大小与边的长短无关"这一说法会与后续学习中角的定义"一点引出两条射线所形成的图形叫做角"中的两边都是射线，而射线无需比长短相矛盾。因此，"角的大小与边的长短无关"一说存在某种意义上的"科学性"问题。这就把教师置于某种尴尬矛盾的境地——讲也不行、不讲似乎也不行。

如何解决这些问题，进而做到教材处理得朴素自然、平易近人呢？笔者认为，关键在于对数学知识追本溯源，从而使教材处理能还其自然。

一、概念的发生动机：射线、线段非"大局"，"大局"应是张开度

张先生认为"用射线定义角，华而不实，弊多利少"。显然，用线段定义角更契合学生的生活世界——几乎见不到两边是射线的角，从而就可以名正言顺地讲"角的大小与两边的张开度有关，与边的长短无关"了。为更好地界定与"边的长短无关"，张先生还主张在四年级教材中引入"角的相等性质"，以解决角的图形表示的唯一性问题。事实上，用射线定义角已经天然地解决了角的图形表示的唯一性问题，"角的相等性质"（即什么叫做两个角相等）也是必须的。然而，笔者以为，用射线定义角，其意义不仅在于图形表示的唯一性。

张先生的建议从某种程度上触及了一个更为本质的问题：数学为什么要定义角？是出于研究解决什么问题的需要？这就需要回到数学知识发生发展的源头，分析数学中引入"角"的动机：显然，角的概念是为了研究两边的张开度而引入的。把角的两边定义成射线，射线无需比较长短，那就只剩下研究张开度了。显然，相对于线段定义来说，用射线定义的角的概念更精确地界定了所要研究的问题。这就说明了一个问题："角"所要研究的"大局"是张开度，相对而言，线段和射线还够不上"大局"。

从前面的分析中我们还可以知道：角的概念发生过程可能与教材安排的认识顺序"先认识角再讨论角的大小"恰恰相反，而是先有了比较张开度大小的问题，产生了更明确地界定研究对象的需要才引入角的定义。由此，笔者在教学中是这样引入角的概念的。

教师大屏幕呈现图 22-7 中的鳄鱼图，提出问题：谁的嘴巴张得开？

师：你能用手势表示两条鳄鱼嘴巴的张开度吗？

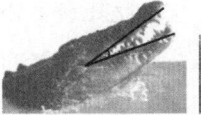

图 22-7

有些学生用两只手、一只手的拇指和并拢的其余四指、叉开的两个手指表示鳄鱼的上下颚，用两者的张开度来表示鳄鱼嘴巴的张开度。

师：刚才的动作我们可以转化为画两条线来表示吗？（学生点头认可）

教师大屏幕呈现图 22-7 中的角。

师：这个图形大家认识吗？

生：认识，是"角"！（教师板书"角"）

二、概念的定义与应用：用"射线"下定义，用"直边"作交流

对小学数学学习来说，用线段定义角是可行的。到了中学研究多边形的定义、性质和判定也是可行的。比如，在 $\triangle ABC$ 中，$\angle A$ 的两边分别是 AB 和 AC，我们没有必要非要去计较 AB、AC 是射线还是线段，用线段定义其实是更方便的选择。从课堂教学的实际来看，即使是在"射线定义"的教学现状下，学生用的通常就是线段的表述，几乎听不到射线的表述。

但用线段定义角也会带来很多的问题，尤其是对于纯数学的研究。比如，会失去角的对称性。又如，在解析几何中研究直线方程，所谓的斜率刻画的就是直线与 x 轴所成的角，这个角的两边显然是射线。三角函数中角的两边显然是射线，在给定角的前提下，在射线上任意取点构造直角三角形，其边之间的长度比为定值，等等。

因此，从实用的角度来说，射线定义和线段定义各有利弊。但数学的追求往往不是实用导向的，它坚守自己的理想，比如，定义要揭示对象的本质特征，要准确而无异议，在此前提下要尽可能少的概念来定义新概念，等等。用射线定义角的概念便于包容边是线段的情形，而用线段定义的角难以包容边是射线的情形。

所以，笔者以为，当下小学数学各版本的教材，其整体安排还是合理的，即第一段讲"直的边"（实际是线段），同时强调角的大小与"两边的张开度有关，与边的长短无关"，第二段讲"射线定义"，并通过适当地引导学

生回忆比较两个阶段所学的知识,以体会定义本身的优化过程,让学生对数学严谨性的追求有所体会。

不过,从教学的实际来看,我们似无必要揪住角的两边究竟是"射线"还是"线段"不放,可以在具体的数学情境中灵活处理,只要抓住边是"直边"就行了,毕竟"角"的研究的大局是张开度,而不是射线、线段。

三、大小的描述与表示:运动角呈现大小变化,画短弧区分优劣角

张先生提到第一阶段认识静态角和直角、锐角、钝角,第二阶段认识动态角并进一步认识直角、锐角、钝角、平角和周角。笔者认为,第一阶段也需要动态角的介入,这一方面是因为直角、锐角、钝角本身就是对角的大小的定性描述,运动角有利于学生更好地操作感受角的大小变化;另一方面是因为如果教学仅仅说这个样子的角是锐角、钝角,学生是无法从许多角中正确找出锐角的,一定要讲角的取值范围——锐角比直角小、钝角比直角大,如果辅以用运动角演示取值范围,有利于学生更好地掌握直角、锐角、钝角的概念。

我们基于对角的定性描述的需要引入直角,然后引入锐角和钝角的名称。在引入直角时,教材通常采用桌角、三角板上的(直)角来引导学生直观认识什么是直角。笔者认为,更好的办法是让学生对折再对折圆形纸片,找出折出来的角,告诉学生这样的一个角称为直角。这样教是因为折纸得到的角更符合直角的定义——边旋转一周所得角为周角,对折角两边成一直线为平角,再对折成直角。然后让学生用折得的直角去找一找生活中哪里有直角,发现桌子的角、三角板的一个角都是直角,等等。

通常,教师画好角后会顺手添上一条短弧,这在教师而言是最自然而然的事情,在初学的学生看来无疑是"天外飞仙"。短弧来自于清晰标记研究对象的需要,它有表示开口方向、表示两边所夹区域、旋转扫过的区域等方面的含义。如何让学生感受这种必要性?张先生在文章中提出了周角以及大于180°角(即优角)的问题,认为生活中无法回避大于180°,有必要让学生知道这样的图形也是角。笔者在教学实践中把这一设想与短弧的引入相结合。

大屏幕演示图22-8的旋转过程,解释并提出问题:两个转盘同时开始同时停,哪个转得快?

学生都认为马的转盘转得快。教师要求学生用今天学的角的知识来作一说明。学生在图上指出两个角的始边和终边。（大屏幕呈现两个角的两边）

师：这两个角不是一样的吗？

生：老师，这是不一样的，一个是朝里面转，一个是朝外面转。（手势比划）

大屏幕呈现两条表示旋转方向的短弧。师生共同小结：表示角的大小要注意加上短弧，否则会搞不清楚我们所要比较的到底是什么。

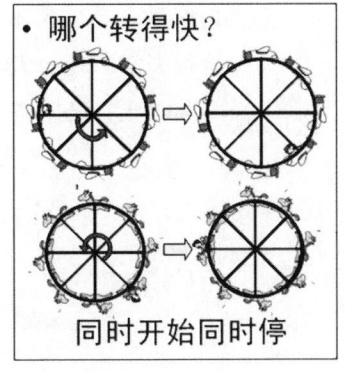

图 22-8

四、大小的分类与度量：定量刻画精确分类，单位角度量悟方法

刻画张开度的方法大致有三种：一是将整个圆 360 等分或半个圆 180 等分，每份为 1° 来测量；二是用角所对的单位圆的弧长来刻画；三是通过构造直角三角形，利用边长之间的比来刻画。用特定的方法研究与"角"相关的特定问题，就有了弗赖登塔尔（H.Freudenthal）在《作为教育任务的数学》一书中所谓的初等几何中的角、三角中的角、解析几何中的角、运动的角和立体几何中的角的区分。小学数学中刻画张开度的方法属于第一种。

如张先生所赞扬的方法，复习直角、锐角和钝角，进而引入平角和周角。借助已有的测量长度等活动经验，通过比较两个角的大小，"大多少"的问题引入角的度量单位。借助运动形成的角，利用重叠法在其上取得一边重叠、另一边在同侧的两个需比较的角，发现大角所对的弧较长，引出 1° 角的定义。进而引出周角的度数，通过折圆引出平角和直角的度数，给出锐角、钝角的取值范围。

如张先生所言，运动角对于学生掌握用量角器度量角的大小的方法大有裨益：先把需度量的角看成是一边绕端点旋转所成，其中一边为始边，另一边为终边（笔者以为可以引入始边、终边的概念），以顶点对准量角器上所标的"中心点"，始边对准 0 刻度边，看另一边（如太短可适当延长）对准的从 0 开始的刻度，即可知该角的度数。鉴于学生掌握度量方法有一定的难度，笔者在教学中增加了方法形成的环节。

师：我们已经有了角的度量单位，就可以用 1° 去度量角的大小。就像我们用1平方厘米去度量长方形的面积,度量角的大小我们也可以用1°的角去摆。想一想,怎么摆?

学生认为有两种方法(图22-9)。

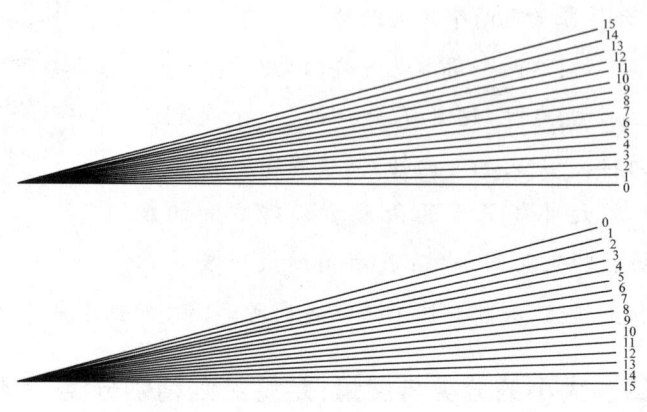

图 22-9

师:那么,这个角是多少度呢?你是怎么知道的?

学生给出度数,介绍了数度数的方法。

师:我们干脆在一开始的边的位置标上0,把这个角看成是角的这条边从这个位置逆时针旋转形成的。

教师一边演示边的旋转,一边与学生一起逐个数出度数。再演示顺时针旋转所成的角。

师:我们当然可以让这条边继续旋转,直至形成平角,想一想,要摆放多少个1°角?怎么摆?数怎么标?

学生说出摆、标的方法。教师解释:为方便起见,以10为间隔标数。进而讨论顺时针旋转形成平角的情形(图22-10)。在此基础上,教师呈现量角器,让学生观察认识量角器,进而探索用量角器测量所给的两个角。

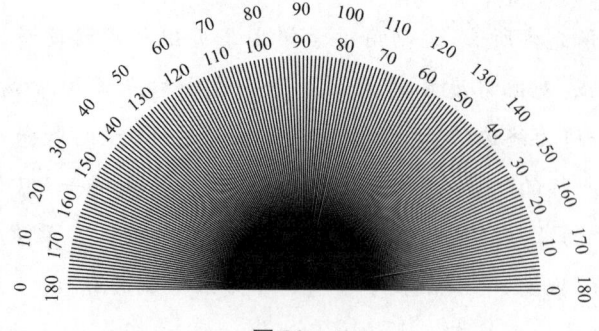

图 22-10

> **数方夜谈**

一条直线相对于另一条直线的倾斜度,才是角的本质

巩子坤:张先生建议用等价类思想来定义角、理解角,颇有新意。什么是等价类呢?

张奠宙:所谓等价类,就是用一个概念把彼此相等的对象归为一类。同一类的对象,其表示形式是多样化的,但它们的本质是一样的。比如,一个角有多种表示,但本质上是一个角。

殷文娣:先生在分数的定义中也曾经提到等价类的思想。这个思想对学生而言,也许有一些难度。

张奠宙:是有一定的难度,但是老师要知道,要有意识地渗透这个思想,这是一种比较高明的认识,这种认识对学生将来的数学发展很有好处。

巩子坤:先生一直反对"从一点引出两条射线组成的图形叫做角"这个概念,您是怎样想的?

张奠宙:射线是头脑里构建出来的东西,在现实世界里是没有的。实际上,我们能够画出来的只是线段。先用两条线段定义一个角,线段长一点短一点没有关系,都是这个角;然后来一个角度相等性质:凡是边互相重叠的所有角彼此相等。这样一来,就不必麻烦射线来帮忙了。

殷文娣:平常画角是不会去画射线的。平面几何里讨论三角形的三个角,都是不画箭头的。

巩子坤:史宁中教授也认为用射线定义角不好,也是用线段定义角:"角由两条线段所夹的部分组成,这两条线段的一个端点重合。角的大小与边长无关。"[1]加上一句话"角的大小和线段的长短无关",这是很关键的。

张奠宙:这和我的做法是等价的。我不过是借用分数相等性质的数学方法提出了"角的相等性质",把"与线段长短无关"的意思说得更加明白而已。

任敏龙:不过,我觉得用射线定义角还是有道理的。比如,直线的斜率,那时的角一定是射线。

张奠宙:到了高中,直线有方向性。比如,两条直线的夹角有四个,所以要用有向

---

[1] 史宁中.基本概念与运算法则[M].北京:高等教育出版社,2013:56.

直线来确定究竟指的是哪一个,会用向量来处理。小学阶段恐怕不宜涉及。

任敏龙：我翻看了人教版教材和北师大版教材,关于角的定义是一致的,即从一个点引出两条射线构成的一个图形称为角。学生的日常经验中是没有射线这个概念的,他们所看到的都是线段。张园老师,你的学生中有没有出现觉得边画得比较长角就比较大的情形呢？

张　园：小学里角的教学分两个阶段,第一个阶段应该是二年级的时候,第二个阶段是四年级的时候。二年级是从实物中提取"角",然后向学生介绍,这叫顶点,这叫边。这时学生是不知道边是射线的。四年级学习"角的度量",这个单元的第一课时是"直线、线段和射线",接着第二课时就是"角",出现了角的概念,从一个顶点引出两条射线所组成的图形叫做角。一般情况下,教师们在教学时都会安排这样一个环节——有两个角,这两个角叉开的大小是一样的,画出来的边是不一样长的,然后问学生这两个角谁大谁小。不少学生会上当,认为边画得长的那个角大。于是,教师把这两个角叠起来(顶点、边重叠),就说两条边叉开的大小或者角的开合程度决定这个角的大小,接着就说角的大小与画的边的长短没有关系。当然,这时学生也会发现这个角的两边是射线,画的线是有长短的,其实这两条边是无限延长的射线,是没有长短的。

巩子坤：这就有问题了,由于边是用射线定义的,你不能说边长,只能说两条边重叠,不能说长短。

张　园：是的。我们会不断强调角的大小与角叉开的大小或者说开合程度有关,与边的长短无关。"与边的长短无关",我们也知道这样的表达不太合理。

任敏龙：通俗地说,就是张开度。研究角,不是为了研究它的边,而是研究张开度,这是一个根本问题。我上这节课是这样引入的：呈现一条大的鳄鱼和一条小的鳄鱼,小鳄鱼嘴巴张得大,大鳄鱼嘴巴张得小。然后问学生,哪条鳄鱼嘴巴张得大？学生说小鳄鱼张得大。我就问,你看大鳄鱼嘴巴是那么的长,小鳄鱼的嘴巴才那么一点点,你怎么能说它的嘴巴张得大呢？学生觉得你这个老师傻呀,问题要讨论的是张开度,跟边的长短没有关系。我觉得一开始角的概念要这样引进,突出研究张开度的问题。

巩子坤：这就抓住了角的本质了,很好。事实上,欧几里得(Euclid)的《几何原本》中,对于角的本质说得很清楚：两条直线相交,如果不重合的话,一条直线相对于另一条直线的倾斜程度叫角。其实,角说的是那个倾斜程度。一点引出的两条射线构成的图形叫角,没有揭示角的本质;一条直线相对于另一条直线的倾斜度,才是角的本质。

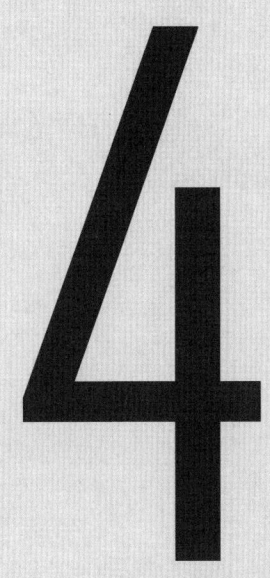

第四部分

其他

课题23　教材里的"找规律"不要出现数学错误
课题24　分类和分层都重要
课题25　维度已经进入日常生活，小学数学不应回避
课题26　"抽屉原理"的教学重在思想方法
课题27　数学文化教学的重点：数学文明对人类文明的贡献
课题28　充分运用儿童的概率直觉

课题 23　教材里的"找规律"不要出现数学错误

适合儿童年龄特征和避免数学差错
——关于"找规律"及其他

(本文发表于《小学教学(数学版)》2014 年第 3 期)

小学数学的一个重要特点,在于使严谨的数学内涵与儿童的年龄特点相适应。过分地追求严格会超越儿童的认知水平,造成教学上的困难。因此,寻找一种合适的表达方法是非常重要的。数学家苏步青先生有一句名言:中小学教材不可能做到完全严谨,但要"混而不错"。不过,要做到这一点并不容易。

小学一年级的"找规律"内容就碰到了这样的难题。人教版《数学》(2001 年 12 月第 1 版)一年级下册第 88 页有一道题(图 23-1),这是小学数学中典型的找规律问题。

这里有一句问话:"后面一个应是什么?"这个"应"字值得商榷。小学数学界一向认为,此题第一排(▼是红旗,▽是黄旗)第 10 面旗的颜色非"黄"不可,这意味着找的规律只有"两两间隔"一种,即"红、黄、红、黄、红、黄、红、黄、红、(黄)"。

但是,规律是否只有唯一的一种? 事实上,由已知有限项的序列可以生成无限多种序列,规律不止一种。例如,如果规律是 9 个一组地周期性重复,那么第 9、第 10、第 18、第 19……连续两面都是红旗:

红、黄、红、黄、红、黄、红、黄、红;红、黄、红、黄、红、黄、红、黄、红;红、黄、红、黄、红;红……

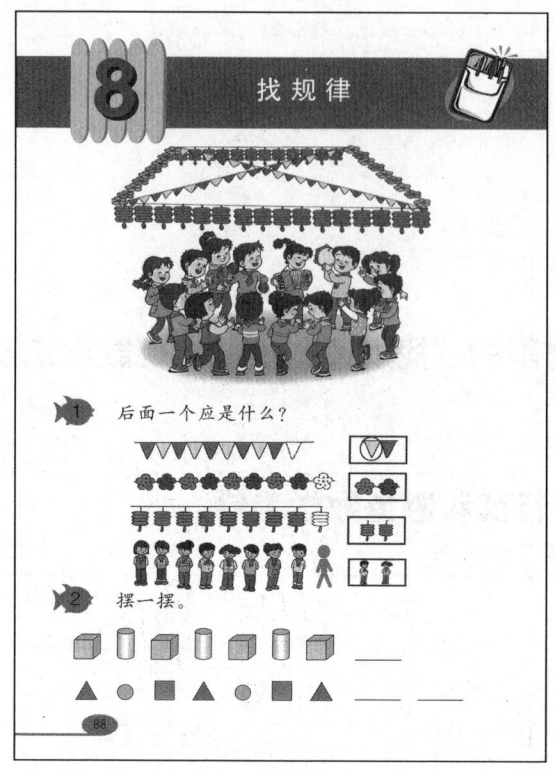

图 23-1

这不也是规律吗？

从理论上看，这是一个开放性的问题，答案有无穷多个。因而，教材上问"应是什么"就不妥当了。如果将"应"改称"会"就比较合适，不会发生逻辑上的错误。[1]

我们再来看一个"找规律"的课堂教学片断——

请学生汇报发现的规律。

（1）彩旗：一黄一红。

① 让学生充分说。学生的回答较为啰嗦。比如，一个……一个……一个……一个……

② 师：谁和他发现的一样？再说一说。

师：老师把你们看到的贴出来。一黄一红、一黄一红、一黄——（停下来）下面贴什么？贴个蓝的行吗？为什么？

学生接着说下去：一黄一红，一黄一红……

---

[1] 人教版《数学》2012 年 10 月第 1 版已改为：小旗的规律是按▽▼重复排列。说出图中其他的排列规律，圈出重复的部分。——编者注

教师评价:你们观察得可真仔细!

③ 学生把教师贴出的一齐说,教师打节拍,学生读。

④ 师:你们发现了什么?

生:老是这样。

师:哪样?什么意思?

生:总是这样,就是重复。

⑤ 师追问:谁在重复?(圈一圈,画竖虚线)一组一组出现,就是重复。

教师小结:彩旗是按照"一黄一红"为一组重复排列的,你们找到了彩旗排列的规律!

在"教师小结"中,"你们找到了彩旗排列的规律"的断言更加强化了规律的唯一性。比较合适的说法是"你们找到了彩旗排列的一种规律,按照这个规律,第 10 面彩旗是红颜色的"。

我们特别注意到,在这个教学片断中,教师问:"贴个蓝的行吗?"(教师心中的答案显然是"不行")然而,我们不妨设想,如果真的有学生说"行",他用"第 10 面是蓝旗"这样一个新的规律来解释,教师又当如何对待?

根据 9 面彩旗的排列预测第 10 面彩旗的颜色,结论是"一切皆有可能"。尽管彩旗一黄一红间隔排列的可能性大,但可能性大并不意味着一定就是这样。这一事实学生未必觉察,但教师必须心中有数。一个有趣的问题是:是否有聪明的一年级小学生会想到一种以上的规律呢?似乎还没有教学实践的报告。如果一年级学生想不到,启发之后会不会有学生懂?如果一年级不行,几年级能行?这需要调查实践来回答。

最后提一个建议:把"找规律"的标题换成"创造规律"。我们创造一个规律来解释已知的现象,这比"找规律"更贴切,更能体现数学的本质。就本文开头的彩旗排列这一问题而言,我们的任务是要创造一种"一红一黄"的规律来解释前 9 面彩旗颜色排列的规律。这样立意更高,又避免了以上提到的各种麻烦。况且,对于培养小学生的创造性来说,这也是一个很好的学习契机。

数学上的差错也出现在几何内容上。

近年来小学数学文献里出现了一种错误的论述,认为可以从"四个角都是直角的四边形"出发,绕开平行公理,严格地证明"三角形内角和为 $180°$"。贵刊亦未能幸免(如 2013 年第 10 期《"三角形的内角和"教学新探》一文)。理由如下。

依照"四个角都是直角"的矩形定义,自然得出矩形的内角和是 $360°$,这毫无问题。矩形的对角线把矩形分为两个"一样的"直角三角形,小学生可以直观地接受。严密的逻辑证明需要引用合同公理来证明"两个三角形,若三边对应相等,则这两个三角形全等"的结论,混过不提,逻辑上引用就是了。于是,得到如下的结论:"矩形对角线分成的两个直角三角形,每一个的内角和都是180°。"逻辑的正确性到此为止。其问题在于:"任意的直角三角形,是不是都能成为某一个矩形用对角线分成的直角三角形?"这需要证明,不能想当然。很多作者振振有词地把两者混为一谈,犯了逻辑上的错误。

换句话说,这一证明必须从任意的直角三角形出发,作出一个矩形,使其成为该矩形的一半。但是,若没有平行公理,这是作不出来的。那个貌似正确的三角形内角和证明,这一关过不去,整个证明的逻辑链条就断裂了。

有些教师可能会说:从已知的直角三角形出发,作一个和自身一样的直角三角形,两者拼起来就是一个矩形。这是一厢情愿。实际上,这样拼起来的四边形只有两个直角,无法证明它有四个直角,除非引进平行公理。

这就是说,想从"矩形有四个直角"作为矩形的定义出发,避开平行公理来证明三角形内角和为180°的企图,是决然不可能实现的。因此,就小学数学而言,通过剪一剪、拼一拼、量一量的实验方法给以解说,也就是了。把一个不严谨的论证说成严格的证明,数学上是不容许的。

 一线回声

适合儿童年龄特征的"创造规律"

俞飞丹　浙江省杭州市余杭区崇贤第一小学
范兆杰　浙江省杭州三墩中学
马建红　华南师范大学附属龙岗大运学校

近日,研读了张奠宙先生《适合儿童年龄特征和避免数学差错——关于"找规律"及其他》一文,引发了一些思考。

正如张先生所说,小学数学的一个重要特点,在于使严谨的数学内涵与儿童的年龄特点相适应,若过分地强调标准、追求严格,不仅与儿童的认知水平产生冲突,还会给教师的教学带来一定的困难。因此,遵循儿童认知水平的表达方式就显得尤为重要。人教版《数学》(2001年12月第1

版)一年级下册第88页有一道题(图23-1),这是小学数学中典型的找规律问题。针对这一部分的教材内容和教学方法,张先生提出了三个问题,并阐明了相应的修改建议。

问题一:以"会"代"应"

图中的第一排(▼是红旗,▽是黄旗)出示了9面红黄相间的彩旗,对于这一问题的答案,小学数学界一致认为第10面彩旗非"黄"不可,张先生则另有见解。他认为,由已知的有限项序列可以生成无限多种序列,即规律具有不唯一性。例如,当规律是9个一组的周期性重复,那么第9、第10,第18、第19……连续两面都是红旗:红、黄、红、黄、红、黄、红、黄、红;红、黄、红、黄、红、黄、红、黄、红;红、黄、红、黄、红、黄、红、黄、红;红……

笔者以为,张先生所言是对方法论的一种拓展。对同一问题而言,在充分利用已知条件的情况下,可以衍生出不同的思路,从而得到不同的结果。但对于儿童来说,小学阶段的数学除了需要掌握基本知识,更重要的是领悟一些基本思想,为以后学习作铺垫。《义务教育数学课程标准(2011年版)》提出了"四基"的概念,要求学生能够掌握数学"基础知识"、训练数学"基本技能"、领悟数学"基本思想"、积累数学"基本活动经验"。对于"找规律"这一内容,笔者认为其侧重点在于领悟数学"基本思想",即领悟一组序列通过其规律性可以无限延伸的思想。核心在于找出一组已知序列中既定存在的规律,发现这组序列都是按同一规律延伸的,从而应用于实际数学问题当中。简言之,学生需要领悟的是"逻辑规律"的存在这一要点,最后的答案实际上是这一"逻辑规律"如何在实例中得到应用。

张先生的问题为我们打开了解题思路,从逻辑上讲,确实如此。因此,笔者非常赞成把提问方式由"后面一个应是什么"改成"后面一个会是什么",从而避免给学生"仅存在唯一答案"的错误暗示。另外,在修订后的人教版《数学》一年级下册中,将这一部分内容进行了调整(图23-2)。但对于学生而言,笔者认为只要能够找到其中的"逻辑规律"即可。当学生出现不同的思路时,教师仍需要对其进行引导,让学生领悟到"逻辑规律"所蕴含的数学基本思想。而针对答案是否唯一这一问题,仅需举例说明一笔带过即可。

图中的人和物都是按规律排列的。

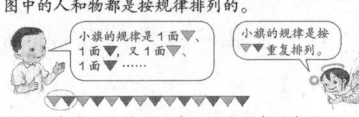

说出图中其他的排列规律,圈出重复的部分。

图 23-2

问题二:教师上课强调唯一性

张先生通过举例,说明教师在上"找规律"这节课时强调了规律的唯一性,给学生带来误导。自2012年人教版教材修订后,教材已在措辞上有所改进。如图23-2所示,教材中已经明确给出了提示:小旗按照黄、红的规律重复排列。作为一名教师,应对教材的变化有自己的见解,授课过程中应及时调整。

但是,笔者仍有疑虑。张先生所说的另一种规律:以9个为一组周期性重复,这一规律让该年龄阶段的儿童去发现,或许并不实际(不排除有非常聪颖的学生能发现这个规律)。对于8岁左右的儿童来说,其认知发展已经达到了具体运算阶段(皮亚杰(Jean Piaget)认知发展结构模型中的第三阶段)。在本阶段,儿童的认知结构由前运算阶段的表象图式演化为运算图式,思维更加严谨,更多地偏向答案的唯一性。而且,除去张先生发现的这种规律,本人思来想去很难再找到其他的规律。对于教师而言尚不能寻得他法,学生真的能找到其他规律吗?其中的可能性有待商榷。

问题三:将"找规律"改为"创造规律"

张先生在文末提到将标题"找规律"改成"创造规律",笔者完全赞同。义务教育阶段需要学生了解数学的价值,提高学习数学的兴趣,增强学好数学的信心,养成良好的学习习惯,具有初步的创新意识和科学态度。将标题改成"创造规律"正好响应了这一要求,并且对教材内容进行了更加深入明确的阐释。

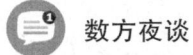 数方夜谈

重复三次就算规律吗

巩子坤：今天,咱们来聊聊找规律的教学。按照张先生所提的问题,一是数学上的对错,二是如何适应小学生的年龄特征。先从数学谈起吧。

张奠宙：我提出的不是新问题。记得好多年前,在讨论数学课程标准的会议上就有数学家批评说,小学里有题目:1,1,2,1,1,2,___,___,___。三个空档里必须填1,1,2,否则算错,这是没有道理的。

任敏龙：是的,这个问题已经说了很多年了。高中数学讲数列通项,如果从一个有限项的序列出发,可以有无数种方式将它延拓成无限序列。小学里的"找规律"通常是从有限项开始作周期循环延拓,也会出现无数种延拓。

巩子坤：周期可以不同,循环可以不一样。所以,"找规律"是一个开放性问题,答案不唯一,甚至是无限多。例如,以12项循环一次作为规律:1,1,2;1,1,2;3,3,4;3,3,4;1,1,2;1,1,2;3,3,4;3,3,4;……也是一种延拓啊。

张奠宙：请问张园老师,小学里是不是把找规律当作封闭性问题来处理的？

张　园："找规律"是小学数学公开课喜欢选用的材料。在我们听到的公开课中,有的教师就比较"模型化",有图形排列的规律,如红色三角形、黄色三角形、蓝色三角形,再不断循环出现;也有数字排列的规律,如123123123……等,还会从这些例子中归纳出"ABC型"的规律。进一步会让学生自己概括出其他一些规律,如"AB型""AAB型"等。在这个环节的设计中,每题都是唯一答案,这个唯一答案的模型可以是教师给予的,也可以是学生观察出来的。

张奠宙：我很想知道,现行数学教材或某堂公开课中,有没有把找规律说成是开放性问题？

张　园：小学教材里似乎没有,在个别教师的公开课上,会让学生创造不同的规律。教师教学用书中不断强调"规律的核心",其实强调的是最小"周期";也没有明确说明还可以有其他的规律。这事实上对学生的学习思维、对教师的教学思维形成了一定的限制。

任敏龙：这是教育的失败。我觉得今后到高年级一定要告诉学生,规律不止一种,

尽可能让学生的思维开放起来。

巩子坤：有些是不知道这里有错，有些则是明知有错也不改，理由就是限于小学生的年龄特征，能找出一个规律就行。

张　园：大家认为"找规律"是从周期重复中，通过归纳找出规律，是一种能力。教师在教学中甚至出现了不成文的共识：重复三次就算规律。教师会说"你们看，三次重复了的就叫规律，像循环小数，要写三遍以上才行啊"，等等。

巩子坤：就是事不过三，重要的事情说三遍。

任敏龙：这样不行，不符合科学道理，难道"谎言"重复三遍就成真理了？

张奠宙：难道一个母亲连续生了三个儿子，就成了规律，她永远只生儿子了？这不是笑话吗？数学的严谨性就是和这种不严密的数学方法唱反调的。小学数学课上可以混，但不能错。

巩子坤：找规律问题，第一要避免数学差错，张先生说得很清楚了；第二是适合儿童的年龄特征。适合儿童年龄特征的"找规律"应该是怎么样的呢？

张奠宙：我注意到俞飞丹老师在"一线回声"中的看法：这段教材的核心在于找出一组已知序列中既定存在的规律，发现这组序列都是按同一规律延伸的。"找规律"是一种不完全归纳法。从有限个循环中抽象出规律，是一种能力。不完全归纳法是可能出错的，即使小学数学里也不能认定"不完全归纳"绝对正确。可是，归纳毕竟是大家很认同的一种能力，所以我觉得不必大改，只要把"下一个应是什么"改为"下一个会是什么"就行。一字之改，问题就从封闭题变成开放题了。

巩子坤：我觉得最起码应该在教师用书里说明。小学生一般只学习"不完全归纳"，至于是否一定正确，以后再说。但教师应该知道这个事实。如果教师形成了思维定势，就不会引导和启发学生去发现另外的规律了。

任敏龙：我们也可以做一些进一步的探索。例如，如果我们想要给出一个封闭性问题，那么题目本身一定要用文字把规律描述清楚，规律确定了，答案就唯一了。前面所说的那个1，1，2，1，1，2，……问题，可以这样处理：以1，1，2三个数为一个循环，自然只能填1，1，2了。如果不加限制，当然就是开放题了。

巩子坤：可以试一试。不过，要求是找规律，而不是"照规律写序列"。

张奠宙：我的问题是，要不要让学生知道还可以有另外的规律，有另外的答案？

张　园：不完全归纳的训练，现在幼儿园里就开始了，比如，黄绿、黄绿、黄绿，只要这样呈现,学生清一色就认为下面是黄绿,不会想到有可能是别的规律。但是,如果说素材只给一个"红黄",让他们自己造规律,那么我觉得孩子们可能会有别的想法。

巩子坤: 现在的问题是要学生从已有的序列中"找"出规律,这和"造规律"的性质不同。如果是造一个规律,学生的思想就会放开。

张　园: 但是,现在我们的素材不是这样给的。

张奠宙: 对,"找规律"和"造规律"都应该有。只给AB,小学生可能会有ABB或者ABA。由此,学生会感受到问题的开放性。

巩子坤: 张先生这篇文章的题目叫"适合儿童年龄特征",意思就是说我们需要对一年级的学生、二年级的学生、三年级的学生,以至六年级的学生测试一下,看看他们能够找到什么样的规律,自己又能创造怎样的规律,什么年龄段能够理解不完全归纳思维的局限性。如果我们做了这样的实证调查研究,也许能够回答"找规律"单元如何适合儿童年龄特征的问题。

张奠宙: 找规律是低年级儿童喜爱的数学活动,俄罗斯的一年级数学教材有如下的题目,让学生填画(图23-3)。这样的题目也是找规律,因为不是无限序列,答案是唯一的。为什么找规律都必须是循环出现的哪一种?我们是否太局限了?

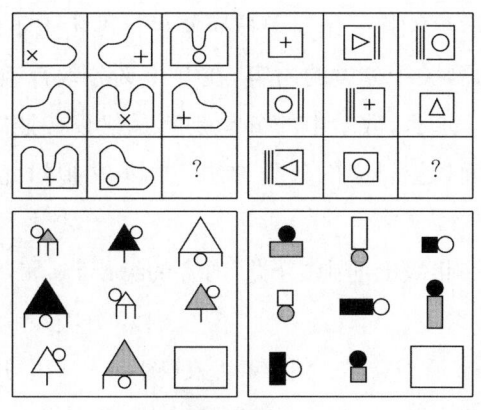

图23-3

巩子坤: 这个找规律很有意思,本质上很像智力测量表中的题目了。

课题 24 分类和分层都重要

正本清源 力求准确
——关于数学教材中"分类"单元的评论

(本文发表于《小学教学(数学版)》2015 年第 6 期)

由于统计数据的需要,如今的小学数学从一年级开始就有"分类"的单元。其教学目标是要求学生能将一组对象按照某种标准不重不漏地划分为若干个类别。

值得关注的是,关于分类的内容,在九年义务教育教材中仅出现这一次,以后再也不见讨论了。那么,数学中的分类是不是仅仅按照"不重不漏"的标准去分就行了呢?如何全面把握科学的分类方法呢?本文拟对此作一分析,并提出一些教材编写建议。

先看某教材一年级上册中"分类"内容的编排。

图 24-1

第一页以"分类"一词为标题,用"整理房间"四字切入(图 24-1)。这未免有点儿牵强。因为整理房间的意思未必只是分类,还包含把物品放整齐或放到抽屉里等意思在内。如果我们加上一句大白话"把同类的东西放在一起",是不是更切题呢?"同类"是这一节的关键词。

"练一练"中的第 1 题(图 24-2)要求学生以"是否会飞"为标准,将动物分成两类。接着两页继续举例,将一组物品分为玩具、文具、服装鞋帽三类。然后就是分类的练习。

图 24 - 2

第四页中出现了一组几何图形(如图 24 - 3,图中"红""黄""绿"为编者所加),给出的要求是:"看一看可以怎样分。"这样的问题会让一年级小学生不知所措。因为教材中一直没有说什么是分类以及怎样分类。事实上,分类的另一个关键词是"标准",先要确定标准才好分类。不然的话,"分一分"可理解为分成两堆(比如,第一行是一堆,第二行是另一堆)。教材上的用语要尽量准确传达内容的主体,避免无谓的歧义。因此,如果将题目要求改为"你可以用什么标准把它们分类呢",问题的指向就比较明确了。

2.看一看可以怎样分。
(1)

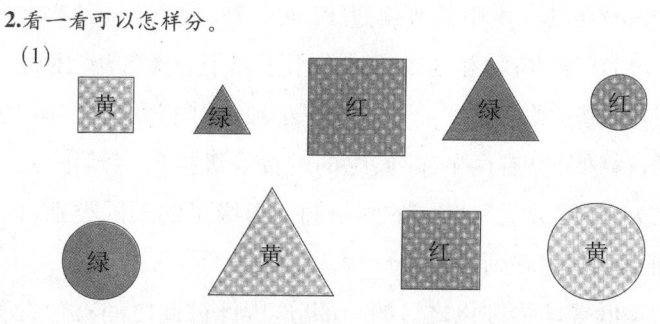

图 24 - 3

虽然一年级小学生认识的汉字很少,数学教材里不能多写,写上的文字也要尽量浅显、口语化,但是必要的文字还是要有的,以便学生能够琢磨大意,至少可以在家长的帮助下明白编写的意图。

虽然教材里没有具体说明如何分类,但是从例题的处理看,都先要确定分类的标准,然后要将所有对象不重不漏地归属于某一类。"不重不漏"四个字深入人心,是一个重要的规则。例如:

- 三角形分为锐角三角形、直角三角形、钝角三角形。任给一个三角形,必为三者之一且只居其一。

- 正整数可分为质数、合数、1 三类。任何一个正整数都归属于其中一类且仅为其中一类。
- 有理数可以分为正有理数、0、负有理数三类。任何一个有理数都归属于其中一类且仅为其中一类。

这些例子都满足"不重不漏"的分类原则。但是，"不重不漏"的原则有时就不适用了。例如，把有理数分为整数和分数两类就不妥当。整数乃是分母为 1 的分数，因而违反了两个类别"不重"的原则。再如，把三角形分为等边三角形、等腰三角形、一般三角形三类，由于等边三角形也是等腰三角形，因此也违背了"不重"的原则。更有一些"分类"引起了争论。例如，现行教材中都认为正方形是特殊的长方形，但是一些小学教师坚持认为正方形不是长方形，理由便是分类的类别之间不能相重。

一个更突出的例子是数的扩展：自然数—整数—有理数—实数—复数。后者包含前者，这种套筒式的分类方法，层层相重，完全和"不重"的原则相抵触。

这就涉及什么是"科学分类"的问题了。科学分类方法起源于生物学的林奈氏分类法。"百度百科"里这样写道：

卡尔·冯·林奈（Carl von Linné, 1707—1778）的巨著《自然系统》（拉丁文 Systema Naturae）在其一生中被改编过 12 次（1735 年第一版）。在此书中，自然界被划分为三个界：矿物、植物和动物。林奈用了四个分类等级：纲、目、属和种。

林奈之后，生物分类又继续插入一些更细致的"门""亚门""科"之类的等级。

这就是说，科学分类有两个序列：纵向的按等级排列，套筒式地一级包含一级，我们不妨称之为"等级分类"；横向的则是同一等级里的不同类别，依照不重不漏的原则分类，我们称之为"并列分类"。

高等动物是低等动物进化之后的一部分，因此彼此之间有包含关系。例如，按照进化论的观点，人是地球上的一种普通动物。人，属于动物界，脊索动物门，脊椎动物亚门，哺乳纲，灵长目，人科，人属，智人种。这是等级分类。至于同一等级里的生物，如脊椎动物亚门分为哺乳动物纲、鸟纲、爬行纲、两栖纲和鱼纲等五个类别，这五类之间服从"不重不漏"的原则，是并列分类。

这样的分类在生活中也在大量使用。例如，中国人的籍贯就依照省（自治区、直辖市）、市、县、乡（镇）、村这样套筒式地作等级分类。在同一等级中，则要按不重不漏的原则作并列分类，如在"省"这一级中，就要并列地分为省、自治区、直辖市以及港澳台地区等互不相重的类别。

由此看来,数学上的不重不漏分类只是科学分类方法中的一部分。根据需要,数学里还要使用等级分类。例如,前述的数系分类、三角形按相等边的数目分类就是如此。对于四边形,按边角关系有如图 24-4 的等级分类。

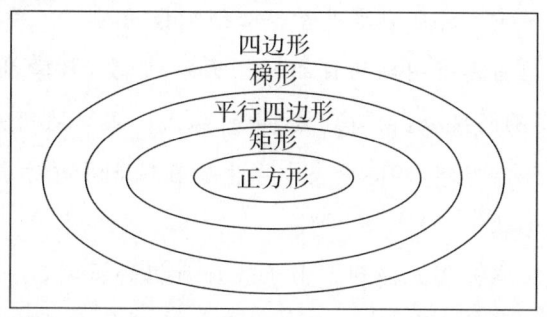

图 24-4

对于图 24-3 中的那些几何图形,固然可以按照不同的标准进行并列分类,但是也可以人为地给予"等级划分"。例如,第一等级按照"曲直"并列分类,直边形的第二等级按照"边数"分为三角形和正方形,第三等级则按照颜色分为红、绿、黄三类。最后,在绿色的三角形和红色的正方形里还可以分别分为大、小两类。(图 24-5)

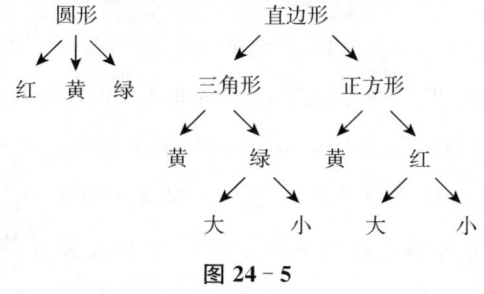

图 24-5

 一线回声

读《正本清源　力求准确——关于数学教材中"分类"单元的评论》一文有感

金　丹　杭州师范大学东城实验学校

读了张奠宙教授《正本清源　力求准确——关于数学教材中"分类"单元的评论》一文后,有很多感触。仔细回想这几年的教学,确实像张教授所说的那样,分类的内容只有在一年级的教材中有专门的单元进行教

学。也许是因为常年教小学低段,也许是自己很少进行思考,所以一直觉得我们生活中的分类就像教材中呈现的这样,只有按照某种标准不重不漏地划分为若干个类别。张教授的文章引发了我的思考。

一、不重不漏地分类是学生必须掌握的

分类应当具有明确的目的性。第一,归类:数学抽象的直接基础;第二,不同类别的区分:由简到繁、由特殊到一般地去开展研究。分类问题也需要优化。当然,实际分类中学生会直观地考虑对象的质性特征(如颜色、大小、形状……)。

张教授在开篇就提到,"由于统计数据的需要,小学数学从一年级开始就有了分类单元"。统计是指对与某一现象有关的数据的收集、整理、描述、解释、分析、推断决策等活动。分类活动主要指向数据的收集与整理环节。人教版教材第一次安排统计的内容是在一年级下册"分类与整理"单元,重点在于让学生在分类的基础上用非正式的统计表整理和呈现数据,教学的重点在于分类。可见,我们的"分类"单元教学是为"统计"服务的。在小学阶段,人教版教材的统计内容还分布在二年级下册第一单元"数据收集整理",三年级下册第三单元"复式统计图",四年级上册第七单元"条形统计图",四年级下册第八单元"平均数和条形统计图(复式)",五年级下册第七单元"折线统计图"和六年级上册第七单元"扇形统计图"。这些统计单元都是在收集和整理数据的基础上展开的,它们所涉及的一些统计类目都是按照不重不漏的原则来分类的。由此可见,基于统计为目标的分类完全可以按照不重不漏的原则来操作。相信张教授也是认同这一点的,因此他对教材的编写提出了一些自己的改进意见,特别指出教师在教学中一定要让学生明确分类的标准。

人教版教材中安排了两个例题。例1(图24-6)的情境和小精灵的话揭示了分类的含义,同时给出了分类的标准(不同的形状),教材最后提出"还可以怎样分"的问题,让学生自选标准分类计数。例2(图24-7)从做游戏分组的问题"分两组做游戏,他们可以怎么分组呢"出发,让学生自选标准分组(分类),并将分类的结果整理在简单的统计表中,让学生经历完整的解决问题的过程与分类统计的过程。由于学生已经理解了分类的含义、学会了分类的方法,例2只提示了两个分类的标准,重点是让学生认识并理解简单的统计表,并会用简单的统计表呈现分类整理数据的结果,同时使学生看到:分类标准不同,得到的结果也不同,体会不同分类标准下结果的多样性。

图 24-6　　　　　　　　图 24-7

从例题的编排和练习的呈现,我们都可以看到人教版教材很关注分类的标准,从提示分类的标准到学生自己去发现分类的标准,都要求学生说明是按照什么分类的,也就是分类的标准要明确。

二、体会优化的分类

适当的"分类"事实上应被看成数学抽象的一个必要基础。分类教学事实上可以被看成应当如何去处理"多样化"和"优化"的关系的一个例子,不应当刻意追求"与众不同"。

其实,教材中还有一些与不重不漏这种分类不太一样的分类,我想可以称之为优化的分类。比如,人教版教材三年级上册第九单元"集合",安排了简单的集合思想的教学。教材注重借助维恩图表示集合及其运算,对于解决比较复杂的问题(如涉及三个以上的集合的并、交的问题)更能显示出它的优越性。归根结底也是一种不重不漏地分类方式。以一道练习为例(图 24-8):本题的编写意图是让学生绘制维恩图,利用维恩图数出或者算出两天总共进的水果种类。从表面上看,我们可能会觉得有一部分水果既是昨天进的又是今天进的,有重复的感觉,但其实从维恩图上可以清晰地看出这些水果被不重不漏地分成了三类,即只有昨天进的品种、只有今天进的品种和两天都进的品种。从这个角度来看,是不是也是按照不重不漏来分类的呢?

张教授在文中提出不重不漏地分类原则有时候是不适用的,不重不漏地分类只是科学分类方法中的一部分,根据需要,数学里还要使用等级

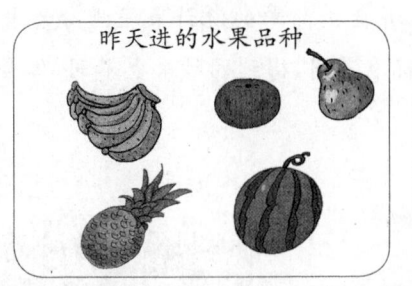
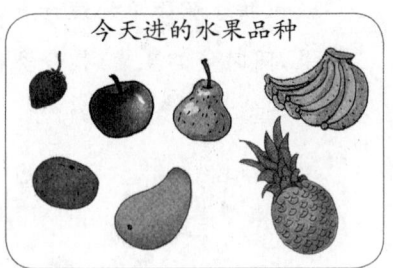

（1）商店两天一共进了多少种水果？

图 24 - 8

分类。例如，教材中对于四边形按边角关系的分类（图 24 - 9）。

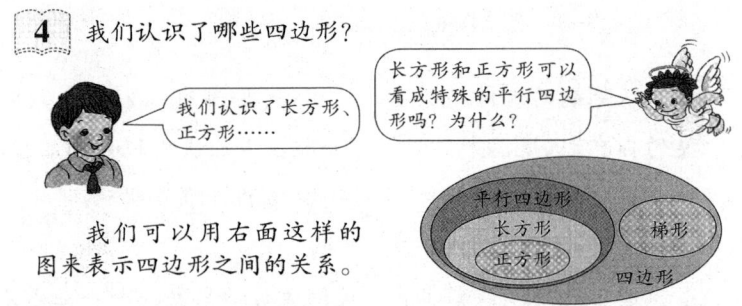

图 24 - 9

从图形上看，这是一层层的包含关系，概念之间互相重叠，显然是等级分类。但如果重新加以切割，分为正方形、长方形但不是正方形、平行四边形但不是长方形、梯形、四边形但不是平行四边形也不是梯形这样的五类，那也是不重不漏的分类。

归根结底，我觉得对于小学生来说，按照一定的标准对一些物体不重不漏地分类是很有必要掌握的。

 数方夜谈

关于分类与估算

巩子坤：数学强调分类。动物学、植物学更将分类学当作一门学问。二者是不是一回事啊？大家聊一聊。

殷文娣：我查了百度百科，上面说分类就是按照种类、等级或性质分别归类。比如，动物界或植物界的门、纲、目、科、属、种的系统就是分类。

任敏龙：数学的分类比较狭隘，专指按性质进行不重不漏的分类。动物学按等级分为门、纲、目、科、属、种的分类，数学里不说是分类，有人叫做分层。我觉得叫分层很好，分类讨论是重要的数学思想方法。

张奠宙：数学对分类很讲究，不重不漏，尤其不可以漏掉一种情形，造成错误。至于分层，虽然也用，但是不大讲究。一说三角形分类，立刻想到锐角、直角、钝角的分法，不重不漏。至于等边三角形、等腰三角形、三边互不相等三角形的分层，就不大重视了。教材里根本不提。

巩子坤：我觉得类是平行关系，层是包含关系，或者是从属关系。

张奠宙："分层"这个词现在通行吗？

巩子坤：教材里面没有，笼统地叫分类。

张奠宙：那么是任老师自己的创造啦！

任敏龙：我的建议是一个叫分类，一个叫分层，两个都要。

张奠宙：任老师的建议很好，分类和分层都是重要的数学方法。

巩子坤：其实，我觉得分层这个概念说得更清晰，比如，二级分类下面还有层，还有平行和并列的。类，给我们的感觉是类别；层，则体现由表及里的层次。

张奠宙：人民教育出版社老是接到读者来信，问平行四边形是不是梯形。平行四边形当然属于梯形的范围。但是以前不按分层要求办，说平行四边形是梯形算错，要扣分的。现在情形如何？

张　园：还是算错。

张奠宙：我也注意到金丹老师的文章，比较偏爱不重不漏的分类，大家比较习惯了。但是，"分层"在数学上是不可避免的。例如，数系的扩张，整数是有理数的一部分，不能弄错。现在的教材里堂而皇之地将二者对立起来，令人觉得"分类"问题真的需要重视一下。

巩子坤：分类就聊到这里吧。咱们还有一个话题是关于估算。

张奠宙：估算是近似计算的一部分，近年来从西方引入小学数学，也有十来年了。不过，小学里并没有误差概念，而没有精度的估算可以是胡算。我随便报一个数，说这是我估算的结果，但是与实际情况差了十万八千里，既没有精度或近似度的要求，也没有近似方法的说明，岂不是胡算吗？用四舍五入的方法估算，还是用凑整的方法估算，应该说明。每一种估算附一个算

张　　园：法，连带你的方法才能判断估算的对错。

张　　园：我们是要求学生写出估算过程的。比如，把798看成多少，要求用箭头写在下面。我的班上每个孩子进行估算的方法，必须写出来让我知道。

张奠宙：这是你的补充，教材里可没有这么要求。

张　　园：对，教材里没有的。

张奠宙：考试评价都要进行补充。

张　　园：人教版教材中有一个问题，是问剩下的那笔钱够不够用，我觉得难度很大。如果单价和数量都往大里估，这时候估出来的钱数就偏大，剩下的那笔钱数比偏大的还大，当然就够了。问题是，有的孩子一个估大一个估小，这时候就无法判断了，结果就是乱下结论。最后只能让学生记住：要么都往大里估，要么都往小里估，这样才能判断。

张奠宙：估算不是总能进行的，最后还是靠精确计算解决问题。小学是打基础的阶段。学会精算，得到准确答案，这是基本运算。估算则不是。估算是成人后灵活处理问题的方式。正如学书法，先练正楷，一笔一划，一丝不苟。不能在小学里学草书！

巩子坤：对，小学正是学规范的时候。

张奠宙：以后学习近似计算，有了误差概念以后，估算才会显示出它的价值。

巩子坤：在小学里会用到估算吗？

任敏龙：主要出现在作除法竖式运算时要估计一下"商"的数字。

巩子坤：试商！

任敏龙：有时可用估算来评估运算结果，算之前看看答案大概是多少，如果得出结果差太远，那就肯定错了，等等。

巩子坤：这已经超出一般需要，有点锦上添花了。

张　　园：学生没有这种自我监控意识。尽管教师不断提醒学生，比如，你计算的这个答案不可能超过多少或小于多少，等等，但是无论你怎么说，学生就是没有这样的意识。

巩子坤：学生还没有会走呢，就先不要讲跑的事情。

张　　园：教材有要求，我们还是得硬邦邦地去教。

任敏龙：目前，估算还是被当作一种技能在教的。问题是，估算所涉及的那个计算问题，其精确计算本身也很简单，没有必要先估算，学生很快就把精确值算出来了。甚至不少学生是用精确计算的结果倒过去写估算的近似值，闹出笑话来。估算的必要性是个大问题!

张　园：学生觉得精算简单，反正很不喜欢估算就是了。

张奠宙：第一次听说学生不喜欢估算。

任敏龙：是不是西方国家觉得精算太难，才学估算？

张奠宙：恐怕不是。精算有程序可循，容易上手操作。估算灵活多变，一种情景一个估法，近似程度又不易掌握，很难的。西方国家搞估算，还是出于成人的生活需要。

巩子坤：数字计算，一靠精确的心算为坚实基础，再靠估算作适当补充，三靠计算器作可靠的保障。小学阶段，扎扎实实地把笔算、心算的基础打扎实，才是正途。

课题 25　维度已经进入日常生活，小学数学不应回避

浅而不错、分而不碎，着眼于数学素质的养成
—— 以"维度"概念为例

（本文发表于《小学教学（数学版）》2014 年第 12 期）

　　小学数学教材的编写必须依据儿童的年龄特征，实行量力性原则。这就是说，要尽量取材于该年龄段儿童的生活实际，注重直观，诉诸感性，由浅入深，分散难点。但是，我们又必须坚持浅而不错、分而不碎，着眼于数学素质的养成。相应的教材设计则要避免零敲碎打、随意编排，忽视教学内容的整体性与系统性。近来翻阅一些小学数学教科书中有关几何知识的编排，就觉得有些支离破碎，缺乏系统设计。尤其是对空间、平面、线段的区分，立体图形和平面图形之间的关联有许多疏漏，甚至出现错误。现代公民所必须具备的"维度"概念，为何完全忽略不谈？本文试图就这一不足与课程标准的编制者、教材的编写者进行商榷，提供一些建议。

　　信息时代到来了，许多数学术语走进人们的日常生活，成为普通常识。"维度"（Dimension）概念就是如此。一维码（条形码）、二维码、3D 电影、3D 打印，已经是普通常识了。与此同时，维度又是几何学的基本概念之一。学生学完九年义务教育的数学课程，总应该对维度有比较明确的认识。例如，现代公民应该具有这样的数学素养：

- 我们生活的现实空间是三维空间。

- 相对论认为我们生活在四维时空里。
- 正方体和球体等是三维空间里的立体图形,矩形和圆面是二维的平面图形,线段和圆是一维图形。
- 地图是用二维的平面描述三维的地理位置。
- 照片和绘画是将三维的物体描绘在平面上,不同的视角会有不同的效果。
- 三视图是从三个特殊的方向观察物体,并用三幅平面图描述一幅立体图形。
- 立体图形在三维空间里可以作平行移动,可以绕某一直线或某一点作旋转运动,可以关于一个平面或关于一条直线作对称。
- 平面图形在某平面里有三种基本运动形式:平移、旋转和轴对称。
- 三维空间里的直角坐标系有三根坐标轴,二维空间里的平面直角坐标系有两根坐标轴。

以上这些有关维度的认识当然都是普通常识。遗憾的是,我们的教科书里从来不提这些,完全让学生自己去体会。我们是否要做点什么?

下面我们来看现行小学和初中几何学内容的编排:

年级	几何内容	备注
一上	1. 前后、左右、上下。 2. 认识图形(一):长方体,圆柱体,球。	三个方向就是三个维度。涉及三个方向的物体是立体图形,即三维(3D)物体。这是三维空间、三维物体的最好的描述。可是,对一年级的小学生不宜作如此概括。
一下	认识图形(二):正方形,平行四边形,三角形。	这是二维的平面图形,和三维图形的关联如何?二维图形的特点是什么?没有说明。
二上	角的认识。	这是一种平面图形,没有说明。
二下	1. 图形的运动。 2. 轴对称图形(对称的图形有蜻蜓、蝴蝶风筝和小兔子钟面;平移的现象有缆车、在直线轨道上运行的小火车、滑滑梯、观光梯;旋转的现象有旋转飞机、风车和钟表上时针与分针的转动。教材提供了树叶、蝴蝶、天安门三种实物,它们分别是植物、动物与建筑的代表)。	这里的"运动"都是三维的物体运动,可是轴对称运动只能是平面图形的运动。 三维图形的对称非常复杂。其中,关于一个平面的对称类似于平面图形的轴对称,但二者不能混同。 "天安门"是三维物体,不是平面图形,它关于"中轴面"是对称的。教材里所谓的"轴对称",实际上是说"天安门照片"是轴对称的平面图形。

(续表)

年级	几何内容	备注
三上	1. 四边形。 2. 平行四边形。 3. 周长。	由于没有平行的概念,这里的平行四边形只有图像的直观显示,没有任何解释。其实,我们借助拉门的图形,不妨说:"将长方形拉扁了就成了平行四边形。它的两组对边的长度没有变,分别相等。"
三下	1. 位置与方向。 2. 校园的地图。	这一部分涉及立体图形平面化。 校园是立体的,但画出的地图只标明距离和方位,是平面的。平面图携带方便。平面化,只有东西、南北,没有上下(高低)之分。我们有时也要使用立体模型,如房产商要推销高层楼房,必须立体地标出来。
四上	1. 平行四边形。 2. 梯形。	用平面上不相交的直线定义平行概念,这里必须强调"在平面上"。
四下	位置与方向:在平面上用距离和角度确定位置。	和三下的内容重复,只是把东南西北改成角度而已。在几何学上,仍然是将立体的图景画在平面上,没有突破。可是,我们看到早在三下教材的"做一做"里就有这样的问题:我们在什么时候要用到方位知识呢?教材里的第一个答案居然是:我能在空中找到北斗星。这明显地涉及空间的位置。那么,我们为何不直接研究三维空间中物体位置的表示呢?
五上	1. 观察物体。 2. 三视图。	这是研究三维空间和立体图形的章节。可惜,教材只是就事论事地介绍看到了三个面。那么,为什么要看这三个面?看一个面行不行?立体图形要怎样看才比较全面?用平面图形表示立体图形有哪些优越性?都是我们应该涉及的,虽然要非常形象、浅近。
五下	图形的变换(只限于平面上图形的平移、旋转和轴对称。方格纸上作画,艺术)。	这一节只限于平面图形的变换,立体图形的平移、旋转统统不提了。教材需要交代一下才好。(关于平面图形的运动,另文叙述)

(续表)

年级	几何内容	备注
六上	1. 位置。 2. 方格坐标。	至此已经是多次谈位置了,却看不到彼此的联系。事实上,确定位置用"距离"和"方向"两个数据来确定已经是常识。不同的是这里用"列数"和"行数"。
六下	圆柱、圆锥,体积、表面积的计算。	这是少有的正面讨论"立体图形"的章节。在这里,回顾6年小学数学里的几何学知识,应该是很有必要的。
七~九年级	1. 平面几何。 2. 平面直角坐标系。	整个初中阶段全部是平面几何内容,与立体图形无关。 立体图形要到高中才展开探究。

下面是我的一些看法。

首先,从以上的摘录来看,九年义务教育阶段的数学课程对于三维空间和立体图形的内容安排甚少,只在一年级有过上下、左右、前后三个维度的初步的、浅显的叙述,以及长方体、正方体、圆柱、圆锥、球的外观描述。但九年下来,始终没有涉及我们居住的现实空间是三维空间,也没有指出三维的立体图形和平面图形的区别。因而,对于"维度"的概念一直没有提及(无论是直观的描述还是正面的刻画)。这明显和当今时代脱节。

其次,几何学的整体安排缺乏顶层设计,立体图形和平面图形之间的关联没有叙述清楚,显得十分凌乱。例如,立体景观为何用平面的地图来刻画?三维图形为何要用平面的三视图来表示?图画、摄影与模型、雕塑之间有何区别?这些问题并不需要长篇解说,只要用几句话点到即可。

再次,其中的核心概念是"维度"。这是一个数学概念,又被广泛应用、迁移到其他领域。例如,一个问题互相独立的几个不同部分,有时也称为维度。数学应该把对维度概念的认识作为基本素质加以重视。

关于具体的操作,有以下的建议。

1. 在三年级下册"位置与方向"单元可以加入一页,内容包括:

- 我们生活的空间有上下、左右、前后三个维度,所以称为三维空间。

- 一个物体如果涉及三个维度,称为立体图形或三维图形。例如,长方体有长、宽、高三个维度;球体也是立体图形。

- 黑板的表面是平面,它只有上下、左右两个维度。长方形是平面图形,它只有长、宽两个维度。

- 直线是一维图形,它只有左右一个维度。

如果配以插图,这样的叙述对三年级学生应该是容易理解的。

2. 也是在三年级下册,"校园"一节里可以插进如下的对话。

小明:我们的校园是立体的。

小丽:我们校园的模型也是立体的。

小明:可是,我们校园的地图是平面的,为什么?

小丽:要知道校园各部分的方位,平面图就够了。

小明:是啊!平面图容易画,又容易携带。立体模型好是好,就是制作困难,也不方便携带。

3. 在五年级上册"观察物体"(三视图)单元里可以插进如下的对话。

小明:我们怎样观察物体呢?

小丽:可以用照相机拍一张照片。

小明:立体图形只从一个方向拍照片,背后的形状可能看不见呢!

小丽:那我们多拍几张好啦!

大字标出:"三维物体要从三个方向观察!"

4. 关于立体图形的运动和平面图形的运动,应加以区别。另文叙述。

5. 在六年级下册数学教材中,要对立体图形的特征以及与平面图形的关联作一些回顾性的小结。这是因为初中三年全部是平面几何的演绎推理,没有空间图形的教学。作为义务教育阶段,这里是作小结的最佳时机。

小学数学要做到浅而不错、分而不碎不是一件容易的事。如果没有通盘考虑,而是各自一摊,就会失去数学的本真,丢掉现代公民所应具备的数学基本素养。

 一线回声

整体着眼　系统构建

孙钰红　浙江省杭州市拱墅区教师进修学校
李　勇　江苏阜宁师范附属小学

阅读张奠宙先生《浅而不错、分而不碎,着眼于数学素质的养成——以"维度"概念为例》一文,笔者深有感触。张先生在文中指出小学数学教

材的编写必须依据儿童的年龄特征,实行量力性原则;要尽量取材于该年龄段儿童的生活实际,注重直观,诉诸感性,由浅入深,分散难点。但是,我们又必须坚持浅而不错、分而不碎,着眼于数学素质的养成。相应的教材设计则要避免零敲碎打、随意编排,忽视教学内容的整体性与系统性。

受张先生观点启示,以下笔者仅以某版本教材四年级上册"平行四边形和梯形"一课的教材分析与教学建议为例,梳理自己的一些思考,与大家交流商榷。

一、同一版本不同阶段教材内容对比分析

• 2013年前的教材内容

图25-1为该版本2013年前的教材内容,将平行四边形与梯形的认识设置为例1一个课时的教学内容。学生系统地进行四边形的分类,在几类图形共同的学习过程中辨析各类四边形的特征,这样有利于结构性地认识四边形,明晰一般四边形、平行四边形和梯形之间的关系。教材的第二课时则学习平行四边形和梯形的高、底等相关知识。

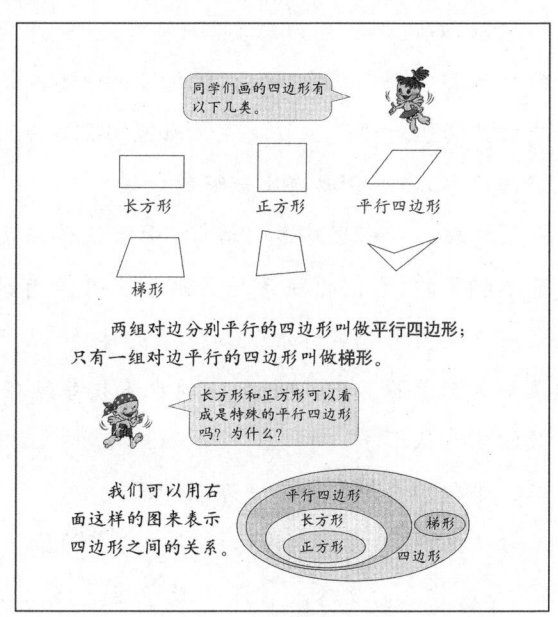

图25-1

• 2013年后的教材内容

2013年后,该版本教材对相关内容作了重新调整(图25-2)。调整后的内容将平行四边形和梯形的认识分为四个例题按不同课时进行教学。先分别认识平行四边形和梯形,而后例 4 通过韦恩图认识四边形之间的关系。

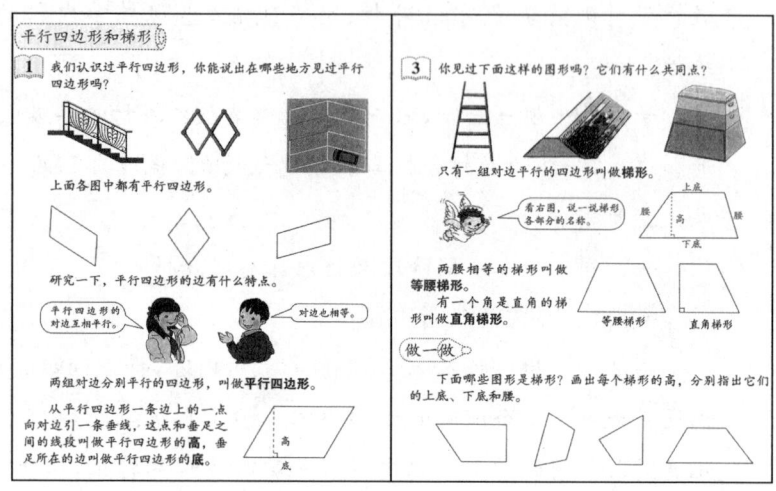

图 25 - 2

笔者认为,将平行四边形和梯形割裂教学是有一定问题的。我们来分析韦恩图,四边形共分为三类:一般四边形、平行四边形与梯形。任何事物的分类都有分类标准,那么四边形的分类是基于怎样的规则进行的呢?应该是两组对边的位置关系。如果我们能基于四边形分类标准来整体认识四边形,显然会取得比较好的效果。

如果按现行教材思路进行教学,由于认识三类图形的过程中彼此之间是毫不相干的,它们的联系与区别学生并没有很好地体验到。正是因为缺乏对三类图形分类标准认知体系的建构,从而造成学生对几类四边形的认知是零散的、无系统性的。这也直接导致在尝试填写韦恩图时,绝大多数学生无从下手。

二、平行四边形和梯形一课教学思考

笔者认为,基于分类标准来梳理四边形的位置关系,需要建立一种整体着眼、系统构思的观念。该课的教学应是建立在本单元学习两组对边的位置关系的基础之上来展开。如果我们能打开视野,从单元备课的视角来构思这节课,立足于两组对边的位置关系,以此构建清晰、完整的分类标准,相信学生对四边形的认识会更为系统清晰。以下是笔者在教学时的教学片断。

- 复习两条直线的位置关系

本单元的第一课为"平行与垂直",学生已经知道两条直线的位置关系只有两类——平行和不平行,以此为起点来开展教学,构建四边形学习的背景。

- 根据要求画图

有四组线,其中两组对边互相平行,另两组对边不平行。

1. 想一想:四组线两两组合有几种组合方法?

2. 画一画:选择其中的两组线画四边形。

四组线两两组合共有三种不同的组合方式,以下是学生根据要求所画作品(图25-3)。

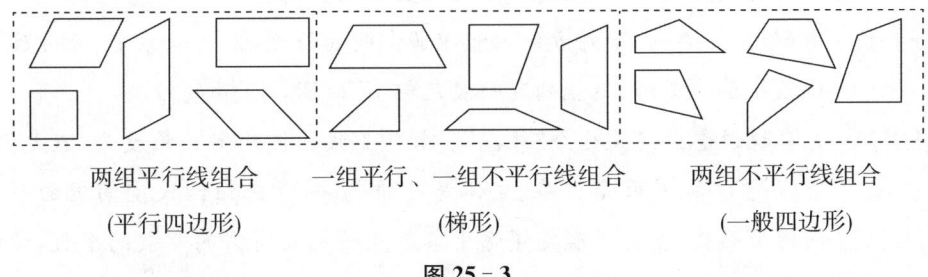

两组平行线组合　　一组平行、一组不平行线组合　　两组不平行线组合
(平行四边形)　　　　　　　　(梯形)　　　　　　　　　(一般四边形)

图 25-3

学生按要求画图的过程即是自觉感悟分类标准的过程,深刻认识到四边形根据对边的位置关系只能分成三类。同时,这一过程也是自主明晰图形特征的过程。在交流反馈时,学生充分感悟到尽管画的图形状不一,但是每一类图都有区别于其他的核心且显著的特征。

上述教学的主要思路是从单元备课的角度出发,构建大背景,从图形特征出发自然形成形状分类,将特征的认识与关系的厘清有效整合,使得学生对于教学内容的学习更为系统、深刻。

教材思考与处理必须拥有全局观,既要见树木,更要见森林。只有这样才能真正有助于学生构建起良好的认知网络,引导学生逐步形成认识事物的良好思维方式以及良好的数学基本素养。诚然,如张先生所说,小学数学要做到浅而不错、分而不碎不是一件容易的事,需要我们有深厚的数学本体知识的功底,需要我们构建起良好的思维方式,需要我们有着眼于学生未来成长发展的开阔视野。

数方夜谈

"维度"概念要不要进入小学数学

巩子坤：圆究竟是一维几何图形，还是二维几何图形呢？大家谈谈看法。

殷文娣：正式的定义都把圆看做一维图形。墨子的定义是"一中等长也"，《数学辞海》说圆是圆周与圆盘的统称。所以，圆既是一维图形，也是二维图形。教材里则直接称"圆的周长""圆的面积"。

巩子坤：张先生认为人人都有上下左右前后的方位感，一个图形如果只有一个方向，只有前后，就是一维的；如果有前后、有左右，或者只有两个方向，就是二维的；有三个方向就是三维的。这比较直观。

张奠宙：用前后、左右、上下的方位只能理解空间的维度，或者长方形、立方体这样比较简单的图形，不能确定一般几何图形（圆，球等）的维度。

任敏龙：先来说说怎么定义这个"维度"。数学里描述性地定义维度为"点是 0 维、直线是 1 维、平面是 2 维、立体是 3 维"。对于三维欧氏空间里的一个几何图形而言，把为了确定图形上各个点的位置所需的参数的个数，称之为维度。比如，在点上描述（定位）一个点就是点本身，不需要参数，是 0 维；直线上的点只要规定了原点，用一个参数就能确定它的位置，是 1 维；如果需要两个参数才能定位其上点的就是二维图形；如果需要三个参数才能确定位置的就叫做三维图形。

殷文娣：是的。我们常常用到圆周的参数方程：$x=\cos t, y=\sin t, 0\leqslant t\leqslant 2\pi$。圆上各点的坐标只用一个参数 t 就可以确定。所以，圆周是一维图形。又比如弹簧，如果它非常细，可以把它看成一条曲线，也可以近似地写成只有一个参数的方程，即一维图形。但是，如果弹簧很粗，是一个立体图形，在弹簧上确定一个点的话必须要有 x, y, z 三个独立的参数，那就是三维图形。

巩子坤：维基百科是这样说的：一个数学空间（物体）的维度通常是这样定义的，能够确定这个空间（物体）上的点所需要的最少的坐标数目。这样，直线是一维的；平面、柱面与球面是二维的，因为两个坐标（如经度、维度）就可以确定其上的点；立方体、柱体、球体就是三维的。

殷文娣：发展下去，就会有 n 维欧氏空间，n 维曲面的概念。

张奠宙：小学数学要不要讲几何图形的维数？严格地定义很困难。定义曲线就很困难。以前苏联有本书，题目就是《什么是曲线？》，里面的内容很深奥。所以，我觉得小学只好马虎一点，来个"混而不错"就行了，但是不能回避。

张　园：我觉得，所谓立体的图形就是有上下、左右、前后的。如果你在纸上画图只有两个方向，没有第三个方向，那就是二维的。大家容易明白。

任敏龙：我觉得有一个重要的问题就是"维"的概念要不要进入小学数学课本。

张　园：一维、二维、三维，我在教学长度、面积、体积都用的。而且，我觉得学生还是很好掌握和记忆的。

巩子坤：怎么讲？

张　园：比如说，一维的，进率都是十；二维的，我就给学生看图形，面积是二维图形才有，因为长乘宽，进率是十的二次方，也就是一百；三维的话，就是长乘宽乘高，所以是三维的，它的进率就是十的三次方。这样在一个系统里面去推理、理解、记忆的话，效果还是蛮好的。

巩子坤：你这样说的话倒是打开了我的一个思路——螺旋上升。我们在低段的时候就以前后、左右、上下来讲 3D，到了学长度、面积和体积时，就可以稍微学术化一点了，因为一维就是长，二维就是长和宽，三维就是长、宽、高。

张　园：学生是完全能听懂的，而且也能想象出来。

巩子坤：我觉得这个就已经学术化了，一维就只有长，就是或前后或左右或上下都可以，二维有长有宽就是面了，三维有长有宽有高就是体了。

任敏龙：假如在教材中要出现"维"这个概念，那就要仔细推敲。我们平时随口讲讲关系不大，写进教材就得严密化。

张奠宙：我觉得可以在"小知识"栏目里增加一个"认识 3D"的内容，通过图形、模型来说明一下就可以了，不要下定义。

巩子坤：好的，以后通过教学实验来检验一下。下面，我们来聊聊"A4 纸究竟是几维图形"这样一个具体的问题。

殷文娣：网上有很多谈论，大多说是三维图形。

任敏龙：这要看你研究的问题。数学是跟问题走的，不是跟客体对象走的。

巩子坤：怎么讲？

任敏龙：如果你想研究有关体积的问题，那当然把 A4 纸看作长方体，即三维图形；如果你要研究表面的形状和大小，那就把它看作平面，即二维图形了。

巩子坤：有道理。

张奠宙：我们不妨说得具体一点。我们生活在三维的现实空间里，任何现实存在的物体都是三维的。二维图形和一维图形都是三维客体的一部分的抽象表示。所以，A4 纸作为物体而存在，肯定是三维图形。

殷文娣：记得有个问题：一张纸折叠多少次，其高度能超过珠穆朗玛峰？答案是，若纸的厚度是 0.2mm，那么折 28 次以后的高度就一定能超过珠穆朗玛峰。这里的 A4 纸显然是三维图形。

张奠宙：第二种观点是关注物体的表面，比如，关注 A4 纸的正反两面。

殷文娣：类似的情形是教材上的一道习题，其中提到用"正方形地砖"铺满大厅要多少块？这里的地砖本来是三维图形，但我们关心的是表面的形状，即一个二维图形的形状，与厚度无关。

张奠宙：第三种观点是把 A4 纸抽象地看做平面，将它的厚度忽略不计。也就是说，将 A4 纸当做抽象平面的现实原型。

殷文娣：如将 A4 纸卷成一个圆柱面，这时的 A4 纸就是没有厚薄的二维图形了。

巩子坤：三种观点，三个例子。观点因问题而异，为实例而用。

课题 26 "抽屉原理"的教学重在思想方法

按"四基"的要求编写数学教材
——以"抽屉原理"为例

（本文发表于《教学月刊·小学版（数学）》2014 年第 10 期）

随着时代的进步，一些现代数学内容逐渐进入小学数学课程。在六年级的小学数学教材中出现了组合数学中常用的"抽屉原理"。这是一个与时俱进的数学教学改革成果，值得肯定。但是，在如何呈现这类新内容的途径上，可以有更多的不同选择。《义务教育数学课程标准（2011 年版）》突出地强调"四基"教学，即注重基本数学知识、基本数学技能、基本数学思想方法、基本数学活动经验的教学。按照这一要求，抽屉原理的教学如何设计，教材上如何表述，值得研究。

首先，在某教材六年级"数学广角"单元的第一页（图 26-1），直接出示"文具盒放铅笔"的问题，没有用"抽屉原理"作为标题，令人遗憾。事实上，抽屉原理，或者鸽笼原理，乃是一种逻辑推理方法，它是一种普适的原理，并非单纯的个别数学问题。时至今日，它们已经成为国际通用的名词，业已成为人们的常识。不出现"原理"二字，就将其弱化了。

其次，要研究抽屉原理，教材理应表述重点所在：究竟是当作一种"知识"进行展示呢，还是突出数学思想方法加以呈现呢？

按照现在的处理（图 26-1），仍然将它当作一种解题知识加以表述。思考的顺序是：

图 26-1

提出放铅笔问题—直接给出答案—用穷举法加以证明,最后总结为"还可以这样想……"。

这里,只是把抽屉原理当作一个"问题解决"的个别例题进行呈现,因而马上给出答案。最不妥的是把穷举各种情况作为论证的基础。然而,抽屉原理并不是靠穷举各种情况再加以归纳出来的。恰恰相反,学习抽屉原理的意义在于丢开穷举检验,诉诸逻辑论证。

现在,我们不妨将上述教材的呈现顺序反过来,按照"四基"的要求进行教材设计。

标题:抽屉原理

- 把 4 个苹果放到 3 个抽屉里,会不会有 1 个抽屉里至少有 2 个苹果呢?
- 小胖说:"我来放放看。"
- 小明说:"不必一个个地放苹果,我也能断定总有某个抽屉里至少有 2 个苹果。"
- 为什么呢?

- 因为苹果比抽屉多1个。如果每个抽屉里都只放1个苹果，最多放3个。那么，一定多出来1个苹果。现在还要把它放到某个抽屉里去，那么那个抽屉就会有2个苹果了。
- 小胖说："是的，我把各种情况都摆出来了。小明的判断是对的。"
- 归纳：把 N 个苹果放到 M 个抽屉里（$N>M$），那么一定存在某1个抽屉中至少有2个苹果。

以上的设计突出原理的普适性，彰显逻辑推理数学方法的理性价值。

接下来，还可以进行以下的数学活动。

标题：数学活动

活动1：现在有102个苹果，要放到100个抽屉里，试问：是不是一定在某个抽屉里有2个以上的苹果？来得及把所有情况都摆出来吗？怎样论证你的结论？你知道是哪个抽屉里的苹果数大于2吗？能不能肯定该抽屉里恰好有2个苹果？

活动2：某学校有400名学生，是否会有两名学生同一天过生日？

（分组讨论，汇报总结）【这是教材里的一个练习，不妨作为课堂活动让学生讨论研究】

这是一项非常重要的基本数学活动。事实上，活动1呈现的情况可以是成千上万的，根本无法摆完全。但是，运用抽象的演绎推理可以得出绝对肯定的结论。最后两个问题是要说明抽屉原理是纯粹的存在性定理，只知其中有1个抽屉里至少有2个苹果，却不知道究竟是哪个抽屉；也只知道某个抽屉里的苹果数至少是2，却不能肯定究竟是几个，也许102个苹果都放在某个抽屉里呢！活动2是一个看起来无法回答的问题，却给出了绝对正确的答案。理性的力量令人震撼。积累这样的数学活动经验，并将之内化为一种数学思想方法，学生将终身受用。

该教材的第2页出现了5本书放到2个抽屉的情形（图26-2），并引申到7本、9本的情形。是否有必要？放入练习如何？遗憾的是，教材呈现的情形越来越复杂，却没有展现每章蕴含的数学思想方法。虽然教材的内容不可能包罗万象、面面俱到，但也不能把落实"四基"的任务统统推给任课教师。教材应该首先垂范才是。

以下让我们来进行一些现代数学的注释，也许可以写入教学参考资料，供教学参考。

1. 关于数学中的存在性定理和构造性定理

数学中有许多存在性的命题，它们能肯定一些对象的存在，却不能具体地构造

图 26-2

出来。最著名的是高斯（Johann Carl Friedrich Gauss）首先证明的代数基本定理：在复数域内，任意单变元的 n 次代数方程，必有 n 个根。但定理只是断言根的存在，却没有指出具体的根是什么。另一种问题则不同，如鸡兔同笼这样的命题，不仅知道此问题一定有解，而且按照一定的方法，可以把解具体地求出来，即"构造"出来。这一类命题称为构造性的命题。中国古代数学擅长构造性数学，善于用机械化的算法将问题的解构造性地算出来。

2. 关于存在性数学命题的人文意境

存在性定理最美丽动人的描述可以在中国古典诗词中获得。小学语文教材里收有贾岛的诗作《寻隐者不遇》，其中写道：

松下问童子，言师采药去。

只在此山中，云深不知处。

诗句肯定药师必定在山中，但是云深不知处。如果我们的教材里引用这首诗，是不是有助于学生对存在性命题的理解呢？是否有助于中华文化和西方数学的融合呢？教材能不能有一点创新呢？

3. 初步接触逻辑量词

20世纪以来,数理逻辑迅猛发展。其中,有两个逻辑量词对数学教学的影响巨大。它们是:全称量词"任意一个"(传统符号是∀),表示单词"all"(每一个);存在量词的相应的符号是∃,表示单词"exist"(存在一个)。抽屉原理要用到存在量词。教材里有"总有一个"的词语,其实就是说"存在某一个"抽屉如何如何。为了传达量词的真意,和后续课程接轨,建议多用"存在某一个"的说法。存在量词的否定形式就是"全称量词"。事实上,"不存在某一个……"就意味着"任意一个都不……",这在中学数学和高等数学里使用非常频繁。

 一线回声

从数学文化的角度来理解"抽屉原理"

张　园　浙江省杭州长江实验学校
巩子坤　杭州师范大学

张　园:张先生谈抽屉原理的文章读过后,我再去上抽屉原理的那节课,把《寻隐者不遇》的古诗用进来,效果很好。学生是很喜欢的——他们很能体会古诗的精妙之处。

巩子坤:只在此山中,云深不知处。你用到这句话了?

张　园:用进去了。

巩子坤:这首诗是学生几年级学的?

张　园:很早了,反正是都知道的。

巩子坤:你是怎样引进这首诗的?

张　园:我是这样做的,在4支铅笔放入3个抽屉以后,再到第二轮举例,将5支铅笔放入3个抽屉。结论是"总有1个抽屉至少有2支铅笔"。然后提问,你能知道哪个抽屉的铅笔至少有2支吗?学生说不知道。这时候我就说,这很像我们语文中的一首诗。随手把《寻隐者不遇》展示出来,问:什么是肯定的因素?肯定里面不肯定的因素是什么?学生就能把两者联系起来了:

只在此山中——总有1个抽屉,

云深不知处——不知道具体是哪个抽屉,也不知道确切有几个。

巩子坤：这样你就把数学教学理论化为课堂上的文化价值了。

 数方夜谈

关于"抽屉原理"的教学分析

巩子坤：今天来聊的课题是抽屉原理。

殷文娣：学生一开始学习抽屉原理的时候有许多的困难，比如，理解这句话就困难：4支铅笔放进3个文具盒中，总有1个文具盒里至少放进2支铅笔。"总有""至少"这样的词不好把握。

巩子坤：所以，一开始上手的时候(教材中的例1)，4支铅笔放进3个文具盒里面，先画一画，列一列，直观感受一下，大概是必要的。

张　园：我上过这节课，我觉得有必要用穷举法先活动一下。现在一共有4种办法摆放铅笔，每种办法都(至少)有一种情况符合原理的结论。也就是用穷尽的办法、列举的办法，理解什么是"总有1个文具盒里至少放进2支铅笔"。

巩子坤：有多少学生能够理解"总有1个文具盒里至少放进2支铅笔"？我直观感觉学生理解起来是比较困难的。

张　园：我调查过了，一个36人的班级，总有4~5人不明白是什么意思。

巩子坤：那还好，这个结果不错了呀。

张　园：这是我课后调查的结果。上课时，我不断强化这句话，还是有学生说不清楚。

殷文娣：张先生，您怎么看这个操作呢？

张奠宙：我没有在小学上过课，但是很早我就用这个问题问过到家里来玩的小朋友，我的印象是用逻辑推理方法理解比穷举法有效。例子是，这里有5把椅子，来了6个小朋友，抢椅子坐。本来是有1个小朋友没有座位，要表演节目的。可是后来挤一挤，大家都坐下了。那么，一定会有2个小朋友坐在1把椅子上，对不对？这样启发，就和"抢位子"的游戏联系起来了。然后归纳出人多椅子少，总会多出1个人不得不和别人挤在一起。由此推广到一般情形。逻辑推理论证有时候比穷举法要容易懂。我还把原理归纳成一句俗话："多了必重(chóng)。"这可以给孩子们一个理解原理的抓手。

殷文娣：我也觉得穷举法不见得容易理解。要做到"不重不漏"列举所有情况，相当费脑筋。

张　园：我第二次上的时候，增加了难以用穷举法而只能用推理论证的例子：

标题：数学活动

活动1：现在有102个苹果，要放到100个抽屉里，是不是一定在某个抽屉里有2个以上的苹果？来得及把所有情况都摆出来吗？怎样论证你的结论？你知道是哪一个抽屉里的苹果数大于2吗？能不能肯定该抽屉里恰好有2个苹果？

巩子坤：这下很难画全了，没办法列举了。

张　园：这说明穷举法太麻烦，数据太大，有太多情形要列举。但是，用逻辑方法几句话就讲明白了。目的是为了突出逻辑推理方法的普适性和有效性。

张奠宙：对，我们的想法是一致的。相比逻辑推理，穷举法是一个比较笨的方法。这一单元的教学目标，主要是突出逻辑推理的数学方法之威力，并能油然而生一种拍手叫好的数学美感。

张　园：接着我又铺垫了一个例子：将5支铅笔放到3个文具盒里，每个文具盒里都放1支铅笔，还剩2支。这涉及带余除法$5 \div 3 = 1 \cdots\cdots 2$。

巩子坤：加这个例子目的何在？

张　园：这个例子的余数是2。那么，余下的2支同时放在一个文具盒里呢（这个抽屉里有3支铅笔），还是分别放到不同的抽屉里（2个文具盒各有2支）？这就具体地说明了结论里的"至少2支"的意思是：一定会有2支，但可以多于2支。

张奠宙：这可以加深学生对"至少"一词的理解。

巩子坤：穷举法是比较笨的办法，但展示的过程比较清晰。

张奠宙：对，穷举法也有好处。所以，逻辑推理和穷举法都要出现，在突出逻辑推理方法的简洁有效的同时，用穷举法理解"总有""至少"两个词语的意义。

巩子坤：抽屉原理的表述还有许多细节问题需要探讨，大家再聊聊。

任敏龙："总有""至少"可以理解为"最多中的最少"的理解，会遇到以下细节问题需要探讨（以4个抽屉放10个苹果为例）。

(1) 放的时候不计抽屉的顺序。（把10个苹果放到其中1个抽屉，可以表示成：(10,0,0,0)(0,10,0,0)(0,0,10,0)(0,0,0,10)共四种情形。我们不加区别，只算一种）

(2) 抽屉和苹果一样多的时候,绝大多数的摆放方法都会有苹果重复放,只有一种方法没有重复,这就是一一对应的摆法:1个抽屉摆放1个苹果。这种情况就是尽量避免重复,即对于要出现重复是最不利的情形。

(3) 一个抽屉最多能放几个苹果?(10个)这个抽屉被重复放的程度达到最高。平均放会降低这个最大重复度,使个数最多的抽屉中苹果数尽可能少。

- 各个抽屉平均放能放几个?(2个)剩余几个?(2个)
- 剩下的2个继续平均放,这样使得个数最多的抽屉中苹果数增加最慢。
- 和带余除法的关系 $N \div M = q \cdots\cdots r$($10 \div 4 = 2 \cdots\cdots 2$)。
- 意思是:10个苹果放到4个抽屉里,总有1个抽屉至少有3个苹果。

但也可能是4个苹果,5个苹果……也许都在1个抽屉里(10个)。总之,有1个抽屉中至少有3个苹果是有保证的,其他的都没法保证。

殷文娣:这些细节处理对小学生来说是不是太复杂了?

巩子坤:抽屉原理还涉及反证法的思维,以及逻辑量词"每一个""某一个"的问题。

殷文娣:能否说得详细一些?

巩子坤:把 N 个苹果放到 M 个抽屉里($N>M$),那么一定在某个抽屉中至少有2个苹果。你要把抽屉原理讲清楚,就要把"总有某个抽屉里至少有2个苹果"的道理说清楚。"总有1个抽屉"的反面是"没有1个抽屉";"至少2个苹果"的反面是"少于2个苹果"。所以,"总有某个抽屉里至少有2个苹果"的反面是"每个抽屉里都少于2个苹果"。于是,如果每个抽屉里都少于2个苹果,结果是最多有 M 个苹果,少于 N 个。少的都去哪儿了?没有去哪儿,是我们的假设不对。于是,可以得到"总有1个抽屉里有至少2个苹果"。

殷文娣:我现在明白了,抽屉原理是用反证法论证的。

任敏龙:仔细分析是会用到反证法。

张奠宙:任老师提出的这些细节问题,巩老师提出的反证法思想,甚至包括"总有一个""至少2个"的咬文嚼字(逻辑量词),都是比较难懂的部分。小学里要不要深入地涉及?

张　园:这节课到后面是一定会走向均分的,因为它是从最不利原则来考虑的:均分了才是最不利的情形。学生要懂得能够把最不利情形下的问题解决了,其他情形就都解决了。

张奠宙：巩老师的说法"绕"得很，课堂上这样去讲，非把学生"绕"昏了不可。

张　园：抽屉原理在小学里是孤立的一个单元，和其他知识联系不上，纯粹是为了提高逻辑判断而设立的内容。我觉得学生还是能够大体把握的，特别是"学校有367名学生，一定有两人同一天过生日"的判断，学生很喜欢，也不难理解。

殷文娣：我注意到，教材里出现了5本书放入2个抽屉中，7本书放入2个抽屉中，9本书放入2个抽屉中这样的例子。

巩子坤：这些拓展的情形与带余除法相联系，似乎也有好处。

张奠宙：数学思想方法的学习是一个渐进的过程，一开始的要求不要太高。反证法要到中学里学习$\sqrt{2}$不是有理数时才会正式碰到。至于要不要平均分，联系带余除法，没有把握。

巩子坤：这要通过教学实验才能判定。今天就到这里吧，下次再聊。

课题27　数学文化教学的重点：数学文明对人类文明的贡献

扩大文化视野，弘扬人文精神
——关于小学数学教材里数学文化因素的设计

(本文发表于《小学教学（数学版）》2015年第11期)

数学课程中要体现数学文化，弘扬人文精神，这已经提倡多年。但是，从现行小学数学教材来看，给人的印象是题材比较单一，局限于数学史实的介绍，其中又往往集中于某国某人"最早"使用或发现某些数学内容。因此，这方面还有很大的改进空间。

一、基础教育中数学文化内容设计的基本目标

通过九年义务教育乃至三年高中教育，学生应该具有怎样的数学文化修养，才能理解数学文化的主要内涵，树立数学文化相应的价值观呢？

《义务教育数学课程标准（2011年版）》中指出：

数学文化作为教材的组成部分，应渗透在整套教材中。为此，教材可以适时地介绍有关背景知识，包括数学在自然与社会中的应用，以及数学发展史的有关材料，帮助学生了解在人类文明发展中数学的作用，激发学习数学的兴趣，感受数学家治学的严谨，欣赏数学的优美。例如，可以介绍《九章算术》、珠算、《几何原本》、机器证明、黄金分割、CT技术、布丰投针等。

这段论述中，最关键的一句是"帮助学生了解在人类文明发展中数学的作用"。

把数学文化与人类文明的发展联系起来,不妨看作数学文化教学的总目标。具体说来,应该围绕以下的具体目标展开。

1. 数学是人类文明的火车头

自古以来,人类文明总是和数学文明相伴而生的。数学往往起着先导作用,推动人类文明的发展。其中的要点有:

- 人类四大文明古国(古埃及、古巴比伦、古印度和古代中国)都有自己的数学文明。
- 继承古埃及、古巴比伦文明的古希腊文明,其代表作《几何原本》影响深远,是西方仅次于《圣经》的印刷量第二大的文化作品。
- 《九章算术》是我国古代最重要的数学经典,也是堪与古希腊《几何原本》相媲美的世界数学名著,阐述了以算为主、以术为法的算法体系。
- 近代工业文明。以牛顿(Isaac Newton)等创立微积分为代表,开创科学黄金时代,触发产业革命。
- 19世纪至20世纪初的现代文明。爱因斯坦(Albert Einstein)建立相对论使用的数学工具是黎曼几何。流体力学方程、电磁学方程、弹性力学方程、热力学方程为机械、航空、航海、电报等现代工业文明打下基础。
- 20世纪下半叶的信息时代文明,以数学家维纳(Norbert Wiener)、香农(Claude Elwood Shannon)创立的控制论和信息论为标志。计算机技术的巨大发展建立在数学家冯·诺依曼(John von Neumann)的设计方案之上。

基础教育阶段,我们不可能让小学生真切地了解整个数学文明的巨大价值,但是应当用尽可能通俗易懂的故事,适度地将数学文明的价值告诉年幼的学子。

2. 数学文化是理性文明的标志

经过几千年发展的人类文明,博大精深,美不胜收。其中,数学文明独树一帜,成为理性文明的标志。基础数学课程应该让学生知道:

- 古希腊数学理性文明的伟大,欧几里得(Euclid)《几何原本》所体现的理性文明的价值。
- 欧氏几何与非欧几何的关系。非欧几何诞生的文化价值。
- 数学是最严谨的一门科学。严格的演绎推理、精确的数字计算,使得它具有绝对可靠的真理基础。一门学科只有用数学表达之后,才能称为严谨的学问。
- 中国数学在演绎论证上的缺陷。中国的规矩几何学有平行与垂直,但没有"角"的概念。

- 徐光启和利玛窦(Matteo Ricci)翻译欧几里得《几何原本》的历史意义。

同样,小学数学文化课程不必也不可能将《几何原本》的公理体系作完整的介绍,但是作一些简单的介绍还是十分必要的。一个小范围的调查表明,现在中学生的数学文化修养停留在小学数学的认知水平上。例如,"三角形内角和定理用不着证明,量一量、拼一拼就知道了";不知道什么是"欧氏几何",甚至闹出"非欧几何就是非洲和欧洲的几何"的笑话来。对小学生讲一些有关数学文化的通俗易懂的故事,同样是我们应该努力的目标。

3. 西方数学与中华文明的进一步融合

我国现今基础教育阶段所学习的数学课程,并不是中国古代数学的延伸,而是全盘从西方引进的。因此,如何将中华文明与西方数学进行适度的整合是一个必须完成的课题。

20世纪50年代,中华人民共和国成立初期,曾有一个西方数学本土化的高潮,将"勾股定理"、杨辉三角、刘徽的割圆术、祖冲之的圆周率等研究成果相继纳入数学教材。数列的极限采用"一尺之棰,日取其半,万世不竭"(《庄子·天下篇》)加以比喻。这是中华文明与西方数学的巧妙融合,至今成为经典。

此后,我们又作了许多努力,陆续将中国古代数学的成就与西方数学相整合。例如,将十进位值制计数法、分数、小数、负数、方程、鸡兔同笼、算盘等一系列数学史知识纳入教材,取得了良好的成效。但是,我们还可以进一步开发,将中华文明更深入地融入基础教育的数学教材中。例如:

- 中国古代数学文明长于计算和实际应用,以国家管理数学和算法体系的呈现为特征。
- 面积计算的出入相补原理。
- 《道德经》与自然数公理。
- 古诗词意境与数学思想方法。

后面我们还会进一步阐述。

二、A版小学《数学》教材中"你知道吗"栏目内容一览

册别	页码	内容
一年级上册	60	我国古代用算筹表示数
	72	古埃及使用象形数字
	85	我国古代的计时工具

(续表)

册别	页码	内容
一年级下册	4	七巧板是我国古代的一种拼板玩具
	56	标签上的钱数
	60	我国古代货币种类丰富
二年级上册	6	测量长度的工具
	51	乘号是英国数学家在1631年最早使用的
	86	乘法口诀,我国两千多年前就有了
二年级下册	17	1659年,瑞士数学家第一次用÷表示除法
	78	从石子记数到算盘记数
	103	各种秤和斤、两
	108	最小和最大的鸟
三年级上册	99	分数在我国很早就有了;中国、印度、阿拉伯关于$\frac{3}{4}$的记法
三年级下册	6	指南针
	14	除号÷是瑞士人首先使用的
	78	二十四节气
	79	闰年;我国古代就知道一年有365天零$\frac{1}{4}$天
	87	地球自转一周的时间为1日
	88	时区
	99	小数的记法(我国小数记法最早,法国人最早使用小数点)
四年级上册	4	对1亿的感知
	6	三位一分节的大数
	17	阿拉伯数字的来历(印度人发明)
	21	算筹记数中0的表示方法
	24	算盘
	25	计算器
	27	M+、MR、MC的作用
	35	非法定计量单位"亩"
	48	意大利算术书中的格子乘法
	72	神奇的莫比乌斯带
	106	田忌赛马

(续表)

册别	页码	内容
四年级下册	9	小括号是荷兰人首先使用……(中括号、大括号)
	33	小数是我国最早提出并使用的
	105	鸡兔同笼
五年级上册	38	数字黑洞
	64	埃及人最早用方程解决问题
	92	《九章算术》中的面积计算公式
	96	刘徽用出入相补原理算面积
五年级下册	8	完全数
	13	2、5、3 的倍数的特征
	17	哥德巴赫猜想;陈景润
	22	几何学和欧几里得
	35	《九章算术》中的体积计算公式
	56	分解质因数
	61	用分解质因数求最大公因数
	64	互质数
	67	《九章算术》中的更相减损术
	69	用分解质因数求最小公倍数
	79	用分解质因数判断最简分数能否化为有限小数
	86	数学与艺术(利用平移、旋转、轴对称设计图案)
六年级上册	15	"一尺之棰,日取其半,万世不竭"的意思
	45	分数与五线谱的音符
	51	黄金比
	63	圆周率;祖冲之
	68	刘徽;割圆法
	83	恩格尔系数
六年级下册	4	中国很早使用负数
	16	千分数和万分数
	30	圆柱容球
	48	反比例关系图像
	59	在计算机上把图片放大或缩小
	70	抽屉原理
	104	七桥问题
	106	绿色出行;同比与环比

以上共 65 项。其中,涉及中国最早、最先使用的内容占 21 项,外国最早、最先使用的内容有 15 项;另外,属于数学知识介绍的有 20 项,其他 11 项。(注:其中带下划线的内容分别计算了两次)

从这一简单的统计数据可以看出,教材编写者的意图在于突出中国古代数学在算筹、算盘、货币、小数、分数、负数、圆周率等方面的成就,旨在弘扬中华数学文化,提升民族自豪感。同时也介绍早期的埃及数学,以及乘法、除法运算符号和大括号、中括号、小括号的最先使用者,目的是了解一些国外数学文化。除此之外,大量的则是数学名题、趣味数学的介绍,属于扩充知识的范围,兼及数学文化的阐述。

三、从人类文明进步的高度看教材中数学文化的不足

如前所述,数学文化的总目标是要帮助学生了解在人类文明发展中数学的作用。从这样的高度来看,上述教材中的数学文化内容就显得缺乏整体设计,视界比较狭隘。

首先,从人类文明发展的历史来看,我们更需要介绍人类文明的全景及其相应的数学文明特征。在小学阶段,可以着重介绍古埃及、古巴比伦、古印度和古代中国的数学文明。这就是说,我们不要简单地以"最早"或"第一个"那样的方式加以陈述。具体说来,可以有以下一些重点。

• 传世的记载有数学知识的文献有古埃及纸草书(公元前 1900 年前后),古巴比伦泥板文书(公元前 2000 年以前),古印度的树叶经卷(公元前 8 世纪~公元前 2 世纪),中国的竹简(公元前 8 世纪前后)。中国的竹简出现得比较晚。

• 埃及的尼罗河泛滥,造成土地测量的需求,因而产生几何学。中国《九章算术》的第一章是"方田",也是土地面积的测量。精确丈量土地是国家税收的依据。中国古代数学堪称"国家管理数学"。

• 人类数学文明的进步,要更多从社会发展的角度加以阐述,至于加减乘除运算符号是谁第一个使用不大重要。例如,对于"1659 年,瑞士人第一次用÷表示除法",知道与否实在无关大局,删去亦不可惜。

其次,要全面、准确地介绍中国古代数学文明。现行教材中一再提出中国古代数学曾在世界上最早使用十进位值制计数法,最早使用负数,最早使用小数,甚至如祖冲之的圆周率结果领先世界几百年。这样给人的印象,似乎整个中国古代数学文明都是最早的。然而,这是不对的。四大文明古国的数学文明中,古代中国的数学出现得比较晚,但是独立发展,有自己的特点,而且是世界上唯一能够传承到今天的数学文明。

中国古代数学文明的优点是崇尚应用,尤其能用于管理国家。此外,中国古代数学长于计算,计算精确,所以能出现祖冲之那样的优异成果。但是,中国古代数学也有缺陷,如缺少演绎推理,尤其在几何学上落后于古希腊的欧几里得几何学。中国几何中只用平行、垂直,却连"角"的概念都没有,更谈不上角的度量、角的相等了。西方数学传入中国,是从徐光启、利玛窦翻译《几何原本》开始的。人们普遍认为,这是中国近代数学文明的开端。

再次,要适当地介绍古希腊的理性数学文明。我们高兴地看到在上述 A 版教材五年级下册第 22 页介绍了"欧氏几何":

几何学是数学学科的一个重要分支,它源于土地测量等实际需要。古希腊数学家欧几里得被称为"几何之父",他的著作《原本》在数学发展史上有着深远的影响。该书在 17 世纪初传入我国。

这一介绍打破了我国小学数学不谈古希腊几何学的惯例。我觉得,数学文化的内容不求学生全懂,只要能帮助学生有所了解就行。我们不妨加进去一些话,多说几句,形成一个故事。

古希腊数学家欧几里得的著作《几何原本》,从一组大家公认的基本事实(公理)出发,推演出一系列正确的定理。举例来说,我们可以根据"连接两点之间的各种线中以线段为最短"这样的公理,推出以下的论述是正确的:"三角形的两边之和大于第三边。"理由是,若三角形的一边是 AB,则 $AC+CB$ 也是连接两点 A 和 B 的折线,根据上述公理,$AC+CB>AB$。

《几何原本》研究的这种几何学,中国古代数学中没有涉及。17 世纪徐光启和利玛窦将它翻译成中文,这通常被看作是中国近代数学文明进步的开端。19 世纪俄国数学家提出了一种新的几何学,和欧几里得的几何学不一样,叫作"非欧几何"。

在小学数学中作这样的铺垫,可以为今后中学数学的理解打下良好的数学文化基础。

四、以更广阔的视野,多角度地阐述数学文化

如前所述,我们应当跳出"中国数学最早"的局限,全方位地阐述世界数学文明。以下是一些设想和建议,供教材编写者参考。

1. 中外数学文明的交流

【案例 1】上海外滩大钟上的数字是怎样记数的

现在世界上通用、中国最早使用的十进位值制计数法,采用源于古印度的阿拉

伯数字。那么,今天还有没有用于"非位值制计数"的数字呢?有。在一些钟表上可以看到罗马数字。比如,上海外滩海关大楼上的大钟将10、11、12依次写成Ⅹ、Ⅺ、Ⅻ。这种计数方法不是位值制计数法,用于计算时非常不方便,但是有艺术价值,所以被人们适当地采用。

【案例2】中外度量衡制度的接轨

度量衡制度涉及人们的日常生活、经济交往和政令统一。秦始皇统一六国之后就大力推行统一的度量衡制度。我国传统语文中就有许多有关度量衡的词句,如"半斤八两""升斗小民""张飞使用丈八蛇矛"等。历朝历代的度量衡制度都不相同。辛亥革命以来,我国的度量衡制度逐步和世界接轨。

1929年,当时的国民政府颁布规定,使得中国的度量衡适应国际公制。1米=3市尺,1千克=2市斤。1993年开始,我国全面使用米(长度)、克(质量)、升(体积)等国际上大多数国家采用的公制单位。但是,世界上至今并未统一计量单位,如英、美各国仍在使用英尺、英里、加仑等非公制计量单位。

关于"大数"的读法,我国还没有与国际接轨。在上述A版教材四年级上册第6页有如下评述:"生活中我们有时会看到三位一分节的大数。这与使用英语的国家(如英国、美国等)以三位分级读数的方法有关。"这样写是不够的。不妨作如下补充:

我国传统上将大数以四位一节分段,即以"万"为一节。这和国际上通用的三位一节不同。但是,我国度量衡制度已经采用了千克、千米、毫升这样的体系,于是就会出现两种不同的合理的读法。例如:

- 田径比赛中的一万米赛跑,也可以读作十千米赛跑。
- 一辆卡车载重10吨,也可以读作载重一万千克。

随着国际合作交流的日益扩大和深化,中国在度量衡制度、大数读法等数学文化方面,还会不断与国际接轨。

2. 数学思想方法的阐述

【案例3】双杠是平行线吗

教材里在引入平行线概念时,总会有一幅双杠的照片配在旁边。因此,小学生普遍认为"双杠就是平行线"。这种观念一直带入初中,形成文化负担。在小学数学中,应该有一定的抽象意识。教材要在文化层面说明,双杠可以看作平行线的现实模型,但双杠不是平行线。几何学上的直线没有粗细、是无限长的,在头脑里抽象地呈现着。

【案例 4】土豆和圆柱的体积

小学数学在文化层面应该对数学方法和物理学方法有所区别。土豆体积的测量,是用装满水的方形器皿,通过放入土豆使水溢出,然后用等量替换的方法,将土豆的体积转化为长方体的体积来计算。这是一种物理学方法。数学方法则是从单位正方体出发,将土豆切成更小的正方体方块,以块数之和近似地确定其体积,然后取极限获得体积。同样,圆柱的体积也可以用物理的方法求出来。但是,圆柱的体积 V 还可以用数学方法求得,即用圆柱底面的圆半径 r 和高 h 表示为一个数学公式:$V=\pi r^2 h$。物理学方法简单易行,但只能求得圆柱体积的数值;数学方法则进一步能给出一个计算公式,表达圆柱体的体积与底面圆半径和圆柱高度之间的相互关系。

【案例 5】精确与近似,楷书与草书

数学是一门十分严谨的科学,成为精确科学的典范。例如,圆周率 π 的计算可以精确到小数点以后几百位、几千位、几万位。有时候,根据需要也可以使用近似数,采用估算方法。但是,精确计算是第一位的,估算要建立在精确计算的基础上。这正如学习书法,楷书是基础,行书和草书要建立在楷书的基础上。

晚近以来,过分强调估算却又不讲精确度的做法让人深感忧虑。

3. 更深入地反映中华文明中的数学内涵

前曾提及,西方数学和中国传统文化之间的融合还有许多工作要做。这里给出几个案例。

【案例 6】自然数的认识

在小学里认识亿以上的大数之后,要形成自然数的概念。自然数是从国外引进的,但是在中国古典文献《道德经》中有独到的阐述。教材里的"数学文化"栏目里不妨这样写:

中国老子的著作《道德经》说:道生一,一生二,二生三,三生万物。从数学上看,就可以将"道"看作 0。由 0 生 1,1 生 2,2 生 3,一个一个地生,不断地生,生到 1 万、1 亿……好像"不尽长江滚滚来",生生不息,没完没了,这就是自然数。

这样的解说,小学生应该能懂。

【案例 7】认识算盘

认识算盘,是 2011 年版"数学课程标准"对中国古代数学传统的又一次回归。现行教材里都图文并茂地展示了中国算盘,并用来表示多位数。但是,其中有一个共同的缺点,即没有说明算盘的优点。对于算盘为什么能成为一种计算工具,建议作一点说明,或写进教师教学用书里。

- 2013年12月5日,联合国教科文组织宣布:将"中国珠算:运用算盘进行数学计算的知识与实践"列入人类非物质文化遗产名录。
- 算盘是10根手指的延长和升华。儿童最初都用10根手指进行自然数的计算,后来10根手指不够用了,西方用"10根小棒一捆""10颗小珠一串"之类的算具来帮忙。
- 中国算盘的一个显著特征是用上珠表示5。这是一个伟大的创造,相当于用一个拳头代表5,它为自然数的组合、分拆、重构提供了丰富的直观背景。
- 在西方计数器上,人眼难以区分8颗珠还是9颗珠叠在一起(图27-1左),但是一旦使用一个上珠代表5(图27-1右),就很容易区分了。

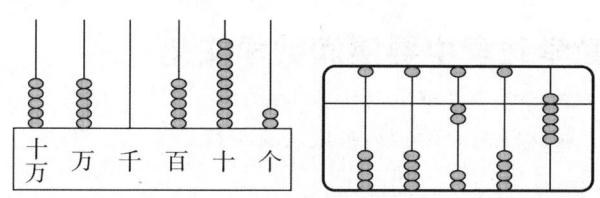

图 27-1

- 珠算杜绝"计算器"式的黑箱。中国珠算是一种机械化的算法过程。

【案例8】游牧民族的帐篷——蒙古包

在有关圆柱和圆锥的单元里,请列入我国许多少数民族使用的帐篷。它的基本形状是圆柱和圆锥的组合。

作为多民族国家,我们的教材里反映少数民族的内容实在太少了。让我们更多地关注这一课题。

【案例9】抽屉原理

现在的小学教材中列入了抽屉原理,这是一个进步。它是一个纯粹的存在性定理。在人文意境上存在性定理最美的描述,莫过于贾岛的诗句:

松下问童子,言师采药去。

只在此山中,云深不知处。

这首诗所体现的那种难以名状的确定性,简直就是为数学而作的。隐者在哪里?"云深不知处",但是他确实"只在此山中"。这正是纯粹的"存在性"数学问题的意境。

【案例10】对称与对联

数学里有对称,文学里有对仗,二者异曲同工。它们的共同点是:变中有不变,即通过运动变换到另一半之后,保留着一些不变的内容。

轴对称图形沿对称轴折叠过去,图形方向变了,但是线段的长短、角度的大小都没有变。

一副对联,上联"明月松间照",下联"清泉石上流",字词都变了,但字数、词性、景象都维持着不变。如"明月"对"清泉",形容词对形容词,名词对名词,都是自然景色。

变中有不变,才是我们要探究的规律。

 一线回声

小学数学教学中要浸润数学文化

王伟伟　江苏省淮安市淮阴实验小学
斯　瑶　杭州师范大学附属东城实验学校

谈到数学文化,人们往往会联想到数学史。张奠宙教授在《扩大文化视野,弘扬人文精神——关于小学数学教材里数学文化因素的设计》一文中指出:"从现行小学数学教材来看,给人的印象是题材比较单一,局限于数学史实的介绍,其中又往往集中于某国某人'最早'使用或发现某些数学内容。因此,这方面还有很大的改进空间。"确实,宏观地观察数学,从历史上考察数学的进步,是揭示数学文化层面的重要途径。但是,除了这种宏观的历史考察,还应该有微观的一面,即从具体的数学概念、数学方法、数学思想中浸润数学的文化底蕴。

在新课改不断深入的情形下,小学数学文化教学也要与时俱进,不断创新,从而打破原有的教学条条框框,整合各学科教学资源,在教学中不断取得突破。如何在小学数学教学中浸润数学文化呢?

首先,要在问题情境中浸润数学文化。常用的例子,如展示天安门的正面照片,用于轴对称图形的情景。其次,在概念教学中浸润数学文化。例如,质数与合数的教学没有实际情景可以借用,于是采用陈景润研究哥德巴赫猜想的故事激励学生学数学的志趣。再次,在知识拓展中浸润数学文化。例如,在学完"表内乘法"后,可以向学生介绍两千多年前的"竹木简口诀";在三年级学习"分数的初步认识"时,向学生介绍"分数的表示法"等，拓宽学生的眼界，提高学生的兴趣。最后，在课后作业中浸润数学文化。例如，撰写数学日记、自办数学小报是浸润数学文化，拓宽数学视野，营造数学氛围的好方法。

数学教育需要一个积累、沉淀的过程，不能急功近利，就如喝茶，慢慢地品尝，才能回味无穷。作为一名数学教师，对于数学文化的研究应该更加深入。在平时的教育教学中，合适而巧妙地让数学文化走入课堂，努力使学生在学习数学课程中真正受到文化的感染。

 数方夜谈

希望数学考试中能有"数学文化"的试题

巩子坤：数学文化是一个大题目。首先谈谈为什么要在数学课程中阐释数学文化。

任敏龙：20世纪的数学教育也谈数学教学的德育功能，主要是两条。第一，介绍中国古代数学的成就，增强民族自豪感；第二，贯彻辩证唯物主义思想，如加与减、乘与除的矛盾统一，数学问题求解中矛盾转化观点等。现在第一条还在强调，至于辩证唯物主义则不大提了。

殷文娣：我们这一代恰恰是新世纪开始读小学，受新课程的影响比较大。我们学习数学文化，印象深刻的有古代的刘徽、祖冲之，现代的华罗庚、吴文俊等中国著名数学家的故事。此外，我们也知道古埃及和古希腊的数学成就很伟大。

任敏龙：这一变化很重要。以前只是从中国的视角看世界，现在也从世界的视角看中国。现在的小学数学教材里出现了《几何原本》的介绍，就是一个突破。

巩子坤：这样的变化还刚刚开始。就我接触的一些朋友看，许多人以为世界上最早的数学文化是中国的古代数学。在他们的印象中，位值计数法、小数的使用、负数的使用、勾股定理、方程求解都是中国最早出现的。

任敏龙：这是教材片面性阐述造成的结果。凡是中国出现早的就强调，中国出现晚的就避而不谈，于是形成了错觉。事实上，世界四大文明中有实物证实的数学文献,如埃及的纸草、巴比伦的泥板、印度的棕榈叶,都早于中国的竹简。总体上中国古代数学发展得比较晚,但毕竟是独立发生的,具有自己的特点。这是从世界看中国的一个基点。

张　园：现在的教材比较常用"最早""首先"这样的字眼来介绍,还是"胜者为王"的路子。

殷文娣：小学数学教材里介绍瑞士数学家首先使用除法符号"÷",这个"最早"好像没有多大意思。

张奠宙：有些历史事实不能只报喜不报忧。例如,中国古代数学没有"角"的概念(只有直角),更谈不上角度的测量,以及"三角学"这样的学科。

巩子坤：老是说"最早",那么美国建国才两百年,小学数学里的内容都不可能是美国人完成的,难道就不讲数学文化了?

张奠宙：我注意到《义务教育数学课程标准(2011年版)》里有一句话说,要帮助学生了解在人类文明发展中数学的作用,激发学习数学的兴趣,感受数学家治学的严谨,欣赏数学的优美。这段话说得很好。

张　园：就这一要求来说,我们一线教师做得还真是不够。教材中有一个栏目"你知道吗?",我们时常匆匆带着学生读一读就过了,或者简单地介绍一下。因为这样的栏目本身不占课时,教师也不舍得把课时花在这上面。但最主要的,是我们本身这方面的知识还不够。张先生,您能不能举几个例子谈谈?

张奠宙：数学和人类文明的进步有密切的联系。例如,中国的经典著作《道德经》里有"道生一,一生二,二生三,三生万物"的名句。这可以看做中国版的自然数公理。自然数是一个个"生"出来的,非常形象。

张　园：一年级小学生也能认出其中的字,不难懂。让孩子背下这一段,就能体会古代中国文明中有数学的身影了。

张奠宙：第二个例子有关古希腊文明。现在的小学数学课程里有"三角形内角和为180度"的定理。还有平行线的定义,这已经进入"演绎几何"的范围了。所以,人教版教材里有《几何原本》的介绍。古希腊文明是人类文明的一个高峰,《几何原本》是它的标志之一。对古希腊文明的介绍,从小学就要开始。

殷文娣：小学数学里已经有许多"逻辑证明"的成分了。例如,平行四边形的面积可以化归为矩形的面积。更明显的是抽屉原理中逻辑关系的运用。这些都可以溯源于古希腊文明。与此同时,也介绍中国的出入相补原理,表明人类的各种文明彼此相通。

张奠宙:再举一例。圆周率的教学,我们当然会着重介绍刘徽的割圆法和祖冲之的卓越贡献。但是,我们不能局限于此,要介绍以后的发展。例如,后来在工业文明的推动下产生了科学的黄金时代。刘徽的割圆法被牛顿创立的微积分所取代;圆周率 π 被证明是一个无限不循环小数,计算机时代,可以计算到很多位,但是永远不会完结。这些理性思考都是人类文明的组成部分。

巩子坤:与人类文明相关联的小学数学内容,还有一些例子。例如,中国的算盘曾经在古代测量、计税、贸易等经济生活中发挥巨大作用。再如,整数的质因数分解定理,联系到哥德巴赫猜想等现代数学,也是大家熟悉的内容。数学文化教学会涉及许多更深奥的知识。在具体内容上,不要求学生全懂。文化,是依靠不断地熏陶,逐渐地积累,最终形成一种价值观。

张 园:现在受应试教育的影响,数学文化课不受重视,考试里也从来没有数学文化的题目。

巩子坤:非不能也,乃不为也。

张奠宙:出一些简单的选择题没有困难,我出两个试试。

选择题一:现在有实物证明的古代数学文献中,最早的是(　　)。

A. 埃及纸草　　B. 巴比伦泥板　　C. 印度贝叶书　　D. 中国的竹简

选择题二:陈景润证明了下列命题中的(　　)。

A. 素数无限多

B. 偶数是奇数之和

C. 充分大的偶数是一个素数与两个素数乘积之和

D. 偶数是两个素数之和

张 园:试卷中能够有一道题就行。

课题 28 充分运用儿童的概率直觉

把随机性的数学直觉"概率化"
—— 关于小学数学中"概率"教学的建议

(本文发表于《小学教学(数学版)》2016 年第 11 期)

21 世纪以来,"统计与概率"单独作为一个学习领域列入小学数学课程,这是一次具有深远意义的里程碑式改革。但是,现行的小学数学教材里只有"可能性"大小的讨论,没有给"可能性"赋以数值,更没有给出概率的概念。也就是说,直到小学阶段结束,连"概率"二字都没有在教材里出现。这样做,是否合适?值得研究。

《小学教学》杂志主编殷现宾告诉笔者,本世纪初的小学数学教材里原来是有概率的。但是在教学实践中,出现了混淆理论概率和随机事件发生的频率(经验概率)的情形,因而在《义务教育数学课程标准(2011 年版)》中就把小学数学中的概率去掉了。这是小学数学中名为"概率与统计",学习领域里却没有"概率"的症结所在。

那么,新编的小学数学教材又是如何处理理论概率和经验概率之间的关系的呢?翻开某教材五年级上册,在摸棋子的几个案例中,虽然都默认每个棋子会被等可能地摸到,但是区别了两种不同的情形。

摸棋子活动:知道盒中红、蓝棋子各有多少(红 4 蓝 1)。对于这一情形,本可以按照等可能性的理论探讨"可能性大小",但教材(图 28-1)没有这样做,仍然借助摸 20 次,统计摸出红、蓝棋子的次数,得出的结果仅仅是"摸出红棋子的可能性大"。

摸球活动：不知红、黄球的数目。对于这一情形，无法使用"等可能性分析"，不得不根据160次摸球试验中随机事件发生的频率进行探讨(图28-2)。结果是摸出红球123次，黄球37次。由此得出结论：盒子里红球比较多。

图28-1　　　　　　　　　　　图28-2

仔细研读这两页教材，可以看到教材编写者的意图：对于可能性大小的判断，都不基于"等可能性"的理性判断，而是依靠小学生自己去摸，用经验性活动得来的频率来说事。甚至在摸棋子活动2结束后，竟要求全班学生每人掷一次硬币(图28-3)，企图让学生得出掷硬币正、反面出现的可能性差不多的结论。然而，掷几十次硬币，不但得不出应有的结论，反而会把思想搞乱。

图28-3

试问，在日常生活中，人们在作可能性大小判断时，所依据的究竟是等可能性的理性分析，还是靠大量的随机试验所得到的随机事件发生的频率？显然是前者。

事实上，等可能性分析是人类与生俱来的理性思维能力。

• 在掷硬币活动中，正、反面朝上的可能性相同，世所公认。这无须投掷千万次来加以确认。

• 在掷正方体骰子(质地均匀)活动中，1、2、3、4、5、6这6个面每个面朝上的可能性相同。这也无须通过大量的投掷试验来确认。

• 在摸球(除颜色外，所有的球都相同)活动中，每个球被摸出的可能性都相同。盒中某颜色的球越多，该颜色的球被摸出的可能性越大。这也是凭直觉作出的判断,无须实际的摸球活动来确认。

- 在转转盘(圆形)抽奖活动中,指针落在各个扇形上的可能性大小,取决于该扇形的面积占转盘面积的比例。

请大家想一想,这些判断是不是人们在生活中自然形成的?难道非要到学校学习才能学会?难道非要亲自掷硬币、掷骰子、摸球、转转盘很多次,靠得出的经验数据来验证一番,我们才会相信这些结论?事实上,大可不必啊!

由此可见,小学生的概率学习应该建立在这些直觉的概率意识之上。这些理性分析拿来用就是了,不必总是想着去"掷一掷""摸一摸"。有人认为,现在强调小学生的操作活动、亲身体验、合作学习,所以要设计"掷"和"摸"的活动。然而,等可能性也是需要通过活动来加强认识的。比如,丢一枚纽扣能不能代替丢硬币?掷长方形的骰子每个面朝上是不是等可能的?摸球时为什么要搅匀?摸完后为什么要放回?这些都需要设计活动,从而使学生理解等可能性的意义。

值得注意的是,靠几个人掷硬币、掷骰子、摸球得来的数据,实在太少,不足为凭。将通过亲自试验得来的"频率"当成"概率",有其深刻而难懂的数学背景。例如:

- 理论上,大数定律保证"频率趋向于概率"。至于什么意义下的趋向,有多种复杂的理解。小学阶段根本无法说清楚。
- 实践中,大数定律要求做很多次试验,区区一个人、一个小组、一个班级的试验总数远远不够。
- 频率是概率的近似值,不唯一,经常会变化,不好把握。
- 对于频率与概率的关系,在高中阶段学习也很困难。因此,不是年龄问题,而是因为它本身难理解。

由此可见,《义务教育数学课程标准(2011年版)》判定之前教学中出现的困难,在于硬是用少量"掷"和"摸"得来的各种"频率",去取代由等可能性分析得出的唯一的"概率"。这是对"直觉概率"理念的一种干扰。由于没有大数定律的解说,小学生莫衷一是,出现理解上的困难。也就是说,教学中出现困难,不是因为给出"概率"才发生的,而是生吞活剥地滥用"频率"造成的。那种指望通过摸球和投掷行为就可以理解等可能性概率的意义的做法,不但无效,反而添乱。

这样一来,我们就不妨用新的思路来确定小学数学中概率单元的教学途径:基于人类对等可能性的直觉认识,直观地引入概率,力求将直觉的随机性数学意识数量化。至于基于大数定律的"频率",只能略微触及,适当提及,不能作为主线贯穿。

大家知道,概率论的教学是从随机变量开始的。小学数学也应如此。对于随机变量,要知道它可能取得的数值,以及取得这些数值的规律。至于如何描述这一规律,需要分成小学、中学、大学等多个层次,经过螺旋上升才能完成。

• 小学水平。基于一些随机性生活体验,依据直觉理解概率的意义。可以考虑只给出离散型的古典概型的随机变量,它只有有限个等可能地取得的数值,可以给出取得每个数值的概率。也可以考虑给出简单的几何概型的随机变量。

• 中学水平。随机变量的呈现需要有分布函数的支持。借助大数定律理解概率与频率的关系。

• 大学水平。基于概率的公理化定义,随机变量的呈现,要涉及基本空间、测度、可测函数、分布函数等知识。

这就是说,数学学习还是要回归数学本身。在小学阶段,必须直面"概率"概念,把随机性的数学直觉"概率化"。一般地,我们不妨把概率定义为:

"用一个数来描述某种事件发生可能性的大小,称这个数为该事件发生的概率。"

对五六年级的小学生来说,只要密切结合一系列的实例,依据直觉领会概率的意义,学习起来并不会感到困难。具体来说,我们建议在小学数学教材里安排如下的"随机性"数学基本活动。

一、掷硬币

"掷硬币朝上的面"是一个随机变量 A(小学里可以不叫随机变量,只笼统地称为随机活动)。比如,国徽面朝上时令 A 取值 1,币值面朝上时令 A 取值 0,A 取 1 和 0 的概率都是 $\frac{1}{2}$。我们建议用一个"概率表"表示该随机活动 A。(表 28-1)

表 28-1

A 的取值	0	1
取此值的概率	$\frac{1}{2}$	$\frac{1}{2}$

二、转圆盘抽奖与几何概率

转圆盘抽奖是社会上一种流行的随机性数学活动。圆盘上的指针可以随机地指向各个扇形,指向每个扇形的可能性大小(概率)由扇形本身面积的大小所决定。令整个圆盘的面积为 1,于是指针指向各个扇形的概率,就是等分后每个扇形所占圆盘面积的大小(其大小就是所对应的那个"分数")。这是小学生非常熟悉的一种常识。

如图 28-4 中的圆盘，表面已经等分为 12 个不同颜色的扇形，每个扇形的面积都占 $\frac{1}{12}$，红色有 4 块，所以指针落在红色区域的概率是 $\frac{1}{12}+\frac{1}{12}+\frac{1}{12}+\frac{1}{12}=\frac{1}{3}$。同样，黄色和蓝色各有 4 块，则指针指向黄色和蓝色区域的概率也都是 $\frac{1}{3}$。可用表 28-2 记录。

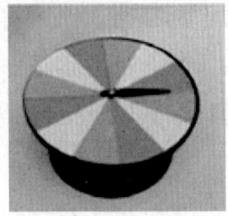

图 28-4

表 28-2

区域颜色	红色	黄色	蓝色
概率	$\frac{1}{3}$	$\frac{1}{3}$	$\frac{1}{3}$

由此看来，转圆盘活动也是一个随机性活动。该活动中所使用的几何概率因其直观，且和分数定义非常相似(都基于面积的大小，以及将整个圆盘的面积定为 1)，因而容易为儿童所接受。

三、掷骰子

掷骰子(质地均匀的正方体)也是小学生容易接触到的随机性活动。朝上的面的点数是一个随机变量，它的取值可为 1、2、3、4、5、6。这 6 个值中的每 1 个都等可能地发生，即发生的概率都是 $\frac{1}{6}$。我们可以用表 28-3 表示这种随机性活动。

表 28-3

骰子取值	1	2	3	4	5	6
概率	$\frac{1}{6}$	$\frac{1}{6}$	$\frac{1}{6}$	$\frac{1}{6}$	$\frac{1}{6}$	$\frac{1}{6}$

四、摸球活动 1

摸球抽奖是一种常见的随机性数学活动。在盒中放置若干个除颜色外其他都相同的球，摸出哪种颜色的球是随机的。但是，"摸出某种颜色的球"发生的概率，理应和该颜色的球数在总球数中所占的比例相同。例如，若盒中有 4 个球(黄 3 红 1)，因为黄球多，摸出黄球的概率就大；红球少，摸出红球的概率就小。具体来说，每次摸出黄球、红球的概率应该分别是 $\frac{3}{4}$、$\frac{1}{4}$，即黄球、红球在总体 4 个球中所占的比例。可用表 28-4 来表示。

表 28-4

摸出的球的颜色	黄	红
发生的概率	$\frac{3}{4}$	$\frac{1}{4}$

也就是说，由于事先已知盒中球的组成情形，可以通过直觉分析，按球数所占比例给出概率。

五、摸球活动 2

反过来，如果只知道盒中有 4 个球（黄色或红色，除了颜色不同其他都相同），但不知道盒中黄球与红球的确切数目，我们能不能从摸球活动中得出的数据，来猜想盒中黄球与红球的数目呢？这就相当于教材中的摸球活动。通过 160 次摸球，我们得到表 28-5。

表 28-5

摸出棋子的颜色	红色	黄色
发生的频率	$\frac{123}{160}$	$\frac{37}{160}$

也就是说，我们可以从摸球活动中得出的经验数据，来大致确定经验性概率。

$\frac{37}{160}=0.23125$，接近于 $\frac{1}{4}$；

$\frac{123}{160}=0.76875$，接近于 $\frac{3}{4}$。

如前所述，如果盒中球是"红 3 黄 1"，那么摸出红球和黄球的理论概率分别是 $\frac{3}{4}$ 和 $\frac{1}{4}$，理论概率和频率可以比较接近，但二者毕竟是不同的。要使二者更加接近，就要大量增加摸棋子的次数。理论概率只有一个，而"频率（经验概率）"可以有无数个，不好把握。因此，对于摸棋子这类可以进行理性分析的活动，尽可能采用理论概率。

六、射击运动员击中靶心的概率

射击运动具有随机性。射击运动受环境、心态、器械等的影响，不可能每次都击中靶心。那么,如何用概率描述某运动员击中靶心的可能性大小呢?事实上,对于射击这样的随机性活动,目前不可能理性地分析环境、心态、器械等因素,计算出唯一准确的理论概率。于是,不得不从经验数据来确定概率。

如果我们知道昨天某运动员的射击资料:在 20 次射击中,有 16 次击中靶心,那么我们就可以用"击中靶心"的频率描述该运动员射击的随机性。(表 28-6)

表 28-6

射击结果	击中 10 环	未击中
击中靶心的概率(频率)	$\frac{16}{20}=\frac{4}{5}$	$\frac{4}{20}=\frac{1}{5}$

也就是说,没有办法给出理论概率,只好用频率代替概率。这里仅仅是通过"昨天的 20 次射击"得出的频率。如果我们有更多的资料,就可以给出该运动员比较确切的频率值,即经验概率。

七、概率与决策:期望值

学习概率是为了指导实践。小学阶段,虽然由于学生的知识广度和生活经验不足,不能正面提及概率的各种应用,但是在常识范围内,还是可以有所作为的。数学期望就是一个小学生可以接触的课题。

例如,有两个抽奖活动 A、B。活动 A 中奖概率较低,是 $\frac{1}{10}$,但奖金是 1000 元;活动 B 中奖概率较高,是 $\frac{1}{2}$,但奖金只有 100 元。如果你只能选择一个抽奖活动参加,那么参加哪一个比较合算?

这就需要使用随机变量的数学期望概念加以论证,因而涉及分布函数及其积分,小学阶段根本无法处理。但是,如果诉诸"期望"一词的常识,混而不错地给出期望值的计算方法,最后形成决策,还是可行的。具体建议如下。

【数学期望值】

在上述抽奖活动 A 中,奖金是 1000 元,但是只有 $\frac{1}{10}$ 的机会得到,即可以期望获得的奖金是 $1000 \times \frac{1}{10} = 100$(元)。同理,在抽奖活动 B 中,实际可以期望得到的是 $100 \times \frac{1}{2} = 50$(元)。

这样一来,如果你想快点得到奖金,那么就去参加活动 B,因为有一半的可能性会拿到钱,虽然只有 100 元。然而,从可以期望获得的奖金来考虑,当然参与活动 A 比较合算,中奖概率虽然只有 $\frac{1}{10}$,可是毕竟有 1000 元,可以派上大用场啊!

这样的解释可以为小学生所接受,并为以后中学和大学的概率论学习打下一定的认知基础。培养学生的随机意识,在小学阶段形成概率教学的一个"直观性"的小循环,是一个不错的教学选择。

以上的讨论,是对"课程标准"的一些不同意见。正如新加坡李秉彝教授所说:"课程标准是家,不是牢房。"课程标准也是可以讨论的。孰是孰非,将由大量的教学实践来检验。

此外,某教材五年级上册"可能性"单元的后面,安排了一个"掷一掷"活动(图 28-5)。

图 28-5

活动内容是掷两颗骰子得出两个数,将二者作和,得到结果 A。数 A 的各种取值有不同的组合数目。比如,A 取值 5,可以有 (1,4)(2,3)(3,2)(4,1) 共 4 组,详见表 28-7。

表 28-7

A	1	2	3	4	5	6	7	8	9	10	11	12
掷两骰子能得到 A 的组合数	0	1	2	3	4	5	6	5	4	3	2	1

教师说:"我们来掷 20 次,如果和是 5、6、7、8、9(的次数多)算我赢,否则算你们赢。"实践中,掷 20 次的结果中,有 13 次 A 的值属于 $\{5,6,7,8,9\}$,只有 7 次属于 $\{2,3,4,10,11,12\}$,结论仅仅是教师赢的可能性大,仍然没有出现"概率"的字样。其实,这里已经在多处用到了等可能性的概念。例如,用表 28-7 计算一下便可知,教师赢的概率是 $\frac{24}{36}=\frac{2}{3}$(两颗骰子掷出的数字组合共 36 组,两数之和为 5、6、7、8、9 的组数之和为 $4+5+6+5+4=24$),学生赢的概率则是 $\frac{12}{36}=\frac{1}{3}$。像这样用概率大小说明可能性大小,就更加科学、合理了。

一线回声

从教学实践看《把随机性的数学直觉"概率化"》一文

张　森　浙江省余姚市实验学校
李树良　浙江省余姚市实验学校

张奠宙教授在《把随机性的数学直觉"概率化"——关于小学数学中"概率"教学的建议》一文中,明确提出:①小学生的概率学习应该建立在这些直觉的概率意识之上。这些理性分析拿来用就是了,不必老是想着去"掷一掷""摸一摸"。②基于人类对于等可能性的直觉认识,直观地引入概率,力求将直觉的随机性数学意识数量化。至于基于大数定律的"频率",只能略微触及,适当提及,不能作为主线贯穿。这些观点让我们耳目一新,感触良多。

陈希孺先生在《机会的数学》一书中,把概率分为古典概率、统计概率和主观概率。笔者结合教学实践谈谈这三种概率在进行小学数学教学时的可行性。

一、主观概率

主观概率是认识主体根据其所掌握的知识、信息和证据,而对某种情

况出现可能性大小所作的数量判断。主观概率的事件可以分为一次性事件和反复性事件。对一次性事件来说，只能诉诸主观判断。由于得到一个主观概率需要主体掌握大量相关的信息、知识和证据，而且要经过分析、综合、提炼、判断等复杂的心理过程，对小学生而言，这个要求是非常高的，容易停留在信口开河的水平上，因此不宜引入教材。比如，父母上星期答应去给我买衣服，明天是星期六，父母会不会带我去买？概率有多大？就要考虑到家庭经济，父母有没有时间，父母对承诺的态度(性格)等方面，综合这些因素才能作出判断。当事件可以在同样条件下大量多次重复观察时，该事件的概率近似于其出现的频率。虽然它不是确值而只是一个估计，且不同的人通过重复观察所得频率也会有差异，但在观察次数足够多时，不同估计之间的差异会很小。这可以与统计图表的教学相结合引入小学数学的教学中。

二、统计概率

设观察了 n 次，而事件 A 出现了 m 次，则 $\frac{m}{n}$ 称为事件 A 的频率。我们相信，当 n 愈来愈大时，频率 $\frac{m}{n}$ 虽有些摆动，但幅度愈来愈小而最终会"趋近"于某一介于 0 与 1 之间的值 P，就把这个 P 定义为事件 A 的概率。用这种方式定义的概率叫做"统计概率"，因为它是通过"统计"(即进行观察)去定义概率的。在统计定义的场合，这是一个结论：你如不从承认大数定律出发，概率就无法定义，因而谈不上频率与概率接近的问题；但如你承认大数定律，以便可以定义概率，那么大数定律就是前提(本文且把大数定律专指伯努利大数定律)。

现行教材就是由此入手编写的，教师也往往根据教材编写进行教学的。这样编排的好处是有利于培养学生的统计观念，使学生切身体验统计可以让我们在纷乱的现象中发现规律。但教学实践上的问题一下子就显现出来了。

一是师资问题。记得大约是 2001 年，为了执教第一轮的新教材，我们利用业余时间学习了一些概率论知识，发现在早年的学校生涯中没有接触过概率论，更别说系统学习了，因此自己对大数定律的理解非常有限，甚至对概率和频率这两个概念的认识并不彻底，而像我们这样的教师也大有人在。在昏昏的教师"指引"下，希望学生能昭昭，可能性几乎没有。

二是学生问题。小学生其思维正处于形象思维逐步向抽象思维过渡的阶段,他们能理解频率,但很难理解概率,更难以理解频率与概率的关系。因此,张教授的分析——用(学生)亲自得来的"频率"当成"概率"——很有道理,有其深刻而难懂的数学背景。

三是可行性问题。大量重复试验的数据怎样得到?是不是有充足的操作时间?

其实,如果教材不作改变,一种补救或折中的办法是教师在执教过程中让学生观察到逐渐"趋近"的过程,没有这个过程,学生不可能用不确定的"频率"来理解确定的"概率"。展示逐渐"趋近"的教学梗概参考如下:

① 实验操作并记录硬币正面向上的次数。

② 统计。第一组的频率,前两组的频率,前三组的频率……总次数与事件发生次数不断累计,并计算出频率。

③ 制点式统计图,观察发现可能性(频率)一直在哪个数值左右摆动,摆动幅度的趋势是怎样的。

④ 确定概率。

⑤ 比较概率与频率。

这样使学生亲身体验到频率的不确定性与概率的确定性,以及概率与频率的关系。不过,这样的教学还是有风险的:由于学生操作次数与大数据相距甚远,此时得出的频率并不一定越来越接近概率。万一出现这样的情况,必须让学生继续操作,不断累计次数,并算出频率。正因为有这样的风险,张教授提出去掉这类操作,而在等可能性上去进行操作活动。

三、古典概率

设想一个试验(如摸球可看作一个试验)有 n 个"同等可能"的结果,其中有 m 个结果是使(或说有利于)某事件 A 发生,那么就把事件 A 的概率规定为 $\frac{m}{n}$,基于试验结果的等可能性,用公式 $P(A)=\frac{m}{n}$ 规定的概率,叫做古典概率。古典概率使事件概率能通过简单明了的方式去定义,并给出了简单可行的算法。但是古典概率有两个前提条件:可能结果的总数为有限个,每个结果的出现有同等可能。后一个条件尤其重要,有的试验在理论上讲可以有无限个结果,但经过某种处置,可以近似地转化成有限个结果的情况。但是,"同等可能"这个条件一般都难于满足,这就大大限制了其应用。

1933年,苏联数学家柯尔莫哥洛夫(Andrey Nikolaevich Kolmogorov)把这种公理化的思想用到概率上。其中一条就是把事件概率的存在作为一个不需证明的事实接受下来。这为"同等可能"解了套。事实上,人们能直觉地认识"同等可能",因而可以用不严格的方法来学习概率。

综上所述,以古典概率为主线编排小学数学中的概率内容是符合人们的认识规律的,也适合小学生的年龄特征,这也是张教授提出的一种处理方法。但以古典概率入手进行教学时,还是要注意以下两个方面。

首先,就像除法教学之前先进行平均分的教学一样,"同等可能"不应仅仅是默认,而应进行一些适应性降低要求的教学。比如,瓶盖两面太不等同了,所以不具备"同等可能"性,不作研究。而硬币的两面相对比较接近,可以近似看作"同等可能"。通过比较,让学生感受什么叫"同等可能"。

其次,正面占正反两个面的 $\frac{1}{2}$,这是一般分数角度的认识。由于出现正面和出现反面"同等可能",出现正面这种情况占出现正反两种情况的 $\frac{1}{2}$,这才是概率。概率是事件发生的可能性,而客观物质的存在不是概率。这在小学阶段可以不强调,但在初中教学中还是要区分清楚的。

 数方夜谈

力求"理论概率和经验概率相结合"[1]

张奠宙:最近看了小学数学的概率统计教材,发现"概率"二字在小学里根本不出现了,最高要求仅仅是用试验方法来探索"可能性"有大有小而已。我觉

---

[1] 本次与张奠宙教授对话的是李俊博士。李俊博士在新加坡南洋大学获得博士学位,曾任华东师范大学数学系数学教育研究室主任,以概率统计的教学研究著称。2014年移居澳大利亚,现任教于迪肯大学(Diakin University)。

得应该充分利用基于直觉的理论概率。至于用试验的方法给出经验概率,也要有,但不能多。你是这方面的专家,听听你的看法。

李　俊：我的想法是应该做到"理论概率和经验概率相结合"。十年前,我觉得要求这两者"相结合"是很自然的事情,没人反对,是一句废话。可是,现在的小学数学教材里没有概率了,我才意识到这是一个重要的指导思想。

张奠宙："相结合",以哪一种为主呢?

李　俊：从大的框架来说,我主张将小学概率教学定位于定性认识随机现象,加强语言和思想方法的学习。但是,不应完全排斥定量,比如,抛硬币得正面的概率是0.5,那么抛500次的记录中,大约有一半的次数是正面朝上。毕竟,教学不应该硬生生地受课程标准或者教材的灌输。我有一册未出版的书稿,谈了这个问题。

张奠宙：我读了一部分。你说:"儿童对不确定现象并不陌生,在他们的很多游戏中含有随机、公平、由机会来决定的想法,如为了在两个人或两样东西之间公平地选一个,由'抛硬币'决定。如果是多个人或多样东西则由'石头、剪刀、布'决定。下'飞行棋'全凭掷骰子决定棋子的运动。所以,他们在学前期及小学低年级已经对'有可能发生,也有可能不发生'的不确定现象有了一定体验。于是,可以帮助他们定性地描述可能性了,即用'不可能''不太可能''可能''一半的机会''常常''很有可能''必然'等语言来表达他们对一个结果是否会发生的判断。进一步,如果发生的话,如何描述对其发生频繁程度的不同预期。"这段话表明,儿童天生有"随机意识"。这应该是小学生学习概率的基础吧。

李　俊：是的,小学数学的概率教学要由此开始。问题是,用一个数来表示可能性的大小,需要费心去引导,学生才能接受。

张奠宙：你在书中提出了几种定义概率的方法。"确定概率可以有以下几种途径,即古典方法、几何方法、频率方法和主观方法。古典方法和几何方法也称理论方法,这两种方法确定的概率都是先验的概率,即无需试验就可以从理论上计算出的概率。频率方法(也称试验方法)依靠试验,是一种'后验'的概率。至于主观方法,也称直觉方法,它是对随机现象可能性的一种个人的估计。随着新信息的出现(如实际试验后的结果),人们将调整最初基于经验或直觉之上的估计。某一事件既不满足用理论方法求解的条件,也不能用实验方法求解时,主观估计就是唯一可行估计概率的方法了。"这三种概率定义都是日常生活中可以接触到的。小学数学要不要涉及主观概率?

李　俊：多少会涉及一点。在理论概率和实验概率都解决不了问题的时候,主观概率是一种不可或缺的方法,如降水概率,就是天气预报人员先依据历史上类似天气条件下的降水频率,再基于他们长期专业经验给出的主观概率,但主观概率结论的精确性有待实践的检验和修正。

张奠宙：你的研究结果是几种概率定义要有机结合?

李　俊：是的。试验的教学途径与理论的教学途径对概率学习来说都是重要的,不能互相替代,在帮助学生认识概率方面,它们各自都有独特的作用。试验概率有助于学生认识概率的意义,所需的预备知识少,入门容易;理论概率因为是先验的,有确定的计算公式和答案,与其他数学内容的学习相像,学生比较习惯。但是,它们也都存在不足。当我们采取理论的、形式化的方式教概率时,学生的直觉得不到直接的体验。当我们采取频率的、试验的途径教概率时,因为不同人给出的频率不一样,因而以为用一个区间而不是一个数值来描述概率更合适。因此,既教授概率的理论定义,又教授概率的试验定义,是比较好的做法。至于主观概率,在举例中适当提及就可以了。

张奠宙：你认为理论概率和经验概率二者都重要,不能互相代替。我想是对的。我们要研究的是,哪一种小学生容易把握,哪一种在先,哪一种在后,如何结合。我认为,理论概率容易把握,较少歧义,从游戏中获得,人人都有,应该优先。事实上,中国人喜欢打麻将,打麻将会产生许多直觉的理论概率。骰子的概率、听牌的概率(有几张能胡)、胡牌的概率(依发生的可能性大小计算番数),这些直觉完全不必从频率的意义上进行解释,而是从理论概率角度进行判断。理论概率是唯一的,低年级小学生也能把握。

李　俊：人们的直觉的理论概率虽然很多,但要上升为数学概念并不容易。掷硬币,国徽朝上的概率是 $\frac{1}{2}$。这只是理论判断,究竟对不对呢?你总要验证一下吧。通过试验体验一下,恐怕还是有必要的。

张奠宙：对。做一点是必要的,但多做也无益。

李　俊：问题还在于,大量的随机事件不是等可能性的概型,如射击命中概率,天气预报中的降水概率,机动车事故发生概率等,都不是古典概型。

张奠宙：对，没错。但我们谈的是小学数学，小学生理解不了很多随机现象。因此，教学目标应该是，使学生能把在游戏中出现的随机事件发生的可能性大小，用数值加以表示。教学上主要利用学生对古典概率的直觉判断。至于用摸球试验作为载体验证说明二者的关系，只是辅助的手段。实际上，用频率近似表达概率，小学生难以把握。一是试验次数太少，一个人试验100次就已经很难了，但离结果的真正有效性还很远。二是不确定，频率无限多，哪一个是概率啊？小学生如何弄得明白？所以，我将它放在次要地位。频率与概率的关系建立在大数定律的基础上。大数定律很难懂，即使高中生都很难解释得比较清楚。

李　俊：在教学实践中，学生还是很喜欢做试验的。

张奠宙：对，学生喜欢做数学活动，包括计算机演示。但是，现在走了极端，把理论概率丢开，一味用试验方法去检验直觉上很明显的事实，结果越弄越乱，这就很不妥当了。

李　俊：我也主张要充分利用学生的理论概率直觉，并用试验方法验证摸球问题中出现的可能性大小的判断。但问题要表述得比较适当，使得数据的处理比较容易符合预想。总的来说，我还是认为语言学习和思想方法学习在前，定量地解决问题在后；概率的定性研究在前，定量研究在后；经验概率在前，理论概率在后。

张奠宙：这样看来，我们的看法大体一致，即理论概率和经验概率在小学里都要出现，但是具体的做法有所不同。我没有小学数学的教学经验，究竟如何处理比较合适，有待实践的检验。

李　俊：是的，由教学实践来得出结论。

张奠宙：人教版教材有一个题目是问掷两个骰子，其数字之和大于6的概率是多少。这用理论概率可以说明白，做试验得掷多少次才能说明白？

李　俊：是的，像这样的问题，做了几次试验就需要从理论上分析了，然后得出结果。

张奠宙：我还注意到，你的书稿中也谈到用试验方法可能会引起学生的思想混乱。例子是：

一位小学教师在上"游戏规则的公平性"这节课时，安排学生完成如下任务："请根据公平性原则设计一摸球游戏并进行20次摸球试验（每六人一组，共七组）。"结果有的小组设计了4个红球4个绿球，有的是6个红球6

个绿球,有的是1个红球1个绿球,虽然球的总数有差异,但两种颜色球的数目都是相同的,反映出学生对规则公平性有较好的理解。七组各进行了20次摸球试验,汇报试验结果如下表(表28-8):

表28-8

组别	红球的个数	绿球的个数
第一组	11	9
第二组	9	11
第三组	15	5
第四组	12	8
第五组	10	10
第六组	7	13
第七组	8	12

这位教师问学生:"有话要说吗?"有的学生说:"红球和绿球的个数是相等的,按理说它们的可能性应该相等,可为什么摸到两种球的次数各组多数都不相等呢?"有的学生说:"我们全班试验的结果有输、有赢、也有平,是不是说明游戏规则是不公平的?"学生原本清楚的概念,试验之后反而糊涂了! 这是教师上课前未曾料到的。

你的这个例子再次说明,用试验方法来检验理论概率,设计得不好反而引起混乱。

李　俊:是的,这是由试验次数过少造成的。另外,用试验方法观察游戏的输赢,设计的不公平游戏,其输赢的概率差距要适当地大些,以方便学生确立随机事件可能性有大有小的概念。上面这个问题中红球与绿球的个数相同,使得判断的难度过大。

张奠宙:用试验方法得出经验概率是必须经历的数学活动,教学中设计的试验次数一定要大。

李　俊:试验是解决问题的一个有效的方法。最近我看到一节小学的课,给出的问题是:用100克面做6个小饼,要保证每个饼至少有6粒巧克力豆,问需要放多少巧克力豆进去。请学生用模拟试验解决。

张奠宙:这个小饼问题很有意思,很像是一个可以计算的数学问题。比如说,你至少要放36粒巧克力豆,等等。但是,放得再多也难以保证分布完全均匀,实际上很难建立数学模型。然而,做若干次试验,大概就能估计出,究竟放多少巧克力豆,会以比较高的概率使得每块饼里都有6颗以上的巧克力豆。

李　俊：我主要是指可以用做试验的方法去解决一些实际问题,小饼问题就是一个现实问题,其中涉及成本和价格。我看到,录像中教师用了好几节课让学生加以解决,甚至最后家长也一起参与。这个活动的目的是让大家了解模拟试验是解决一些概率统计问题的有效方法,问题的最佳答案是什么并不是教学的目标。我还是很欣赏这种统计教育的,学习门槛低,每个学生投入都有收获。因为定位在估计答案,所以教师教得也比较轻松,没有压力。

张奠宙：这个小饼问题可以给我们许多启示。

附录

附录1　面向未来　大胆创新
　　　　——一套俄罗斯小学数学教材引发的谈话
附录2　宝贵的财富　学习的榜样
　　　　——对张奠宙教授"评论与建议"系列文章编辑有感
附录3　只有教对,才能教好
　　　　——学习张奠宙教授"评论与建议"系列文章的体会
附录4　返璞归真　平易近人
　　　　——读张奠宙教授的文章有感
附录5　跟张奠宙先生学教小学数学

附录 1

面向未来　大胆创新
——一套俄罗斯小学数学教材引发的谈话

张奠宙　倪　明　唐彩斌

(本文发表于《小学数学教师》2017年第7、8期刊)

不久前，华东师范大学出版社教辅分社倪明社长从俄罗斯带回一套小学数学教材，在第一时间送到华东师范大学数学系张奠宙教授家里。两人打开翻看，不禁大吃一惊：小学生在一年级学加减法、解方程；二年级学乘除法继续解方程；三年级学习行程问题的数学模型 $s=vt$；四年级学习解不等式，引入坐标角（即第一象限），画各式各样的 $s=vt$ 的运动图像，函数思想呼之欲出。此后数日，杭州市时代小学校长唐彩斌来张奠宙家中作客，看到此套教材也颇为震撼。于是，三人基于此套教材进行了交谈。（原文"编者按"）

谈话

唐彩斌：倪社长，你能否介绍一下这套俄罗斯教材的基本情况？

倪　明：这套小学数学教材是着眼于未来的系列改革教材的一部分，作者是彼特松(Л. Г. Петерсон)，这次看到的是 2014 年的版本，其中一册的印数是 33 万 5 千册。从印数来看，它不是当前大面积使用的通用教材，但也不是孤零零几所学校的实验教材，而是已经拥有 30 多万读者的新型教科书。这套教材适合数学能力较强的学生使用。据莫斯科大学的一位学生介绍，他在读小学的时候用的就是这套教材。

张奠宙：封面上印有"Перспектива"的字样，意思是"远景""面向未来"。

唐彩斌："不同的人学习不同的数学"也是我国数学课程的基本理念之一，提出来已经有些年头了，但至今落实困难。俄罗斯可以做到，我们为何做不到？这值得我们思考。俄罗斯的学制和中国一样吗？

倪　明：俄罗斯基础教育一共 11 年,小学只有 4 年。本套教材,每个年级都有 3 册,每册有 30～40 课,一般有 60～70 页。教材呈现样式与我们不同,全部由问题驱动。整套教材中,除了插有少量说明文字,从头到尾全是问题,另配有习题册,与教材是一个整体。教材印刷精良,内文彩色,封面精致(图 1)。

图 1

唐彩斌：我注意到封面上还有一些俄文语句,那是什么意思呢?

倪　明：右上角的两行文字是"俄罗斯科学院"和"俄罗斯教育科学院"。据版权页文字的介绍,这两个权威的学术机构曾对此套教材给予好评。中间一行字的意思是"在学习中学会学习",这是对儿童的期望。

张奠宙：看了这套教材,内心久久不能平静。我们的课程改革,多在情境创设、呈现方式、分组学习等教学方式上下功夫,这自然有其必要性。相比之下,除了将概率统计纳入学习领域,我们在数学思想体系上所下的功夫实在不多。尤其是高瞻远瞩地面向未来的基础数学课程的思考,几乎是空白。人无远虑,必有近忧。俄罗斯继承了苏联数学大国的传统,在数学教育改革上一向有深刻的数学见解。就这套教材而言,着眼于培养数学优秀生的数学英才教育,迈出了令人惊讶的改革步伐,非常值得我们学习借鉴。

唐彩斌：小学数学一年级的第一课,一般是从认识 1 到 10 的数开始,接着就是 1～5 数的加减。我们新思维数学教材是从认识生活中的立体图形开始的。俄罗斯这套教材的一年级是怎么开始的?

张奠宙：它是从认识线段、三角形、圆、正方形、长方形等图形开始的。特别的是,教材用这些图形作为集合的元素。第 9 课出现"不相交集合之并集",称之为加法。至于出现阿拉伯数字 1,要到第 17 课了。

教材从"三个三角形组成的集合 T"和"两个正方形组成的集合 K"开始,说明

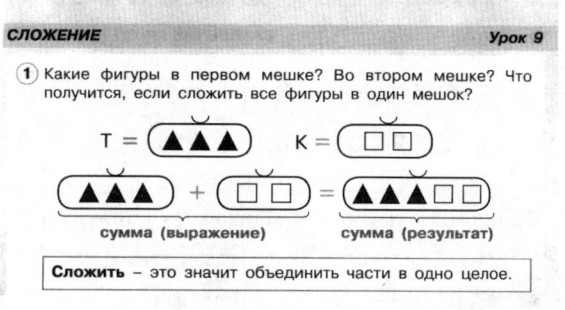

图 2

集合加法的本质是"把部分合并为整体"。(图2)减法则是从整体中去掉一部分。并集和差集的元素是可以直接显示出来的,比较直观。至于阿拉伯数字,那是集合个数的抽象,抽象度要高很多。

唐彩斌:把数的加法建立在不相交集合并集的基础上,很有些意外。

倪　明:教材把"三个三角形组成的集合 T"与"两个正方形组成的集合 K"作和(并集),结果记为 T+K,而且有算式 T+K=K+T。(图3)此时,数字1、2、3、4还没有出现。集合的元素用的是半抽象的三角形、圆等图形。

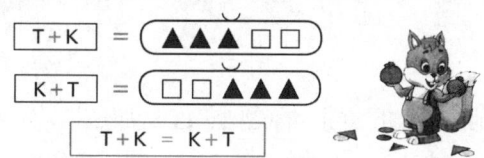

图 3

用不相交集合的并集引进加法,用集合与其子集的差集引进减法,并且立刻将之符号化,直观地给出交换律,是这套教材的一种创新。

张奠宙:这样做,使得加减法的意义直观明确:合并,移去。两个集合的元素与它们的并集、差集的元素清清楚楚地显示出来,给出了"并"("加")"差"("减")的过程。更重要的是,孩子们从接触数学的一开始,就面对符号和算式。这样一来,不再是以前那样,一年级开宗明义,一定是先有1、2、3等数,要到很晚才使用符号,强调可以用文字代替数,学得相当吃力。俄罗斯教材这种数与式共生的做法,使得加法交换律早早地借助直观就出现了。

唐彩斌:"数与式共生",一个新的提法。一般情况下,学生接触到加法交换律、用字母表示数,都应该在三年级以后了,俄罗斯教材的做法确实比较大胆,比较前卫。那么,在他们的教材体系中,如何从集合的加法过渡到数的加法呢?

张奠宙:以上的"加法"只是集合的加法,出现在"数"之前。数的加法是从集合的并集演变而来,做法是:将物体的集合用一一对应的方法在数量上作比较。图 4 中的 K＝T、K≠П,为正整数的大小比较作了准备(图 4)。

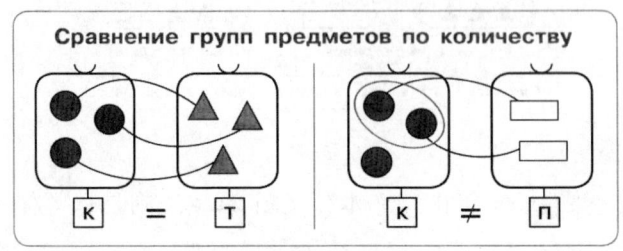

图 4

再看一例(图 5):

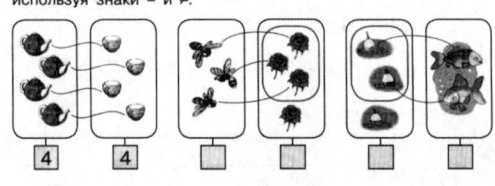

图 5

在一年级第一分册的第 48 页上,标题是"也是加法"。先要求给每个集合一个"数"的标记;然后用加法算式、数字相加、线段相加,分别进行解释;最后在第 60 页为"数字加法的组成部分"命名(图 6)。

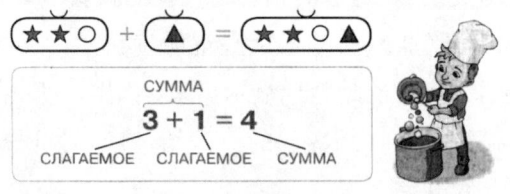

图 6

【部分译文】

1.什么是加法？它是一个等式吗？哪个是部分，哪个是整体？对加法的各个成分还能说些什么？

$$\underset{(加数)}{3} \overset{(3与1之和)}{+} \underset{(加数)}{1} = \underset{(和)}{4}$$

等式3+1=4可以这样读：

"3加1等于4"；

"3与1之和等于4"；

"3加1得4"；

"如果部分是3和1，那么整体是4"；

"第一个加数是3，第二个加数是1，它们的和是4"。

唐彩斌：看起来，这套教材也很注意语言表述。数学，毕竟不只是会求得数而已。我觉得，集合加法过渡到数的加法，似乎有点困难。数的相加是一个"数数"的过程，先数第一个集合中元素的个数，接着数第二个集合中元素的个数，数完了就是相加的结果。

倪　明：数数的过程是避免不了的。我们关注的是，在数的加法之前呈现集合加法过程，是否有利于学生的理解，还要通过教学实践加以检验。

唐彩斌：张先生，您告诉过我，俄罗斯教材一年级就要解方程，我曾经好多次出示俄罗斯教材的这张图片让身边的数学教师猜是几年级的教材，没有人认为是一年级的，的确很大胆。

张奠宙：这确实是一个大胆的创新。一年级的第三分册，大半本是解题训练，其中包括线段的比较、加减，二维图形的比较、加减，巩固整体和部分的关系。到了第三分册的第22页，出现了方程的定义（图7）。

图7

【部分译文】

2. 方程的一般形式是什么样的？如何求解具有未知加数的方程？

形如 $x+a=6, a+x=6$

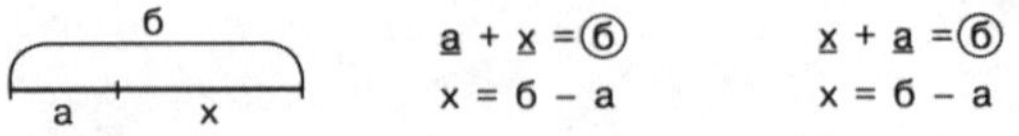

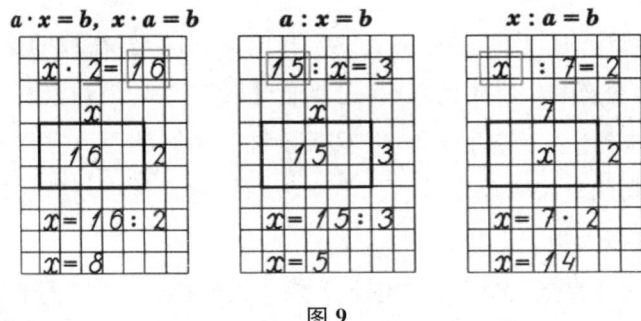

图8

为了求出未知项，需要从整体中减去已知项。

倪　明：同样地，形如 $6-x=a$ 的方程，也可以从线段图给出 $x=6-a$ 的结果。这里无需"移项""两边同加 x"之类的说法。很精彩！

唐彩斌：等式里只有加减符号的方程，用线段图求解。那么，含有乘除号的方程如何处理呢？

张奠宙：这套教材的二年级第三分册，第1页就是解含有乘除号的方程。具体做法是依据长方形面积等于长乘宽的公式，看未知数 x 所在的位置相当于面积还是边长，分别选择除法和乘法，从而求得 x 的值。（图9）

图9

具体地说，要解 $a\times x=b, x\times a=b, a\div x=b, x\div a=b$ 这类方程（请注意，这套教材不用 ×，÷ 的符号，而是用 · 和 : 的符号），首先要弄清未知部分 x 处于长方形面积公式的边长部分还是面积部分。若是一边的边长，用面积数除以已知边长即为方程的解；若是长方形的面积，则将两个边长相乘，其乘积即为方程的解。

唐彩斌：这样一来，在系数都是正整数的情形下，$ax\pm b=c\pm dx$ 的一元一次方程在二年级就可以解出来。也就是说，利用线段图和长方形面积公式，可以直接求出一元一次方程的解，而完全绕开移项、负数之类的代数知识。

张奠宙：对，这里不能出现负数。此外，还可能要用到结合律和分配律（提取公因数）。总之，在正整数范围内，一元一次方程在小学低年级就可以解了。

唐彩斌：想当初，把方程概念下放到小学，曾经何等困难，俄罗斯同行轻而易举地就把它移至小学低年级,很精彩。不过,小学低年级有很多基本训练,如多位数的加减乘除、进位退位等,解方程是一、二年级的主要学习任务吗?

倪　明:不是的,解方程只是一部分。俄罗斯教材二、三年级的课程重在打好基础,大量地练习有关多位数的加减乘除、进位与退位、横式与竖式,绝不马虎。此外,常见的度量衡问题,图形的运动、全等,在方格纸上求平面图形的面积等,还是占据着主流地位。

张奠宙:我关注的另一个特点是在小学低年级着力构建物体运动的数学模型。通俗地说,就是研究"行程问题",以便为函数概念的出现作准备。

唐彩斌:把数学建模放在突出地位,这和我们把构建数学模型列为核心数学素养的想法是一致的。不过,我们目前只是口号,具体如何落实还没有系统地规划。那么,俄罗斯教材是如何具体实施的呢?

张奠宙:要做许多准备工作。在三年级引进了∈、∪、∩,以及集合的包含关系;四年级第一分册的第一课便是解不等式,求解集(图10)。这都是为以后的运动模型中出现时间区间 $a \leqslant t \leqslant b$ 作准备。

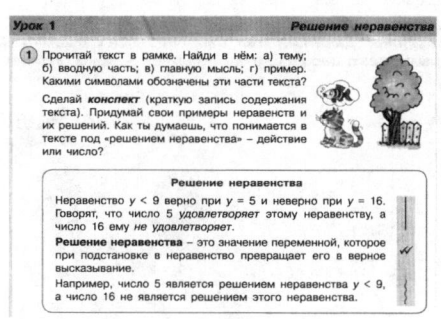

图 10

【部分译文】不等式的解。

对不等式 $y<9$ 而言,$y=5$ 时是正确的,$y=16$ 时是不正确的。这就是说,5 满足该不等式的要求,而 16 则不能满足。

不等式的解,是指变量所取的那些值,代入不等式后能够使之成立。例如,5 是不等式 $y<9$ 的解,而 16 不是。

唐彩斌:在我国,行程问题的算术解法是一个有争议的问题。过去把行程问题分成很多类型,弄得很繁琐,现在精简了很多。

张奠宙:俄罗斯教材把正比例函数作为行程问题的数学模型,认为 $s=vt$ 具有数学建模的典型性和重要性,因此这套教材对行程问题的各种情形作了详细的研究,包括相向而行、反向而行、追及问题、落后问题,都有明确的界定。请看课本

附　录

里的一页,内容是两个目标物体同时运动的各种形式。(图11)

图 11

唐彩斌:这也有点出乎意料。

张奠宙:我觉得俄罗斯教材对行程问题的立意要高得多。目标是数学建模,引出正比例函数,直至在坐标角上画出运动的图像,并作出解释。(图12)

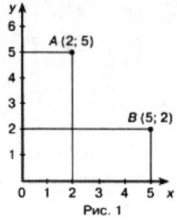

图 12

教材比较严格地在坐标角(第一象限)阐述坐标的概念,用各种方法描绘运动的各种状态,并配以大量的练习题。这里列举两幅函数的图像。(图13、图14)

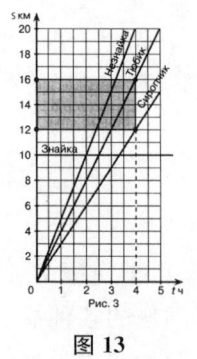
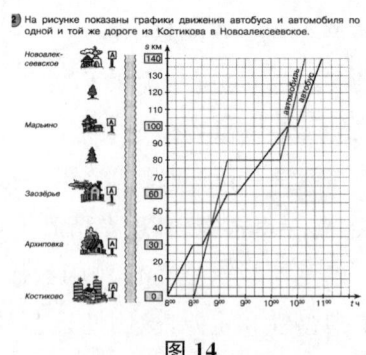

图 13　　　　　　　　　图 14

唐彩斌：方程和函数，这两个最重要的数学概念，在俄罗斯的一些四年级的数学优秀生的班级里已经得到了一定的体现。相形之下，当知我们该努力之方向了。

张奠宙：另一个值得关注的内容是四年级教材中"分数"的处理。（图15）

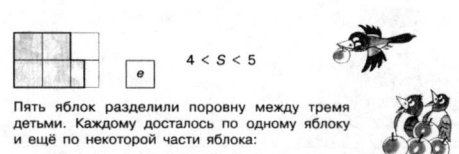

图 15

分数的情境创设，不是平均分月饼、蛋糕，而是为了描述在两个正整数之间的量。如图15所示，一块区域 e 的面积 S 在 4 与 5 之间；三只小鸟吃 5 个苹果，平均每只吃一个多一点儿。最后教材指出："在许多类似的情境里，正整数仅仅给出了某些量的近似值。为了寻求更加精确的数值，要求研究用比单位1还小的数来进行计算和测量（如苹果数、线段数、面积数等）。这样的数叫做分数。"

因此，"分数是这样的数，在计算和测量中用于表示比单位1还要小的部分"。

倪　明：为什么要学习分数？我们的教科书里往往语焉不详，我们是否也可以改变一下呢？

唐彩斌：看了俄罗斯的教材，觉得我们改革的步子还可以迈得大一点。

张奠宙：最后，让我们再看两个细节。一是关于找规律。我们总是让学生在重复中归纳规律。比如，数列 1,1,2;1,1,2;＿＿＿,＿＿＿,＿＿＿。要求必填 1,1,2，否则为错。还总结出"重复三次，就成为规律"之类违背科学性的断言。这些错误长期存在于教科书里，令人遗憾。俄罗斯教材里的找规律（图16），是否值得我们借鉴呢？

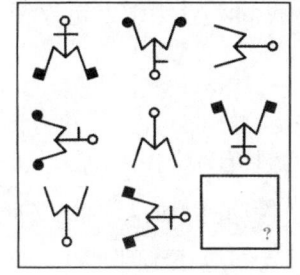 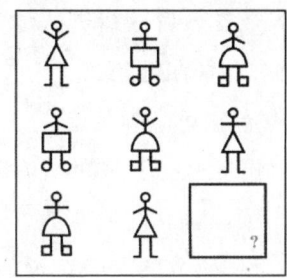

图 16

第二个细节是算法逻辑框图的大量采用。比如,根据下方表中 a 的值,按照算法计算 x 的值,填入表中。(图17)

图 17

唐彩斌:这两个细节,也很值得我们学习借鉴。

张奠宙:以上只是对这套俄罗斯教材的一个不完整的介绍。许多部分,如几何图形、多位数的加减乘除、问题解决等,这套教材亦有许多创新。我们未必要急着照搬,却必须加紧研究,拓宽视野,大胆创新,走出自己的路来。

后记

三人谈话形成文稿之后,唐彩斌写了如下几点感受。

总的来看,这套教材的出现,给我们许多有益的启示。

1. 不要盲目地说国外的数学课程简单

可能是受国内奥数过热的影响,公众对数学的一个基本认识就是"太难"。受一些教育研究者国外观察的感受影响,总觉得国外的孩子学的数学都比较简单。这一次,俄罗斯教材让我们震惊了。不是说我们的教材要像他们一样难,我们国家的数学教育有其自身的特点,值得在全世界总结经验。受语言和文化的影响,我们有把数学学好和学更好的数学的基础,我们理应理性、客观地分析小学数学教材的难度问题。在世界数学教育的行进队伍中,我们不应比别人走得慢,更需要加快自己的步伐,何况别人一直在赶超。

2. 不能只是停留在理念口号上

"人人学习良好的数学,不同的人在数学上有不同的发展。"理念已经宣传了,口号也喊了很多年了,然而"行胜于言",我们需要行动。像俄罗斯这套教材,在我们国家几乎没有,就连研究的气氛都没有。我们应该为那些勇于创新的教材建设者创造更好的环境,鼓励他们创新编写方法,改造数学教学内容。我们国家人口众多,地区差异显著,应该允许有各种不同难度、不同特色的教材,把选择权交给学校和教师,为孩子们选择适合的教材,促进他们更好地成长。

3. 不能远离数学谈数学教学改革

现在我们身边有很多的教育教学改革,作为数学的教学改革,很多也只是围绕教学形式、教学手段或者组织方式展开,真正围绕数学内容开展的改革比较少见。俄罗斯这套教材的确在数学上下了功夫,如果使用这套教材的学生能如期达到教材的要求,我们不得不说俄罗斯的这35万学生的数学水平是一流的。从全球竞争力的角度来说,我们是不是也应该在数学水平上加点码呢?

附录 2

宝贵的财富　学习的榜样
——对张奠宙教授"评论与建议"系列文章编辑有感

殷现宾

(本文发表于《小学教学(数学版)》2015 年第 12 期)

我们常说:"以纲(教学大纲)为纲,以本(课本)为本。"实际上,从一定程度上说,对于我国当前大多数一线教师来说,教科书(即通常所说的"课本""教材")就是他们教学材料的全部(当然,也包括与之配套的教师教学用书和练习册)。由此可见教科书对教学、教师的重要性。因此,编好、用好教科书是教育教学工作的重中之重。然而,"编好、用好"谈何容易？这不仅涉及学科知识体系、教育教学理念、学生年龄(生理)心理特点以及教师教学水平等,而且面对年龄较小的小学生,仅是如何合理有效地呈现(教材编排、教学设计)就是一门大学问。

两年来,著名数学教育家、普通高中数学课程标准研制组组长张奠宙教授,针对现行小学数学教材中存在的问题发表了一系列"评论与建议"文章。我在编辑这些文章以及向张教授请教的过程中,产生了诸多感想。

一、教材近些年的变化——有目共睹

自从 20 世纪 80 年代改革开放以来,作为教育教学理念、数学教学大纲(数学课程标准)具体实现形式的小学数学教材,不断发生着翻天覆地的变化:从大纲教材到课标教材,从"一纲一本"到"一纲(标)多本",从注重"双基"逐步发展为三维目标并重(特别是注重"四基""四能"),从单一的算术领域逐步发展为现在的四大领域(数与代数、图形与几何、统计与概率、综合与实践)。

特别是新课标教材,在教育理念、教学内容、呈现形式、素材选择等多方面都发

生了一些创新的、可喜的变化,在增强趣味性、开放性、创新性以及落实"四基""四能"等方面,各版本教材都做出了极大的努力和有益的尝试,如北师大版教材的"四统一"(课程内容的展开过程与学生的学习过程、教师的教学过程和课程目标的达成过程四位一体)、"数学好玩"单元、"探索与发现"栏目等,人教版教材的"数学广角"单元、问题解决的过程性处理等。

教材编写组一般由专家、学者、教科研人员以及名师组成。对于教材的编写和修订,他们都是在深入研究、实践调研和征集意见的基础上进行的,因此新教材一般都是他们以及众多一线教师和教科研人员最新研究成果的反映。而且,他们往往都会进行一些创新性的探索、尝试和改进。这一轮课程改革,增加了一些新的数学内容,如分类、负数、图形的运动、问题解决、概率以及综合与实践等,各版本教材都做了一些有益的尝试,而且在很多方面做得非常成功。

比如,著名小学数学教育专家周玉仁教授曾说过:"过去,小学几何内容强调空间观念,但是学生观察立体图形时,在头脑中总是'趴着'而'立不起来',缺乏必要的空间想象能力。现在,增加了'方向与位置',使小学生初步空间观念的形成有了支撑点。新教材增加了一点儿几何变换的知识,如平移、旋转、对称、放大、缩小,开始时我担心会不会难度大,现在看来结合实际问题来讲,小学生还是能够接受的,而且他们很感兴趣。这样到了第三学段,几何内容便螺旋上升,自然得到延伸。课标也考虑到立体和平面的整合、二维和三维的交叉,并以图形认知为载体,把空间观念的形成落到了实处。"[1]

二、教材仍有改进的空间——张奠宙教授的系列评论

进入新世纪以来,课程改革,特别是小学数学教材的改革,对小学数学教学改革起到了极其重要的推动作用。但是,教材中许多积极的改进,特别是一些创新性的尝试,往往是"摸着石头过河",难免会产生这样或那样的问题,需要在后续的编写或修订过程中加以改进、完善。

当然,对于教材的看法也是仁者见仁、智者见智的,教材也有一定的使用周期,要经历一个不断修订、逐步完善的过程。自 2013 年年底以来,张奠宙教授从突出数学本质、适合小学生学习和数学文化教学等方面,针对现行教材中存在的问题撰写了一系列评论,并高屋建瓴地给出了具体的、有很强指导性的建议,发表了 30 多

---

[1] 唐彩斌.探寻适合中国小学数学教育的"0.618"——访全国著名小学数学教育专家周玉仁教授(上)[J].小学教学(数学版),2011(05).

篇(十几万字)文章(主要发表在《小学教学(数学版)》上,详见2014—2015年各期),值得我们认真学习、深入研究,并在教学实践中进行检验,在教材修订过程中逐步完善。

在这30多篇文章中,张教授着重从以下两方面指出了教材编排中存在的问题:突出数学本质(10多篇)、适合小学生学习(6篇)。说明上述两方面还有很大的改进空间,需要我们作出更多努力,特别是作出进一步的实践和研究。

在当前背景下,大家已经逐渐认识到突出学科本质、培养数学核心素养的重要性。但是突出学科本质肯定不是指不管学生能否接受而一味地按照数学知识的逻辑顺序安排教学(教材)内容,而应像张教授所说的"深入浅出""朴实自然""平易近人",让学生易于接受。同样,对于"适合小学生学习",也不应该是一味地迁就学生,停留于生活情境或者只是让学生体验、感受,而是"要源于生活,但要高于生活""多多注意数学本质的揭示",从而逐步"实现从直观到抽象的飞跃"。在小学数学课堂教学和教材编写中,如何把握二者的辩证关系呢?张奠宙教授在其专著《小学数学研究》[1]一书中指出:"应该说,数学教育以人为本,以数学为核心。"这说明,数学教学中呈现的材料首先应该是学生能够接受的,甚至是能使学生感兴趣的,其次要突出数学的学科本质。

三、张奠宙教授宽容、大度——我们学习的榜样

作为我国数学教育界的泰斗、欧亚科学院院士,张奠宙教授著作等身,研究领域从高等数学教育一直到小学数学教育。其实,张教授关注小学数学,是最近这十几年的事情。但是,他对于我国的小学数学教师一直是怀着感激的心情的。比如,他在《小学数学研究》一书的"前言"中,第一句话就是:"首先我们要向中国的小学(数学)老师致敬。"——"小学(数学)老师在物质条件比较匮乏的条件下,却教出了我国具备良好的数学基础的小学生。这一成绩,使得中国数学教育在国际上享有很高的声誉。"

张教授出于对我国数学教育发展的使命感、责任感和对小学数学的挚爱,经常抽出他宝贵的时间撰写小学数学教学方面的指导性文章,提出一些意见或建议,甚至在百忙之中抽出时间参加小学数学的活动,给予小学数学教学研究最大的支持。

对于他所写的这些"评论与建议"系列文章,张教授其实一直是秉持谨慎和开

---

[1] 张奠宙,等.小学数学研究[M].北京:高等教育出版社,2009.

放态度的。他总是说:我没有小学数学教材编写经验,提出的这些意见和建议是否正确,希望能有所争论,正所谓"和而不同";我没有小学数学教学经验,这些意见、建议是否正确、可行,希望能在实践中得到检验。

其实,张教授的这些"评论和建议"系列文章发表后,立即得到广大专家学者、教材编者、教研人员、名师以及一线教师等的高度关注和赞赏。因为张教授不仅从数学的本质、以发展的眼光指出了我们做得好或者不好的地方,而且透彻分析原因,并给出相应的实施策略甚至具体的解决问题(特别是教材编排)的思路。这些高屋建瓴、细致具体的论述,对小学数学教学研究以及教材编写等都具有很强的指导和借鉴意义,值得我们深入学习、细致研究,并尽可能应用于我们的教学实践中。

比如,在2014年年初的一次国培班培训活动中,人教社小学数学室的王永春主任这样对我说:张教授的评论和建议都非常好,不仅指出问题所在,还有具体可行的建议,读了很受启发。只是这次教材修订时间比较仓促,而且需要系统地考虑,有些改动较大的内容还需要进行小范围实验,所以采纳得比较少。在下一轮修订时,我们打算组织一些专家和特级教师对这些评论和建议进行认真细致的讨论、研究和实验,以便作出相应的修改。

2014年11月,在一次四五千人的小学数学教学观摩活动中,吴正宪老师准备现场教学"认识方程"一课。当她前一天晚上拿到《小学教学(数学版)》杂志第11期,阅读了张教授所写的《数学概念教学要融入中华文化,推陈出新——谈小学数学里"方程"概念的表述》一文后,立即决定连夜修改教学方案,将张教授文章中的观点(特别是对算术法和方程法的比较所打的比方)融入教学设计中,并于第二天付诸课堂实施,取得了很好的教学效果。

湖南第一师范学院的胡重光教授在来信中这样写道:我特别赞成张教授的这段话:"小学数学多年来一直缺乏现代数学观念的引领,不能与时俱进。现行教材中有关分数、运动、角、平行线、面积、体积、方程等基本概念的阐述,都有许多欠缺……"约张教授的稿,也是贵刊先进理念的体现。拙以为,对教学内容的深刻理解,不仅是传授知识的正确性的要求,也是正确的教学方法的基础。

江苏扬州育才小学的于蓉老师在来信中写道:今天看了贵刊(2015年)第8期上张教授关于角的文章后,很开心,因为张教授谈到角相等的性质,我们在研究课时也发现:比较角的大小一定要先让孩子们知道角在什么情况下相等。我们的发现与教授的观点一致,感觉得到了认可,很开心。喜欢你们的杂志,祝越办越好!

在撰写这一系列文章的过程中,已经82岁高龄的张奠宙教授,不顾身体不适,拄着拐杖、坐在轮椅上、躺在医院里甚至在等待做手术期间还坚持做这项工作,这不仅令人感动、敬佩,而且我们更应该对张教授的这些研究成果倍加珍惜。

值得一提的是,由于年龄的原因,张老师听力下降,无法进行电话交流,我们只能借助电子邮件进行书面交流;面对面交流时,也只能借助助听器。后来,为了交流方便,张教授不仅借助平板电脑,而且用上了很多中年人都不会用的微信。

四、"小学数学并不简单"——期待更多专家、学者的参与

中小学教育属于基础教育,而小学教育是基础教育的基础。自新一轮课程改革以来,越来越多的专家、学者参与甚至完全投入小学数学教学这一研究领域中。

张奠宙教授在《深入浅出,平易近人——怎样测量长度、面积和体积》[1]一文的结尾指出:"联想开去,可知小学数学并不简单,甚至具有很高的学术含量。小学里有许多内容,需要高屋建瓴地从数学本质的揭示上进行梳理,仅就一些教育理念进行教学设计是走不远的。"这是否就是像张奠宙、史宁中、郑毓信、宋乃庆、周玉仁等数学教育专家以及像马云鹏、刘坚、张丹、刘加霞、张春莉等青年学者,从中学数学甚至大学数学的研究进入小学数学研究后乐此不疲的真正原因呢?

从这些年的发展来看,这些专家、学者参与小学数学教学研究,对小学数学教学研究方向的引领和对小学数学教学研究水平的提高作用是巨大的。因此,我们衷心地希望尽可能多的专家、学者(不仅包括国内的,也包括国外的)投身到小学数学教学的研究中,共同推动我国乃至世界小学数学教学研究水平的提高。

---

[1] 张奠宙.深入浅出,平易近人——怎样测量长度、面积和体积[J].小学教学(数学版),2014(09).

附录 3

只有教对,才能教好
——学习张奠宙教授"评论与建议"系列文章的体会

唐彩斌

(本文发表于《小学教学(数学版)》2015 年第 12 期)

不知不觉,德高望重的老前辈张奠宙先生用了两年的时间发表了一系列小学数学教材评论与建议方面的文章。虽然之前有的观点已有所聆听,有的陆续在杂志上学习,但是,当我把所有的文档全部集中在一起的时候,不禁有些震撼与感动。看着这些文字,浮现在我眼前的是文章背后的场景:一位八十多岁的老人,每天在家中拄着拐杖,从客厅缓慢移步到书房,过道里是高高的书架。就在小小的书房里,一个人面对电脑敲击着键盘,原始文档中常常出现不需要有的空格,偶尔跳出一两个智能拼音"不智能"的错别字。这些熟悉的细节便是先生工作的真实场景。作为华东师范大学数学系的教授、精通大学数学和中学数学的数学教育大家,一位身体常有不适的老者,为什么要花这么多时间来为小学数学教育做这样一件事?如果一定要找一个合适的理由,我想可能就是一位中国数学教育工作者的责任感。

对于数学教育来说,小学不"小",可以探讨和研究的问题很"多",发展空间很"大"。对于教学来说有两个基本的问题——"教什么"和"怎么教"。对于广大教师来说,我们关注更多的往往是"怎么教",而对于"教什么",全然依赖教材。诚然,凡是国家正式出版的教材,都是一个个编写团队经过深思熟虑、认真实践编写出来的,同时经过专业的审查委员会审定通过的相对科学严谨的文本。正因如此,长期以来形成的教育文化中,教材在教师们的心目中有着独特的地位,显示着独特的权威,久而久之,相比世界上其他国家,我国的教师对教材有些过度的依赖。"教材上写什么,教师就教什么""教材为本"的教学理念根深蒂固。当教师们在教学中出现争论时,也常常引用教材作为评判的标准。

然而,教材本身是否科学?作为一线教师,往往没有意识、没有能力,也没有精力来深入反思、质疑甚至批判。我们需要更多关心小学数学教育的大学教授加入研究指导的队伍中,结合小学教学的实际和儿童的认知发展,从更高的数学观点来考量教学内容的科学性,以与时俱进的发展眼光来审视其合理性,从儿童的立场来考虑其可行性。正如张先生在文章中多次引用的数学家苏步青的名言——中小学教材不可能做到完全严谨,但要"混而不错"。然而,到底怎样在实践中做到?张先生的这一组文章无疑是对小学数学教材建设的一次鞭策与提醒,也给我们小学数学教学带来了新的启示。在我们偏向于思考"怎么教"的同时,也应更多地关注"教的内容"本身,只有教对,才能教好。

启示一:着眼长远与学在当下相结合,不把开放的问题赋予单一封闭的结果

教学在当下,着眼要长远。要让学生对数学概念的认识可持续发展,可以让学生知道"原来我们今天学习的数学只是未来数学学习的一部分",但不能让学生在未来的学习中发现"原来以前学习的数学是不对的"。比如探索规律,"有一排气球,它们的颜色分别是:红、黄、红、黄、红、黄、红、黄、红、(　　),后面一个应是什么颜色的呢?"我们在平时的教学中,都习惯性地把答案指向"黄",但实际上这是一个开放性的找规律问题,答案有多种情况。但是对于小学生来说,又不可能展开讲太多的规律。怎样才能做到"混而不错"呢?张先生提出了一个很好的建议:把"后面一个应是什么"改成"后面一个会是什么"就可以了。可以不要求学生掌握这个问题的所有答案,但不要让学生错误地认为这样的问题只有一个答案或者一种方法。就像小学里学习平行四边形的面积,计算公式是底乘高,但这不是唯一的方法,以后还会有新的方法,应该为后续学习留下发展空间。当然,也不能把似是而非的内容混为一谈,比如,立体图形的运动与平面图形的运动是不同的,在平面图形的运动教学中,不能为了直观,把现实生活中的实物当作平面图形进行教学。

启示二:科学的严谨与儿童的通俗相结合,基于数学本质改变表达的习惯

早在1993年,著名代数学家陈重穆教授就指出:"'含有未知数的等式叫做方程'这样的定义要淡化,不要记,无须背,更不要考。关键是要理解方程思想的本

质,它的价值和意义。"他还提出了"淡化形式,注重本质"的教学原则。这对于作为科学的数学要转化为适合儿童学习的学科数学,有着特别重要的指导意义。

张先生在文章中指出:有些概念,重在理解,不需要原原本本地记下来。就像"物体表面或平面封闭图形的大小叫做面积",这不是严格的定义,教材无须黑体字,教学也不必抠字眼儿。但有些概念很重要,我们就要把它们最本质的属性刻画出来。比如,分数是什么?我们习以为常:把单位"1"平均分成若干份,表示这样一份或几份的数叫做分数。为了揭示分数的本质属性,张先生强调:分数是一种新的数。在原来定义的基础上,还需要强调分数是表示某一个部分的具体大小的数。

启示三:抽象数学和现实生活相结合,实现语言顺利转译

张先生认为:数学教学基于生活,但要高于生活。比如,用有序的数对描述平面物体的位置,其教学目标主要不在于用数对找位置,而要为日后的平面直角坐标系提供直观的认识。但是,当前许多教材和教学设计都停留在寻找第几排、第几座的位置之类的生活常识上。对于如何选择起始点、怎样标注方格纸上两个方向的刻度、规定数对的顺序、揭示其几何学的价值等几何学知识,都避而不谈。数学教材如果囿于生活实际,就会缺乏数学的高度,像是一杯白开水。又如,圆的教学中,既然"圆"是一维曲线,那么圆就只能有长度,不能有面积。所谓圆的面积,应该更名为"圆形的面积"或者"圆盘的面积"。张先生不断强调,数学教学既要源于日常生活,又要逐步抽象,形成数学的规范性,从而高于生活。

再如,负数的教学不能总是停留在生活经验上,需要一开始就明确提出"意义相反的量"的概念,这是负数概念的本质所在。对于六年级的学生,收入与支出、增加与减少、赢与输、温度的零上与零下、海拔的高与低、方向的向东与向西等的意义相反,都是可以理解的。事实上,学生掌握这一关键词的意义能够受用终生。

启示四:中国传统文化与国际惯例相结合,让数学内容丰富多元

张先生对数学文化有独到的理解,出版过这方面的专著,多次强调数学文化进教材,提倡数学课程中要体现数学文化,弘扬人文精神。但是,从现行教材来看,给人的印象是题材比较单一,局限于数学史实的介绍,其中又往往集中于某国某人"最早"使用或发现某些数学知识。同时,张先生也特别关心中国的非物质文化遗产——算盘,希望在新时期的数学课堂上发挥算盘的积极作用。张先生曾有过设想,撰写类似《舌尖上的中国》一样的剧本,来筹拍"数学教育在中国"的文化纪录片，可见先生对数学文化的钟情与执着。记得张先生形象地比喻等价类的抽象概念：一个人可以有很多套衣服。我们把某人穿不同衣服的形象看作同一个人的不同表示，不同的表示因为本质是同一个人而归为一类。不同的表示各有各的用处：上学时穿校服，运动会上穿运动服，文艺表演时穿演出服，出外旅行时穿休闲服。这好像同一个分数有不同的表示，却各有各的用途。同一个分数，在进行加减运算实施通分的时候，也要使用不同的表示。这就形象地说明了"等价类"的思想。

与此同时，张先生作为曾经的国际数学教育大会执行委员，也一直呼吁要把中国传统文化与国际视野下的数学大发展联系起来。如大数的读法，中外明显不同：我国是四位分节，即按万、亿来读大数；西方则是三位分节，即按千、百万（兆）来读。作为小学数学教材，就应该做好"接轨"，既不忘中国传统，也符合国际惯例。

启示五：更新学习内容与沟通和原有内容的关系相结合，让数学教学更有序

随着课程改革的深入，有些新的数学内容也与时俱进地进入小学数学学习的范围。难能可贵的是，张先生亲自梳理了小学数学的相关内容，逐一统计。有些方面，先生认为要新增一些内容。如维度，九年义务教育阶段的数学课程对于三维空间和立体图形的内容安排甚少，只在一年级有过上下、左右、前后三个方向的粗浅叙述，以及立方体、圆柱体、球的外观描述。但九年下来，始终没有涉及我们居住的现实空间是三维空间，也没有指出三维的立体图形和平面图形的区别。因而对于"维度"的概念，一直没有提及（无论是直观的描述还是正面的刻画）。这明显地和二维码、3D电影、3D打印的时代脱节。

另外，张先生还细致地发现，对有些内容内部的各个部分重视程度也有失衡。如除法和分数教学，最常用的情境是"平均分物"。例如，"将一些饼干平均分给小朋友"这一数学模型，涉及两种除法，俗称"等分除"与"包含除"。但是，我国的除法教学和教材编写，都畸形地偏向"等分除"，对"包含除"的问题涉及甚少，以至形成了片面的思维定势，这对于培养学生分析问题和解决问题的能力非常不利。

更为重要的是，教学时要注重沟通内容之间彼此的联系，用整体、系统的眼光来看待。不要让所学知识孤立，而要让数学学习内容形成有机的整体。比如，小学数学中的内容还是算术的居多，几何的相对较少。几何又包含哪几个方面？为什么会有坐标？为什么要学习平移、旋转？这是因为作为基础教育的数学具有基础性，几何包含直观几何、度量几何、坐标几何、演绎几何和运动几何。而如果再聚焦

运动几何,平面图形的平移、旋转和翻折(轴对称)就是最简单的几何运动,统称为刚体运动。刚体运动的重要特性是通过运动之后保持图形的形状和大小都不变,既不会放大缩小,也不会变形走样,与这一特性相关的割补法以后要不断地使用。寻求"平面图形几何运动的不变量"是一种极其重要的数学方法。张先生也坦言,小学数学当然不必涉及这些,只需为这样的数学方法隐含地播种而已。长期以来,我国数学教学中对不变量思想的重视不够。从小学阶段开始孕育,在小学教材里提一句,在倡导数学"四基"的今天也许是必要的。

附录 4

返璞归真　平易近人
——读张奠宙教授的文章有感

姜荣富

(本文发表于《小学教学(数学版)》2016年第4期)

张奠宙教授是著名的数学教育家,在我国数学教育界享有很高的威望。他笔耕不辍,著书立说,为传播数学思想精神、提高教师数学素养发挥了重要作用;他思想敏锐,敢想敢说,为弘扬数学教育优秀传统、推动数学教育改革作出了重要贡献。

张教授的著作很多,包括数学教育、中小学数学研究、数学文化、现代数学史等方面。笔者大概从20年前开始接触张教授的著作,之后就爱不释手且一路追随着他。现在,笔者的书架上珍藏着的张教授的著作已不下20本。他写的文章虽居高临下但平易近人,他用通俗的语言论述数学本质,用清晰的笔调阐释数学思想,用犀利的语言进行评论,用真诚的话语指点迷津。阅读张教授写的文章,你会经历深入浅出的数学思考;讨论张教授提的问题,你能感受到返璞归真的教学之真。笔者也喜欢思考数学与教学的问题,其中有许多想法得益于张教授的启发,至于在文章中直接引用张教授的观点,那就更是数不胜数了。

基础数学的本质和基本思想都是平实朴素的,而对它们的逐步深入和有系统的运用,则又可以用来探索自然、以简驭繁。教师必须对基础数学的本质和基本思想下一番深切的返璞归真的功夫,才能把它教得平实近人[1]。张教授曾经说过"小学数学并不简单"。近两年,他在《小学教学(数学版)》杂志上发表了一系列结合教材评论谈数学知识的理解与教学的文章,笔者读后深深地体会到"教好小学数

---

[1] 项武义.基础代数学[M].北京:人民教育出版社,2004:xii,vii.

学更不简单"。我认为"教好数学"需要抓住本质、重视定义、符合逻辑。

一、理解知识要抓住本质,厘清源流

线是组成图形的基本元素之一,小学里要学习线段、直线和射线。教学时,我们分别用拉紧的细绳表示线段的形象,用手电筒发出的光作为射线的形象。为了强调线段与射线的区别,往往把线段的两个端点特别地加以强调(如画大一点,用彩色标记),造成线段不能延长的印象。这样,学生掌握的线段与射线的概念不仅是孤立的,而且是错误的。张教授指出:在欧氏几何中,直线是不定义的原始概念。将线段向一端无限延长之后成为射线,向两端无限延长成为直线[1]。这样,就把线段、直线、射线之间的关系讲得明明白白了。张教授强调:无限延长,需要依靠人们的想象力,人人都天生有这样的想象力[2]。把直线作为不定义的原始概念,可能也是遇到了定义它的现实困难。如果我们承认学生有这样的想象力,就没有必要回到具体情境中去寻找直线与射线的形象,因为"用有限比喻无限,不能真的达到无限"[3]。

笔者理解,教学可从认识线段入手,先观察拉直的细绳、桌面的边缘、房间的踢脚线等形象的事物,从中抽象出线段。再让学生想象线段的延长,引出射线与直线的概念。教学中如果理解了概念之间的关系,就容易抓住它们的本质,再辅以抽象的手段与充分的想象,就能从容地找到合适的教学策略。从现实中抽象出来的概念,可以回到现实中找到它的原型,而在已有概念基础上想象出来的新概念,就不一定要千方百计地回到现实情境中了。

怎样才能抓住数学知识的本质?史学观点与应用价值是两个重要的思考方向,循着这两个方向,容易厘清知识的源与流。在小学里,认识平面直线图形的基本方法是观察它的边与角,角也是组成图形的重要元素之一。一般地,定义角有两种方式:一是从一点出发引出两条射线所组成的图形;二是一条射线绕着它的端点旋转而成的图形。前者称为静态定义,后者称为动态定义。小学教学中,在角的概念学习阶段一般倚重静态定义,这样处理有没有偏离重点?我们可以循着两个问题来思考:角是如何产生的?角的作用究竟是什么?这两个问题相互联系,并且答案都直接指向动态定义。为什么这样说呢?联系"几何学起源于图形大小的度量"

---

[1] 张奠宙.数学概念之间需要融会贯通[J].小学教学(数学版),2015(4):13-14.
[2] 同[1].
[3] 同[1].

的史学观点,不难理解角度就是旋转量多少的度量。张教授指出,角度是确定方向的依据,将方向与角度联结起来,使方向得以数量化,是几何学中的重要一环[1]。角的度量是几何学的基础,需要尽量提前,一旦有了线段和线段的度量,以及角和角的度量,以后的小学几何学内容就有了可靠的度量基础[2]。厘清了知识的源与流,教学的目标与重点就十分清晰了。角度才是角的本质,对于角这个概念的学习,要像线段一样突出其度量的属性,并且在开始学习时就要关注角的大小比较。

二、教学概念要重视定义,突出关键

现代数学中思考问题的基本方式之一,就是在讨论问题之前先想想有关的关键用语的明确含义——定义。有了定义,就有了讨论的依据[3]。定义在数学中的重要性不言而喻,但是作为教育任务的数学,有些定义对于教学却没有什么价值。例如,方程在小学数学教材中的定义是"含有未知数的等式叫做方程"。张教授指出,这样的定义对于学生解方程或者理解方程的本质并没有帮助。他建议这样定义方程:方程是为了寻求未知数,在未知数和已知数之间建立起来的等式关系。这样定义,把方程的核心价值提出来了,揭示了概念的数学本质[4]。

又如,关于圆的认识,小学数学中一般要求认识圆的各部分名称,学会画圆,但不讲圆的定义。张教授建议在使用圆规画圆之后,不妨提出如下定义:让线段 OA 绕着它的一个端点 O 旋转一周,我们把另一个端点 A 所画出的曲线叫做圆,点 O 称为圆心,OA 称为半径。这是一个发生式的定义,具体地描述了画圆的过程,对于学生理解"圆是线段绕其一个端点在平面内旋转一周时另一端点的轨迹"这个数学定义是很有帮助的。

从有利于教师教学、学生理解的角度,张教授对这些传统的数学定义进行适当的改造,创造了新的作为教育任务的数学知识。我们应当重视这些定义对于学生理解数学的重要性,在教学中积累丰富的概念教学的实践经验。

概念的重要性还体现在知识的相互联系之中。如果把数学比喻为一张网,那么概念就是网上的结点,命题就是织网的线。这样理解,判断一个概念是不是重要的方法也很简单,就是看它联系其他概念的多寡。在小学的数与代数中,分数是一

[1] 张奠宙.数学概念之间需要融会贯通[J].小学教学(数学版),2015(4):13-14.
[2] 同[1].
[3] 张景中.数学与哲学[M].北京:中国少年儿童出版社,2011:42.
[4] 张奠宙等.小学数学研究[M].北京:高等教育出版社,2009:111,前言.

个关键的概念,它与除法关系密切,还联系到比的概念,是数系扩展的结果。教学中通常比较注重从直观操作中归纳分数的抽象意义(例如,把一个月饼平均分成2份,每一份是它的$\frac{1}{2}$),而对分数表示具体量的大小容易忽视。张教授指出,分数是新的数,数是有大小的,它介于0和1之间[1]。这样,我们容易理解分数的真实含义其实是真分数。联系上述"分月饼"的活动,关键是让学生讨论当一半的大小没有办法用自然数表示时,应该怎么办。浙江省特级教师朱国荣老师像教自然数那样教分数[2],先让学生讨论"9个月饼平均分给4人,结果是什么",把问题聚焦于:每人分得2个后,剩下的这1个该怎么分?怎么表示?经过讨论,得到"每人分到2个还要多$\frac{1}{4}$个"。朱老师创设的问题情境,让学生经历了需要"创造"新数的重要思考,并且还原了分数表示具体量大小的本质,是创新的、生动的教学实践。

把分数作为一个具体数量来认识,可以真正解释分数产生于测量的需要。通常的分数定义是:把单位"1"平均分成若干份,表示这样的一份或几份的数叫做分数。张教授指出,这里的一份或几份并不明确,究竟是指物体本身还是指它们的大小?因此,他建议我们这样来描述分数:将一个整体平均分,这样的一份或几份可以用分数来表示它们的大小。分数能表示小于1、大于0的量[3]。加上"大小"两个字突出了概念定义的关键。

三、思考数学要符合逻辑,适当严谨

在图形与几何教学领域,平行是一个比较重要的概念,小学里学习图形的认识(如平行四边形)、图形的运动(如平移),到中学还要学习平行线的判定方法。给平行线下定义是件困难的事情,数学家也头疼不已。小学里定义为"在同一平面内永不相交的两条直线叫做平行线",这个定义存在缺陷,因为对直线无限延长的理解是超经验的,"永不相交"成了没有办法检验的事情。为了加强对平行的感知,我们通过直观操作"发现"平行线之间的距离处处相等。张教授提示,从测量的操作活动中得到这个数学结论,需要跨越许多障碍。虽然小学数学教学中不必严格证明,但是总要符合逻辑才好。如果一味地将未加证明的"发现"不加怀疑地当作真理,久而久之,养成一

---

[1] 张奠宙.与时俱进,推陈出新[J].小学教学(数学版),2014(5):5-6.
[2] 朱国荣.像教自然数那样教分数[J].小学教学(数学版),2015(7,8):42.
[3] 同[1].

种不加论证就断然肯定的习惯,必将对以后学习数学理性文明带来负面影响[1]。

即使平行线之间的距离处处相等得到了验证,那么,我们进一步思考,是不是两条直线之间的距离处处相等,这两条直线就互相平行了呢?张教授用平移的概念作为基础,给出简明清晰的解释,并强调图形的平移运动,是图上"所有点按同一方向"做相同距离的移动[2]。我们思考,既然平行线之间的距离处处相等的逆命题是成立的,为什么不拿它来作为判定定理呢?张教授指出,平行线的概念涉及无限延长,直接从概念出发来检验无限的过程是不可能的,因此,必须利用第三条直线,借助检验两个同位角是否相等的"有限"手段加以解决[3]。幸运的是,人类早已经把角的度量做到十分准确,判断两个角是否相等是简单易行的事情。因此,中学里学习的平行线的判定定理,都是从同位角、内错角、同旁内角等角度出发的。思考数学知识内部的这些逻辑,其实也是很有趣的事情,它让我们对数学的公理化思想有了更加深刻的理解。

小学数学教材里的数学知识不可能是严密的,但是,教师应当大体知道它们的逻辑结构,包括公理化的处理方法,领会现代数学的思想,能够比较准确地把握数学本质[4]。教师只有把握了数学本质,教学中才能做到"精中求简"。唯有做好精中求简的研究才能真正提高教学质量与效果,也唯有这样,才能使得基础数学易学、好懂、能懂、会用,从而减轻学生的负担[5]。

张先生是知名的大学数学教授,他能关注并研究基础教育,对广大中小学数学教师来说无疑是一个福音。我们期盼更多的大学教授能像张先生一样,参与到基础教育的数学教学研究中来,引领前行的方向。我们向张教授致以崇高的敬意!

[1] 张奠宙.小学数学课程必须坚持"混而不错"的原则[J].小学教学(数学版),2015(2):4-5.
[2] 张奠宙.数学概念之间需要融会贯通[J].小学教学(数学版),2015(4):13-14.
[3] 同[1].
[4] 张奠宙等.小学数学研究[M].北京:高等教育出版社,2009:111,前言.
[5] 项武义.基础代数学[M].北京:人民教育出版社,2004:xii,vii.

附录 5

跟张奠宙先生学教小学数学

储冬生

(本文发表于《小学教学(数学版)》2016 年第 1 期)

一

提起张奠宙先生的名字,可谓如雷贯耳。先生是很多人景仰的对象,先生的许多观点都直指数学教育的时弊。作为一位高校的资深专家,他深度关注中小学数学教育,沉潜中小学数学教学研究,他的诸多著作都是我们不少中小学教师的案头必备藏书。就我个人而言,我的很多教学思考都曾受先生的启迪。我所提的教学主张"问题驱动式数学教学"就源自先生所说的数学教育的四条特有原则:数学化、适度形式化、问题驱动、提炼数学思想方法。先生的《中国数学双基教学》一书,我曾在新教育网络师范学院作为领头人带领同伴们一起研读过。读完先生的《我亲历的数学教育(1938—2008)》,我还写过一篇阅读体会的文章《数学教育那些事》,后来发表在心仪的《小学教学(数学版)》杂志上。先生的《数学教育研究导论》是我作为一名数学教师的几本"打底"的阅读书目之一。先生的《小学数学研究》则是我办公桌上的手边书,每当教学中遇到困惑我都会翻开它,几乎每一次它都能给我以启迪。《张奠宙数学教育随想集》则是我这段时间的枕边书之一,都是些短小的文字,可读性很强,入睡前读上一两篇,很是过瘾……

除了阅读先生的书,我们还常常能够在杂志上看到先生的文章,只要是先生的文章我每篇必读,原因很简单:先生的文章都是"干货"。最近两年我们惊喜地发现,《小学教学(数学版)》几乎每一期杂志上都有先生的文章(除了复习与评价专号),先生将目光聚焦在小学数学教材研究上,文中的很多观点都让我深受启发。

关于几何,先生指出:古希腊几何与中国古代几何的差异在于古希腊几何是"线几何",而中国古代几何是"面几何"。不怕大家笑话,在此之前我从未接触过这两个概念,看完先生的解释顿觉豁然开朗。关于分类,先生指出,其实科学分类方法有两个序列:纵向的按等级排列,套筒式地一级包含一级,我们不妨称之为"等级分类";横向的则是同一等级里的不同类别,依照不重不漏的原则分类,我们称之为"并列分类"。日常的小学数学教学中所强调的不重复不遗漏分类,只是科学分类方法的一部分。在数学学习中根据需要还要使用等级分类,如数系的分类。关于除法,先生指出:除法和分数教学,最常用的情境是"平均分物"。这一数学模型涉及两种除法,俗称"等分除"和"包含除"。在我国的除法教学和教材编写中,都过分地偏向"等分除",以致形成了片面的思维定势。先生特别指出,分数除法对"包含除"的需求特别强烈,如 $4÷\frac{1}{2}$,不能说把 4 块饼平均分给 $\frac{1}{2}$ 个人,但是问 4 里面包含几个 $\frac{1}{2}$,却很容易明白。看完先生的评述,我才明白"包含除"的独特价值所在。

在这一系列的文章中,先生还不断提醒我们思考和追问:在学生没有学习角的度量的情况下,教材先出现直角、锐角、钝角,合理吗?怎样处理更自然?平移和平行是什么关系?到底是先有平移再有平行,还是先有平行再有平移?用射线定义角,既不能在理解上有所深入,也不能在实用上有所改进,到底要它何用?"分类"的教学以"整理房间"切入到底合适不合适?实物的运动和平面图形的运动是不是一回事?"两条线段互相平行"与教材中给出的直线平行的定义之间是什么关系?如何处理好这种关系?……这些都是我们在日常教学中"见怪不怪"的问题,我们总是在不经意间与它们"擦肩而过",先生的点醒让我们明白这些看似不起眼的细节背后其实是大有学问的。

二

先生的每一篇文章都足以引发我们太多的思考,我不能一一列举,接下来仅以《小学教学(数学版)》2015 年第 1 期所刊先生的《多多注意数学本质的揭示——剖析"用温度计引入负数"的优缺点》一文为例,说说自己的学习历程和体会。先生在文章中明确指出了现行教材关于负数认识的大致编排体例及其优缺点,并给出了教学实施的建议。受先生的启发,我找来国内发行量较大的三个版本的教材,做了些比较。三个版本的教材关于负数认识的编排,大致如下:

A 版教材安排在四年级上册,先以温度为例引入负数,在此基础上通过海拔高于海平面为正、低于海平面为负,游戏中得分为正、扣分为负,营业中盈利为正、亏损为负,存款中存入为正、支出为负,行走中向东为正、向西为负,以平均数为基准高出为正、低于为负,丰富负数的意义和内涵。

B版教材安排在六年级下册,同样是以温度为例引入,不一样的是,B版教材明确指出了:0℃表示淡水开始结冰的温度。接着研究存款中的存入与支出,然后延伸到"以大树为起点,分别向东、西两个相反的方向走"可以用正数、负数表示,并通过这个例子将正数、负数与数轴上的点建立起联系,练习则关注了海拔高度、警戒水位等问题。

C版教材安排在五年级上册,也是先以温度为例引入,再研究海拔、盈亏、正反方向问题,在正反方向问题中将正数、负数的表达与数轴结合起来,整个处理与B版教材整体思路基本一致。细节处理上有细微的区别,譬如,对于0的揭示,C版教材是放在海拔高度的素材中处理的,指出:通常,我们规定海平面的平均海拔高度为0米,比海平面高记为正,比海平面低记为负。

另外,三个版本的教材都在"你知道吗"中介绍了关于负数的一些史料。

比较三个版本教材的编排,虽然各有特点,但是正如先生所言,都是用温度作为素材来引入负数概念的。我在过去的教学中也基本是沿袭这一思路的,当时我以为这或许就是基于学生生活经验的一种必然。从数学本质上看,负数的根本属性是表示意义相反的量,倘若从这一点出发来思考:一个负数总是某个正数的相反数,而0则是正数和负数的分界点,在引入负数概念的初期就必须对0这个分界点给予特别的关注,没有它,正负的概念就无从谈起。因此,弄清楚什么是"意义相反"、确定哪一点是分界点就是教学的关键所在了。对此,一些教材中也有涉及(前面已有说明),但是到底什么样的素材更便于学生理解这个分界点、理解意义相反的本质,更指向负数产生的源头呢?

先生在文章中明确指出,所谓意义相反的量其实就是两类:一类是自然意义上的相反,如收支、盈亏、输赢等;另一类则是人为规定的相反意义,如零上零下气温、海拔高度在海平面之上还是之下等。显然,从便于理解、易于解释的角度看,还是第一类自然意义上的相反更好把握,这也完全符合人类认识负数的历史。基于以上的认识,根据先生在文章中给出的三条建议,我尝试重新设计了"认识负数"一课的教学,大致的教学流程如下:

首先,从自然意义上的相反引入负数。主要通过收支、盈亏、增减等素材直观揭示意义相反的量,借助"你知道吗"中的史料介绍,揭示负数的产生,挖掘数学史中的教育因素,同时指出"0"点(分界点)的平衡意义。

其次,介绍人为规定的相反意义的量。以温度、海拔为例,追问:这时候的"0"在哪里?指出这里"0"的规定背后的合理性及其意义。

再次,借助数轴理解相反意义的量,实现初步的抽象。先尝试将"以一个基准点为起点向相反方向行走"表达在直线上,再逐渐抽象为数轴,实现用数学的方式学习和表达数学。

最后,通过多样的变式练习,加深学生对于负数意义的理解,渗透人文教育。以平均数(警戒水位)为基准,超过为正,低于为负;边防战士冒着零下40℃的严寒进行巡逻等为素材,揭示变化的素材背后不变的数学本质。

整节课的教学看似"平常",却努力教在负数的"要害之处"。将先生的真知灼见落实到我们的教学中,我想这才是先生最希望看到的。作为一名普通教师,我们阅读先生的文章,最重要的就是要将先生的指点融入我们的教学实践中去。先生写的是小学数学教育、小学数学教材,也许我们改变不了整个小学数学教育,改变不了教材的编写,但是我们可以在自己的班级、自己的课堂上做属于自己的实践和探索,这也是有意义的。向先生学习绝不能仅仅停留在"觉得先生说得有道理",更重要的是要有行动、有实践!

在学习先生的"评论与建议"文章时,我们也不能"死搬硬套",应该根据自己所在的地域、学校、班级的情况做出"属己化"的处理。先生在《多多注意数学本质的揭示——剖析"用温度计引入负数"的优缺点》一文的最后指出:为了更细致地剖析相反意义的量,可以再进一步分析相反意义量的两种表述方式,即静止状态和数量变化状态的不同描述。以某地的气温为例,可以有四种情形。

静态的描述有:

1. 今天的最高气温是18℃,记为+18℃;

2. 今天的最低气温是零下3℃,记为-3℃。

动态的描述有:

1. 今天的最高气温比昨天升高5℃,记为+5℃;

2. 今天的最低气温比昨天降低4℃,记为-4℃。

这一组对比我在"认识负数"的第一课时教学中并没有涉及。我觉得,先生的分析是很有道理的,但是考虑到第一课时教学的量以及我班学生的实际,我在第一课时教学中没有呈现这样的对比,而是把它留在本单元后面的练习课教学中去处理,借此帮助学生进一步深化对于负数意义的认识和理解。

三

在向先生学习的同时，我也不断追问自己：与先生相比，我（们）到底缺些什么？我首先想到的是学科素养，因为对于数学本身的理解缺乏足够的深度，这直接导致我（们）的数学教学很容易走向一种"浅表化"。先生曾说过：小学数学教育常常只认识"教育"妈妈，而忽视"数学"爸爸。这是真实的现状，正如先生在《小学数学研究》一书的"前言"中所指出的那样：

当前，数学教育研究中一个不好的倾向是"去数学化"——数学教育研究似乎越"一般化"，就越有理论水平，教学研究一旦归位到"一般教育理念"，就算完成任务了。许多文章，只有标题上的"数学"二字，内容一个数学例子也没有。即使用了一点点数学，也无非是用数学例子证明"一般教育理念"是正确的。数学教育研究没有数学，（即使）有点数学，却数学错误连连，这岂不是本末倒置吗？应该说，数学教育以人为本，以数学为核心。

但是，我又觉得这仍然还只是问题的显性部分，我们更应该学习先生的研究方法，学习先生的精神和品质。先生已经80多岁了，他的研究和写作早已摆脱世俗的功利色彩，他的创造力和智慧源自他深厚的学科功底、独到的思维方式、批判精神和反思意识，而他的研究动力则源自他对数学和数学教育的挚爱情感。这些都是我们应当认真向先生学习的，拥有这样的追求和情怀，我们才不会辜负先生的希望，也能为小学数学教育作出自己应有的贡献！

文章写到最后，再翻翻手边先生的著作，突然还有两点前面都未提及的强烈感受呼之欲出，即：先生的文字功底之深和知识视野之阔。在《我亲历的数学教育（1938—2008）》一书中，你能够感受到先生的文字魅力，娓娓道来却"寓深刻于生动"，的确是"非大家不能写，非大家都能读"，于数学素养之外彰显了先生深厚的文字功底。《张奠宙数学教育随想集》涉猎之广，足见先生的视野之阔，"从北洋水师战败想到应试教育的危害""清代考据文化对现代数学教育的影响""《道德经》与自然数""'离离原上草'的数学模型""技巧有时是音乐的敌人""从刘翔训练的强度和效率说起""青霉素、芥菜卤、双基""'鸟巢'与'四基'""有感于'百家讲坛'开讲《弟子规》"……仅仅从这些主题就让人看到先生的知识视野之阔。人们常说：汝果欲学诗，工夫在诗外。或许这也是我们应该向先生学习的。

后记

  书稿撰写、整理即将完成之际,张奠宙先生、曲春蕊编辑希望我来写一篇后记。提起笔来,一时不知道从何说起了。

  2015年10月,张先生住院期间,我去看他,很快就谈及他在《小学教学(数学版)》以及《教学月刊·小学版(数学)》发表的若干篇文章。这些文章,我大都读过。先生是一位数学家、思想家、教育家。这些文章一如既往,体现了先生的文风。上通数学——从数学的本质出发,思考教材、教学中的数学问题,然后回到数学教育。思想深邃——看似无疑的地方,先生可以发现疑问,探究追寻,蹊径另辟;看似很小的问题,先生可以小题深作,条分缕析,鞭辟入里;看似很大的问题,先生可以大题细作,宏观把握,浅显说理。观点鲜明——赞成什么、反对什么,一目了然。虽然多年研究小学数学教育,读了这些文章,仍然耳目一新、思绪泉涌。

  发表在期刊上的一篇篇文章,恰如散落在知识海洋中的一颗颗星星,稍不注意,就从眼前消失了;如果串成一条项链,就易于观察、品玩了。我与先生商定,将这些文章结集出版。而为了进一步下达课堂,走向数学教育课堂实践,检视先生在书斋里思索的这些大道理可否在实践中落地,我们邀请一线教师针对每一篇文章撰写了"一线回声"。我们的初步想法是,请一线教师结合自己的教学实践与体悟,评述先生的文章:该文的观点与建议易于理解吗?实践中可行吗?如果可行,在教学中如何落实?你能够结合自己的教学实践,设计一个教学案例吗?如果对这些建议有异议,如何改进?我们希望作者能够直抒胸臆,知无不言。现在看来,这些目标达到了。

到哪里找一线教师呢？我首先想到的是自己的研究生。来杭州工作已近十年，这十年来，承蒙大家厚爱，我在浙江、江苏等地招收了四五十名在职研究生。这些研究生大都是一线优秀教师，他们有教学经验，有教学研究水平，有专业发展追求，也有文字功底，是撰写一线回声的绝佳人选。我发出倡议，大家积极响应。于是，我们再一次聚到一起，摸索前行：从最初不知道如何选取切入点，经历一步步研讨，逐渐找到感觉，再加以多次修改、润色，一篇篇优秀的回声终于呈现在我们的面前了。个中艰辛，只有作者才能够体会。直至本书即将定稿之际，有的回声还在修改之中。

为了确保回声撰写的质量，我们又邀请杭州市西湖区袁晓萍老师的团队、杭州市拱墅区孙钰红老师的团队、杭州市上城区任敏龙老师的团队、杭州师范大学东城实验学校的教师团队，撰写了部分一线回声。这些团队代表了杭州市小学数学教学的最高水平，他们的倾心投入、大力支持，确保了一线回声的质量。在撰写后记的时候，这难忘的一幕幕又出现在眼前：一次次的研讨、一次次的修订、一次次思考的焦灼、一次次成功的喜悦……让我们记住这些团队，记住这些可爱的、富有奉献精神的教师。

袁晓萍团队：袁晓萍（杭州市学军小学），蒋玲飞（杭州市学军小学紫金港校区），孔万华（杭州市袁浦小学），严欢明（杭州市学军小学紫金港校区），章晔婷（杭州市学军小学），卢洁（杭州市学军小学）。

孙钰红团队：孙钰红（杭州市拱墅区教师进修学校），许霜霜（杭州市和睦小学），邵珠利（杭州市大关小学）。

任敏龙团队：任敏龙（杭州市上城区教育学院），黄瑞芳（杭州市高银巷小学），许幼芳（杭州市崇文实验学校），倪国平（杭州市时代小学），杨灿云（杭州市紫阳小学），胡晓敏（杭州市胜利小学），叶青（杭州市萧山区湘湖小学），陈继辉（杭州师范大学附属小学）。

杭州师范大学附属东城实验学校团队：斯瑶，李付成，金丹，缪馨馨。

巩子坤团队：罗永军（杭州娃哈哈双语学校），谢莹（杭州市崇文实验学校），马建红（华南师范大学附属龙岗大运学校），张园（杭州市长江实验小学），陈华琼（杭州市大关小学），陆琴燕（杭州市长江实验小学），万李芳（杭州市金都天长小学），吴红梅（淮安市淮阴实验小学），左文艳（淮安市淮阴实验小学），王伟伟（淮安市淮阴实验小学），孙旻晗（杭州市崇文实验学校),范兆杰(杭州市三墩中学),吕婷(嘉兴市油车港镇实验小学),朱贤梅(杭州市第十一中学),俞飞丹(杭州市余杭区崇贤第一小学)。

张奠宙先生也组织了部分教师撰写一线回声,他们是:张淼(余姚市实验学校),李树良(余姚市实验学校),李勇(阜宁师范学校附属小学),刘燕(中山市教育教学研究室)。

一线回声代表了教师个人的观点,为了综合张先生、一线教师、高校教师的观点,实现观点的碰撞与交融,并期望有思想的火花出现,我们又增加了"数方夜谈"栏目。个中情况,先生已在前言中作了说明。

这样,对于每一个专题而言,就有了相应的三篇文章:一是先生的"原始文稿",这些文章是关于核心概念理解(包含教学设计的思想)的,属于理论思辨层面;二是"数方夜谈",是先生、高校教师、教研员、一线教师之间的交流与对话,是对核心概念的进一步理解与探讨,以及对教学实践的进一步思考与追问,属于理论与实践综合层面;三是"一线回声",这是一线教师所理解的核心概念、所设计或实施的教学实践,属于实践层面。一个专题,三篇文章,实现了核心概念理解、概念教学设计、概念教学实践的循环与统整。于是,一个专题,就是一个系统的有机整体。

最后要特别感谢蒋徐巍、曲春蕊两位编辑,二人细致、专业的工作让我们感动。

2004年,我在先生那里学习,经常与先生彻夜长谈,得到先生的诸多指教,这让我受益匪浅,没齿难忘;先生对数学教育的拳拳之心,时时萦绕心田,教我反思,促我奋进。那时便萌生了这样一个愿望:希望有机会在先生的指导下出一本数学教育的著作。经过两年的努力,在上述团队的支持下,愿望终于实现。一股热流从心底泛起、涌出:再多的辛苦与付出,都值得了。

2017年8月